大学生电子设计竞赛培训实验系列教材
怀化学院教材建设专项基金资助

电子信息类专业实践能力培养教程

主　编○贺达江
副主编○周　妮　肖　景
编　委（按拼音首字母排列）
陈雷平　刘桂红　舒　君
向　腊　杨恒玲　张东海
张学斌　张耀东　朱俊标

西南交通大学出版社
·成　都·

图书在版编目（CIP）数据

电子信息类专业实践能力培养教程 / 贺达江主编.
—成都：西南交通大学出版社，2016.9
ISBN 978-7-5643-5001-7

Ⅰ. ①电… Ⅱ. ①贺… Ⅲ. ①电子信息－高等学校－教学参考资料 Ⅳ. ①G203

中国版本图书馆 CIP 数据核字（2016）第 213681 号

电子信息类专业实践能力培养教程

主编　贺达江

责任编辑	穆丰
封面设计	何东琳设计工作室
出版发行	西南交通大学出版社（四川省成都市二环路北一段 111 号 西南交通大学创新大厦 21 楼）
发行部电话	028-87600564　028-87600533
邮政编码	610031
网址	http://www.xnjdcbs.com
印刷	成都中铁二局永经堂印务有限责任公司
成品尺寸	185 mm × 260 mm
印张	18.25
字数	456 千
版次	2016 年 9 月第 1 版
印次	2016 年 9 月第 1 次
书号	ISBN 978-7-5643-5001-7
定价	45.00 元

课件咨询电话：028-87600533
图书如有印装质量问题　本社负责退换

前　言

如何适应社会发展变化要求，提高应用型人才培养质量，是当前地方本科院校需要解决的重大课题。课程的设置、课程内容的选择以及教学方式的改革是人才培养质量提升的关键；注重专业综合能力培养，注重以问题解决为导向的教学方式，注重以应用为目标的项目化教学组织形式是应用型人才培养教学改革的必然方向。对于实验教学而言，其目的不只是为了验证所学理论的正确性，更主要的是使所学的理论知识转化为解决实际问题的能力。为此，需要减少验证性实验，增加综合性、创新性实验，需要把实验内容转化为具体的工程应用项目，通过层级化的项目训练来提高学生的工程应用开发能力。为适应应用型人才培养要求，紧跟科学技术的前沿进展，我们编写了《电子信息类专业实践能力培养教程》这本实验教材。该实验教材的最大特点就是按照能力培养层级组织相关的综合应用项目，每个项目就是一个具体的工程案例。

为便于学生自学及相关课程设计、综合实验教学，本教材内容包含了电子产品设计与开发的相关基础知识、应用与开发工具、理论基础、设计案例等，内容较为完整，案例较为典型，题库有一定的挑战性，对于电气信息类专业学生综合实验能力及工程应用开发能力培养有较好的参考价值。

本书共分四个部分，共 9 章。第一部分是基础知识介绍，包括第 1 章电子设计的基础知识、第 2 章常用电子元器件的识别与选用方法、第 3 章常用测量仪器；第二部分是仿真开发工具学习与应用，即第 4 章仿真软件的使用；第三部分是关于理论知识的学习与掌握，即第 5 章基本单元电路的识图方法；第四部分是综合实验项目及示例，主要包括第 6 章模拟电子电路综合实验、第 7 章数字电子电路综合实验、第 8 章高频电子电路综合实验以及第 9 章单片机综合实验。

本教材是怀化学院立项资助教材，在各位编者的通力合作下完成，也得到了西南交通大学出版社的支持和帮助，在此一并表示衷心感谢！

贺达江

2016 年 8 月于怀化

目　录

第 1 章　电子设计的基础知识……1

1.1　电子线路的设计方法……1

1.2　电子线路的安装与调试……4

1.3　电路故障检查的一般方法……15

1.4　电子设计报告写作……17

本章参考文献……18

第 2 章　常用电子元器件的识别与选用方法……19

2.1　电阻器……19

2.2　电容器……22

2.3　电感器……25

2.4　半导体器件……27

2.5　集成电路……32

2.6　其　他……35

本章参考文献……39

第 3 章　常用测量仪器……40

3.1　万用表……40

3.2　数字示波器……44

3.3　直流稳压电源……48

3.4　函数信号发生器……49

本章参考文献……51

第 4 章　仿真软件的使用……52

4.1　Multisim 10.0 功能界面与电路仿真实例介绍……53

4.2　仿真软件 Proteus ISIS 及编程软件 KEIL 的使用简介……70

本章参考文献……74

第 5 章　基本单元电路的识图方法……75

5.1　晶体管放大电路……75

5.2　场效应管放大电路……80

5.3　负反馈放大电路……82

5.4　直接耦合放大电路……85

5.5　差动放大电路……87

5.6 运算放大电路 …… 89
5.7 乙类推挽功率放大电路 …… 92
5.8 互补对称功率放大电路 …… 94
5.9 电源稳压电路 …… 97
本章参考文献 …… 98
第 6 章 模拟电子电路综合实验 …… 99
6.1 设计要求 …… 99
6.2 模拟电子电路综合实验示例 …… 100
6.3 模拟电子电路综合实验分类题库 …… 126
本章参考文献 …… 166
第 7 章 数字电子电路综合实验 …… 167
7.1 数字电子电路综合实验示例 …… 167
7.2 数字电子电路综合实验分类题库 …… 183
本章参考文献 …… 214
第 8 章 高频电子电路综合实验 …… 215
8.1 高频电子电路综合实验示例 …… 215
8.2 高频电子电路综合实验分类题库 …… 229
本章参考文献 …… 258
第 9 章 单片机综合实验 …… 259
9.1 单片机综合实验示例 …… 259
9.2 单片机综合实验分类题库 …… 276
本章参考文献 …… 276
附录 1 分频器程序 …… 277
附录 2 计数器程序 …… 278
附录 3 状态机程序 …… 281
附录 4 显示分配器程序 …… 283
附录 5 译码器程序 …… 284
附录 6 顶层文件 …… 285

第 1 章　电子设计的基础知识

1.1　电子线路的设计方法

所谓设计方法，即达到设计目的的途径。一般而言，电子电路的设计方法基本包括：总体方案的选择、单元电路的确定、元器件的选择和器件参数的计算等。

1.1.1　电子线路设计的基本原则

电子线路设计是指根据设计任务、要求和条件，选择合适的方案，确定电路的总体组成框图，接着对各单元电路进行设计，最后得到满足技术指标和功能要求的完整电路图的过程。一个好的设计除了完全满足性能指标和功能要求外，还要求电路简单可靠，系统集成度高，电磁兼容性好，性价比高，同时要求系统的功耗小、安装调试方便。电子线路设计的基本原则如下：

1．整体性原则

在电子电路设计时，应当从分析电路整体内部各组成元件的关系以及电路整体与外部环境之间的关系入手，去揭示电路整体性质，判断电路类型，明确电路应具备哪些功能、输入和输出信号与控制关系如何、参数指标在哪个功能模块实现等，从而确定总体设计方案。

整体原则强调以综合为基础，在综合的前提下进行分析，并且对分析的结果再进行恰当的综合。任何一个复杂的大型电子电路系统都可以逐步划分成不同层次的较小的电路子系统。电路设计一般先将大型电路系统划分为若干个具有相对独立的功能部分，并将其作为独立电子电路功能模块；然后全面分析各模块功能类型及功能要求，考虑如何实现这些技术功能，即采用哪些电路来完成它；最后选用具体的实际电路，选择出合适的元器件，计算元器件参数并设计各单元电路。

2．最优化原则

最优化原则是对一个基本达到设计性能指标的电子电路而言，由于元件自身或相互配合、功能模块耦合还存在一些缺陷，使电子电路对信号的传送、处理等方面不尽完美，需要在约束条件的限制下，从电路中每个待调整的元器件或功能模块入手，进行参数分析，分别计算每个优化指标，并根据优化指标的要求，调整元器件或功能模块的参数，直到目标参数满足最优化目标值的要求，完成整个电路的最优化设计。

3．可靠性原则

电路形式及元器件选型等设计工作，只要能满足系统的性能和功能指标就尽可能地以简化电路结构为主；避免片面追求高性能指标和过多的功能；合理划分软硬件功能，贯彻以软代硬的原则，使软件和硬件相辅相成；尽可能用数字电路代替模拟电路。

影响电子电路可靠性的因素很多，在发生的时间和程度上的随机性也很大，在设计时，对于易受不可靠因素干扰的薄弱环节应主动地采取可靠性保障措施，使其保持稳定。抗干扰技术和容错设计是变被动为主动的两个重要手段。

1.1.2 电子线路设计的一般步骤

首先根据电子电路的设计任务，进行总体方案选择；然后对组成系统的单元电路进行设计、参数计算、元器件的确定和实验调试；最后绘出总体电路图。

1．分析设计课题，明确功能要求

在接到设计课题后，应对题目进行认真的阅读、理解，判断题目类型，画出功能框图。根据用户要求或生产实际提出设计要求。包括功能、技术参数等，使设计课题具体化。

2．进行方案选择，画出总体组成框图，分配技术指标

功能要求明确后，应对比多种方法与思路，综合考虑成本、难度、器件的易采购性、方便合理性等因素，根据现有的条件选择一种方案。

最后根据选择的方案，从全局着手，把系统要完成的任务按照功能划分为若干个相互关联的单元电路，然后将技术指标和功能分配给各个单元电路，并画出一个能表示系统基本组成和相互关系的总体组成框图。

例如，设计一个额定输出功率不小于 1 W 的音响放大电路，并要求该电路具有话筒扩音、数字混响延时、卡拉 OK 伴唱等功能。由题意可知，该系统要完成的主要功能是放大和混响延时，参考有关资料，可以设计出该系统的总体框图，如图 1.1 所示。

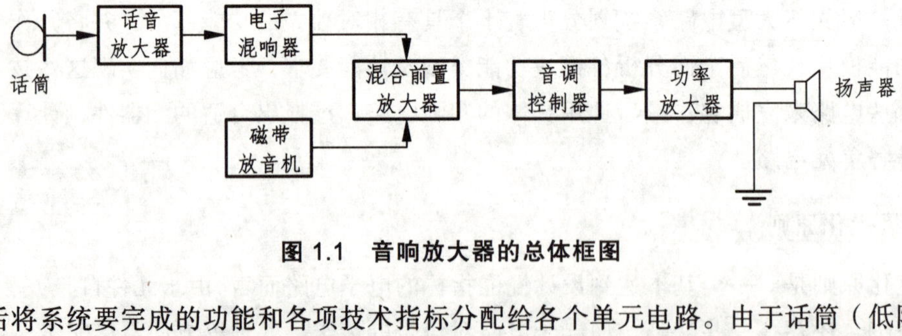

图 1.1 音响放大器的总体框图

然后将系统要完成的功能和各项技术指标分配给各个单元电路。由于话筒（低阻 20 Ω）的输出电压有效值大约为 5 mV，而输出功率大于 1 W，则输出电压 $v_o=\sqrt{p_o R_l}$ 大于 2.8 V。可见系统的总电压增益 $A_{V\Sigma}=V_o/V_i>560$ 倍（55 dB）。如图 1.2 所示是各单元电路电压增益分配情况。

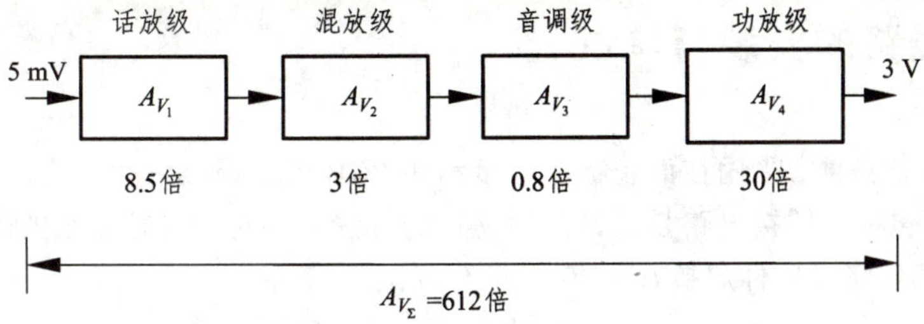

图 1.2　各个单元电路的电压增益

3．单元电路设计与优选

单元电路的设计可以参考一些典型的实用电路。包括电路选择、元器件选择、电路参数计算、计算机仿真和实验调试等步骤。如果元器件选择合适，则电路实现比较简单。在电路形式确定后，还要根据公式计算出各元件的参数，并对电路形式与计算出的电路参数进行计算机仿真。

在设计单元电路时，在保证性能指标的前提下，要尽量减小元器件的品种、规格，尽量选用集成电路进行设计。在选择元器件时，要注意以下几点：

（1）选择集成电路进行设计时，需注意芯片的供电电压、功耗、速度和价格等因素。

（2）电阻、电容、晶体管的种类很多，正确选择它们很重要的，不同电路对电阻、电容和晶体管的性能要求是不同的，有些电路对电容的漏电要求很严，有些电路对阻容元件的精度要求很高。设计时要根据电路的要求选择性能和参数合适的阻容元件，并注意功耗、容量、频率和耐压范围是否满足要求。由于电阻值大时，其误差和噪声会增大，因此选择电阻时，其阻值一般不应超过 10 MΩ，并尽量选择阻值小于 1 MΩ 的电阻。对于非电解电容的选择，其数值应在常用电容器标称系列之内，并根据设计要求及电路工作具体情况选择电容种类，其电容值最好在 100 pF ~ 0.1 μF。

4．画出总体电路图

在单元电路设计完成后，应画出能反映各单元电路连接关系的完整电路原理图。此时得到的电路原理图是一个初步设计的草图，在经过调试后，再绘制正式的总体电路图。绘制电路图时，应该注意以下几点：

（1）布局合理、排列均匀、图面清晰、便于读图和理解。对于比较复杂的电路，绘图应尽量把主体电路绘在一张图纸上，而把比较独立或次要的部分绘在其他图纸上，并在图的断口两端做好标记，标出信号从一张图到另一张图的引出点和引入点，以说明各图纸在电路连接之间的关系。

（2）注意信号流向，一般从输入端或信号源画起，由左到右或由上到下按信号流向依次画出各单元电路，而反馈通路的信号流向与此相反。

（3）图形符号要符合标准。

（4）连线一般画成水平或垂直线，并尽量减少交叉与拐弯。相互连通的交叉线应在交叉处用实心点表示，根据需要，可以在连线上加注信号名或其他标记，表示其功能或去向。

1.2 电子线路的安装与调试

电子线路的安装通常采用在面包板上插接和在 PCB 板上焊接两种方式。对于比较简单的单元电路，在面包板上插接电路是一种简便易行的方法。而对于比较复杂的电路，通常需要设计 PCB 板，然后将元器件焊接在 PCB 上进行调试。

1.2.1 电子线路安装常用工具及使用

1．螺丝刀

螺丝刀是拆卸和装配螺丝必不可少的工具，有以下几种规格的螺丝刀：

（1）扁平螺丝刀；

（2）十字头螺丝刀；

（3）修表小螺丝刀。

螺丝刀在使用中应注意以下几点：

（1）根据螺丝口的大小选择合适的螺丝刀，螺丝刀刀口太小会拧毛螺丝口，从而导致螺丝无法拆卸。

（2）在拆卸螺丝时，若螺丝很紧，不要硬拆，应先按顺时针方向拧紧该螺丝，以便让该螺丝松动，再按逆时针方向拧下螺丝。

（3）将螺丝刀刀口在磁铁上擦几下，使刀口带些磁性，这样在装螺丝时能够吸住它。

（4）在装配螺丝时，不要装一个就拧紧一个，应该在全部螺丝装上后，再把对角方向的螺丝均匀拧紧。

2．电烙铁

电烙铁是用来焊接的。为了提高焊点的质量，除了需要掌握焊接技能、选用合适的助焊剂外，还要根据焊接对象、环境温度、合理选用电烙铁。电烙铁主要选择下列几种：

（1）20 W 内热式电烙铁，主要用来焊接晶体管、集成电路、电阻器和电容器等元器件。内热式电烙铁具有预热时间快、体积小巧、效率高、重量轻、使用寿命长等优点。

（2）60 W 左右的电烙铁，可以外热式的，用来焊接一些引脚较粗的元器件，例如变压器、插座引脚等。

电烙铁支架，防止电烙铁头碰到工作面上。支架底板要木质的，以绝热；底板中间开一个凹坑，放入助焊剂——松香。

买来的电烙铁电源引线一般是橡胶线，易被烙铁头烫坏皮线，应换成防火的花线。在更换电源线之后，还要进行安全检查，主要是保证引线头不能碰到电烙铁的外壳。

3．钢　针

钢针是用来穿孔用的。拆下元器件后，线路板上的引脚孔会被焊锡堵住，此时在电烙铁的配合下用钢针穿通引脚孔。

4. 刀　片

在电路调试中，时常要对某个元器件进行脱开电路的检查，此时可用刀片切断与该元器件相关引脚相连的铜箔，可省去拆下该元件的不便。

5. 镊　子

可以用来拉引线，送管脚，以方便焊接，因此是焊接时不可缺少的辅助工具。另外，当镊子夹住元器件引脚后，可以帮助其散发由于烙铁焊接时的热量，减少了元器件被烫坏的可能性。镊子的钳口要平整，弹性适中。

6. 剪　刀

剪刀可用来修剪引线等软性的材料，例如可用来剥去导线外层的绝缘层。方法是：用剪刀口轻轻夹住引线头，一只手抓紧引线，另一只手将剪刀向外拉拔；也可以先在引线头外轻轻剪一圈，割断引线外皮，再剥引线皮。剪刀刀口要锋利，剪刀夹紧引线头时即不能太紧也不能太松，太紧了会剪断或者损伤内部的引线，太松了又剥不下外皮。

7. 钳　子

钳子用来剪硬性材料或作紧固用的工具。一般就准备尖嘴钳和扁口钳各一把，尖嘴钳可以用来安装、加固一些小的零件；而扁口钳可以用来剪元器件的引脚，还可以用来拆卸和紧固某些具有特殊插脚的螺母。

另外，实验室中还经常要用剥线钳，这是专门的剥引线的工具：将要剥去表皮的导线插入剥线钳中，夹紧钳柄，拉出导线，线皮即被剥掉。剥线钳上根据导线粗细规格的不同有不同的规格的空当，使用时注意应选择相应的空当。

8. 锉　刀

锉刀用于锉去金属零件的锈层以及锉掉元器件管脚的氧化层。

9. 面包板

面包板上布满了插接元器件的小孔，孔内有导电良好的金属簧片。面包板的使用非常灵活，虽然元器件的排列与布线的走向受到一定限制，但可使所搭接的电路整齐美观。由于用面包板搭接的电路一般只用于临时试验，因此所有元器件的过长的引线不必剪去，以便以后继续使用。

用面包板搭接电路的过程其实是一个将电气原理图变为实际电路图的过程。虽然两者在元器件的排列和布线的走向上不尽相同，但各元器件间的电气连接关系是完全一样的。初学者往往只会看原理图，而不会看实际电路，因此，可以通过搭接电路来培养看实际电路的能力。

用面包板搭接电路一般用于临时性的实验，对于定型的电路，需要采用印制电路板。

1.2.2　电子元件安装布局的方法和规则

（1）按电路功能模块进行布局，实现同一总体功能的相关电路称为一个模块，电路功能模块中的元件应采用就近集中原则，同时数字电路部分和模拟电路部分应分开。

（2）在定位孔和标准孔等非安装孔周围 1.27 mm 内不得安装元器件，在螺钉等安装孔周围 3.5 mm（对于 M2.5）、4 mm（对于 M3）内不得贴装元器件。

（3）对于卧装电阻、电感（插件）以及电解电容等元件的下方应避免布过线孔，以免焊接后过孔与元件外部壳体短路。

（4）元器件的外侧距板边的距离应为 5 mm。

（5）对于贴装元件，其焊盘的外侧与相邻插装元件的外侧距离要大于 2 mm。

（6）注意金属壳体元器件和金属件（屏蔽盒等）不能与其他元器件相碰，也不能紧贴印制线、焊盘，其间距应大于 2 mm。对于定位孔、紧固件安装孔、椭圆孔及板中其他方孔外侧距板边的尺寸要大于 3 mm。

（7）发热元件不得紧邻导线和热敏元件，高热器件需均衡分布。

（8）电源插座应尽量布置在印制板的四周。特别应注意不要把电源插座和其他焊接连接器布置在连接器之间，以便于这些插座、连接器的焊接及电源线缆设计和扎线。电源插座以及焊接连接器的布置间距要考虑方便电源插头的插拔。

（9）对于其他元器件的布置：所有 IC 元件单边对齐，有极性元件极性标识明确，同一印制板上极性标识不得多于两个方向，出现两个方向时，两个方向互相垂直。

（10）PCB 板面布线应疏密得当，当疏密差别太大时要以网状铜箔填充，网格应大于 8 mil（或 0.2 mm）。

（11）贴片焊盘上不得有通孔，以免焊膏流失造成元件虚焊。重要信号线不准从插座脚间穿过。

（12）贴片应单边对齐，字符方向排列一致，封装方向排列一致。

（13）有极性的器件与同一 PCB 板上的极性标识方向尽量保持一致。

1.2.3 电子元件安装焊接的方法和规则

1. 线路板焊接机理

采用锡铅焊料焊接的称为锡铅焊，简称锡焊，其作用机理是：在锡焊的过程中将焊料、焊件与铜箔在焊接热的作用下，焊料熔化并湿润焊接面，而焊件与铜箔不熔化，依靠焊件、铜箔两者间原子分子的移动，从而引起金属之间的扩散形成在铜箔与焊件之间的金属合金层，使铜箔与焊件连接在一起，得到牢固可靠的焊接点，此过程为相互间的物理——化学作用过程。

2. 手工焊接注意事项

（1）手握铬铁的姿势：掌握正确的操作姿势，可保证操作者的身心健康，减轻劳动造成的伤害。为了减少焊剂加热时挥发出的化学物质对人体的危害，减少有害气体的吸入，通常情况下，烙铁到鼻子的距离应不少于 20 cm，一般以 30 cm 为宜。电烙铁有三种握法，如图 1.3 所示。

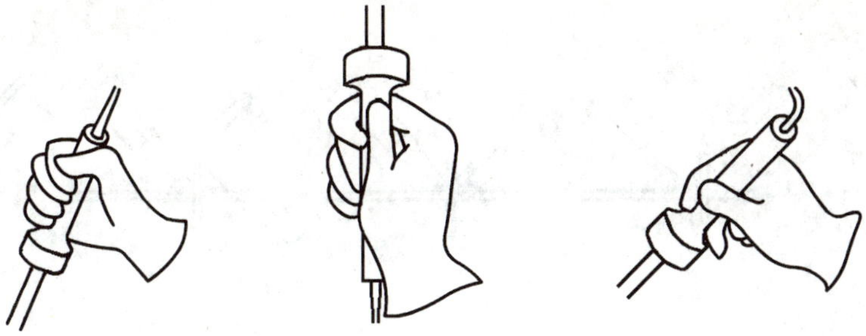

图 1.3　握电烙铁的手法示意图

反握法的动作比较稳定，长时间操作时不易疲劳，适用于大功率烙铁的操作；正握法适用于中功率烙铁或者带弯头电烙铁的操作；通常在操作台上焊接印制板等焊件时，大多采用握笔法。

（2）电烙铁在使用以后，必须稳妥地插放在烙铁架上，并注意导线等其他杂物不要碰到烙铁头，避免烫伤导线而造成漏电等事故。

3．手工焊接基本方法

1）手工焊接步骤

（1）准备施焊［见图 1.4（a）］。

通常左手拿焊丝，右手握烙铁，进入备焊状态。烙铁头应保持干净，无焊渣等氧化物，且在表面镀有一层焊锡。

（2）加热焊件［见图 1.4（b）］。

常将烙铁头靠在两焊件的连接处，加热整个焊件全体，用时为 1 ~ 2 s。在印制板上焊接元器件时，注意应使烙铁头同时接触两个被焊接物件。例如，图 1.4（b）中的导线与接线柱、元器件引线与焊盘要同时均匀受热。

（3）送入焊丝［见图 1.4（c）］。

焊件的焊接面被加热到一定温度时，焊锡丝应从烙铁对面接触焊件。注意：不要把焊锡丝送到烙铁头上。

（4）移开焊丝［见图 1.4（d）］。

当焊丝熔化一定量后，要立即向左上 45° 方向移开焊丝。

（5）移开烙铁［见图 1.4（e）］。

当焊锡浸润焊盘和焊件的施焊部位以后，应向右上 45° 方向移开烙铁，以结束焊接。从③开始到⑤结束，时间约为 1 ~ 2 s。

（6）检查焊点：首先看焊点是否圆润、光亮、牢固，再看是否有与周围元器件连焊的现象。手工焊接对焊点的要求是：① 电连接性能良好；② 有一定的机械强度；③ 光滑圆润。

2）手工焊接操作的具体手法

在保证得到优质焊点的前提下，具体的焊接操作手法允许有所不同，但如下前人总结的方法，对初学者的指导作用是不可忽略的。

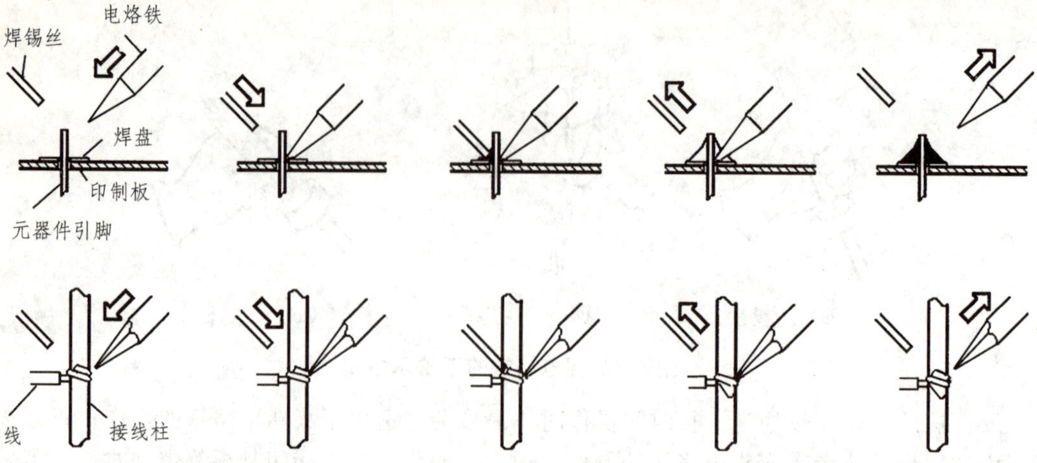

（a）步骤 1　（b）步骤 2　（c）步骤 3　（d）步骤 4　（e）步骤 5

图 1.4　手工焊接步骤

（1）保持烙铁头的清洁。

因为在焊接时，烙铁头长时间处于高温状态，且接触助焊剂等弱酸性物质，其表面非常容易氧化腐蚀而沾上一层黑色杂质。这些杂质会形成隔热层，妨碍了烙铁头与焊件之间的热传导。因此，要用一块湿布或湿的木质纤维海绵随时擦拭烧热的烙铁头。普通烙铁头，在腐蚀污染严重时可用锉刀修去氧化层。而对于长寿命的烙铁头，绝对不能使用这种方法了。

（2）靠增加接触面积来加快传热。

加热时，要让器件被焊锡浸润的各部分均匀受热，而不是仅仅加热焊件的一部分，更不要采用烙铁对焊件增加压力的办法，避免损坏器件或造成不易觉察的隐患。初学者往往用烙铁头对焊接面施加压力试图加快焊接，这种做法是不对的。正确的做法是，应根据焊件的形状选用合适的烙铁头，或者自己修整烙铁头，使烙铁头与焊件形成面接触而不是点或线接触。这样，就能大大提高传热效率。

（3）加热要靠焊锡桥。

在非流水线作业中，焊接的焊点形状往往是多种多样的，不大可能频繁更换烙铁头。要提高加热的效率，需要有进行热量传递的焊锡桥。所谓焊锡桥，是靠烙铁头上保留少量焊锡，作为加热时烙铁头与焊件之间传热的桥梁。由于金属熔液的导热效率远高于空气，很快将焊件加热到焊接温度。但注意，作为焊锡桥的锡量不可保留太多，因为长时间存留在烙铁头上的焊料处于过热状态时会降低其质量，而且可能造成焊点之间误连短路。

（4）烙铁撤离有讲究。

烙铁的撤离应及时，且撤离时的角度和方向与焊点的形成有关。如图 1.5 所示为烙铁不同的撤离方向对焊点锡量的影响。

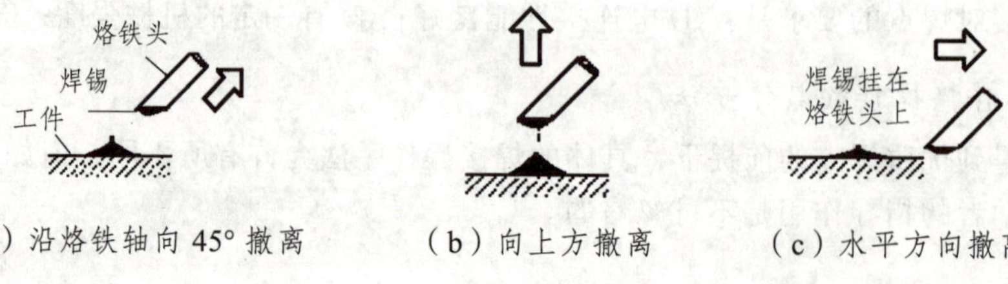

（a）沿烙铁轴向 45° 撤离　（b）向上方撤离　（c）水平方向撤离

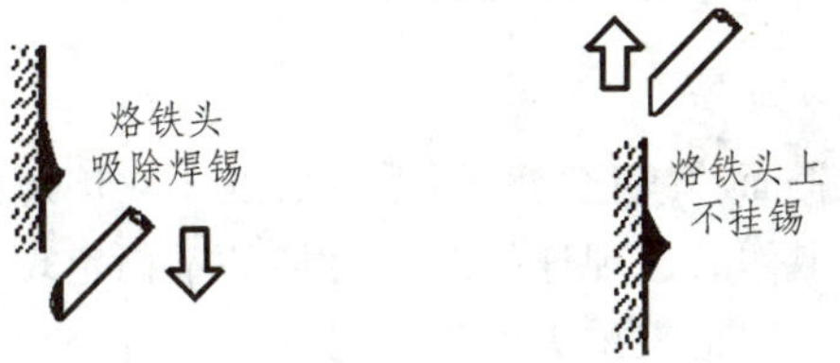

（d）垂直向下撤离　　（e）垂直向上撤离

图 1.5　烙铁撤离方向和焊点锡量的关系

（5）在焊锡凝固之前不能动。

焊接过程中切勿使焊件移动或受到振动，特别是用镊子夹住焊件时，一定要等焊锡凝固后再移走镊子，否则极易造成虚焊。

（6）焊锡用量要适中　。

对于手工焊接常使用的管状焊锡丝，内部已经装有由松香和活化剂制成的助焊剂。焊锡丝的直径分别有 0.5、0.8、1.0、……、5.0 mm 等多种规格，一定要根据焊点的大小来选用。选用时常使焊锡丝的直径略小于焊盘的直径。

如图 1.6 所示，过量的焊锡不但消耗了焊锡，而且还增加焊接时间，降低工作速度。更严重的是，过量的焊锡常造成不易觉察的短路故障。焊锡过少也不能形成牢固的结合，同样是不利的。特别是焊接印制板引出导线时，在焊锡用量不足时，极容易造成导线脱落。

（a）焊锡过多　　（b）焊锡过少　　（c）合适的锡量、合适的焊点

图 1.6　焊点锡量的掌握

（7）焊剂用量要适中。

适量的助焊剂对焊接非常有利。如果过量使用松香焊剂，焊接后势必要擦除多余的焊剂，并且延长了加热时间，降低了工作效率。而当加热时间不足时，又容易形成“夹渣”的缺陷。在焊接开关、接插件的时候，过量的焊剂往往流到触点上，造成接触不良。合适的焊剂量，是指松香水仅能浸湿将要形成焊点的部位，不会透过印制板上的通孔流走。对使用松香芯焊丝的焊接来说，基本上可以不再涂助焊剂。目前，印制板生产厂在电路板出厂前往往进行过松香水喷涂处理，不需再加助焊剂。

（8）不要使用烙铁头作为运送焊锡的工具。

有些人习惯到焊接面上进行焊接，结果造成焊料的氧化。因为烙铁尖的温度一般都在 300 °C 以上，焊锡丝中的助焊剂在高温时容易分解失效，焊锡也处于过热的低质量状态。特别要指出的是，在一些旧的书刊中还在介绍用烙铁头运送焊锡的方法，请读者阅读时注意鉴别。

4．焊点质量及检查

对焊点的质量检查，包括电气接触是否良好、机械结合是否牢固和是否美观三个方面。

而保证焊点质量最重要的一点是：必须避免虚焊。

1）虚焊产生的原因及其危害

虚焊往往是由待焊金属表面的氧化物和污垢造成的，它使焊点成为有接触电阻的连接状态，致使电路工作不正常，工作时出现连接时好时坏的不稳定现象，噪声增加没有规律性，往往给电路的调试、使用和维护带来重大隐患。另外，也有一部分虚焊点在电路开始工作的一段较长时间内，接触尚好，所以不容易发现。如果在温度、湿度和振动等环境条件的作用下，接触表面逐步被氧化后，接触慢慢地变得不完全起来。虚焊点的接触电阻会引起局部发热，局部温度升高又促使不完全接触的焊点情况进一步恶化，最终使焊点脱落，导致电路最后完全不能正常工作。这一过程有时比较长，可达一二年，其原理可以用“原电池”的概念来解释：当焊点受潮使水汽渗入间隙后，水分子溶解金属氧化物和污垢形成电解液，虚焊点两侧的铜和铅锡焊料相当于原电池的两个电极，铅锡焊料失去电子被氧化，铜材获得电子被还原。在这样的原电池结构中，虚焊点内发生金属损耗性腐蚀，局部温度升高加剧了化学反应，机械振动让其中的间隙不断扩大，直到恶性循环使虚焊点最终形成断路。

据相关统计表明，在电子整机产品的故障中，约 50% 是因焊接不良引起的。然而，从一台有成千上万个焊点的电子设备里，找出引起故障的虚焊点来，实属不易。因此，虚焊是电路可靠性的重大隐患，必须严格避免。特别是进行手工焊接操作的时候，尤其要加以注意。

一般来说，造成虚焊的主要原因有：焊锡质量差；助焊剂的还原性不良或用量不够；被焊接处表面未清洁好，镀锡不牢固；烙铁头的温度过高或者过低，表面有氧化层；焊接时间太长或太短；焊锡还未凝固时，焊接元件已松动。

2）对焊点的要求

（1）可靠的电气连接；

（2）足够的机械强度；

（3）光洁整齐的外观。

3）典型焊点的形成及其外观

在单面和双面（多层）PCB 电路板上，焊点的形成是有区别的：如图 1.7（a）所示，在单面板上，焊点仅形成在焊接面的焊盘上方；而在双面板或多层板上，熔融的焊料不仅浸润焊盘上方，还由于毛细作用，渗透到金属化孔内，焊点形成的区域包括焊接面的焊盘上方、金属化孔内和元件面上的部分焊盘，如图 1.7（b）所示。

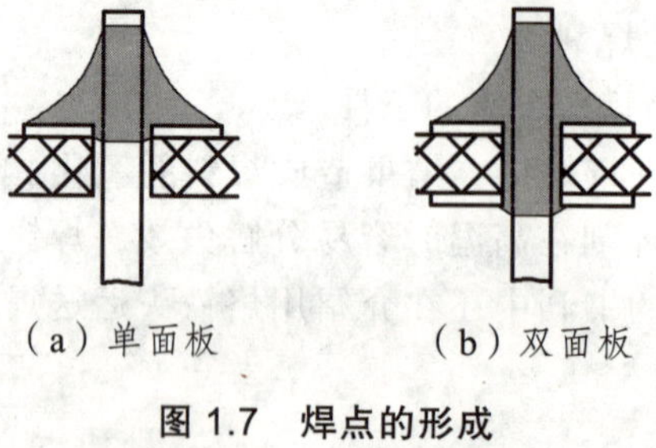

（a）单面板　　（b）双面板

图 1.7　焊点的形成

如图 1.8 所示，从外表直观看典型焊点，对它的要求是：

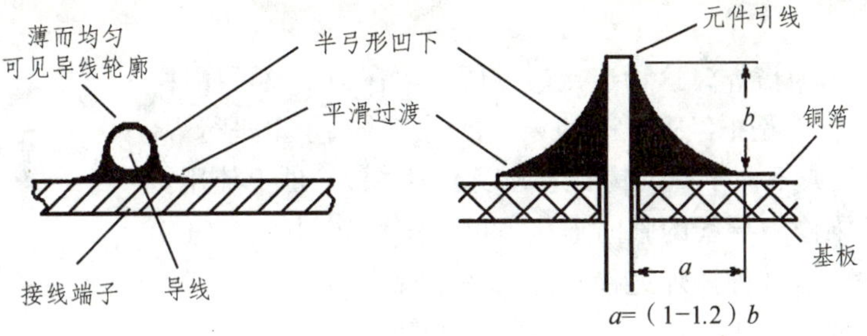

图 1.8　典型焊点的外观

（1）在形状上，近似圆锥而表面稍微凹陷，呈漫坡状，以焊接导线为中心，对称成裙形展开。虚焊点的表面常常向外凸出，可以鉴别出来。

（2）在焊点上，焊料的连接面呈凹形自然过渡，焊锡和焊件的交界处平滑，接触角尽可能小。

（3）表面平滑，有金属光泽。

（4）无裂纹、针孔、夹渣。

4）导线连接方式

导线同接线端子、导线同导线之间的连接有 3 种基本形式：

（1）绕焊。

导线和接线端子的绕焊，就是把经过镀锡的导线端头在接线端子上绕一圈，再用钳子拉紧缠牢后进行焊接，如图 1.9 所示。缠绕时，导线一定必须紧贴端子表面，绝缘层不能接触端子。常取 $L = 1 \sim 3$ mm 。

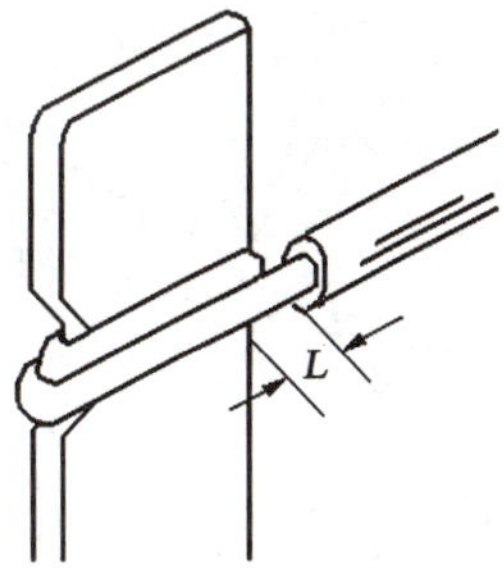

图 1.9　导线和端子的绕焊

导线与导线的连接常以绕焊为主，如图 1.10 所示。操作步骤如下：

① 去掉导线端部相应长度的绝缘皮；

② 在导线端头镀锡，并穿上合适的热缩套管；

③ 两条导线绞合在一起再焊接；

④ 趁热把套管推到接头焊点上，然后用热风或用电烙铁烘烤热缩套管，套管冷却后就会固定并紧裹在接头上。

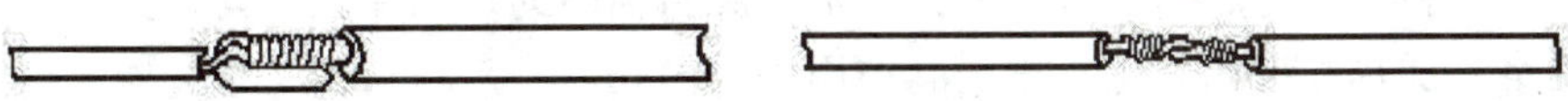

（a）细导线绕到粗导线上　　（b）同样粗细的导线的绕焊

图 1.10　导线与导线的绕焊

这种连接的可靠性最好，在要求可靠性高的地方常采用。

（2）钩焊。

将导线弯成钩形钩在接线端子上，再用钳子夹紧后焊接，如图 1.11 所示。其端头的处理方法与绕焊相同。这种方法的在强度上低于绕焊，但操作简便。

（3）搭焊。

如图 1.12 所示为搭焊，这种连接最方便，但在强度及可靠性上最差。图 1.12（a）是把经过镀锡的导线搭到接线端子上进行焊接，只在临时连接或不便于缠、钩的地方以及某些接插件上使用。

对于调试或维修中导线的临时连接，可以采用如图 1.12（b）所示的搭接办法，但这种搭焊连接不能用在正规产品中。

（4）杯形焊件焊接法。

这类接点常见于接线柱和接插件，由于尺寸较大，如果焊接时间不足，容易造成“冷焊”。这种焊件一般是和多股软线连接，焊前先绞紧各股软线，然后镀锡，对杯形件也要进行相应的处理。操作方法如图 1.13 所示。

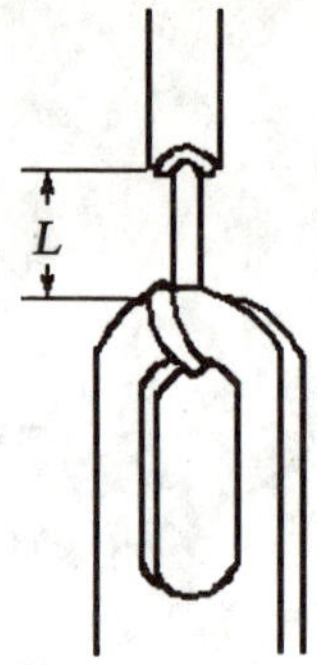

图 1.11　导线和端子的钩焊

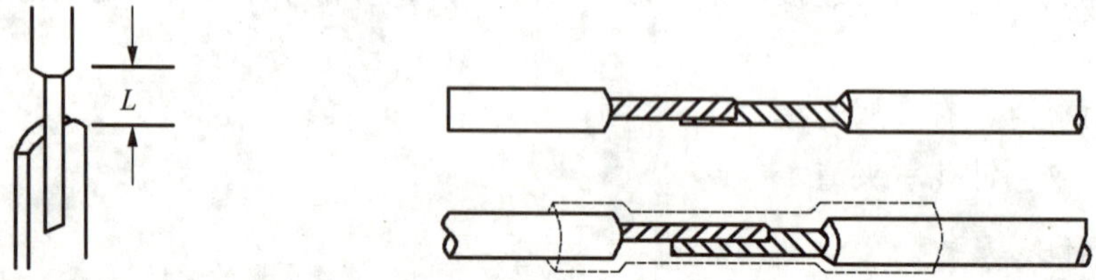

（a）导线的端子的搭焊　　（b）导线和导线的搭焊

图 1.12　搭焊

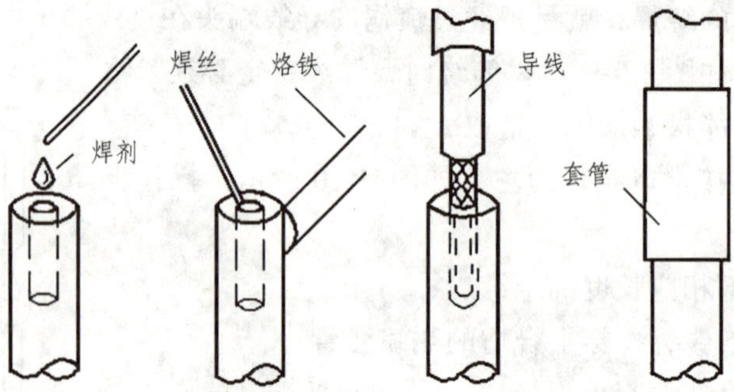

（a）　（b）　（c）　（d）

图 1.13　杯形接线柱焊接方法

① 往杯形孔内滴助焊剂。若孔较大，则用脱脂棉蘸助焊剂在孔内均匀擦一层。

② 用烙铁加热并将锡熔化，靠浸润作用流满内孔。

③ 将导线垂直插入到孔的底部，移开烙铁并保持到凝固。凝固前，导线不可移动，以保证焊点质量。

④ 完全凝固后立即套上套管。

由于这类焊点外形较大，散热较快，在焊接时应选用功率较大的电烙铁。

5．拆焊与重焊

1）拆焊技术

（1）引脚较少的元件的拆法。

一只手拿电烙铁加热待拆元件的引脚焊点，熔解原焊点焊锡，一只手用镊子夹住元件轻轻往外拉。

（2）多焊点元件且元件引脚较硬拆法。

① 采用吸锡器或吸锡烙铁逐个吸掉焊点上焊锡后，再将元件拉出。

② 用吸锡材料吸掉焊点上的锡。

③ 采用专用工具，一次将所有焊点加热熔化，再取下焊件。

2）重新焊接

（1）重焊电路板上元件。先将元件孔疏通，再根据孔距用镊子弯好元件引脚，然后插入元件进行焊接。

（2）连接线焊接。先将连线上锡，再将被焊连线的焊端固定（可钩、绞），然后焊接。

1.2.4　电子线路调试技术

1．电路的调试方法

调试是电子线路设计中非常重要的工作。对于一个新设计的电路，必须通过组装、测试和调试，才能发现问题、排除电路故障或修改电路参数，使设计的电路达到预定的计算指标要求。

调试时常用的电子仪器有：直流稳压电源、万用表、示波器、信号发生器和扫频仪。

调试的一般步骤如下：

1）检查电路的连接

在电路连线完成后，首先必须对照电路图认真仔细检查电路连线，如各晶体管或集成块的引脚是否插对了，是否有漏线和错线，特别要检查电源与地线是否有短路现象。

2）分块调试

通常按照总体组成框图分块进行调试，一般按照电路中的信号流向，从“源”（包括供电电源、传感器信号源或电路中的振荡信号源）开始，分块调试，在分块调试的基础上逐步扩大安装调试的范围，最后完成整个的电路的调试。具体步骤如下：

（1）直接观察。在检查电路连线无误后，首先在空载（即切断该电源的所有负载）的情况下，调好所需要的电源电压，然后给电路通电。此时要观察电路有无异常，包括冒烟、有异常气味、用手触摸元器件发热、电源短路等，如果有，应立即关断电源，待排除故障后才可重新通电。

（2）静态测试。先去掉输入信号，并将电路的输入置零，用万用表测量电路的电源与地之间的电压，测量电路的静态工作点是否符合要求。

（3）动态调试。在输入端加入一个适当频率和幅值的信号，按信号流向用示波器观测电路各测试点波形（包括幅值、相位、波形形状、时序关系等）是否符合要求。

测试完毕后，要将静态和动态测试结果与设计指标加以比较，经过分析后再调整电路参数，使之达标。

3）整机联调，测试技术指标

有时单元电路工作正常，整机电路的工作却不正常。主要原因是没有逐级连接与测试。一般先将两级电路进行级联、调试，使这两级电路的技术指标到达设计要求；再将下一级与前两级进行级联、调试，使这三级的技术指标达到设计要求，如此类推，直到整机电路调试完成。

整机电路工作正常后，要测试整机的全部性能指标，并与设计要求进行对比，找出问题，然后进一步修改、调整电路的参数，直到完全符合设计要求为止。

注意：使用示波器测试电路的波形时，最好把示波器的信号输入方式置于“直流”耦合挡，这样可以同时观察到被测信号的交直流成分。

2．检查电路故障的常用方法

在保证供电正常的情况下，查找电路故障可以采用以下方法：

1）替代法

用已经调整好的单元电路代替有故障或有疑问的相同单元电路，这样可以很快判断出故障原因是在单元电路本身，还是在其他的单元或连线上。当发现某一局部电路有问题时，应先检查该部分的连线，当确认无误后再更换元器件。

2）对比法

有问题电路的状态、参数与相同正常电路进行逐项对比，从中找出电路中不正常情况，进而分析故障原因，判断故障点。

3）对分法

把有故障的电路对分为两部分，可检查出有问题的那一部分而排出另一部分无故障的电路。然后再对有故障的部分进行对分检测，直到对分找出故障点为止。

实际电路调试过程中，往往要综合应该各种方法才能排除故障。

3．调试中的注意事项

在调试电路的过程中，应注意以下几点：

（1）测试前，要熟悉电路的工作原理和各项技术指标的测试方法。

（2）仪器的信号线与地线的连接要正确。有些情况认为，实验中测量的是交流信号，可以不分正、负，因此测量仪器的信号线与地线也可以不分（任意接）。这种想法是错误的，这样做会导致测量结果错误。如果测量仪器的信号线与地线接反，则被测电路的地线相对于测量仪器来说是悬浮的，此时被测电路对地会产生分布电容 C_X，由于分布电容产生的电压 V_X 对被测电压 V_o 的幅度和相位都会产生影响，从而导致测量结果错误。特别是随着信号频率的升高，测量结果的错误就会越来越严重。因此，切不可将仪器的信号线与地线接反。

（3）测量电压时，所用仪器的输入阻抗必须远大于被测处的等效阻抗。若测量仪器输入阻抗小，则在测量时会引起分流，给测量结果带来很大误差。

（4）测量仪器的带宽必须大于被测电路的带宽，否则，测试结果就不准确。

（5）测量方法要方便可行。例如，在测量 PCB 板上某支路电流时，可以通过测取该支路上某电阻两端的电压，然后经过换算而得到。若用电流表测电流就很不方便。

（6）调试过程中，不但要认真观察和测量，还要认真做好记录。记录的内容包括实验条件、观察的现象、测量的数据、波形和相位关系等。只有有了大量的可靠的实验记录数据并与理论结果加以比较，才能发现电路设计上的问题，完善设计方案。

（7）调试时出现故障，要认真查找故障原因，仔细分析判断。切不可一遇到故障就拆掉线路重新安装，因为重新安装的线路仍可能存在各种问题。如果是原理上的问题，即使重新安装也解决不了问题。应当把查找故障、分析故障原因看成是一次好的学习机会，通过它来不断提高自己分析问题和解决问题的能力。

1.3 电路故障检查的一般方法

电子电路的故障检测是指当电子电路发生故障时，根据故障现象通过分析确定故障部位，找到故障元件的检测过程。然而，当较复杂系统中的元件出现故障时，要检测出故障元件就比较困难。

检测电路故障的方法很多，应根据电路的简繁程度、装配方法、仪器设备的装备情况来决定。下面是一些检测电路故障的常用方法。

1．直接观察法

直接观察法是指不采用任何仪器设备，也不改动电路接线，直接观察待查电路表面来发现问题、寻找故障的方法。直接观察法一般分为静态观察和通电检查两种。

静态观察包括：① 观察仪器使用情况。仪器类型选择是否合适，功能、量程的选用有无差错，共地连接的处理是否妥善等。先排除电路外部故障，再进行电路本身的观察。② 观察电路供电情况。电源电压的等级和极性是否符合要求，电源是否已确实接入了电路等。③ 观察元器件安装情况。电解电容的极性、二极管和三极管的引脚、集成器件的引脚有无错接、漏接、互碰等情况，安装位置是否合理，对干扰源有无屏蔽措施等。④ 观察布线情况：输入和输出线、强电和弱电线、交流和直流线等是否违反布线原则。

在接通电源后，观察元器件有无发烫、冒烟等情况，变压器有无焦味、发热或异常声响。

直接观察法适用于对故障进行初步检查，一般明显的故障可以用此法发现。

2．参数测试法

参数测试法是借助于仪器帮助来发现问题、寻找故障元件的方法。这种方法又分为断电测试法和通电测试法两种。

断电测试法是在电路断电条件下，利用万用表欧姆挡测量电路或元器件电阻值，借以判断故障的方法，如检查电路中连线、焊点及熔丝等是否断路，测试电阻值、电容器漏电、电感器的通断，检查半导体器件的好坏等。测试时，为了避免相关支路的影响，被测元器件的一端必须与电路断开。同时，为了保护元器件，一般不使用高阻挡和低阻挡，以防止高电压或大电流损坏电路中晶体管的 PN 结。

通电测试法是在带电条件下，借助于仪器测量电路中各点电压或支路电流，进行理论分析，寻找故障所在的方法，如检查晶体管静态工作点是否正常，集成器件的静态参数是否符合要求，数字电路的逻辑关系有无差错等。

3．信号寻迹法

信号寻迹法是在电路输入端加入一定幅度与适当频率的信号，按照信号的流程由前级到后级，用示波器或电压表等仪器逐级检查信号在电路内各部分传输的情况，根据电路的工作原理，分析电路的功能是否正常，从而判断故障所在部位的方法。检测时也可以从输出级向输入级倒推进行，信号从最后一级电路的输入端加入，观察输出端是否正常，然后逐级将信号加入前面一级电路输入端，继续进行检查。显然，只有在电路静态工作点处于正常的条件下才能使用这种方法。

4．对分法

对于有故障的复杂电路，为了减少调试的工作量，可将电路分成两部分：先寻找出有故障的部分，然后再对有故障的部分进行对分检测，一直到找到故障点为止。

5．分割测试法

对于一些有反馈的环形电路，如振荡器、稳压器等电路，它们各级的工作情况互相有牵连，这时可采用分割环路的方法，将反馈环去掉，然后逐级检查，可以更快地查出故障部分。对自激振荡现象也可以用这个方法检查。

6．对比法

怀疑某一电路存在问题时，可将此电路的状态、参数与相同的正常电路进行逐项比较，这样就可以较快地找到电路中不正常的参数，进而可由不正常的参数分析出故障原因并判断出故障点。

7．替代法

有时故障比较隐蔽，这时可用已调试好的单元电路或组件代替有疑问的单元电路，以此来判断故障是否在此单元电路。当确认某一单元电路确有问题时，还可在单元电路中进行局部替代，逐步缩小有故障嫌疑的范围，尽快找出故障点。有时元器件的故障不很明显，如电容器漏电、电阻变质、晶体管和集成电路性能下降等，这时可用相同规格的优质元器件逐一替代实验，就可以具体地判断故障点。

8．电容器旁路法

当电路有自激振荡或寄生调幅等故障时，可用一个容量较大的电容器并联到故障电路的输入或输出端，观察对故障现象的影响，据此分析故障的部位。如果将电容器接到某处时故障消失，表明故障产生在此附近电路或前级电路中。在放大电路中，旁路电容开路或失效，使负反馈加强，输出量下降，此时用适当的电容并联在旁路电容两端，就可以看到输出恢复正常，也就可断定旁路电容的问题。这种检查可能要多处试验才有结果，这时要细心分析可能引起故障的原因。这种方法也用来检查电源滤波和去耦电路的故障。

1.4　电子设计报告写作

电子设计报告是对整个电路设计的全面总结，电子设计报告主要包括摘要、方案论证、系统总体方案介绍、单元电路分析与设计、系统程序设计、系统测试及结果分析等几部分。

1．摘　要

300～500字，用简练的语言将课题的目的、技术手段、硬件结构、软件模块、实现的功能和指标情况、特色介绍清楚。

要求：文字简练、措词准确、表达清楚。达标程度要实事求是，特点、特色的叙述，用词要考虑科学性、正确性。

2．关键词

关键词的数量控制在5～8个，从课题的中心词、技术的核心词、技术手段名称、设计工具术语中提炼。

3．方案比较与论证

根据题目的技术指标和要求，提出可以采用的几种（三种以上含三种）总体实现方案，用方框图的形式给出。然后分别论述各个方案的特点、实现难易程度以及性价比，对各种方案进行分析，比较其优缺点，最后说明本作品选择哪个方案，为什么选这个方案。可从满足技术指标的要求、性价比以及当前的实际条件（元件、设备）等几个方面说明最终采用方案的理由。

4．系统总体方案介绍

给出所设计系统的总体实现方案，用框图表示系统的各个构成部分。先对系统的总体设计思路作简要描述，然后简单介绍各个功能模块的主要功能。

5．单元电路设计撰写要点

对于整体电路比较简单的系统可以直接给出整机电路，然后简述电路工作原理，最后列出有关的元件参数计算。

对于比较复杂的系统，则需要对构成系统的各个功能模块逐个进行描述和介绍，每个功能模块可以构成一个小节，重点是电路原理叙述和主要参数的计算。

先叙述单元电路的设计内容，给出该单元电路图，简述工作原理，列出参数计算。电路的布局、布线要简洁明了，电路与电路之间的连接要用箭头、符号表示清楚。

6．系统程序设计写作注意点

一般先给出系统软件的总体流程图，根据总体流程图简述系统软件的设计思路和工作流程。

如果软件系统较大，亦可给出系统软件模块构成图，并简要介绍主要功能模块的功能，为接下来功能模块的介绍作铺垫。

软件系统各个主要功能模块介绍。给出功能模块的软件流程并介绍设计思想和工作过程。流程图必须符合流程图的设计规范。

7．系统测试

首先，进行测试方法和测试条件的描述。根据系统功能及指标拟定测试方案（方法），通常以方框图的形式给出。选择适当的测试仪器，用表格的形式列出实测时所用仪器设备的名称、型号。

然后，根据题目要求对各项指标进行测试，注意抓住采分点。在测试每项指标时，应给出该项指标的定义或意义（如灵敏度、信噪比的严格定义）。然后逐项测试。

根据要求分项测试，各项指标测试都要注明测试条件，如输入信号、输出信号、电源电压等；对数据进行列表（注意数据的单位）；根据需要有些数据可以画出实测曲线。说明达到的技术指标，并和设计要求的技术指标进行比较，说明最终测试指标的精度。

发挥部分的测试。发挥部分的测试可作为单独一项，以突出重点，增加论文分量。

最后，进行测试结果分析。说明根据测试结果，论证系统是否达到设计任务的要求。

本章参考文献

[1] 罗杰. 电子线路设计 · 实验 · 测试. 4 版. 北京：电子工业出版社，2008.
[2] 徐卯. 电子工艺与实训. 北京：科学出版社，2007.
[3] 侯守军. 电子技术实验与实训. 北京：国防工业出版社，2009.
[4] 王卫平，陈粟宋. 电子产品制造工艺. 北京：高等教育出版社，2005.
[5] 侯守军. 电工电子技术实验与实训. 北京：国防工业出版社，2009.
[6] 韩永杰，佟永祥. 工程实践. 哈尔滨：哈尔滨工程大学出版社，2012.
[7] 胡锦. 数字电路与逻辑设计. 北京：高等教育出版社，2010.
[8] 周旭. 现代电子设备设计制造手册. 北京：电子工业出版社，2008.
[9] 李仲秋，黄荻. 电子电路分析与实践指导教程. 北京：清华大学出版社，2011.
[10] 王卫平. 电子工艺基础. 3 版. 北京：电子工业出版社，2011.

第 2 章　常用电子元器件的识别与选用方法

电子元器件是电子电路设计的基础，任何电子电路都是由元器件组成的，而常用的元器件有电阻器、电容器、电感器和各种半导体器件。为了能正确的选择和使用这些元器件，就必须掌握它们的性能、结构和主要参数等有关知识。

2.1　电阻器

电阻器（Resistor）是电子电路设计中应用最广泛的电子元器件，在电路中起限流、取样、降压、偏置等作用，通常用“R”加数字表示，电阻器分为固定电阻器和可变电阻器（电位器）。电阻器的阻值大小用电阻来表示，其基本单位名称是欧姆，单位符号用希腊字母“Ω”表示，电阻阻值的常用表示单位还有千欧（kΩ），兆欧（MΩ）等。

2.1.1　电阻器的识别

1．色环电阻的识别方法

色环电阻是以电阻表面的色环来代表电阻阻值的。常见的色环电阻有四环电阻和五环电阻等。四环电阻的第四环（一般为金色或银色）和五环电阻的第五环（一般为棕色或红色）代表电阻器的精度，四环电阻的第三环和五环电阻的第四环代表倍率（乘以 10 的 n 次方），四环电阻和五环电阻的其余色环分别代表有效数值。色环颜色与数值、倍率、精度的对照表如表 2.1 所示。

表 2.1　电阻器色环颜色与数值、倍率、精度对照表

色码												
颜色	黑	棕	红	橙	黄	绿	蓝	紫	灰	白	金	银
数值	0	1	2	3	4	5	6	7	8	9		
倍率	10^0	10^1	10^2	10^3	10^4	10^5	10^6	10^7	10^8	10^9		
精度		1%	2%	3%	4%	0.5%	6%	7%	8%	9%	5%	10%
耐压		100	200	300	400	200	600	700	800	900	1 000	2 000

如图 2.1 所示五环电阻的读数为

$$470\times10^4\pm2\%\ \Omega=4.7\pm2\%\ \text{M}\Omega$$

图 2.1　五环电阻示意图

通常情况下可以通过颜色来确定四环、五环电阻的最末环（代表精度），但若五环电阻的两头均有红色或棕色，则可通过色环的间距来确定第五环：第一至第四色环间距均匀且相对较小，而第四和第五色环的间距较大。

2．贴片电阻的识别方法

贴片电阻（SMD Resistor）是金属玻璃铀电阻器中的一种，是将金属粉和玻璃铀粉混合，采用丝网印刷法印在基板上制成的电阻器。贴片电阻阻值误差精度有 ± 1%、± 2%、± 5%、± 10% 精度，常用的是 ± 1% 和 ± 5%。

± 5% 精度的贴片电阻通常用三位数来表示，如图 2.2 所示，305 前面两位是有效数字，第三位数 5 表示 10^5，基本单位是欧姆（Ω），即 3 MΩ。± 1% 精度的电阻通常用 4 位数来表示，前三位是表示有效数字，第四位表示倍率，如图 2.2 中，1002 表示电阻阻值为 10 kΩ。

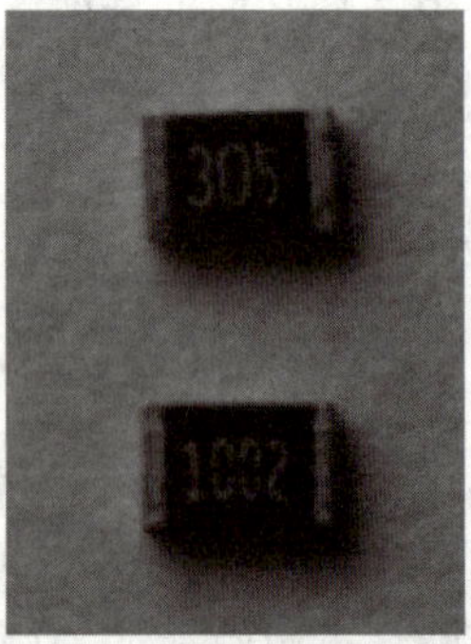

图 2.2　贴片电阻实物图

3．其他电阻的识别方法

线绕电阻器（Wire-Wound Resistor）是用电阻丝绕在绝缘骨架上构成的。电阻丝一般采用具有一定电阻率的镍铬、锰铜等合金制成。绝缘骨架是由陶瓷、塑料、涂覆绝缘层的金属等材料制成管形、扁形等各种形状。如图 2.3 所示为线绕电阻的示意图，其电阻值、精度、功率等一般采用直标法标定。

水泥电阻，线绕电阻器的一种，是将电阻线绕在无碱性耐热瓷件上，外面加上耐热、耐湿及耐腐蚀材料保护固定，并把绕线电阻体放入方形瓷器框内，用特殊不燃性耐热水泥充填密封而成。如图 2.4 所示，2R2J 表示该电阻标称值为 2.2 Ω，功率为 5 W。

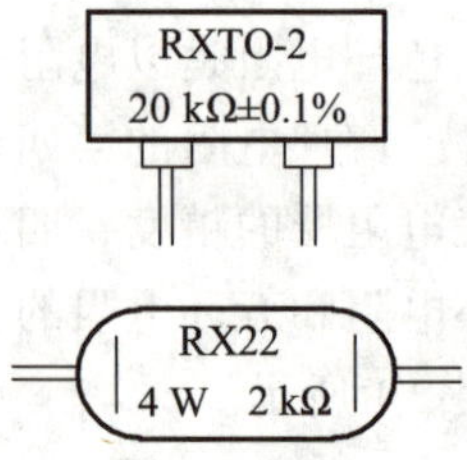

图 2.3　线绕电阻器示意图

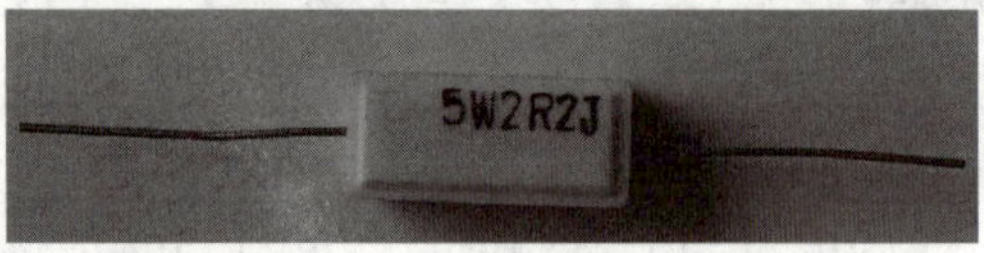

图 2.4　水泥电阻实物图

排阻是将若干个参数完全相同的电阻的其中一个引脚都连到一起作为公共引脚，其余引脚正常引出。所以如果一个排阻是由 n 个电阻构成的，那么它就有 n+1 只引脚，一般来说，最左边的引脚是公共引脚（有白点标识）。如图 2.5 所示，有 9 个引脚，由 8 个电阻构成，103 表示阻值为 $10×10^3$ Ω 。

图 2.5　排阻实物图

电位器（Potentiometer）是可变电阻器的一种。通常由电阻体与转动或滑动系统组成，即靠一个动触点在电阻体上移动，从而改变电阻的大小。电位器的种类很多，按材料分为膜式电位器和线绕电位器；按结构分为单圈、多圈电位器，单联、双联和多联电位器；按用途分为：普通电位器、精密电位器、微调电位器等。如图 2.6 所示为 3296 型的精密电位器，"102" 字样表示可变最大阻值为$10\times10^2\ \Omega$。

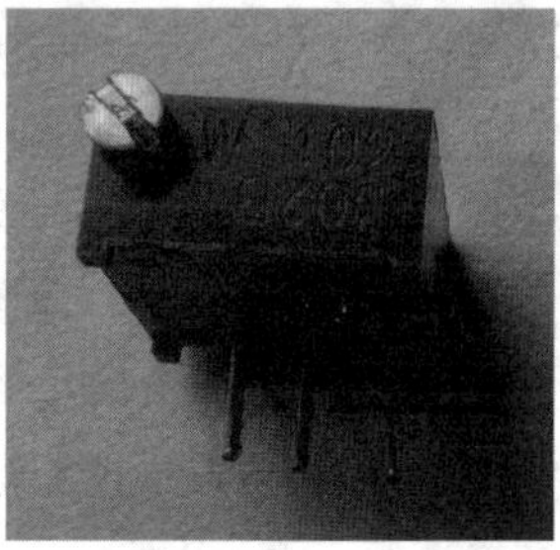

图 2.6　电位器实物图

2.1.2　电阻器的选用

按制作材料和工艺不同，电阻器可分为碳膜电阻器、金属膜电阻器及线绕电阻器等多种类型，选择哪一种材料和结构的电阻器，应根据电子装置的使用条件和电路设计要求来确定，不要片面地追求大功率、高精度等特性。其选用主要应注意以下几个方面：

1．电阻值

选择电阻器时，应估算电路中允许通过的电流值，从而选择恰当阻值的电阻。如果想要的电阻值无法在标称值中找到，则可以选择最接近的阻值，或者通过现有电阻的串联或并联方法获得，当然也可以找生产厂家订购。

2．精　度

精度选择应根据电路的设计要求以及在电路中的作用来确定。对于 *RC* 时间常数电路、仪表中的取样电阻等要求电阻值稳定、精度高的电阻器，可用康铜丝、锰铜丝绕制电阻或选用误差为 1% ~ 2% 的电阻器，对用于负载、滤波等对精度要求较不高的电阻，可选择精度为 5% ~ 10% 的电阻。

3．额定功率

电阻的功率一般跟体积、成本成正比，功率越大，体积越大，成本越高。选择电阻时，功率要留一定余量，通常选额定功率大约为电阻器在电路中的实际功耗的 1.5 ~ 2 倍。

4．电阻器的材料和结构

电阻器结构和材料的选择应根据具体应用电路的要求而定，如碳膜电阻器适用于对精度和随温度变化的稳定性要求不高的电路中，如数字电路中的上拉或下拉电阻等；金属膜电阻器适用于要求高精度、低温度系数和低噪声的精密应用场合，如电桥电路、*RC* 振荡器和有源滤波器等。

5．成　本

精度越高，成本越高；功率越大，成本也越高；材料不同，成本也不同。在满足精度和功率，且性能无特殊要求的情况下，尽量选择低成本材料的电阻。

2.2　电容器

电容器（capacitor）是一种能容纳电荷的器件，用字母 *C* 表示。电容器广泛应用于电路中的隔直通交、耦合、旁路、滤波、调谐回路、能量转换和控制等方面。电容器按介质材料可分为纸介电容器、薄膜电容器、涤纶电容器、云母电容器、瓷介电容器、独石电容器、玻璃釉电容器、铝电解电容器、钽电解电容器等。

电容单位为法拉，单位符号为 F，其中，$1\ \mathrm{F}=1\times10^{6}\ \mu\mathrm{F}=1\times10^{9}\ \mathrm{nF}=1\times10^{12}\ \mathrm{pF}$。

2.2.1　电容器的识别

1．直插式电容器的识别方法

直插式电容器容量的标示方法主要有直标法、文字符号法、数码法和色标法四种。

直标法就用数字和字母直接把容量和耐压值标注在外壳上，如图 2.7 所示的电解电容器容量为 2 200 μF，耐压值为 35 V。长管脚为“+”，短管脚（白色带标识）为“–”。

文字符号法用数字、文字符号有规律的组合来表示容量。如图 2.8 所示，3 n9 表示容量为 3.9 nF，μ33 表示容量为 0.33 μF。

图 2.7　直标法标识电容实物图

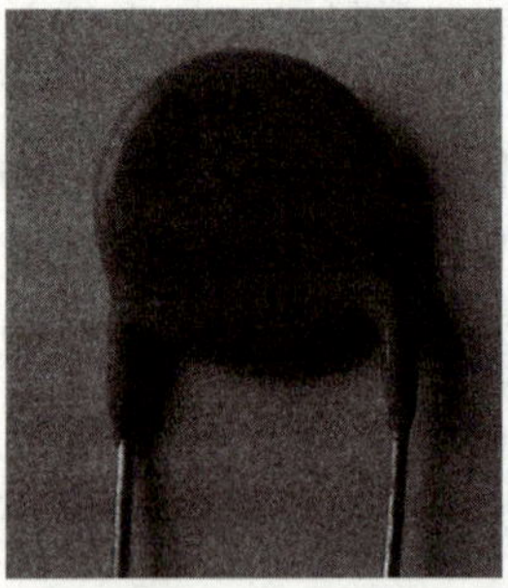

图 2.8　文字符号法标识电容实物图

数码法是指用三位数字表示容量的标示方法。数码从左到右，第一、第二位为有效值，第三位为倍率，单位符号为 pF。第三位数字若为 9，表示 10^{-1}。如图 2.9 所示，331 表示容量为 330 pF，10^{4} 表示容量为 $10\times10^{4}\ \mathrm{pF}=0.1\ \mu\mathrm{F}$。

色标法是指用不同颜色的色带在电容器表面标出标称值和允许误差，单位一般为 pF。色环颜色与数值、倍率、精度对照表与电阻一样。如图 2.10（a）所示第一、第二环分别代表有效数字，第三环代表倍率，第四环代表误差，最后一环代表耐压值。如图 2.10（b）所示电容值为 47×10^3 pF。

图 2.9　数码法标识电容实物图

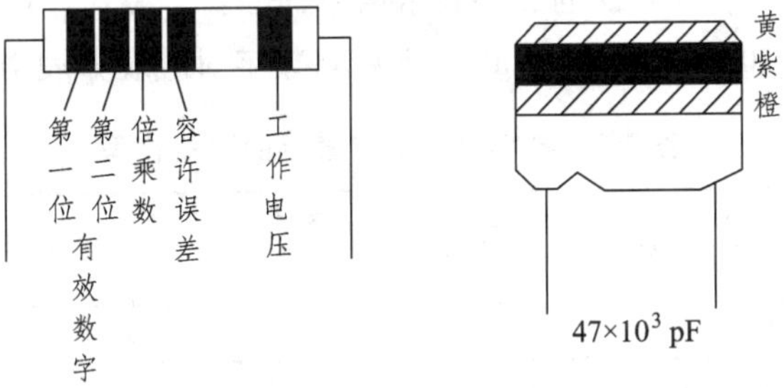

（a）　　　　（b）

图 2.10　色标法标识电容示意图

电容器耐压值可以直接在电容器表面以数字的形式标注出来，也可以用一个数字和一个字母组合表示。数字表示 10 的幂指数，字母表示数值，单位符号是 V。如表 2.2 所示为字母表示耐压数值。如“1J”字样表示耐压值为 6.3×10^1 V。

表 2.2　字母表示的耐压值表

字　母	A	B	C	E	F	G	H	J	K	Z
耐压/V	1.0	1.25	1.6	2.5	3.15	4	5	6.3	8	9

有些立式瓷片电容器表面未标识耐压值，可以根据经验判定其耐压值的大小：在容量值标识下有一条横线的表示耐压为 50 V，无横线又无耐压标识的为 500 V。如图 2.11 所示的两种同为 0.1 μF 的瓷片电容，它们的耐压值却截然不同。

2．贴片电容器的识别方法

贴片电容器全称为多层（积层，叠层）片式陶瓷电容器（Multi-Layer Ceramic Capacitors，MLCC），也称为贴片电容或片容。目前，新一代的电子产品中越来越多的使用贴片电容器。贴片电容器的电容值一般均表示在电容器的表面上。其标示方法主要有数码法和字母加数字标注法。

数码法如图 2.12 所示，贴片电容器的电容值为 22×10^6 pF = 22 μF，耐压 35 V，236 代表生产日期为 2002 年第 36 周。

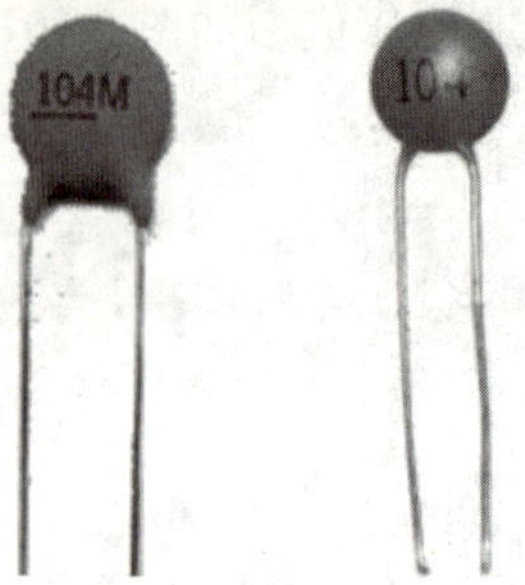

图 2.11 两种不同耐压瓷片电容实物图

图 2.12 贴片电容实物图

字母加数字标注法由大小写英文字母及 0 ~ 9 数字组合而成。其中，大小写英文字母表示电容器容量的前两位数字，其后面的数字表示倍率，如：A 表示数值代号为 1.0；A5 表示该电容器容量为$1.0\times10^5=100\ 000$ pF = 0.1 μF 。字母与数字对应表如表 2.3 所示。

表 2.3 各字母、数字表示的数值代号

字母	数值代号	字母	数值代号	字母	数值代号
A	1.0	M	3.0	p	3.6
B	1.1	N	3.3	d	4.0
C	1.2	Q	3.9	e	4.5
D	1.2	R	4.3	F	5.0
E	1.5	S	4.7	u	5.6
F	1.6	T	5.1	m	6.0
G	1.8	W	6.8	v	6.2
H	2.0	Y	8.2	h	7.0
J	2.2	Z	9.1	x	7.5
K	2.7	A	2.5	t	8.0
L	2.7	b	3.5	y	9.0

贴片电容的尺寸有 0402、0603、0805、1206、1210、1808、1812、2010、2225、2512 等，04 表示长度是 0.04 英寸（1 英寸 = 2.54 厘米），02 表示宽度 0.02 英寸，其他类同。

此外，部分贴片电容器表面无任何标识，仅在贴片电容盘的外包装上标识了相关参数，如图 2.13 所示分别为 0603 封装的 0.1 μF 贴片电容器与电容盘。这就要求电子设计者在焊接时需要小心谨慎，一旦与其他同种封装的贴片电容器搞混淆将无法分辨。

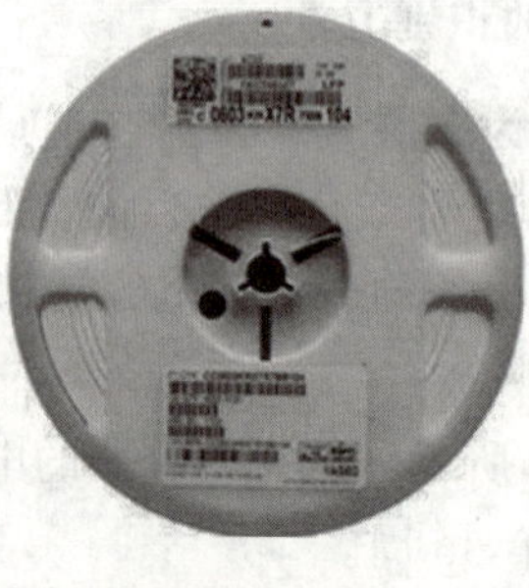

图 2.13 贴片电容与电容盘

2.2.2 电容器的选用

选用合适的电容器，通常需要从以下几个方面综合考虑：

1．容　量

在 *LC* 振荡、*RC* 延时、音调控制等电路中，电容器的容量一旦确定不能随意更换；在旁路、隔直、滤波等电路中，电容器的容量没有严格要求。

2．额定工作电压

电容器都有固定的额定电压值，在电路中必须使其额定电压高于实际工作电压。同种容量的电容额定电压越高成本越高，通常，在一般电路中应至少使工作电压低于电容器额定电压的 10%。

3．类　型

在满足基本容量、耐压要求的情况下，应根据电路的参数选择最合适的电容器类型。比如，滤波可以选用电解电容器，旁路可以选用纸介、陶瓷电容器等。

4．精　度

选择电容器时，应根据要求和在电路中的作用选择恰当的精度。在 *LC* 振荡回路、*RC* 延时回路、滤波器和网络等电路中对电容器的精度要求较高，应选取较高精度的电容；而在旁路、去耦、低频耦合等电路中，对电容器精度没有严格的要求，选用时可根据设计值，选用相近容量或容量略大些的电容器。

2.3 电感器

电感器（Inductor）是能够把电能转化为磁能并存储起来的元件，一般由绕组、骨架、磁芯、屏蔽罩等组成。电感器又称扼流器、电抗器、动态电抗器。电感器的主要作用是对交流信号进行隔离、滤波或与电容器、电阻器等组成谐振电路。电路中，电感器通常用字母“L”加数字表示。电感为基本物理量，单位为亨利（H），其中，$1\ \mathrm{H}=1\times10^{3}\ \mathrm{mH}=1\times10^{6}\ \mu\mathrm{H}$。

2.3.1 电感器的识别

1．直插式电感器的识别方法

直插式电感器电感量的标示方法主要有直标法和色标法两种。

直标法是将标称电感量用数字直接标注在电感线圈的外壳上，同时用字母表示电感线圈的额定电流，用Ⅰ、Ⅱ、Ⅲ分别表示允许误差为 ±5%、±10%、±20%。如图 2.14 所示，外壳上均标出了电感器的电感量。有些电感虽未在外壳上标出电感量，但在外包装上标出相关参数值，如图 2.15 所示。

色标法与电阻相似，用不同颜色的色带在电感器表面标出标称值和允许偏差，单位一般为μH。以四色环的电感器为例，第一、第二环代表有效值，第三环代表倍率，第四环代表误差。表 2.4 为电感器色环的颜色和数值对照表。

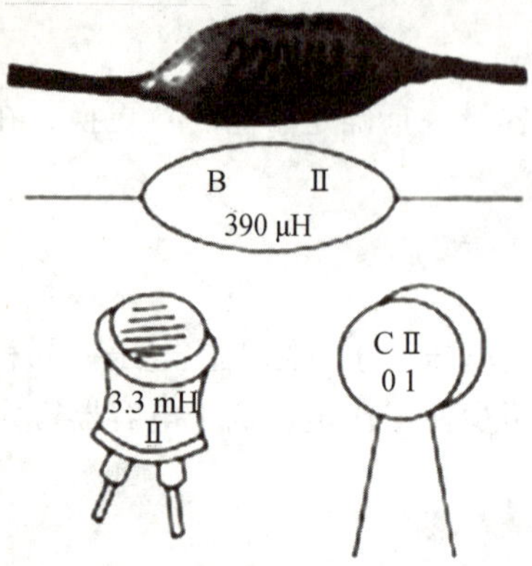

图 2.14　直标法标识电感示意图

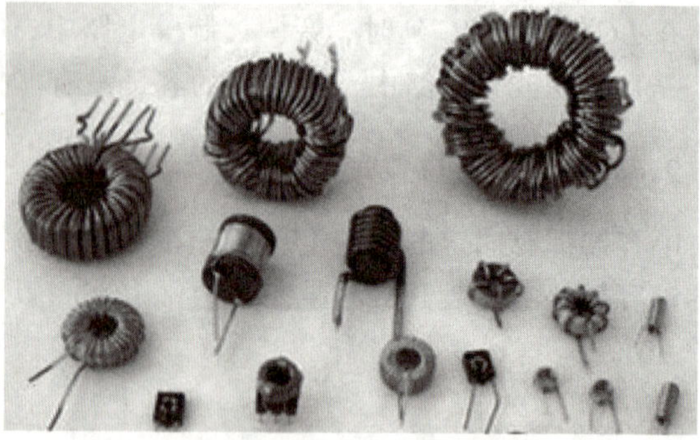

图 2.15　未标电感量电感器实物图

表 2.4　电感器色环颜色、数值对照表

色码												
颜色	黑	棕	红	橙	黄	绿	蓝	紫	灰	白	金	银
数值	0	1	2	3	4	5	6	7	8	9		
倍率	10^0	10^1	10^2	10^3	10^4	10^5	10^6	10^7	10^8	10^9	10^{-1}	10^{-2}
精度	20%	1%	2%	3%	4%						5%	10%

2．贴片式电感器的识别方法

贴片式电感器电感量的标识方法主要有文字符号法、数码法两种。

文字符号法用数字、文字符号有规律的组合来表示容量。如图 2.16 中 4R7、6R8 分别标识电感量为 4.7 μH 和 6.8 μH。

数码法用三位数字表示容量的标示方法。数码从左到右，第一、第二位为有效值，第三位为倍率，单位符名为μH。如图 2.16 中 330、470 分别标识电感量为 33 μH 和 47 μH 的电感。此外，部分电感的相关参数值标识在外包装上，而未在外壳上标出电感量，如图 2.17 所示。

图 2.16　有标识贴片电感实物图

图 2.17　无标识贴片电感实物图

2.3.2 电感器的选用

选用电感器时，应充分考虑其电感量、额定电流、品质因数等性能参数及外形尺寸等，通常需要从以下几个方面来考虑：

1．性能参数

电感器的额定电流应大于工作电流，否则易被烧坏，在 *LC* 谐振电路中应选择恰当 *Q* 值和电感量的电感器，应考虑电感器的直流电阻对电路的影响（因为直流电流通过电感时将产生压降，若压降较大，将影响电路的工作）。

2．电路频率

在低频时，可以选用铁芯线圈；频率在几百千赫到几兆赫时，选用铁氧体芯线圈；频率在几兆赫到几十兆赫时，一般选用短波高频铁氧体芯线圈或者空芯线圈；频率在 100 MHz 以上时，应选用空芯线圈。

3．尺　寸

在电感量、额定电流、品质因数等性能参数满足要求的情况下，尽量选择尺寸小的电感器。

2.4 半导体器件

半导体器件（Semiconductor Device）是指利用导电性介于良导电体与绝缘体之间的半导体材料来制成的具备某种特定功能的电子器件，这些半导体材料通常是硅、锗或砷化镓，可用作整流器、振荡器、发光器、放大器、测光器等器材。常用的半导体器件有晶体二极管、晶体三极管、场效应管和晶闸管等。

2.4.1 晶体二极管的识别与选用

晶体二极管的基本结构是将一块 P 型半导体和一块 N 型半导体结合在一起形成一个 PN 结。二极管有正负二个端子，P 型半导体的一端 A 称为阳极，N 型半导体的一端 K 称为阴极，PN 结具有单向导电性，电流只能从阳极流向阴极。二极管使用十分普遍，主要用于整流、检波、电子开关和限幅等。根据其用途不同，可分为整流二极管、检波二极管、稳压二极管、开关二极管、肖特基二极管、发光二极管等。

如图 2.18 所示，左边的 1N4007 为整流二极管，白色标识端为阴极；中间的为稳压二极管，黑色标识端为阴极，若外壳上有“C5V6”字样，则表示为 5.6 V 的稳压二极管；右边的发光二极管，其长管脚为阳极。

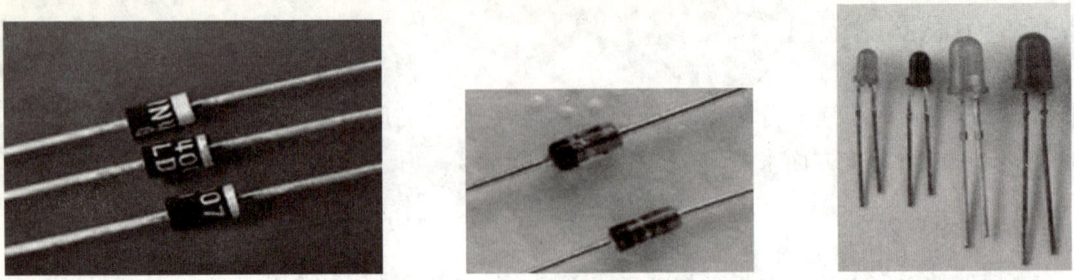

（a）（b）（c）

图 2.18 整流二极管、稳压二极管、发光二极管实物图

二极管的选用应根据具体的用途来选择恰当的参数值，比如选择稳压二极管时，要根据应用电路的基准电压值的要求选取稳压二极管的稳定电压值，不可以并联使用稳压管，但可以串联使用（稳压二极管电流相近时可以串联），串联的稳压电压为各个稳压二极管的稳定电压之和。选择整流二极管时，应主要考虑其最大反向工作电压、最大整流电流等。选择发光二极管时，应考虑其直径的大小和点亮电流等。

2.4.2 晶体三极管的识别与选用

晶体三极管是半导体基本元器件之一，全称为半导体三极管，也称双极型晶体管，是一种控制电流的半导体器件。其作用是把微弱信号放大成幅值较大的电信号，也用作无触点开关，在电子电路中被广泛应用。晶体三极管具有电流放大作用，是电子电路的核心元件。三极管是在一块半导体基片上制作两个相距很近的 PN 结，两个 PN 结把整块半导体分成三部分，中间部分是基区，两侧部分是发射区和集电区，排列方式有 PNP 和 NPN 两种。

如图 2.19 所示是 NPN 型三极管和 PNP 型三极管的结构示意图和电路符号。在电路中常用字母“V”或“VT”加数字表示晶体三极管。

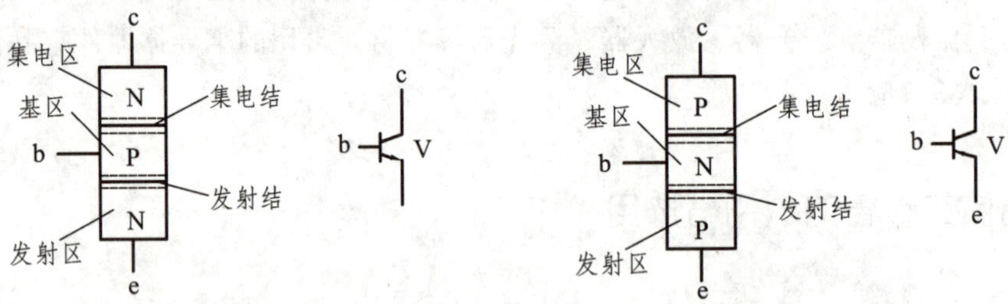

（a）NPN 型三极管　（b）PNP 型三极管

图 2.19 晶体三极管的内部结构及电路符号

三极管的识别最主要是对管脚的识别，国内各种封装的晶体三极管有许多种，管脚的排列不尽相同，常见封装的三极管管脚排列如图 2.20 所示。

通常，也可以使用万用表来测出三极管的管型（PNP 或 NPN）和各管脚的排列。以数字万用表为例，将万用表拨至二极管挡，用红、黑表笔分别接触三极管的任意两个管脚，如果表的液晶屏上显示溢出符号“1”，说明此时红表笔接触的是 N 型半导体，黑表笔接触的是 P

型半导体；如果液晶屏上显示零点几伏电压（硅管 0.7 V 左右，锗管 0.3 V 左右），则反之。

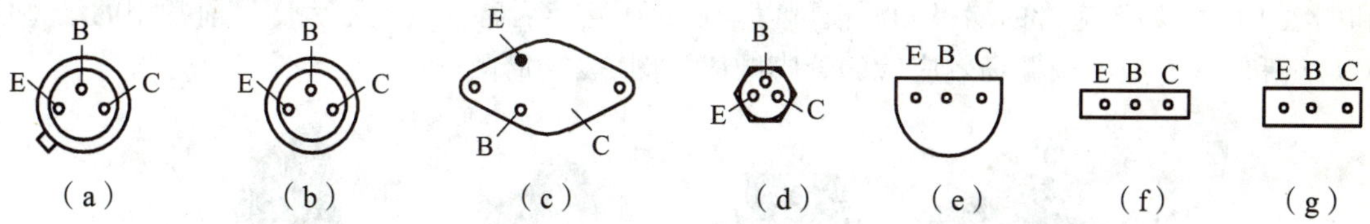

图 2.20　几种不同封装形式的三极管管脚排列示意图

同理，采用相同方法可测出另外一个管脚的半导体是 P 或 N 型。有两个 N 型半导体，一个 P 型半导体的三极管是 NPN 型三极管，P 型半导体对应的管脚为基极 B；有两个 P 型半导体，一个 N 型半导体的三极管是 PNP 型三极管，N 型半导体对应的管脚为基极 B。

找出了基极 B，另外两个电极哪个是集电极 C，哪个是发射极 E 呢？对于大功率管来说，基极 B 对集电极 C 的测试电阻要比基极 B 对发射极 E 的测试电阻小 5 ~ 100 Ω，可以通过电阻测量来确定 C 和 E 极；而对于小功率管来说，基极 B 对集电极 C 的测试电阻约等于基极 B 对发射极 E 的测试电阻，此时通过电阻测量很难分出 C 和 E 极，我们可以将万用表调至“HEF”挡，分别将三极管的 B 和假定的 C 和 E 极插入相应管型的孔内，表屏幕上显示放大倍数较大时假设成立。

三极管的选用要符合设计要求及应用的场合（如低频还是高频，大功率还是小功率等），一般应考虑以下几个因素：

1．电流放大系数 β

三极管的电流放大倍数应适当选择，不能过小或过大，β 过小达不到设计要求，β 过大容易产生自激导致工作不稳定，且受温漂影响较大。通常，β 选择范围是 40 ~ 100。

2．特征频率

三极管的特征频率一般应为工作频率的 3 ~ 10 倍。低频管的特征频率一般在 3 MHz 以下，而高频管的特征频率都在几十兆赫兹到几百兆赫兹。

2.4.3　场效应管的识别与选用

场效应晶体管（FET）又称为单极型晶体管，简称场效应管。场效应管属于电压控制型半导体器件，具有输入电阻高（100 ~ 1 000 MΩ）、噪声小、功耗低、动态范围大、易于集成、没有二次击穿、安全工作区域宽、热稳定性好等优点。场效应管可应用于放大、电子开关，阻抗变换等场合。在电路中，场效应管通常用字母“V”、“VT” 加数字表示。如图 2.21 所示，场效应管可分为结型、绝缘栅型两类。结型场效应管分为 N 沟道和 P 沟道两种，而绝缘栅型场效应管又分为 N 沟耗尽型和增强型、P 沟耗尽型和增强型四大类。

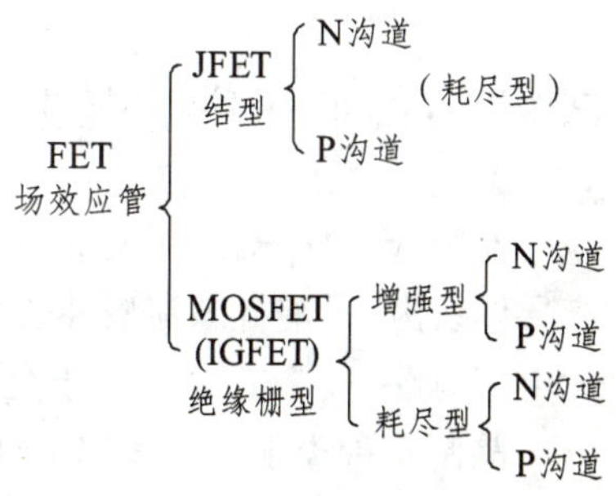

图 2.21　场效应管分类

场效应管的识别和三极管一样，场效应管一般也是三个引脚，分别为源极（S）、漏极（D）和栅极（G）。场效应管的漏极和源极可以互换，而互换后特性变化不大。目前常用的结型场效应管和 MOS 型绝缘栅场效应管的管脚顺序如图 2.22 所示。

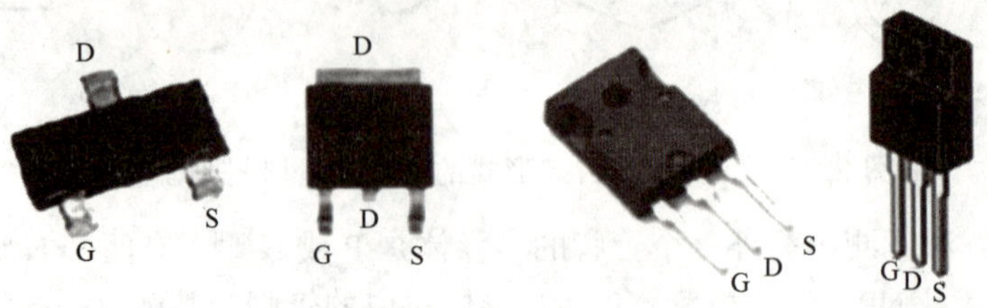

（a）（b）（c）（d）

图 2.22 常用场效应管的管脚顺序

通常，也可以使用万用表来测出栅极及沟道类型，以数字万用表为例，将万用表置于电阻挡，先假定某管脚为栅极，用红表笔接触该管脚，然后用黑表笔分别接触另外两个管脚，若测得的阻值均比较小，则再用红、黑色表笔交换测量一次，如果阻值都很大，那么假设的管脚为栅极，且此管为 N 沟道管。反之，若开始测得的阻值均比较大，再用红、黑色表笔交换测量一次，如果阻值很小，那么假设的管脚为栅极，且此管为 P 沟道管。

找出了栅极 G 后，将万用表调制“HEF”挡，将 N 沟道管插入 NPN 型三极管孔中，其中 G 插入 B 中，其余两个分别插入 C 和 E 的孔内，对调再插入孔内，两次测量万用表屏幕上显示放大倍数大时，C 和 E 孔内的分别为 D 和 S。同样，将 P 沟道管插入 PNP 型三极管孔中，可测出 P 沟道管的 D 和 S。

场效应管的选用应根据应用电路的需要选择合适的管型，一般应考虑以下几个因素：

1．主要参数

选择场效应晶体管时应注意其输入阻抗、低频跨导、夹断电压（或开启电压）、击穿电压、耗散功率、漏极电流等参数。

2．应用场合

在高频电路场合，应使用双栅场效应晶体管；在开关电源、充电器、电动机驱动、电源转换器、继电器驱动等电路场合，可选用功率 MOS 场效应晶体管；在阻抗变换、自动保护、稳流限流等电路场合，可选用结型场效应晶体管。

2.4.4 晶闸管的识别与选用

晶闸管（Thyristor）又称作可控硅，是一种开关型大功率半导体器件。晶闸管是四层 PNPN 半导体结构，具有硅整流器件的特性，能在高压、大电流条件下工作，是典型的小电流控制高压、大电流的设备，被广泛应用于交流调压、逆变及变频、无触点开关、可控整流等电子电路中。

晶闸管种类很多，按照极性可分成单向晶闸管和双向晶闸管。如图 2.23 所示，单向晶闸管有 A 极（阳极）、K 极（阴极）和 G 极（控制极，也称门极）等 3 个电极。G、K 极之间为一个 PN 结，A、K 间为两个叠起来的 PN 结，要使管子导通，必须给 A 极加上正极性电压，同时，再给 G 极施加一定的正向电压。若 G 极无正向电压，即使 A 极有正向电压，晶闸管也截止。由此可见，单向晶闸管好比是具有单向导电性能的可控硅二极管，其中门极 G 决定了管子的导通与否。单向可控硅一般应用在直流电路中。

如图 2.24 所示，双向晶闸管相当于由两个单向晶闸管反向并接而成，其内部结构是在同一硅单晶片上集成了 N-P-N-P-N 五层半导体。双向晶闸管有主端子 VT1（或称第一阳极）、主端子 VT2（或称第二阳极）和控制极 G（或称门极）3 个电极。在实际应用中，不论在 VT1、VT2 间施加的电压极性如何，只要在 G 极施加适当的触发电压，便可使管子导通。双向可控硅一般应用在交流电路中。

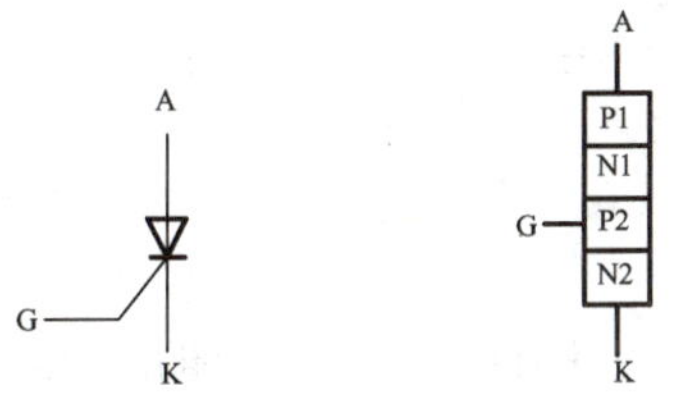

（a）电路符号　（b）电路结构

图 2.23　单向晶闸管的电路符号及结构

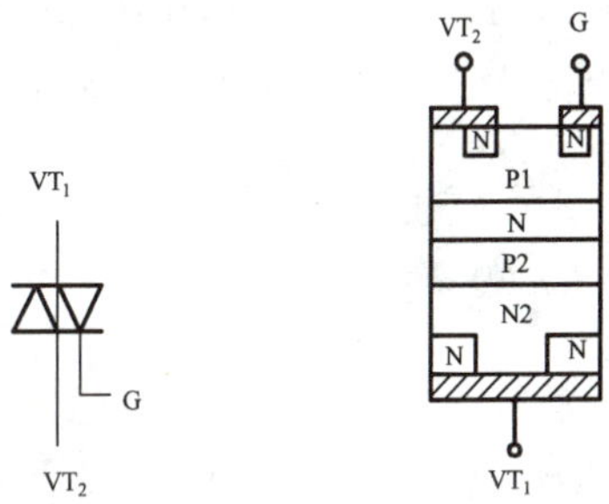

（a）电路符号　（b）电路结构

图 2.24　双向晶闸管的电路符号及结构

晶闸管的识别主要是对其三个引脚的区分，国内各种封装的晶闸管有许多种，管脚的排列不尽相同，常见封装的管脚排列如图 2.25 所示。

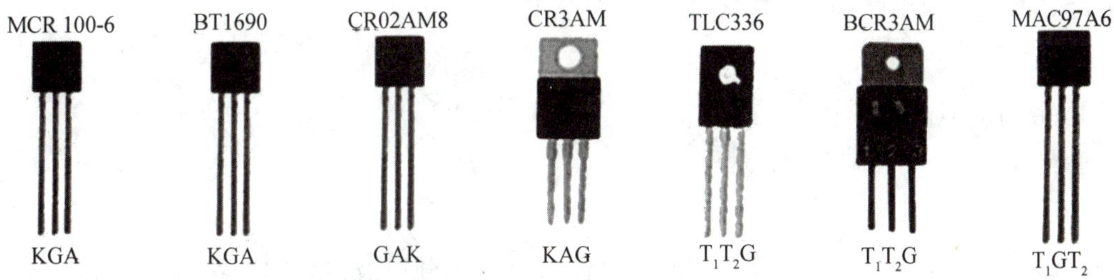

（a）　（b）　（c）　（d）　（e）　（f）　（g）

图 2.25　常见晶闸管的管脚排列实物图

通常，也可以用数字万用表来区分单、双向晶闸管及其电极，将数字万用表调至二极管挡，黑色表笔任意接某个引脚，用红色的表笔依次接触另外两个引脚，如果在两次测量中，一次显示值小于 1 V，另一次显示溢出符号“1”，则黑色表笔接的是阴极 K 或电极 VT1（VT2）。若红表笔接触的引脚显示值为 0.2 ~ 0.6 V，且红、黑表笔对调后显示数值一样，就判定该晶闸管为双向晶闸管，两只引脚分别为 VT1 和 VT2，另一引脚为门极 G；若红表笔接触的引脚显示的数值为 0.6 ~ 0.8 V 时，就可判定该晶闸管为单向晶闸管，且红表笔接触引脚为门极 G，另一引脚为阳极 A。

晶闸管的选用应该根据其控制方式、极性、封装形式、电流容量、关断速度等综合考虑，选择合适的类型和参数。

1．主要参数

晶闸管应留有一定的功率余量，其额定功率一般应为电路中实际功率 2～4 倍，且晶闸管的正向压降、门极触发电流及触发电压等参数应符合应用电路（指门极的控制电路）的各项要求，不能偏高或偏低，否则会影响晶闸管的正常工作。

2．类　型

晶闸管有多种类型，应根据具体应用电路的要求合理选用。在直流电路中一般选用单向晶闸管；在交流电路中一般选用双向晶闸管；在交流电动机变频调速、斩波器、逆变电源及各种电子开关电路中，一般选用门极关断晶闸管。在锯齿波发生器、过压保护器及大功率晶体管触发电路中，一般选用 BTG 晶闸管等。

2.5 集成电路

集成电路（Integrated Circuit）是一种微型电子器件或部件。采用一定的工艺，把一个电路中所需的晶体管、电阻、电容和电感等元件及布线互连一起，制作在一小块或几小块半导体晶片或介质基片上，然后封装在一个管壳内，成为具有所需电路功能的微型结构；其中所有元件在结构上已组成一个整体，使电子元件向着微小型化、低功耗、智能化和高可靠性方面迈进了一大步。它在电路中用字母“IC”表示，按其功能、结构的不同，可以分为模拟集成电路、数字集成电路和数/模混合集成电路三大类。

2.5.1 集成电路的识别

1．集成电路型号的识别

国标（GB 3431—82）集成电路的型号命名由五部分组成，各部分符号及意义如表 2.4 所示。

2．集成电路引脚的识别

集成电路的封装材料及外形有多种，最常用的封装材料有塑料、陶瓷及金属三种。封装外形最多的是圆筒扁平式、单列直插式、双列直插式及四列扁平式四种，如图 2.26 所示。圆形金属壳封装、菱形金属壳封装多为 8 脚、10 脚及 12 脚，单列直插式塑料封装多为 9 脚、10 脚、12 脚、14 脚及 16 脚，双列直插式封装多为 8 脚、12 脚、14 脚、16 脚、24 脚、42 脚及 48 脚。四列扁平封装式多为 48 脚、96 脚、144 脚、196 脚等。集成电路的封装外形不同，其引脚排列顺序也不一样。

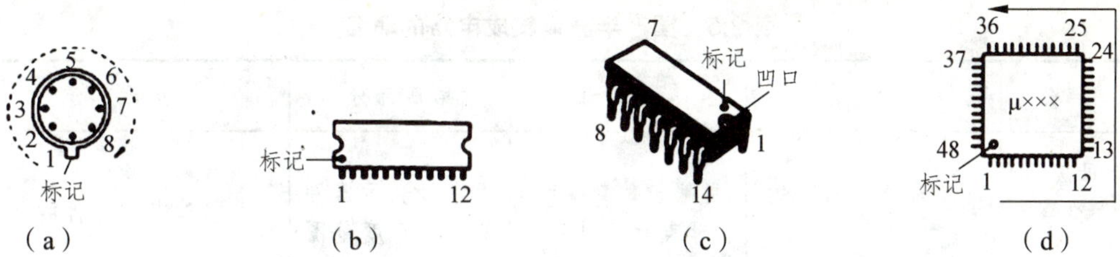

图 2.26　圆筒式、单列直插式、双列直插式及四列扁平式封装引脚示意图

3．集成电路封装的识别

封装（Package）是把集成电路装配为芯片最终产品的过程，简单地说，就是把铸造厂（Foundry）生产出来的集成电路裸片（Die）放在一块起到承载作用的基板上，把管脚引出来，然后固定包装成为一个整体。集成电路的封装主要有功率分配、信号分配、散热及包装保护等四大功能。从封装外形来分，可把集成电路分成单列直插式（SIP，Single In-line Package）、双列直插式（DIP，Dual In-line Package）、塑料有引线芯片载体（PLCC，Plastic-Leaded Chip Carrier）、塑料方型扁平式封装（PQFP，Plastic Quad Flat Pack）、双列表面安装式封装（SOP，Small-Outline Package）、薄型小尺寸封装（TSOP，Thin Small-Outline Package）、插针网格阵列封装（PGAP，Pin Grid Array Plastic）、球栅阵列封装（BGAP，Ball Grid Array Plastic）、陶瓷有引线芯片载体（CLCC，Ceramic Leaded Chip Carrier）、板上芯片封装（COB，Chip On Board）、扁平封装（FP，Flat Package）等封装形式。SOP，PLCC 及 PQFP 封装芯片实物如图 2.27 所示。

（a）　（b）　（c）

图 2.27　SOP、PLCC 及 PQFP 封装芯片实物图

2.5.2　集成电路的选用

集成电路的种类五花八门，功能各异，引脚排列、形状也各不相同，各种功能的集成电路应有尽有。在选用集成电路时，应根据实际情况，查器件手册，选用功能和参数都符合要求的集成电路。集成电路在选用时，应注意以下几个问题：

（1）根据要求选择，各种电子产品都由不同的电路组成，各部分电路功能不同，要求不同。比如编码器、译码器、放大器、比较器等。

（2）选择集成电路时要全面了解其功能、时序、电气参数、封装形式等详细资料。

（3）当扁平型集成电路外引出线成形、焊接时，引脚要与印制电路板平行，不得穿引扭焊，不得从根部弯折（见表 2.5）。

表 2.5 国产半导体集成电路的命名

第一部分		第二部分		第三部分	第四部分		第五部分	
用字母表示器件符合国家标准		用字母表示器件的类型		用阿拉伯数字和字母表示器件系列	用字母表示器件的工作温度范围		用字母表示器件的封装	
符号	意义	符号	意义	系列	符号	意义	符号	意义
C	中国制造	T	TTL 电路	TTL 分为:	C	0 ~ 70 °C	F	多层陶瓷扁平封装
		H	HTL 电路	54/74×××	G	25 ~ 70 °C	B	塑料扁平封装
		E	ECL 电路	54/74H×××	L	25 ~ 85 °C	H	黑瓷扁平封装
		C	CMOS 电路	54/74L×××	E	40 ~ 85 °C	D	多层陶瓷双列直插封装
		M	存储器	54/74S×××	R	55 ~ 85 °C	J	黑瓷双列直插封装
		u	微型机电路	54/74 L S×××	M	55 ~ 125 °C	P	塑料双列直插封装
		F	线性放大器	54/74 A S×××			S	塑料单列直插封装
		W	稳压器	54/74 A L S×××			T	金属圆壳封装
		D	音响电视电路	54/74 F×××			K	金属菱形封装
		B	非线性电路	CMOS 为:			C	陶瓷芯片载体封装
		J	接口电路	4000 系列			E	塑料芯片载体封装
		AD	A/D 转换器	54/74HC×××			G	网格针栅陈列封装
		DA	D/A 转换器	54/74 HCT×××			SOIC	小引线封装
		SC	通信专用电路				PCC	塑料芯片载体封装
		SS	敏感电路				LCC	陶瓷芯片载体封装
		SW	钟表电路					
		SJ	机电仪电路					
		SF	复印机电路					

（4）当集成电路焊接时，不得使用大于 45 W 的电烙铁，每次焊接的时间不得超过 10 s，以免损坏电路或影响电路性能。集成电路引脚间距较小，在焊接时各焊点间的焊锡不能相连，以免造成短路。

（5）CMOS 集成电路是由金属氧化物半导体构成的非常薄的绝缘氧化膜，可由栅极的电压控制源和漏区之间构成导电通路。若加在栅极上的电压过大，栅极的绝缘氧化膜就容易被击穿。一旦发生了绝缘击穿，就不可能再恢复集成电路的性能。

2.6 其　他

2.6.1 传感器的识别与选用

传感器（transducer，sensor）是一种检测装置，能感受到被测量的信息，并能将感受到的信息，按一定规律变换成为电信号或其他所需形式的信息输出，以满足信息的传输、处理、存储、显示、记录和控制等要求，它是实现自动检测和自动控制的首要环节。通常根据其基本感知功能分为热敏元件、光敏元件、气敏元件、力敏元件、磁敏元件、湿敏元件、声敏元件、放射线敏感元件、色敏元件和味敏元件十大类。

常见的传感器有电化学传感器、电量传感器、电阻式传感器、称重传感器、温度传感器、位移传感器、压力传感器、液位传感器等。

电化学传感器通过与被测气体发生反应并产生与气体浓度成正比的电信号来工作。可分为一氧化碳传感器、二氧化氮传感器、甲醛传感器等。电量传感器是一种将被测电量参数（如电流，电压，功率，频率，功率因数等信号）转换成直流电流、直流电压并隔离输出模拟信号或数字信号的装置。称重传感器是一种能够将重力转变为电信号的力→电转换装置，是电子衡器的一个关键部件。温度传感器的种类很多，现在经常使用的有热电阻（PT100、PT1000、Cu50、Cu100），热电偶（B、E、J、K、S），数字温度传感器（DS18B20）等。常用传感器实物图如图 2.28 所示。位移传感器又称为线性传感器，是把位移转换为电量的传感器。位移传感器是一种属于金属感应的线性器件，它分为电感式位移传感器，电容式位移传感器，光电式位移传感器，超声波式位移传感器，霍尔式位移传感器等。压力传感器是工业实践中最为常用的一种传感器，其广泛应用于各种工业自控环境，涉及水利水电、铁路交通、智能建筑、生产自控、航空航天、军工、石化、油井、电力、船舶、机床、管道等众多行业。传感器实物如图 2.28 所示。

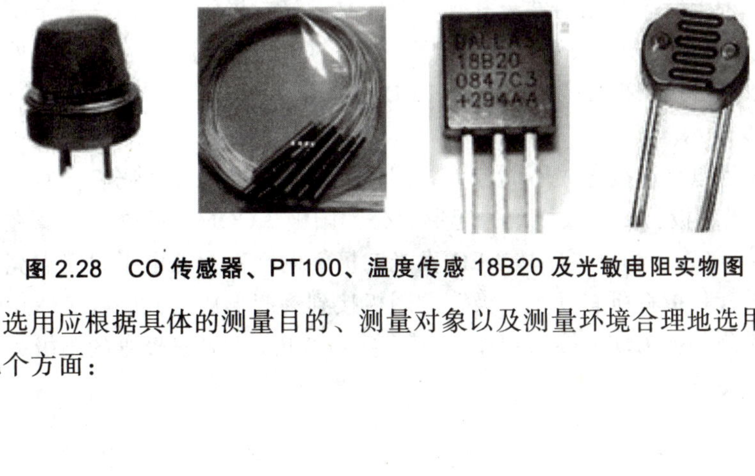

图 2.28　CO 传感器、PT100、温度传感 18B20 及光敏电阻实物图

传感器的选用应根据具体的测量目的、测量对象以及测量环境合理地选用传感器，一般应注意以下几个方面：

1．类　型

要进行一个具体的测量工作，首先要考虑采用何种原理的传感器，这需要分析多方面的因素之后才能确定。确定选用何种类型的传感器之后再考虑传感器的具体性能指标。

2．灵敏度

传感器的灵敏度是有方向性的。当被测量是单向量，而且对其方向性要求较高，则应选择其他方向灵敏度小的传感器；如果被测量是多维向量，则要求传感器的交叉灵敏度越小越好。

3．稳定性

在选择传感器之前，应充分考虑其使用环境，并根据具体的使用环境选择合适的传感器，或采取适当的措施，减小环境的影响。在某些要求传感器能长期使用而又不能轻易更换或标定的场合，所选用的传感器稳定性要求更严格，要能够经受住长时间的考验。

4．精度和成本

精度是传感器的一个重要的性能指标，关系到整个测量系统的测量精度。传感器的精度越高，其价格越昂贵，成本越高。为了让设计的产品有较高的性价比，选择的传感器精度只要满足整个测量系统的精度要求就可以，不必选得过高。

2.6.2 显示器件

显示器件是电子产品最重要的终端输出设备，是人机对话的窗口。显示器由电路部分和显示器件组成，采用何种显示器件，决定了显示器的电路结构，也决定了显示器的性能指标。指示或显示器件主要分为机械式指示装置和电子显示器件。传统的电压或电流表头就是一个典型的指示器件，它广泛用于稳压电源、万用表等仪器上。随着电子仪器的自能化水平提高，电子显示器件的使用日益广泛，主要有数码管、液晶显示器、荧光屏等。

1．数码管

数码管是一种半导体发光器件，其基本单元是发光二极管，它由 7 个条状的发光二极管（LED）和一个点状的发光二极管按图排列而成的，可显示数字“0 ~ 9”，另外点状的发光二极管可显示小数点。我们把数码管的 8 个 LED 分别命名为“a、b、c、d、e、f、g、DP”，排列顺序如图 2.29 所示。

按发光二极管单元连接方式不同分为共阳极数码管和共阴极数码管。共阳极数码管是指将所有 LED 发光二极管的阳极接到一起形成公共阳极（COM）的数码管。在应用时，应将公共极 COM 接 +5 V，当某一字段 LED 发光二极管的阴极为低电平时就点亮，反之，就不亮。共阴极数码管是指将所有发光二极管的阴极接到一起形成公共阴极（COM）的数码管。在应用时，应将公共极 COM 接 GND，当某一字段 LED 发光二极管的阳极为高电平时就点亮，反之，就不亮。

按能显示位数的多少，可将数码管分为 1 位、2 位、3 位、4 位等多位数码管，其实物图如图 2.30 所示。如果要显示多位数字，可以用多个一位的数码管显示，该方法编程简单、易于控制，但需要较多的 I/O 口资源，通常不采用，显示多位数字通常使用一体式的多位数码管来显示，采用动态显示驱动方式。动态驱动是将多位数码管的 a、b、c、d、e、f、g、DP 的同名端连在一起，而每位数码管的公共极 COM 作为位选控制端，位选控制端由独立的 I/O 线控制，当单片机输出字形码时，多位数码管都会同时接收到相同的字形码，但不一定会显示出来，其显示取决于位选控制端，只要将数码管的位选控制端打开就可以显示字形，否则就不会显示。打开位选控制端方法很简单，只需要将共阳（阴）极数码管的位选置高（低）电平即可。对于多位数码管，可以通过分时轮流控制各位数码管的 COM 端使各位数码管循环轮流显示，在轮流显示过程中，如果每位数码管显示的时间足够长，比如 2 s，我们可以看到每次都只有一位数码管被点亮，但是如果每位数码管点亮时间很短，比如 1 ~ 2 ms，由于发光二极管的余辉效应以及人肉眼的视觉暂留现象的存在，尽管实际上各位数码管并非同时点亮，但由于扫描的速度很快，看上去好像多位数码管被同时点亮了，而且没有闪烁感。这就是动态显示。

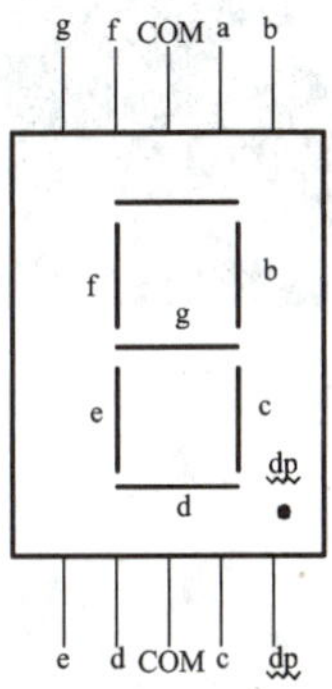

图 2.29　一位数码管引脚图

图 2.30　1 ~ 4 位数码管实物图

2．液晶显示器

液晶显示器（ Liquid Crystal Display），又称 LCD 显示器，是一种平面超薄的显示设备，它是利用液晶的电光效应和热光效应制成的。液晶显示的分类方法有很多种，通常可按其显示方式分为段式、字符式、点阵式等。液晶显示器的优点是功耗很低，工作电压低（一般为 2 ~ 6 V）、工作电流小（一般为几个微安）、显示信息量大（可显示字符和汉字）、无电磁污染、画面柔和不伤眼。缺点是其可视偏转角度小、机械强度低、易于损坏、亮度和对比度不高、动态特性较差、响应时间和余辉时间较长（毫秒级）、容易产生影像拖尾现象。

液晶显示器显示字符是让字符发生器的控制器工作在文本方式上，根据在 LCD 上开始显示的行列号及每行的列数找出显示 RAM 对应的地址，设立光标，在此送上该字符对应的代码即可显示字符。显示汉字一般采用图形的方式，事先从微机中提取要显示的汉字的点阵码（一般用字模提取软件），每个汉字占 32B，分左右两半，各占 16B，左边为 1、3、5…，右边为 2、4、6…，根据在 LCD 上开始显示的行列号及每行的列数可找出显示 RAM 对应的地址，设立光标，送上要显示的汉字的第一字节，光标位置加 1，送第二个字节，换行按列对齐，送第三个字节……，直到 32B 显示完，就可以在 LCD 上得到一个完整的汉字。

常用的液晶显示器有字符型 LCD1602 和 12864，如图 2.31 所示为 1602 和 12864 的实物图。

1602 是一种专门用来显示字母、数字、符号等的点阵型液晶模块，能够同时显示 16 × 02 即 32 个字符。1602 采用标准的 16 脚接口，其中：

第 1 脚：GND 为电源地；

第 2 脚：VCC 接 5 V 电源正极；

第 3 脚：V0 为液晶显示器对比度调整端，接正电源时对比度最弱，接地电源时对比度最高（对比度过高时会产生“鬼影”，使用时可以通过一个 10 kΩ 的电位器调整对比度）；

第 4 脚：RS 为寄存器选择，高电平 1 时选择数据寄存器、低电平 0 时选择指令寄存器；

第 5 脚：RW 为读写信号线，高电平（1）时进行读操作，低电平（0）时进行写操作；

第 6 脚：E（或 EN）端为使能（enable）端，高电平（1）时读取信息，负跳变时执行指令。

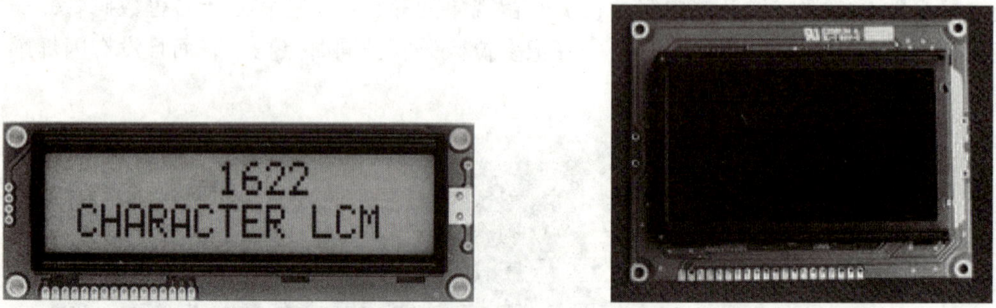

（a）1602　　（b）12864

图 2.31　1602 和 12864 液晶显示器实物图

第 7 ~ 14 脚：D0 ~ D7 为 8 位双向数据端；

第 15 ~ 16 脚：空脚或背灯电源。15 脚背光正极，16 脚背光负极。

带中文字库的 12864 是一种具有 4 位/8 位并行、2 线或 3 线串行多种接口方式，内部含有国标一级、二级简体中文字库的点阵图形液晶显示模块，其显示分辨率为 128 × 64，内置 8192 个 16 × 16 点汉字，和 128 个 16 × 8 点 ASCII 字符集，利用该模块灵活的接口方式和简单、方便的操作指令，可构成全中文人机交互图形界面，可以显示 8 × 4 行 16 × 16 点阵的汉字，也可完成图形显示。12864 采用 20 脚接口，其中：

第 1 脚：GND 电源地；

第 2 脚：VCC 接 5 V 电源正极；

第 3 脚：V0 亮度调节 1，与 10 kΩ 电位器的可调端连接；

第 4 脚：D\I 为数据\指令选择，高电平为数据，低电平为控制指令；

第 5 脚：R\W 读写操作，高电平为读数据，低电平为控制指令；

第 6 脚：E 读写使能端，下降沿锁存；

第 7 ~ 14 脚：分别为 D0 ~ D7 的 8 位双向数据总线；

第 15 脚：CS1 片选，高电平选择左屏；

第 16 脚：CS2 片选，高电平选择右屏；

第 17 脚：RES 复位，低电平有效；

第 18 脚：VEE 亮度调节 2，接 10 kΩ 电位器固定一端，另一端接地；

第 19 脚：VCC 背光电源 + 5 V；

第 20 脚：GND 背光电源地 0 V。

本章参考文献

[1] 张建强，鲁昀，陈丹亚，等. 电子制作基础. 西安：西安电子科技大学出版社，2010.

第 3 章　常用测量仪器

3.1　万用表

3.1.1　手持式万用表

手持式数字万用表属于相对比较简单的测量仪器，如图 3.1 所示。本节将以电压、电阻、电流、二极管、三极管、MOS 场效应管等的测量方法为例，学习数字万用表的正确使用方法。

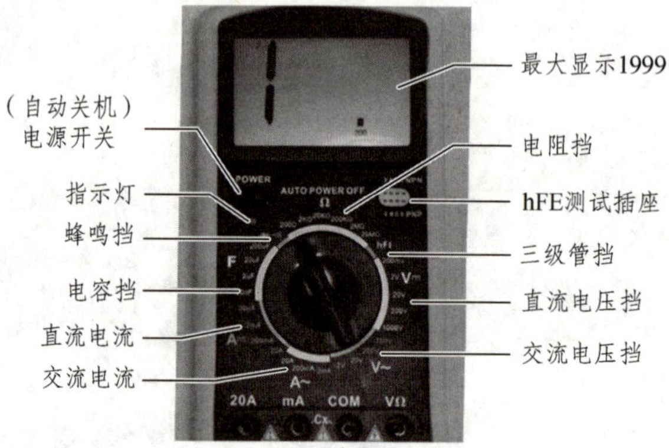

图 3.1　手持式万用表图

注意：表盘上的数值均为该档的最大量程。

1．电压的测量

（1）直流电压的测量。首先将黑表笔插进“COM”孔，红表笔插进“VΩ”。把旋钮选到比估计值大的量程，接着把表笔接电源或电池两端，保持接触稳定。数值可以直接从显示屏上读取，若显示为“1.”，则表明量程太小，那么就要加大量程后再测量。如果在数值左边出现“-”，则表明表笔极性与实际电源极性相反。

（2）交流电压的测量。表笔插孔与直流电压的测量一样，将旋钮选到交流挡“V～”处所需的量程即可。交流电压无正负之分，测量方法跟前面相同。无论测交流还是直流电压，都要注意人身安全，不得用手触摸表笔的金属部分。

2．电流的测量

（1）直流电流的测量。先将黑表笔插入“COM”孔。若测量大于 200 mA 的电流，则要将红表笔插入“10 A”插孔并将旋钮打到直流“10 A”挡；若测量小于 200 mA 的电流，则将红表笔插入“200 mA”插孔，并将旋钮打到合适量程。将万用表串联入电路后即可读数。

若显示为“1.”，那么就要加大量程；如果在数值左边出现“-”，则表明电流为负值。

交流电流的测量方法与上述直流电流的测量方法相同，需要将挡位打到交流挡位。

电流测量完毕后应将红笔插回“VΩ”孔，避免在测电压时损坏万用表。

3．电阻的测量

表笔位置同电压测量，把旋钮打旋到“Ω”中所需的量程，用表笔接在电阻两端金属部位，测量中可以用手接触电阻的一端，但不能把手同时接触电阻两端，这样会影响测量精确度的。读数时，要保持表笔和电阻有良好的接触；注意单位：在“200”挡时单位是“Ω”，在“2 k”到“200 k”挡时单位为“kΩ”，“2 M”以上的单位是“MΩ”。

4．二极管的测量

数字万用表可以测量发光二极管，整流二极管等。测量时，表笔位置同电压测量，将旋钮旋到“ ⊳ ”挡；用红表笔接二极管的正极，黑表笔接负极，这时会显示二极管的正向压降。肖特基二极管的压降是 0.2 V 左右，普通硅整流管（1N4000、1N5400 系列等）约为 0.7 V，发光二极管为 1.8 ~ 2.3 V。调换表笔，显示屏显示“1.”则为正常，因为二极管的反向电阻很大，否则此管已被击穿。

此外该挡还可以用来测量线路的通断性，当用表笔测量两个点时，蜂鸣器发出声音则表示被测这两点之间的线路是连通的（或者是存在短路）。

5．三极管的测量

三极管的测量通常不使用表笔，而是将挡位打到“hFE”挡，在挡位旁有一排小插孔，分为 PNP 和 NPN 管的测量。对于常用的 9013、9014 等封装为 TO-92 的小型三极管，可将三极管的正面即矩形的一面朝表笔接口方向，背面即圆弧状一面朝显示屏方向，中间的管脚为“B”极，分别插入 NPN 或 PNP 插口中，有读数的即为该管的放大倍数 β。例：三极管 9013 在 NPN 插口中显示出数字 135，测表明三极管 9013 为 NPN 管，放大倍数为 135，其“C”极和“E”极可根据插孔的标记确定。

已上方法只能直接对小型三极管测量，若要测量大管，可以采用接线法，即用小导线将三个管脚引出。

3.1.2　台式万用表

1．电压测量

（1）直流测量：按“DCV”键测量直流电压，在显示的测量值右侧出现直流电压图标“V⎓”，如图 3.2 所示将线连接到台式万用表的输入，将表笔连接到电路，并从显示屏上读取测得的电压值。

（2）交流测量：同理，按“ADC”键测量交流电压，在右侧出现交流电压图标“V~”。其他的测量步骤与直流电压测量步骤相同。

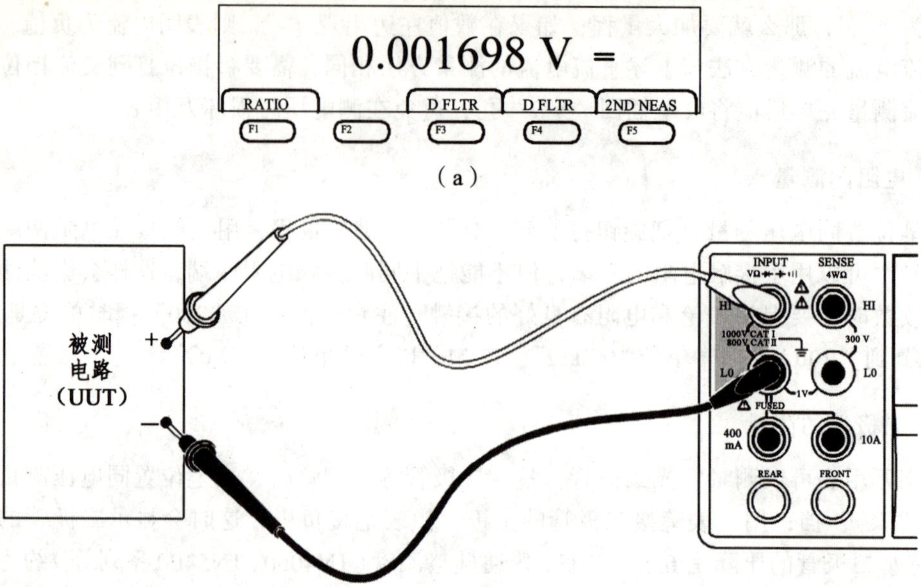

（a）

（b）

图 3.2　电压、电阻和频率测量的输入连接与显示

2．频率和周期测量

台式万用表可以测量 3 Hz ~ 1 MHz 交流信号的频率或周期。

（1）按[FREQ PERIOD]键，如果显示屏显示出的是 S，则为测量周期，再按下一次[FREQ PERIOD]显示出 Hz，则是测量频率。每次按下[FREQ PERIOD]键将在频率和周期之间进行切换。

（2）按图 3.2 所示将万用表连接至信号，即可在显示屏上读出频率或周期。

3．电阻测量

台式万用表能够进行 2 线和 4 线电阻测量。2 线电阻测量的设置比较简单，并且在大多数情况下可以获得准确的测量结果。在 2 线电阻测量模式中，利用 INPUT HI 和 LO 完成，4 线电阻测量需要使用 INPUT HI、LO、SENSE HI 和 LO 测量电阻。

2 线电阻测量步骤：

（1）如图 3.2 所示将表笔连接到台式万用表的输入连接器。

（2）按[Ω]键，按该键下方的 F1 键选中 2W 2X4W 软键，如图 3.3 所示。

图 3.3　2 线电阻测量

4 线电阻测量步骤：

如图 3.4 所示，按[Ω]键并按下方的 F2 键选中 4WIRE，并将表笔连接到台式万用表的输入连接器。

4．电流测量

台式万用表可以测量高达 10 A 的交流和直流电流。

（a）

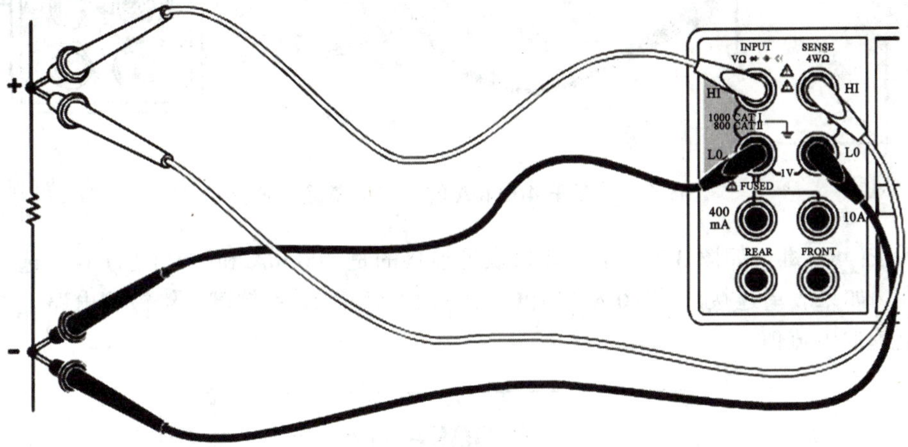

（b）

图 3.4　4 线电阻测量输入连接与显示

为了避免烧断电流输入保险丝或损坏数字多用表，在测量时需要注意以下几点：

（1）被测电流不超过 400 mA 时，使用 LO 和 400 mA 输入连接器测量。

（2）被测电流为 400 mA ~ 10 A 时，仅能使用 LO 和 10 A 输入连接器进行测量。

（3）使用 400 mA 连接器时输入电流超过 440 mA，或者使用 10 A 连接器时输入电流超过 11 A，都将会烧断内部保险丝。

（4）在向被测电路加电之前，需要确保表笔已经被正确连接到相应电流的输入连接器。

测量步骤：

（1）按图 3.5 或图 3.6 所示将表笔连接到台式万用表的输入连接器。

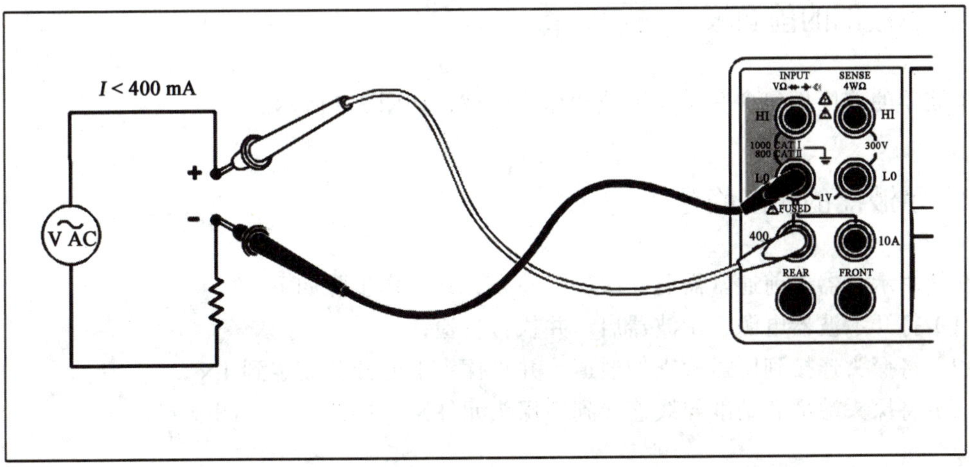

图 3.5　低于 400 mA 的电流测量的输入连接

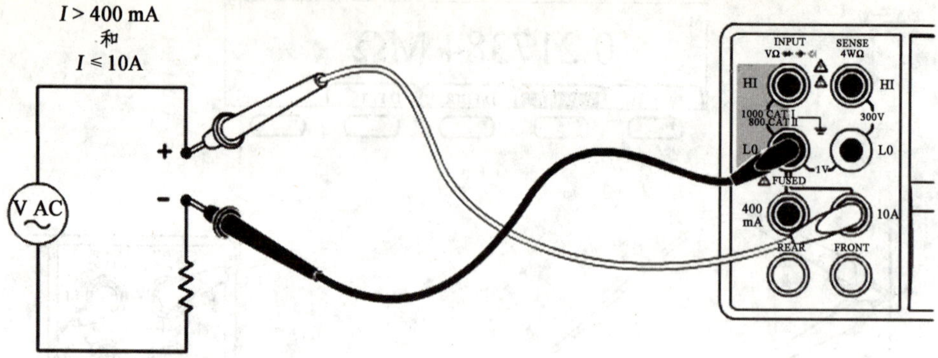

图 3.6　高于 400 mA 的电流测量输入连接

（2）按 DCI 键，如图 3.7 所示。如果表笔连接的是 400 mA 和 IPUT LO 时，选中 mA 软键。同理，如果表笔连接的是 10 A 和 IPUT LO 时，选中 10 A 软键。给被测电路上电，并从显示屏上读取电流值。

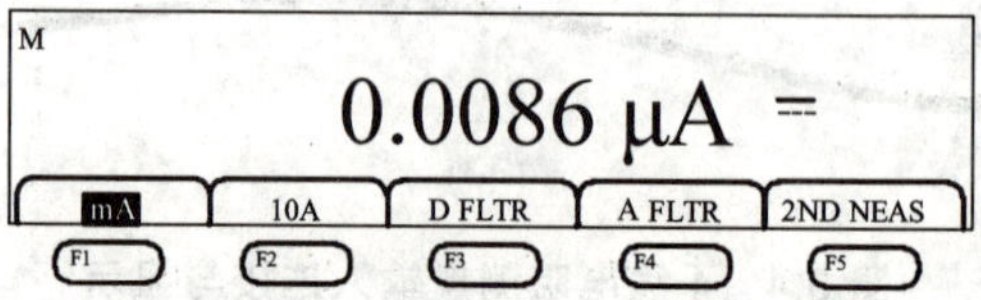

图 3.7　测量电流的显示界面

3.2　数字示波器

常用的数字示波器的型号有很多种，其外形也多有不同，但主要的功能和操作方法基本相同，本书以一款四通道数字示法器为例，讲解在使用示波器的时候需要注意的知识。

3.2.1　示波器的前面板

示波器的前面板包含有操作区域和显示区域，如图 3.8 所示。

3.2.2　示波器的功能检查

在使用示波器之前通常需要一次功能检查，其操作步骤如下：

（1）打开示波器电源，示波器启动并执行自检；

（2）将探头连接到所需检查的通道，并将探头上的开关设定到 1×；

（3）将探头端部和基准导线连接到“探头元件”连接器上（见图 3.9）。

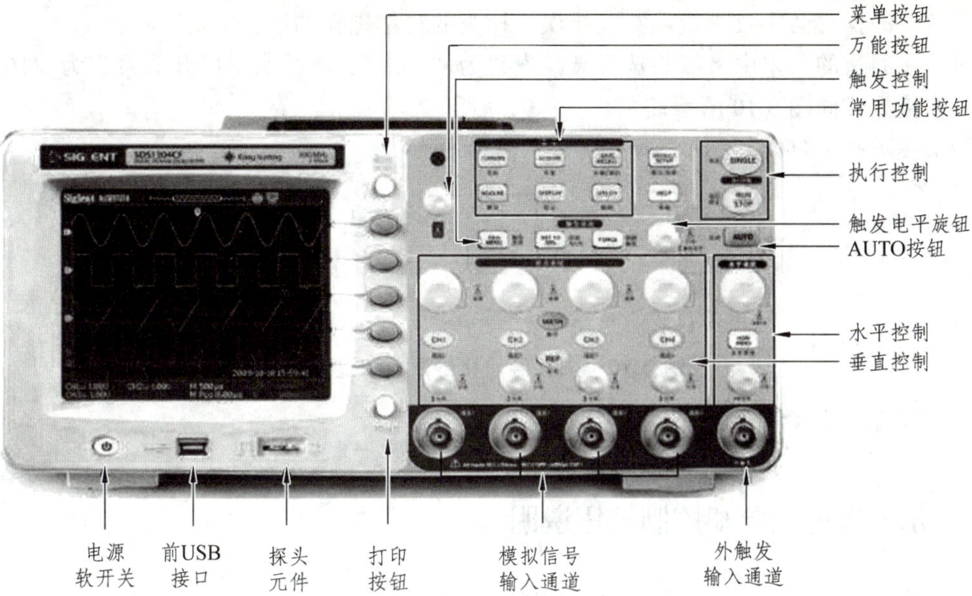

图 3.8　示波器的前面板

（4）按下“AUTO”键，将可以看到频率为 1 kHz，电压约为 3 V 峰值的方波。

（5）重复上述步骤检查其他通道。

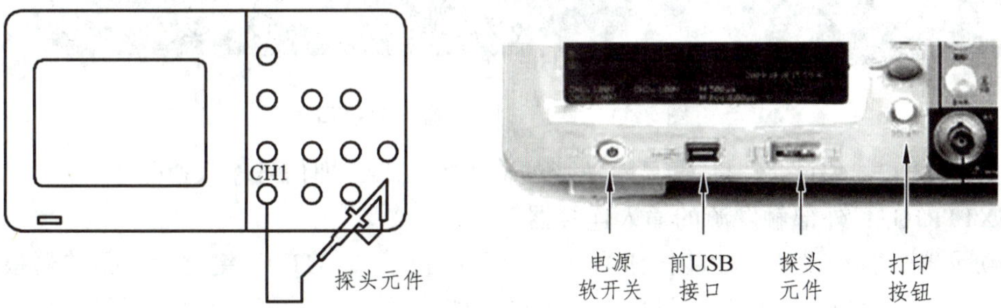

图 3.9　示波器的功能检查示意图

3.2.3　探头的衰减设置与补偿操作

1．衰减设置

示波器的测量范围是有限的，如果要测量超出其量程范围的电信号，则需要使用衰减设置，将输入信号的幅度衰减至到量程范围内再进行测量，通常衰减倍数为 0.1（1/10），这样在读数时需要将显示出的数值 × 10 即可。操作方法是将探头上的开关设定为“10 ×”，然后以 CH1 为例：按下垂直菜单按钮（如 CH1 菜单按钮），然后选择与探头衰减系数匹配的探头选项。

2．探头补偿

在首次将探头与任一通道连接时，进行探头补偿的操作，使探头与通道匹配，未经补偿或补偿偏差的探头会导致测量误差或错误。探头的补偿操作如下：

（1）在通道的菜单中将探头选项衰减设置为“10×”，将探头上的开关设定为“10×”，探头的连接方式同图 3.10 所示。

（2）按下“AUTO”按钮，检查所显示波形的形状。

（a）欠补偿　（b）补偿适当　（c）过补偿

图 3.10　欠补偿、补偿适当和过补偿

（3）如有必要，调整探头，重复操作。

3.2.4　示波器的菜单和控制按钮说明

连接器：四通道的示波器的连接器如图 3.11 所示。

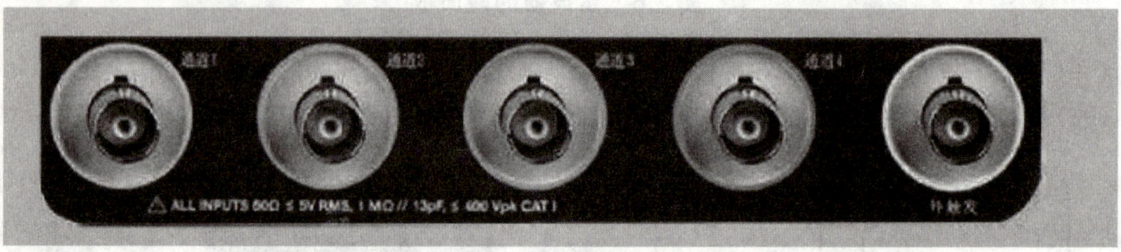

图 3.11　四通道示波器测量接口

“CH1、CH2、CH3、CH4”：显示波形的输入连接器，即信号输入通道 1～4。

“EXTTRIG”：外部触发源的输入连接器。

自动设置：自动设置的功能按钮为“AUTO”，按下“AUTO”键之后，示波器根据输入的信号，自动调整电压挡位、时基以及其他的一些设置，将信号波形以最好形态显示。

默认设置：默认设置即示波器在出厂前被设置为用于常规操作，其按钮为“DEFAULT SETUP”，通常使用默认设置按钮将一台设置不明的示波器重置为出厂设置，但是有一些选项将不会重置，如语言选项、校准数据等。

万能旋钮：万能旋钮的位置如图 3.8 所示，万能旋钮可以对光标测量、脉宽设置等进行调整，对于菜单的选项都可以通过旋转万能旋钮来调节。

垂直系统：垂直 POSITION 旋钮。使用此旋钮可以调整各个通道的波形的垂直位置，按下该键可使垂直位置归零。

Volt/div 旋钮。使用旋转功能可以调节显示垂直分辨率，如将每一栅格的电压调整为 1 V；使用按钮功能时，可以在粗调和细调间进行切换。

此外每个通道都有单独的垂直菜单，可以对每个通道进行单独设置，如图 3.12 所示。

以通道 1 为例，在按下“CH1”键后可以在显示屏上看到耦合、带宽限制、伏/格、探头等选项，每个选项可以使用万能旋钮进行选择和选定。下面对每一个选项进行简要的说明：

（1）耦合：即设置通道的耦合。

交流耦合方式——被测信号含有直流分量被阻隔；

直流耦合方式——被测信号含有直流分量和交流分量；

接地方式——直流分量和交流分量都被阻隔，显示零电平信号。

（2）带宽限制：开启后被测信号含有的大于 20 MHz（或者其他设定频率）的高频分量幅度被限制，反之不限制。

（3）伏/格：即挡位调节设置，分为粗调和细调两种模式，粗调以 1—2—5 方式确定垂直灵敏度，细调在当前垂直挡位内进一步调整。

（4）探头：即探头比例设置。用来配合探头的衰减系数，以避免显示的挡位信息和测量的数据发生错误。

（5）反相：将显示的信号相对于地电位翻转 180°。

MATH 功能：即数学运算功能，能够显示通道之间的波形相加、相减、相乘、相除以及 FFT 运算的结果。

REF 功能：使用该键可以在实际测试过程中把波形和参考样板进行比较，主要用于判断示波器故障原因。

水平系统：如图 3.13 所示，水平系统主要有三个按键或旋钮。

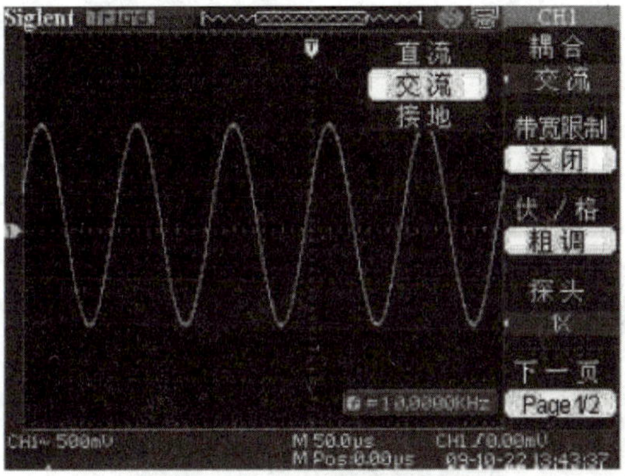

图 3.12　通道参数设置

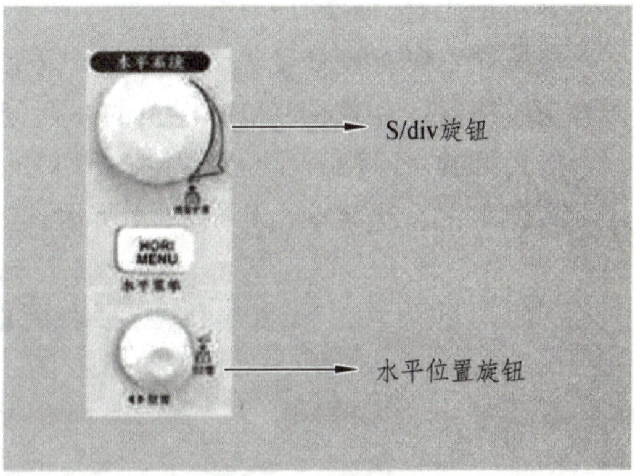

图 3.13　水平系统

“HORI MENU”按钮：按下该键可以显示水平菜单，在此菜单下可以开启/关闭窗口模式。

水平位置旋钮功能：调整通道波形的水平位置，按下可以使水平位置归零，相当于复位。

S/div 旋钮功能：用于改变水平时间刻度，以便在水平方向上放大或缩小波形。

触发系统：触发统用来捕捉符合触发条件的特定信号，从而将不稳定的波形转换成有意义的波形。

触发控制区一般有一个旋钮和三个按键。

“TRIG MENU”按钮：即触发菜单按钮，按下后调出触发菜单。

“LEVEL”旋钮：触发电平设定触发点对应的信号电压，以便采样。按下 LEVEL 旋钮可使触发电平归零。

“SET TO 50”按钮：使用此按钮示波器自动将触发电平设置为大约是最大和最小电压电平间的一半。

“FORCE”按钮：强制触发，无论示波器是否检测到触发都可以使用 FORCE 按钮完成当前波形触发。

示波器提供五种触发类型，包括边沿、脉冲、视频、斜率和交替触发，下面以边沿触发为例说明操作过程。

边沿触发是当触发输入沿给定方向通过某一给定电平时，触发发生。

（1）按“TRIG MENU”按钮显示触发菜单。

（2）按“类型”选项按钮选择“边沿”。

（3）根据信号输入按“信源”选择信道如“CH1”。

（4）按“斜率”选择按钮选择上升沿“↑”、下降沿“↓”或上升沿和下降沿“↑↓”触发方式。

（5）按“触发方式”选项按钮选择“自动”“正常”或“单次”。

自动：波形在不管是否满足触发条件下都刷新。

正常：波形在满足触发条件下刷新，不满足触发条件时不刷新等待下一次触发事件的发生。

单次：在满足触发条件下采集一次波形，然后停止。

（6）按“触发设置”按钮进入“触发设置菜单”，按“耦合”选项选择直流、交流、高频抑制或低频抑制。

直流：通过信号的所有分量。

交流：阻碍直流分量，衰减 50 Hz 以下的信号。

高频抑制：衰减 150 kHz 以上的高频分量。

低频抑制：阻碍直流分量，衰减 7 kHz 以下的低频分量。

其他常用系统菜单：如图 3.14 所示。

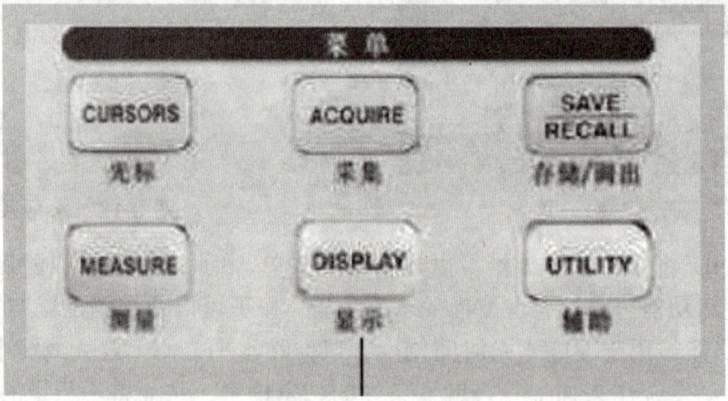

图 3.14 系统菜单

此外，还有显示系统（DISPLAY）、测量系统（MEASURE）、存储系统（SAVE/RECALL）、辅助系统：（UTILITY）等，详情见示波器的使用说明书。

3.3 直流稳压电源

直流可调稳压电源的使用比较简单，主要操作是对电源进行对应的设定。

第一步，电源连接。将稳压电源连接上市电。

第二步，开启电源。在不接负载的情况下，按下电源总开关（power），然后开启电源直流输出开关（output），使电源正常输出工作（一些简单的可调稳压电源只有总电源开关，没有独立的直流输出开关）。此时，电源数字指示表头上即显示出当前工作电压和输出电流。

第三步，设置输出电压。通过调节电压设定旋钮，使数字电压表显示出目标电压，完成电压设定。对于有可调限流功能的电源，有两套调节系统分别调节电压和电流。调节时要分清楚，一般调节电压的电位器有“VOLTAGE”字样，调节电流的电位器有“CURRENT”字样。很多入门级产品使用低成本的粗调/细调双旋钮设定，遇到双调节旋钮，我们先将细调旋钮旋到中间位置，然后通过粗调旋钮设定大致电压，再用细调旋钮精确修正。

第四步，设置电流。调节电流旋钮，使电流数值达到预定水平，一般限流可设定在常用最高电流的 120%。有的电源没有限流专用调节键，用户需要按照说明书要求短路输出端，然后根据短路电流配合限流旋钮设定限流水平。简易型的可调稳压电源没有电流设定功能，也没有对应的旋钮。

3.4　函数信号发生器

函数信号发生器俗称的波形发生器，是一种可以提供精密信号源的仪器，最基本的应用就是通过函数信号发生器产生正弦波、方波、锯齿波、脉冲波、三角波等具有一些特定周期性（或者频率）的时间函数波形信号的电压输出或者功率输出等，如图 3.15 所示。

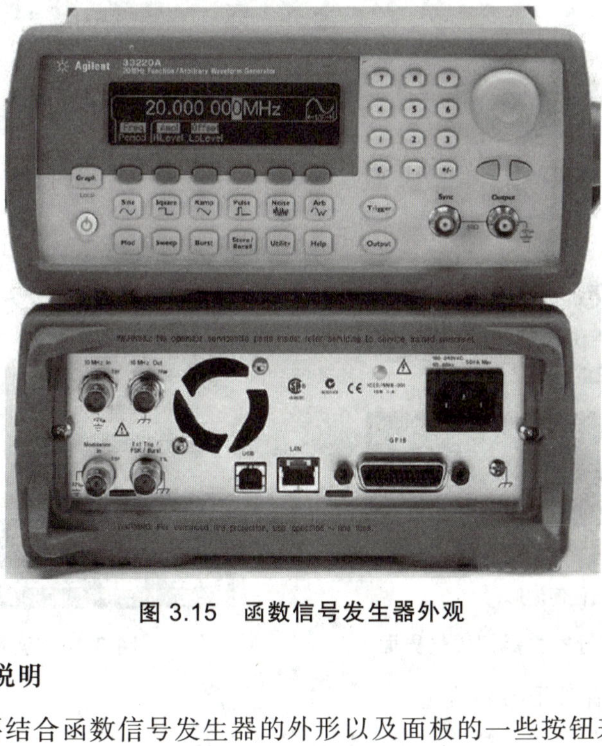

图 3.15　函数信号发生器外观

1．面板及操作说明

这一部分就是要结合函数信号发生器的外形以及面板的一些按钮来说明的，我们必须清楚地知道面板上每一个可以操作的按钮/按键等零器件的功能及作用，才可以更好地去使用它（见图 3.16）。

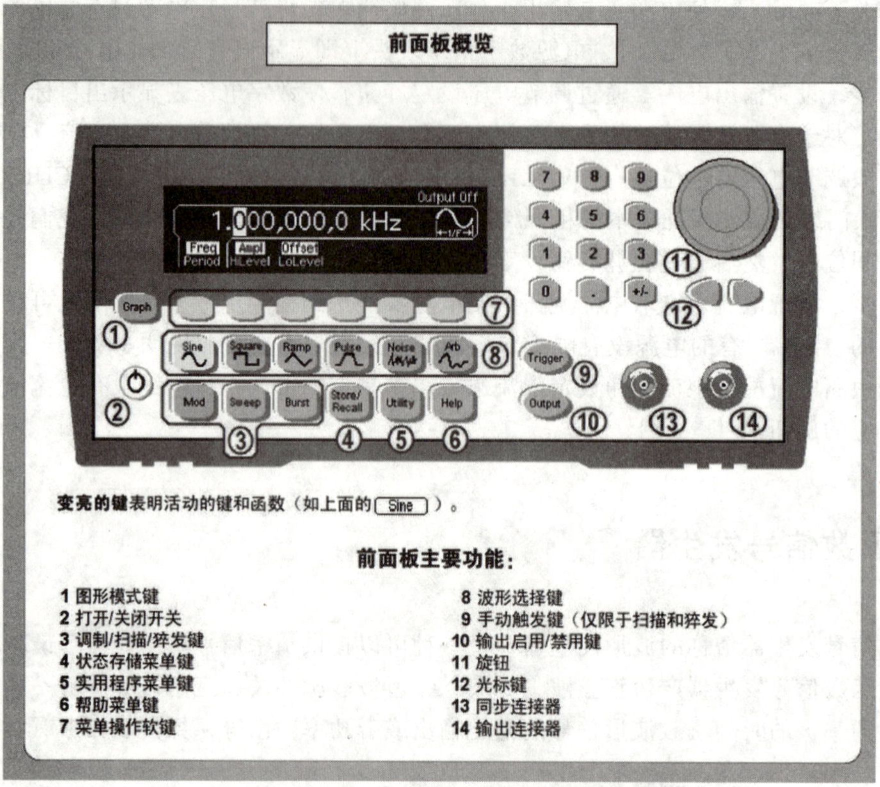

图 3.16　函数信号发生器前面板概览

2．掌握基本的操作方法

（1）将函数信号发生器接入交流 220 V，50 Hz 电源，按下电源开关，指示灯亮。

（2）选择波形（见图 3.17、图 3.18）。

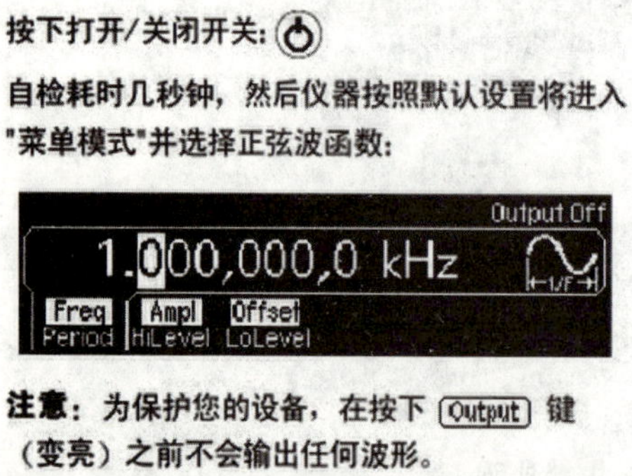

图 3.17　函数信号发生器初始化界面

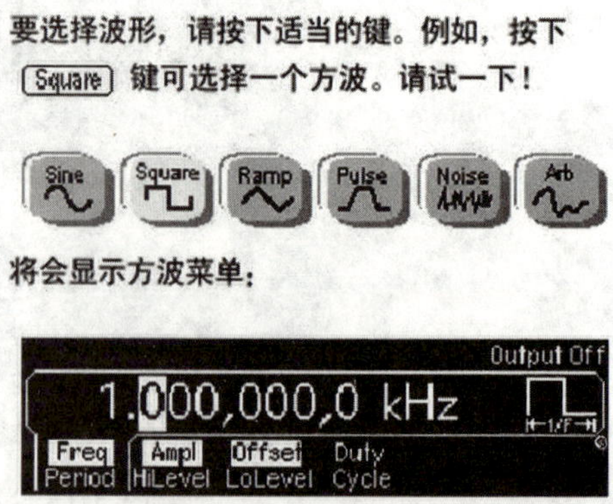

图 3.18　波形选择界面

（3）使用软键选择波形参数类型。

（4）使用旋钮更改波形参数（见图 3.19、图 3.20）。

使用这六个软键来选择参数。有的软键可在相关参数之间进行切换，例如：**Freq**（频率）和 **Period**（周期）。

例如，按下 **Ampl**（幅度）软键可选择幅度：

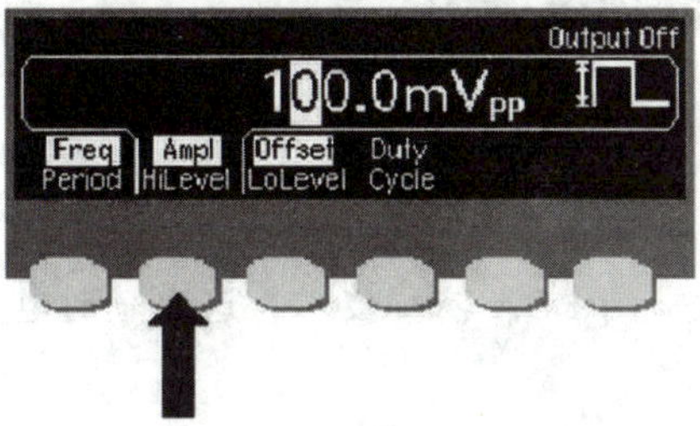

图 3.19　参数类型的选择

现在使用旋钮来更改数值。

首先使用光标（　）键来选择第一个数字。请试一下！

现在，使用旋钮来更改数值（顺时针旋转数值将增大）。设置为 **500 mVpp**：

图 3.20　光标和旋钮的使用

（5）使用键盘更改波形参数（见图 3.21）。

用键盘键入一个数值。显示屏发生变化。例如，输入 **1.5**。请试一下！

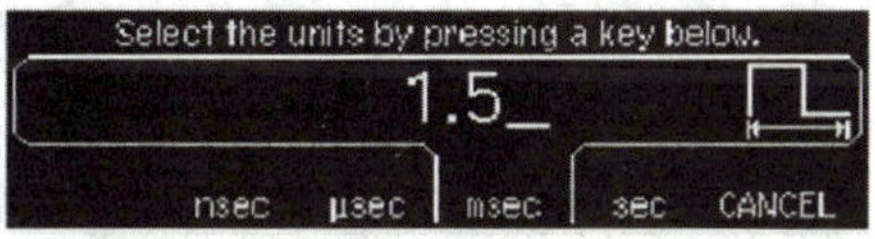

按下所需单位（例如 **msec**）的软键来输入数值：

图 3.21　键盘修改周期参数

（6）按下 Output 键输出函数信号波形。

本章参考文献

[1]　陈学平，童世华. 电子技能实训教程. 北京：电子工业出版社，2013.
[2]　王兵. 电路实验教程. 成都：西南交通大学出版社，2009.
[3]　王川. 电子测量技术与仪器. 武汉：湖北科学技术出版社，2009.
[4]　王志平. 电工技术. 北京：中国人事出版社，2006.
[5]　王英，蔡耀明. 电子装接工. 重庆：重庆大学出版社，2007.
[6]　缪志农. 电工电子技术实验教程. 成都：西南交通大学出版社，2009.
[7]　宋广辉. 汽车电路和电气系统检修. 北京：化学工业出版社，2012.
[8]　张新德. 电磁炉维修技术初学问答. 北京：机械工业出版社，2007.
[9]　黄文娟，陈亮. 电工电子技术项目教程. 北京：机械工业出版社，2013.
[10]　张军. 主板维修技能实训. 北京：科学出版社，2006.

第4章 仿真软件的使用

专业实践能力培养重在实验操作环节，而电子虚拟仿真又是实验操作的重要辅助手段。电子信息类本科教学大纲明确要求，学生至少掌握一门 EDA 仿真技术，这也是对电类学生的基本功要求。

EDA 工具层出不穷，目前进入我国并具有广泛影响的 EDA 软件有：EWB、SPICE/PSPICE、Multisim、Matlab、SystemView、MMICAD LiveWire、Edison 等。这些工具功能比较强大，主要用于原理图的绘制、仿真结果输出、PCB 自动布局布线等。目前，Multisim 件是使用最广泛的电子电路仿真软件，与其他 EDA 软件相比，其人机交互界面非常形象直观，特别是拥有与实际仪器仪表完全相同界面的仪器仪表库。Multisim 对电子电路的混合仿真功能尤为突出，几乎能够 100% 地仿真出电路真实的结果，并且在仪器仪表库中还提供了信号发生器、万用表、瓦特表、双踪示波器、波特仪、数字信号发生器、逻辑分析仪、逻辑转换仪、失真度分析仪、频谱分析仪、网络分析仪、电压表及电流表等仪器仪表。

相比传统的电子电路实验方法，利用 Multisim 进行虚拟电路仿真实验，优点很多：电路设计与仿真同步进行，设计同时可以看到仿真结果，修改调试非常方便；元件库和仪器仪表库齐全，可以完成各种各样的电路设计；可方便地对电路参数进行测试和分析；可直接打印输出实验数据、测试参数、曲线和电路原理图；实验中不消耗实际的元器件，实验所需元器件的种类和数量不受限制，实验成本低，实验速度快，效率高；设计和实验成功的电路可以直接在产品中使用。

Multisim10.0 是对 EWB 的升级，是目前推出的一款高版本的电路设计与仿真软件。它具有以下一些特点：

1．全功能电路仿真系统

元器件的编辑、选取、放置；电路图的编辑、绘制；电路工作状况的测试；电路特性的分析；电路图报表输出、打印；档案的转出/转入。

2．完整的系统设计工具

其强大功能包含：

结合 SPICE、VHDL、Verilog 共同仿真；电路图的建立；完整的零件库；SPICE 仿真；高阶 RF 设计功能；虚拟仪器测试及分析功能；计划及团队设计功能；VHDL 及 Verilog 设计与仿真；FPGA/CPLD 组件合成；PCB 文件转换功能。

因此非常适合电子类课程的教学和实验。这里简介 Multisim10.0 软件的基本概念。

4.1　Multisim 10.0 功能界面与电路仿真实例介绍

4.1.1　基本工作界面介绍

基本界面如图 4.1 所示。基本界面有菜单栏（Menus），共 12 项；系统工具栏（System Toolbar），共 11 项；设计工具栏（Multisim Design Bar），共 8 项；使用中元件列表（In Use List）和帮助按钮；仿真开关（Simulate Switch）。下面分别介绍其功能。

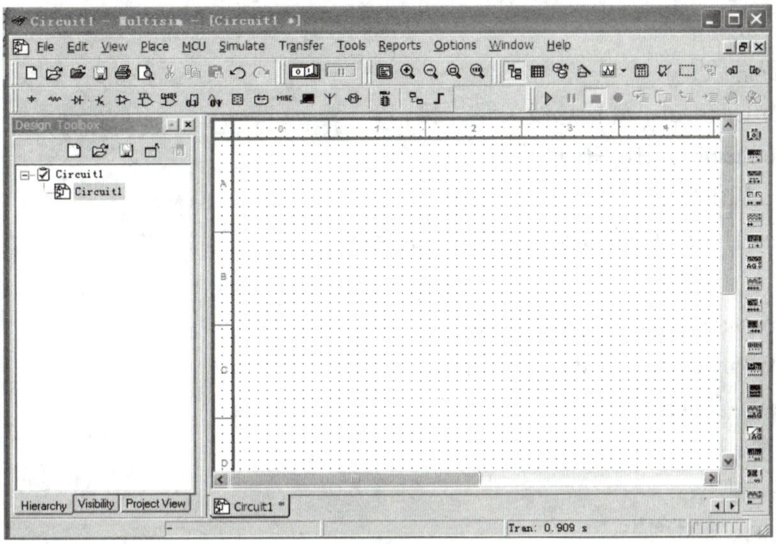

图 4.1　基本工作界面

1．菜单栏

Multisim 10.0 菜单栏包含有 12 个主菜单，如图 4.2 所示。从左至右分别为 File（文件菜单）、Edit（编辑菜单）、View（窗口显示菜单）、Place（放置菜单）、MCU、Simulate（仿真菜单）、Transfer（文件输出菜单）、Tools（工具菜单）、Resports（报表菜单）、Options（选项菜单）、Windows（窗口菜单）和 Help（帮助菜单）等。在每个主菜单下都可以下拉一个菜单，用户从中可找到电路的存取、Spice 文件的输入和输出、电路图的编辑、电路的仿真及分析包括在线帮助等各项功能的命令。现对 Multisim10.0 菜单栏中主要项所对应的主要功能说明如下：

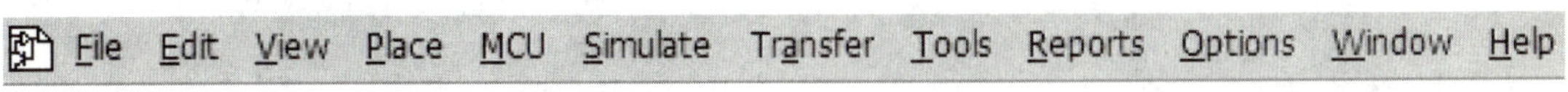

图 4.2　菜单栏

1）File（文件）菜单

主要用于管理所创建的电路文件，如打开、保存、打印等，用法与 Windows 应用程序类似。

2）Edit（编辑）菜单

主要用于在电路绘制过程中，对电路和元件进行各种技术性处理，如撤销、恢复、剪切、复制、粘贴、删除、查找等选项，用法与 Windows 应用程序类似。

3）View（窗口显示）菜单

此菜单用于确定仿真界面上显示的内容以及电路图的缩放和元件的查找。

4）Place（放置）菜单

提供在电路窗口内放置元件、连接点、总线和文字等命令，其下拉菜单如图 4.3 所示。

Place 菜单中的命令及功能如下：

Component：放置元件；

Junction：放置节点；

Bus：放置总线；

Bus Vector Connect：放置总线矢量连接；

HB/SB Connector：HB/SB 连接器；

Hierarchical Block：层次块；

Create New Hierarchical Block：创建新的层次块；

Subcircuit：子电路；

Replace by Subcircuit：子电路替代；

Off.Page Connector：Off.Page 连接器；

Multi.Page：多页设置；

Text：文本；

Graphics：制图；

Title Block：图明细表。

5）Simulate（仿真）菜单

提供电路方针设置与操作命令，其下拉菜单如图 4.4 所示。

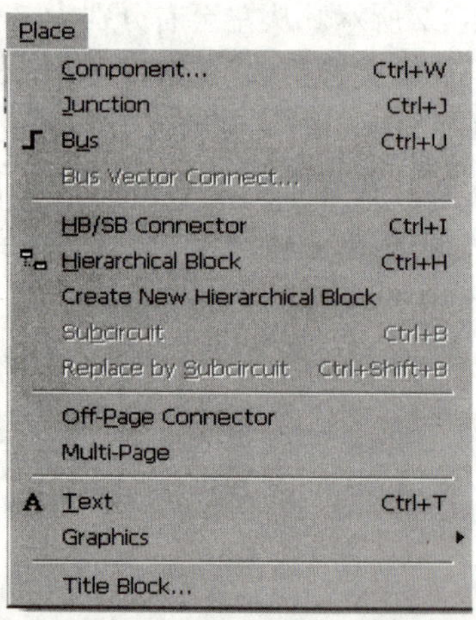

图 4.3　Place 下拉菜单

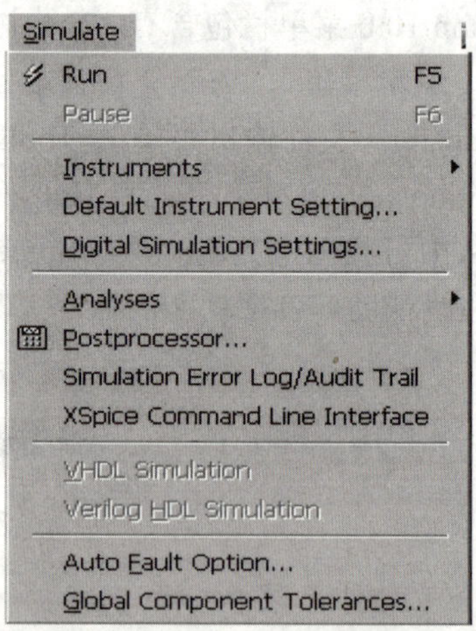

图 4.4　Simulate 下拉菜单

Simulate 菜单中的命令及功能如下：

Run：仿真；

Pause：暂停；

Instruments：仪器设置；

Default Instrument Setting：默认仪器设置；

Digital Simulation Setting：数字仿真设置；

Analyses：分析方法；

Postprocessor：后分析；

Simulation Error Log/Audit Trail：仿真误差记录/查账索引；

XSpice Command Line Interface：XSpice 命令行界面；

VHDL Simulation：VHDL 仿真；

Verilog HDL Simulation：Verilog HDL 仿真；

Auto Fault Option：自动查错选项；

Global Component Tolerances：全部元件容差设置。

6）Transfer（文件传输）菜单

提供方针结果传递给其他软件处理的命令，其下拉菜单如图 4.5 所示。

Transfer 菜单中的命令及功能如下：

Transfer to Ultiboard V7：传递到 Ultiboard V7；

Transfer to Ultiboard 2001：传递到 Ultiboard 2001；

Transfer to other PCB layout：传递到其他电路板；

Forward Annotate to Ultiboard V7：创建 Ultiboard V7 注释文件；

Backannotate from Ultiboard V7：修改 Ultiboard 注释文件；

Highlight selection in Ultiboard V7：加亮所选择区域；

Export Simulation Results to MathCAD：输出仿真结果到 MathCAD；

Export Simulation Results to Excel：输出仿真结果到电子表格；

Export　Netlist：输出网格表。

7）Tools（工具）菜单

主要用于编辑或管理元器件和元件库，其下拉菜单如图 4.6 所示。

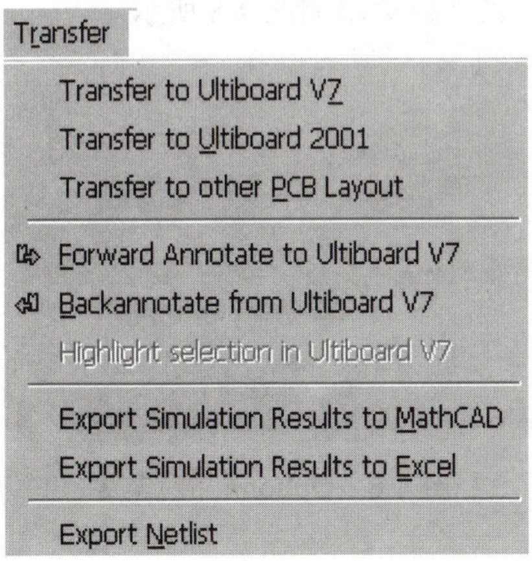

图 4.5　Transfer 下拉菜单

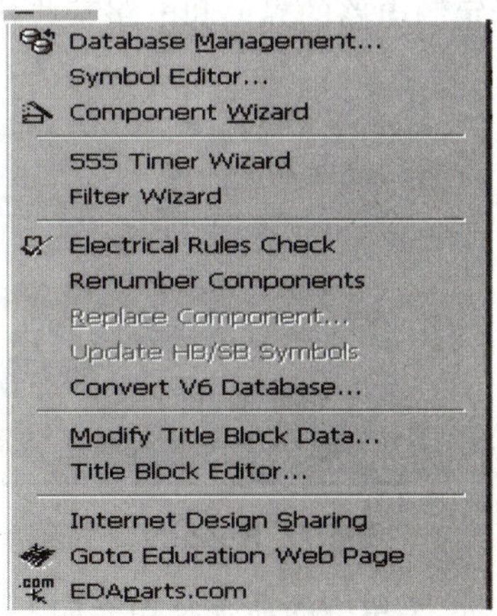

图 4.6　Tools 下拉菜单

Tools 菜单中的命令及功能如下：
Database Management：数据库管理；
Symbol Editor：符号编辑器；
Component Wizard：元件编辑器；
555 Timer Wizard：555 定时器编辑；
Filter Wizard：滤波器编辑；
Electrical Rules Check：电气法则测试；
Renumber Components：元件重命名；
Replace Components：替代元件；
Update HB/SB Symbols：HB/SB 符号升级；
Convert V6 Database：V6 数据转换；
Modify Title Block Data：更改图明细表数据；
Title Block Editor：图明细表编辑器；
Internet Design Sharing：Internet 设计共享；
Goto Education Web Page：链接教育网站；
EDAparts.com：链接 EDAParts.com 网站。

8）Reports（报表）菜单

其下拉菜单如图 4.7 所示。
Reports 菜单中的命令及功能如下：
Bill of Materials：材料清单；
Component Detail Report：元件细节报告；
Netlist Report：网络表报告；
Schematic Statistics：简要统计报告；
Spare Gates Report：未用元件门统计报告；
Gross Reference Report：元件交叉参照表。

9）Options（选项）菜单

用于定制电路的界面和电路某些功能的设定，其下拉菜单如图 4.8 所示。

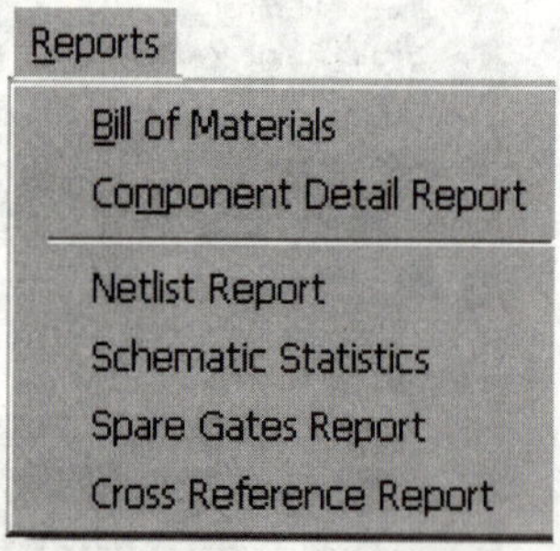

图 4.7 Reports 下拉菜单

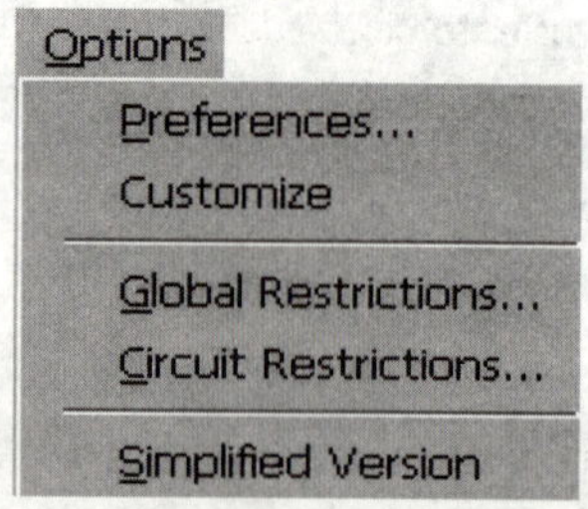

图 4.8 Options 下拉菜单

Options 菜单中的命令及功能如下：

Preferences：参数设置；

Customize：常规命令设置；

Global Restrictions：软件限制设置；

Circuit Restrictions：电路限制设置；

Simplified Version：简化版本。

2．系统工具栏

此栏中包括了新建，打开，保存，打印，剪切，复制粘贴，撤销等功能，使用方法与 Windows 应用程序类似。系统工具栏如图 4.9 所示。

图 4.9　系统工具栏

3．设计工具栏

该工具栏是 Multisim10.0 的核心，使用它可进行电路的建立、仿真和分析，并最终输出设计数据等。设计工具栏如图 4.10 所示。

图 4.10　设计工具栏

：层次项目按钮，用于显示或隐藏设计工具箱。

：层次电子数据表按钮，用于显示或隐藏电子表格工具栏。

：数据库管理按钮，用于开启数据库管理对话框，对元器件进行编辑。

：元件编辑器按钮，用于调整或增加元器件。

：图形编辑器分析按钮，在出现的下拉菜单中可选择将要进行的分析方法。

：用于电气规格检查。

：当前所使用的所有元器件的列表。

4．元器件工具栏

元件库按钮如图 4.11 所示。

图 4.11　元器件工具栏

：电源元件库。

：基本元器件库，含有基本虚拟器件、额定虚拟器件、排阻、开关、变压器、非线性变压器、继电器、连接器、插座、电阻、电容、电感、电解电容、可变电容、可变电感等基本元件。

：二极管库，包括虚拟二极管、齐纳二极管、发光二极管、整流器、稳压二极管、可控硅整流管、双向开关二极管、变容二极管等各种二极管。

：晶体管库，包括 NPN 和 PNP 型的各种型号的三极管。

：模拟元器件库，含有虚拟运算放大器、诺顿运算放大器、比较器、宽带放大器、特殊功能放大器。

：TTL 元器件库，含有各种 74 系列，74ls 系列的 TTL 芯片。

：CMOS 元器件库，同 TTL 元件库。

：其他数字元器件库，放置杂项数字电路，含有 51 和 51 芯片及各种 RAM 和 ROM。

：模数混合元器件库，放置杂项元件，含虚拟混合元器件、定时器、模数转换器和数模转换器及各种模拟开关。

：指示器元件库，含有电压表、电流表、探测器、蜂鸣器、电灯、虚拟灯泡、数码管及条形光柱。

：杂项库元器件库，含有晶振、真空管、开关电源降压转换器、开关电源升压转换器等。

：RF 射频元器件。

：电机元器件按钮。

：设置层次栏按钮。

：放置总线按钮。

5．仪表工具栏

本栏是进行虚拟电子试验和电子仿真设计的最快捷而又形象的特殊窗口，也是 Multisim 10.0 最具特色的地方，如图 4.12 所示。

图 4.12 仪表工具栏

（1）：万用表，用于测量电路中的电压，电阻和电流。

用法与现实中一致，测量电压时，将万用表并联在电路中，测量电流时，将其串入电路中，双击出现如图 4.13（a）所示。测量电流时点击 A，测量交流时，点击 ～，若测直流电流时，则选择 —。同理，测量电压，操作差不多，如图 4.13（b）所示为测量直流电压。

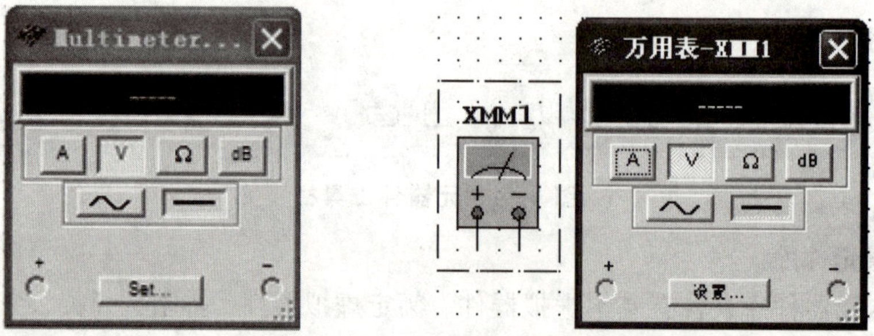

（a） （b）

图 4.13 万用表

（2）：函数发生器，用于产生不同频率或幅值的正弦波、三角波或者方波。

中间的引脚为公共端，一般都接地。使用时电路可以接正端和公共端，输出信号为正极性信号；当连接负端和公共端时，输出信号为负极性信号。

双击函数发生器，则出现图 4.14 所示内容，可以根据不同的需要，选择所需的波形，如正弦波，三角波或方波，还可选择所需波形的频率、占空比、幅度的峰值、偏置电压。

如图 4.14 所示，表示输出的是频率为 40 kHz，占空比为 40%，幅值为 5 V，偏置为零的方波。

（3）：功率表，用于测量电路的功率，直流和交流都可用。

左边部分用于测量电压，与被测电路并联；右边部分用于测量电流，与被测电路串联。此功率表还可以显示功率因数，取值范围为 0 ~ 1。

（4）：双通道示波器。

示波器的使用方法同实际示波器一样，对外接需要测试和观察的波形可以进行调整，如图 4.15 所示为示波器观察函数发生器上的正弦波外接方法。如图 4.16 所示为示波器上的观察到的波形。

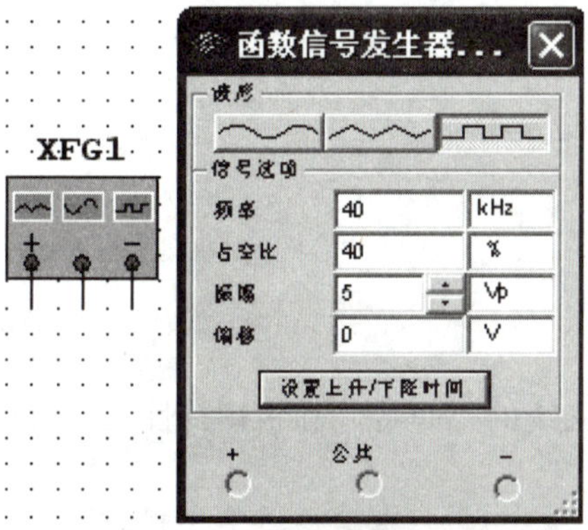

图 4.14　函数信号发生器

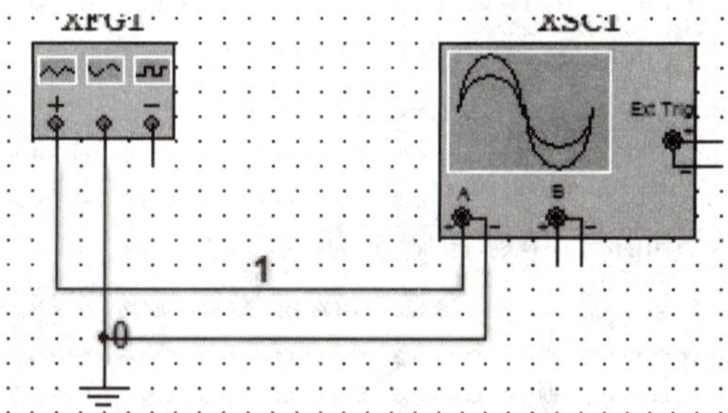

图 4.15　示波器观察正弦波外接方法

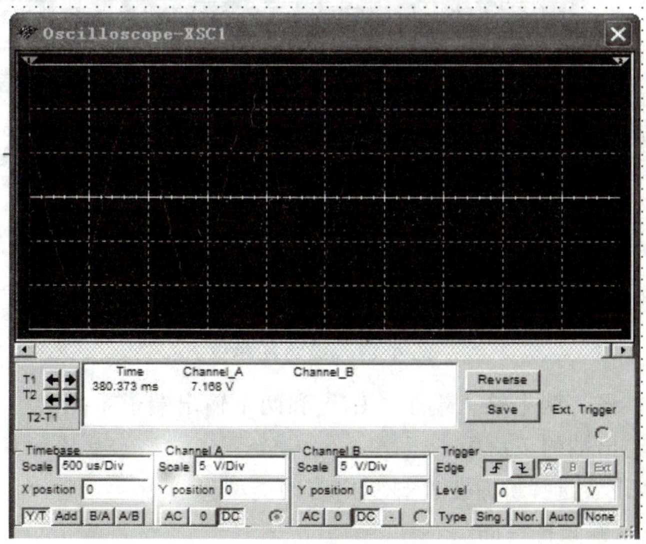

图 4.16　示波器观察到的波形

① Timebase 栏。

Scale：拥有设置 X 轴刻度，显示信号时需选择合适的时间刻度。

X position：用来调整时间基准值的起始点位置。

Y/T：选择波形随时间变化的显示方式。

Add：选择 Y 轴显示电压值为 A、B 两通道的和。

B/A：选择将 A 通道显示信号作为 X 轴扫描信号，B 通道信号幅度除以 A 通道信号幅度作为 Y 轴的信号输出。

A/B：同上。

② Channel A 栏。

Scale：Y 轴刻度选择。

Y position：选择波形在 Y 轴的偏移位置。

AC：显示信号的交流成分。

O：没有信号显示。

DC：显示信号的直流部分与交流部分叠加以后的波形。

③ Channel B 栏：同上。

④ Trigger 栏：用于设置示波器的触发方式。

Edge：选择边沿触发方式，如上升沿或下降沿触发方式。

Level：设置出发电平的大小。

Type：设置触发方式。

Auto：自动触发方式。

Single：单脉冲触发方式。

（5）：波特图示仪，用以测量和显示电路或系统的幅频特性和相频特性。双击后如图 4.17 所示。

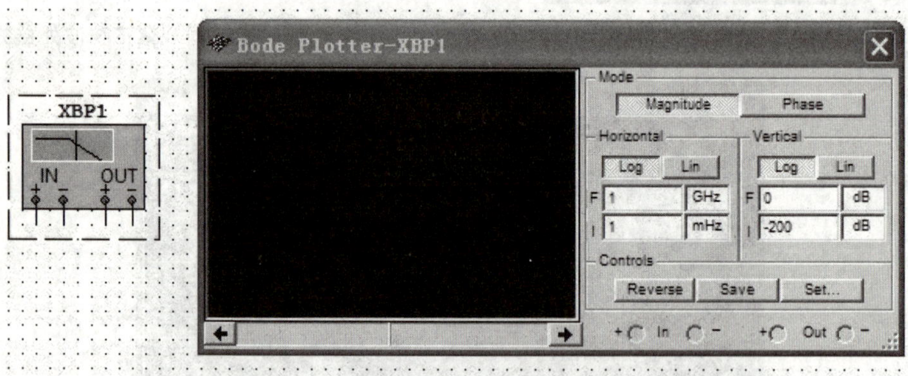

图 4.17 波特图示仪

该仪器有四个端子，两个输入端子（IN）和两个输出端子（OUT）。前者接电路输入端的正负极，后者接输出端的正负极。

Mode 栏：用以设置选择屏幕上需显示内容的类型。

Magnitude：显示幅频特性曲线。

Phase：显示相频特性曲线。

Horizontal 栏：设置 X 轴显示的类型和频率范围。

Log：表示坐标标尺为对数显示。

Lin：表示坐标标尺为线性显示。

注：当前测量频率范围宽时采用 log 较好，反之，采用 Lin 较好。

I 和 F 分别对应初始值和最终值。

Vertical 栏：设置 Y 轴的标尺刻度类型。

Controls 栏：Reverse 用于设置背景颜色，Save 用于保存，Set 用于设置分辨率。

（6）：字信号发生器

如图 4.18 所示，字信号发生器图标左边为 0 ~ 15 端子，右边是 16 ~ 31 端子，这 32 个端子是该仪器的信号输出端，每一个端子可以作为一个数字电路的输入端。

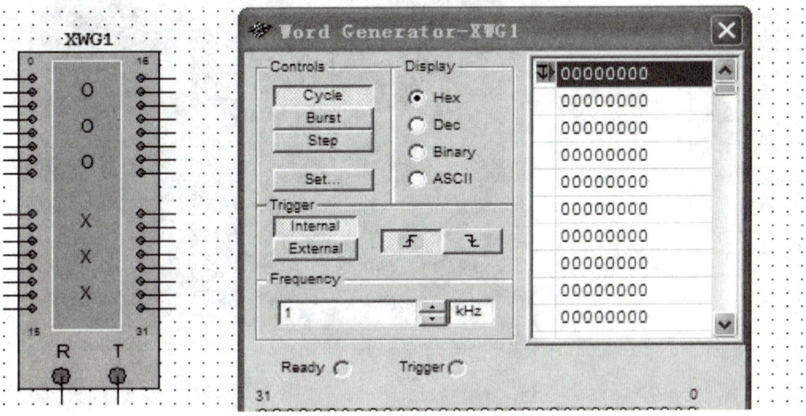

图 4.18　字信号发生器

① Controls 区。

Step（单步）：用于每次只传输一个字符到电路中。

Burst（脉冲）：按顺序发送字符。

Cycle（环形）：可以发送连续的字符，通过仿真按钮停止操作。当需要暂停时可以插入断点。

在其界面上单击 set 按钮，可以弹出如图 4.19 对话框。

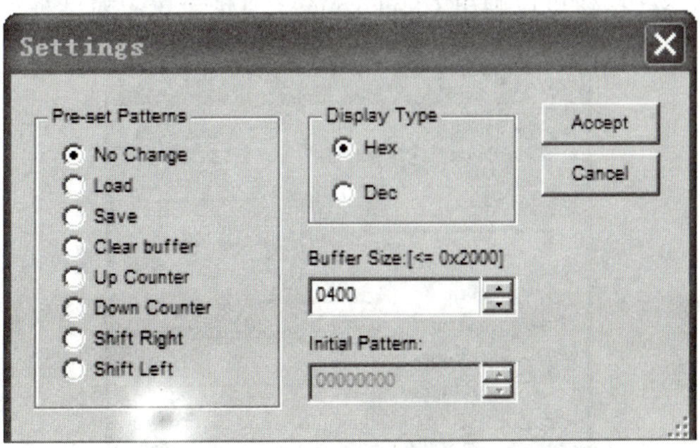

图 4.19　Settings 对话框

Load 用于加载打开先前保存的模板，save 用于保存当前模板。Clear buffer 用于使用 hex0000 替换所有字符，up counter 和 down counter 用于加 1 或者减 1 的模板。

仪器界面中的 trigger 中 internal 按钮代表内置触发，external 按钮代表外置扩展触发，分别代表上升沿触发和下降沿触发。

② Frequency：用于设定频率。

（7）逻辑分析仪。

逻辑分析仪通常用于逻辑状态和时序分析，检查数字电路设计的正确性，如图 4.20 所示为逻辑分析仪的图标和仪器界面。

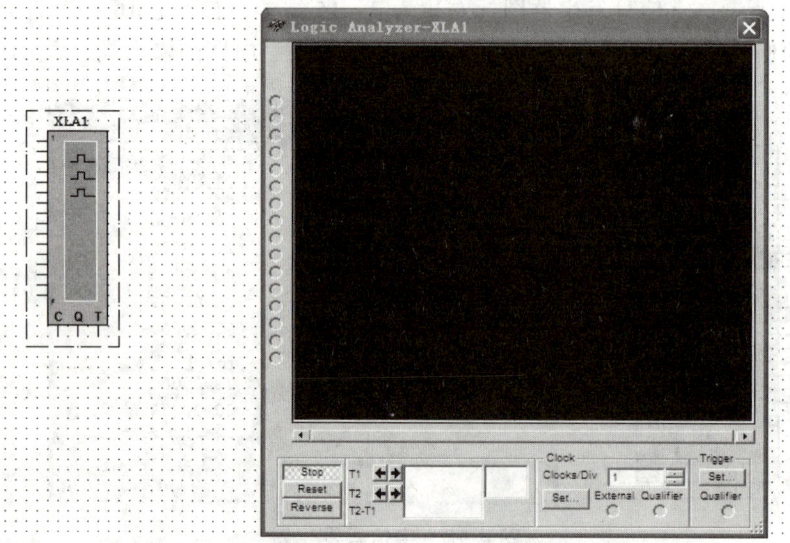

图 4.20　逻辑分析仪界面

逻辑分析仪的仪器面板分上下两个部分，上半部分是显示窗口，下半部分是逻辑分析仪的控制窗口，控制信号有：Stop（停止）、Reset（复位）、Reverse（反相显示）、Clock（时钟）设置和 Trigger（触发）设置。

它提供了 16 路的逻辑分析仪，其连接端口有：16 路信号输入端、外接时钟端 C、时钟限制 Q 以及触发限制 T。

单击 Clock 区的 Set 按钮可以弹出 Clock setup（时钟设置）对话框如图 4.21 所示。

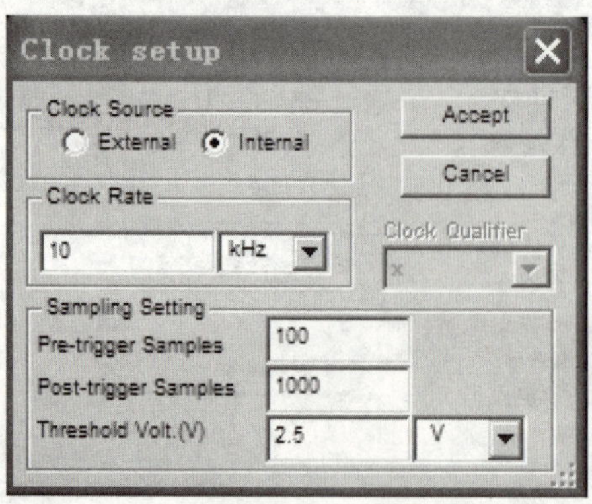

图 4.21　时钟设置对话框

Clock Source（时钟源）：选择外触发或内触发。

Clock rate（时钟频率）：1 Hz ~ 100 MHz 内选择。

Sampling Setting（取样点设置）：

Pre-trigger samples：触发前取样点；

Post-trigger samples：触发后取样点；

Threshold voltage：开启电压设置。

点击 Trigger 下的 Set（设置）按钮时，出现 Trigger Setting（触发设置）对话框，如图 4.22 所示。

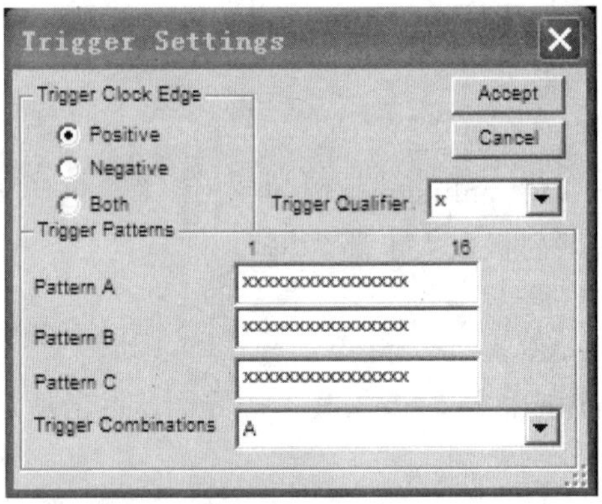

图 4.22　触发设置对话框

Trigger Clock Edge（触发边沿）：Positive（上升沿）、Negative（下降沿）、Both（双向触发）。

Trigger patterns（触发模式）：由 A、B、C 定义触发模式，在 Trigger Combination（触发组合）下有 21 种触发组合可以选择。

（8）▣：逻辑转换仪。

实际中没有逻辑转换器这种仪器，它可以在逻辑电路、真值表和逻辑表达式之间进行转换。有 8 路信号输入端，1 路信号输出端。6 种转换功能依次是：逻辑电路转换为真值表、真值表转换为逻辑表达式、真值表转换为最简逻辑表达式、逻辑表达式转换为真值表、逻辑表达式转换为逻辑电路、逻辑表达式转换为与非门电路。

逻辑转换仪的图标及工作界面如图 4.23 所示。

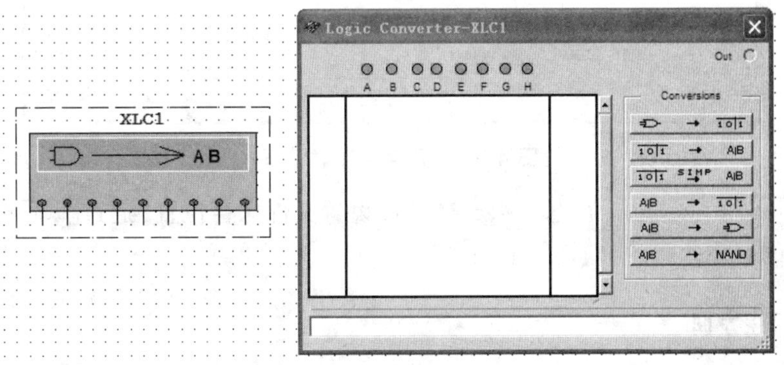

图 4.23　逻辑转换仪工作界面

：用于逻辑电路转换为真值表。

：用于真值表转换为逻辑表达式。

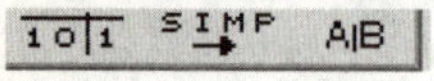：用于真值表转换为最简逻辑表达式。

：用于逻辑表达式转换为真值表。

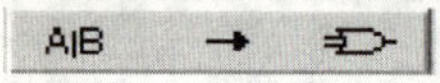：用于逻辑表达式转换为逻辑电路。

：用于逻辑表达式转换为与非门电路。

在电路中经常用到的仪器通常为以上几种，其他仪器的用法也大致相似。由于篇幅有限，其他仪器的用法不再叙述。

4.1.2 电路仿真实例介绍

下面以具体例子来详细介绍 multisim 软件的使用流程，包括文件的建立保存、设计输入、仿真分析等内容。以分压式共射极放大电路为例。

1．新建和保存文件

（1）新建文件。启动 multisim 以后进入其工作界面，点击新建按钮，则建立了一个新的电路仿真文件。

（2）保存文件。点击保存按钮，则可以弹出如图 4.24 所示对话框。

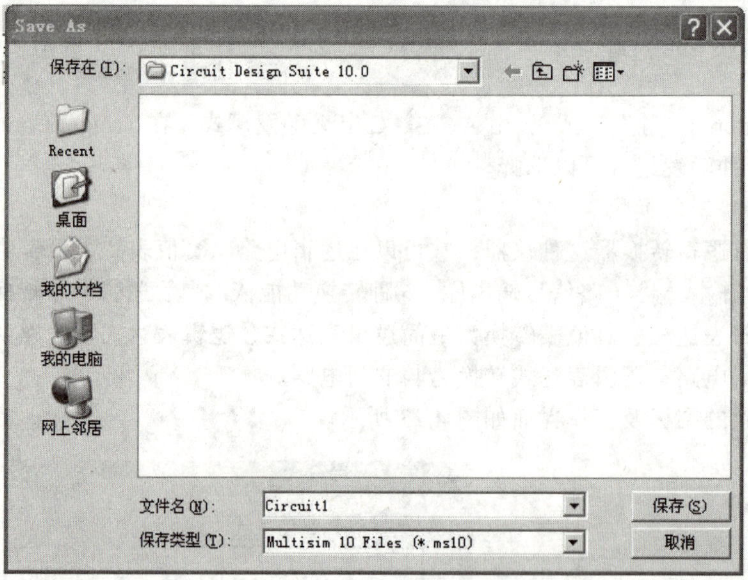

图 4.24 保存文件对话框

通过 Circuit Design Suite 10.0 可以设置文件保存位置，通过 Circuit1 可以改变文件的名称。

2．设置工作界面

（1）选择 Options 中的 Global preference，打开 Preference 对话框，打开 Parts 页，Symbol standard 区中含有两套电器元件符号标准，ANSI 是美国标准，DIN 是欧洲标准。选择 ASNI 标准。

（2）选择 Options 中的 Sheet Properties 下的 Workplace 页，选中 Show Grid，在电路窗口中则出现栅格。

3．绘制电路图

1）放置元器件

首先以放置电阻为例。单击基本元件库图标，则可以弹出选择组件对话框，如图 4.25 所示。

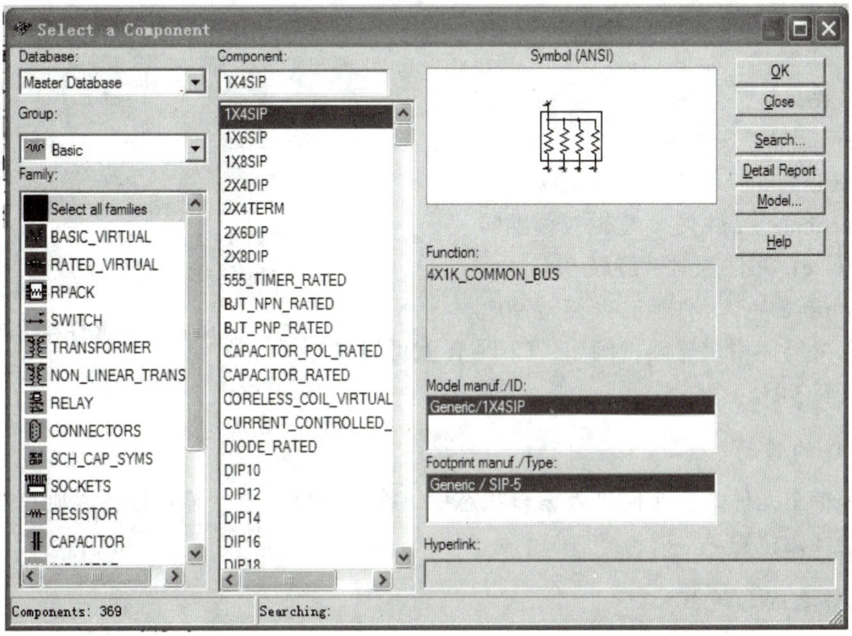

图 4.25　选择组件对话框

Database：数据库，默认情况下为 Master Database，它是常用的数据库。

Group：所选元件的图标类名称。

Family：所选元件类所包含的元器件序列名称，也称为分类库。

Component：元器件名称列表。

Symbol：选中元器件符号类型。

Function：元件的功能说明。

在此单击 RESISTOR ，点击 OK 按钮，再将鼠标移动至电路图空白处单击，则将电阻元件放置在电路图上。用同种方法放置其他三个电阻。

点击电源库，选择交流源 AC_POWER，单击 OK 按钮后，放置在电路图上。同种方法找到直流电源 VCC，三个电解电容，一个 NPN 三极管，一个电位器，元件汇总如图 4.26 所示。

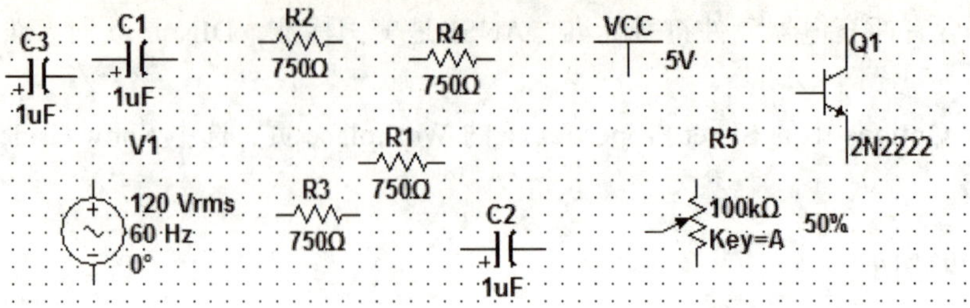

图 4.26 元件汇总图

2）编辑元件

单击选中元件，在单击右键，即进入元件编辑状态，弹出如图 4.27 所示对话框。

Cut：剪切。

Copy：复制。

Paste：粘贴。

Delete：删除。

Flip Horizontal：元件关于 Y 轴对称翻转。

Flip vertical：元件关于 X 轴对称翻转。

Clockwise：元件顺时针旋转 90°。

90 CounterCW：元件逆时针旋转 90°。

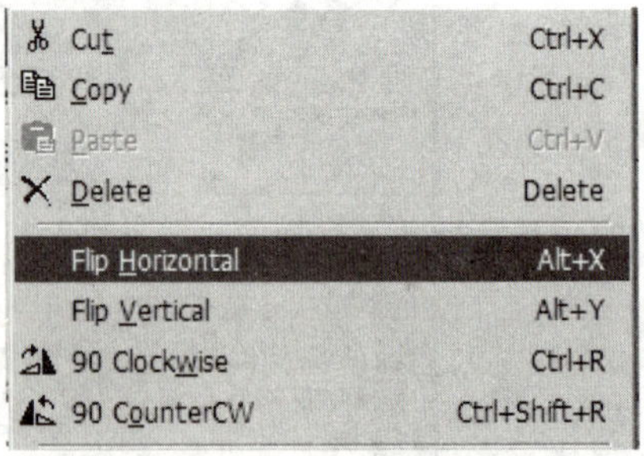

图 4.27 元件编辑对话框

当然也可以使用快捷键。例如，Ctrl + R 就可以将原件顺时针旋转 90°。

3）元件的移动

用左键单击元件，使元件进入编辑状态后，按住左键不放，拖动鼠标，则可以移动元件至电路图的任意位置。

4）元件之间的连线

将鼠标指针移动到一个元件引脚的附近，当光标变为小十字形光标时单击左键，再将光标移动至另一元件的引脚端点，单击左键，则完成了两个元件之间的连线。若想决定线路路径，只需在希望的拐点处单击即可。删除连线可以单击右键，选择删除即可。

5）放置仪表

在仪表工具栏中选择示波器，单击左键，再将鼠标移动至电路图空白处单击左键，则可以将示波器放置到电路图中。

6）元件参数的设置

双击元件，则弹出如图 4.28 所示对话框。

在 Value 栏中，Resistance 用于设置电阻的阻值。在 Label 栏中，RefDes 用于设置该电阻的名称。

同样的方法可以设置其他的元件，电路图设置整理后的电路如图 4.29 所示。

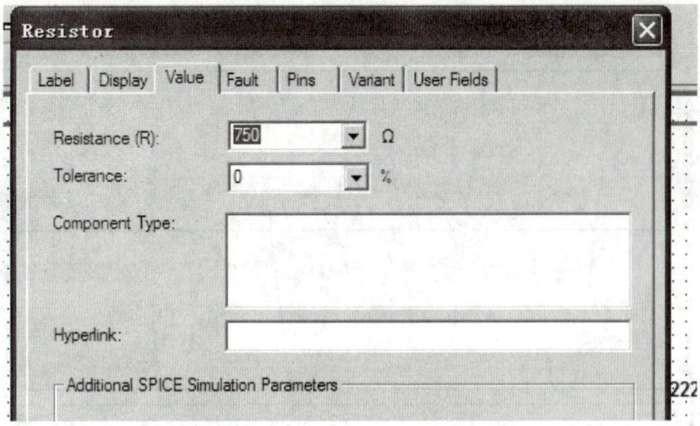

图 4.28　Resistor 对话框

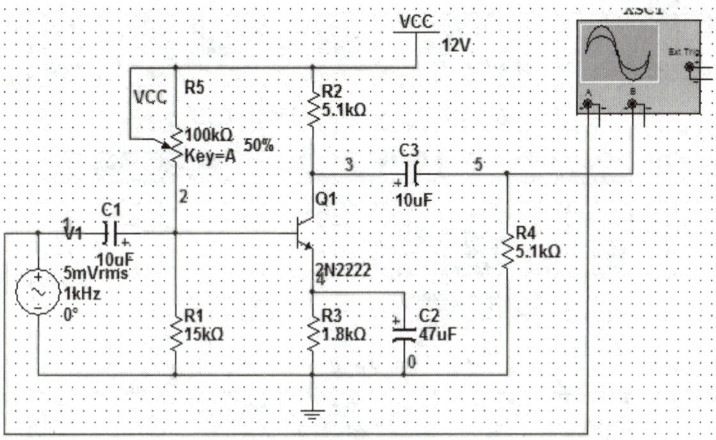

图 4.29　整理后的电路图

注意：（1）一个电路中只有一个 VCC，当电路中放置两个 VCC 图标时，当改变其中一个值的大小时，另一个也会改变。

（2）两条交叉而过的线并不连接，若想两者连接，需添加节点。

4．仿　真

将电路连接好后，单击软件上方的仿真按钮，则进入仿真。双击示波器，可以观察输入与输出波形，如图 4.30 所示。

选择合适的 Y 轴刻度，则可以看到单管放大电路的输入和输出波形的关系。从波形上来看，可以发现共射极放大电路是将输入信号反向放大。

可以改变 *R*5 的值，再观察输出波形的变化。也可以改变输入信号的峰值再观察输出波形的变化。

5．仿真分析方法

1）直流分析

用于分析测量电路的静态工作点的问题。步骤如下：

（1）选择 Options/Sheet Properties，则弹出表单属性对话框，如图 4.31 所示。

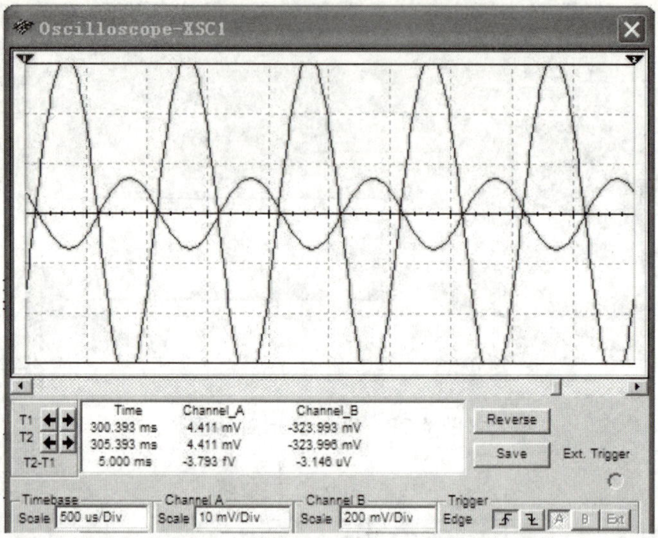

图 4.30 观察输入和输出波形

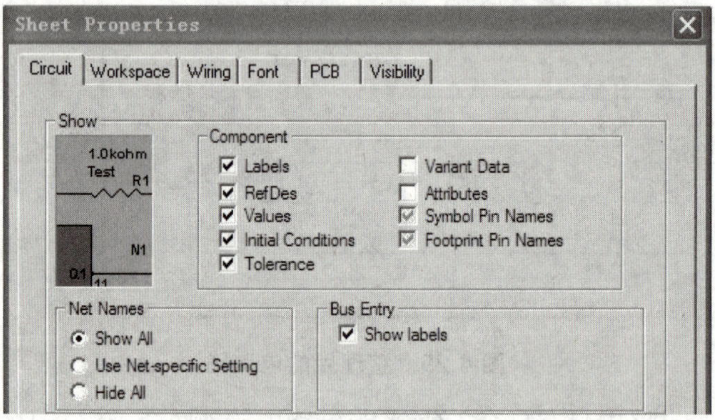

图 4.31 表单属性

在 Circuit 中的 Net Names 栏中选择 Show All，用于显示电路图中各节点的标号。

（2）选择 Simulate/Analyses 中的 DC Operating Point，则弹出如图 4.32 所示对话框。

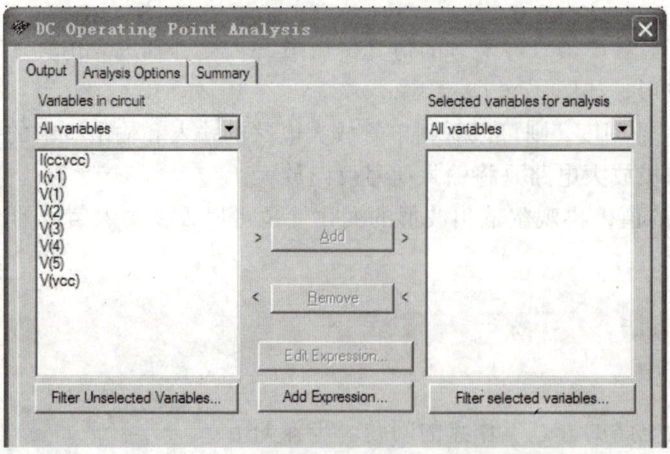

图 4.32 DC Operating Point 分析对话框

根据图中标号可以知道 V_{BQ}，V_{CQ}，V_{EQ} 就是电路中的 $V(2)$，$V(3)$，$V(4)$，因此选择这三项，点击 Add 按钮就可以将这三点添加到分析中去，再点击 Simulate 按钮，则可以弹出仿真结果，如图 4.33 所示。

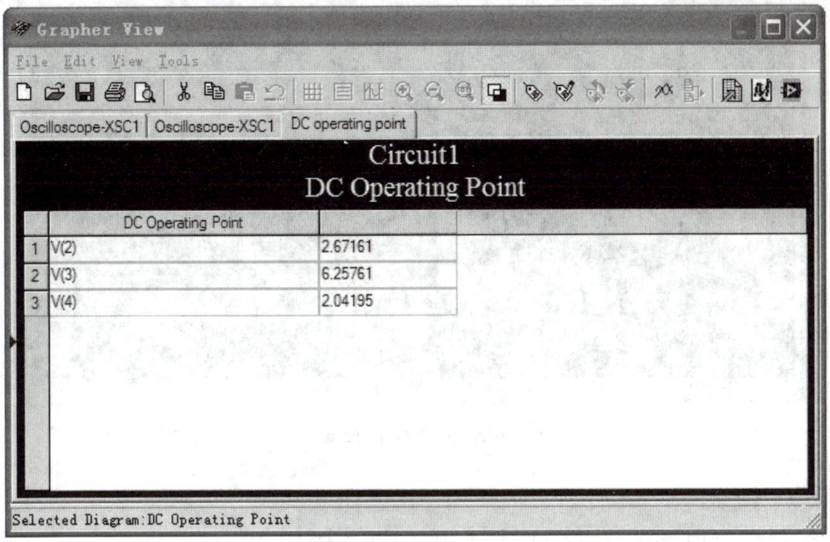

图 4.33　仿真结果

即 $V_{BQ}=2.67\ \text{V}$，$V_{CQ}=6.26\ \text{V}$，$V_{EQ}=2.04\ \text{V}$。

2）交流分析

在进行交流分析之前，应先进行 DC 工作点的分析。AC 分析中的输入信号被认为是正弦波，交流分析可以计算出该电路对频率的响应函数，即可以输出幅频特性曲线和相频特性曲线。具体步骤如下：

（1）选择 Simulate/Analyses 中的 AC Analyses，则弹出如图 4.34 所示对话框。

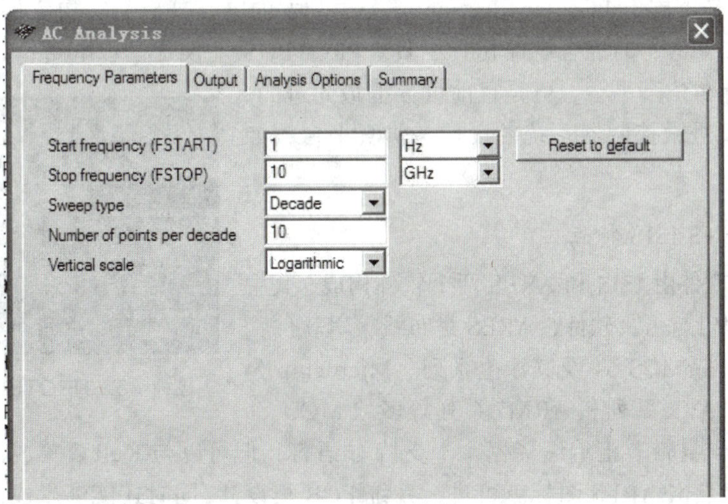

图 4.34　AC Analysis 对话框

（2）点击 Output 页，由于输入和输出信号的电压分别是 $V(1)$，$V(5)$，所以选择这两点后点击 Add 按钮，再点击 Simulate 按钮，则可以得到仿真结果，如图 4.35 所示。

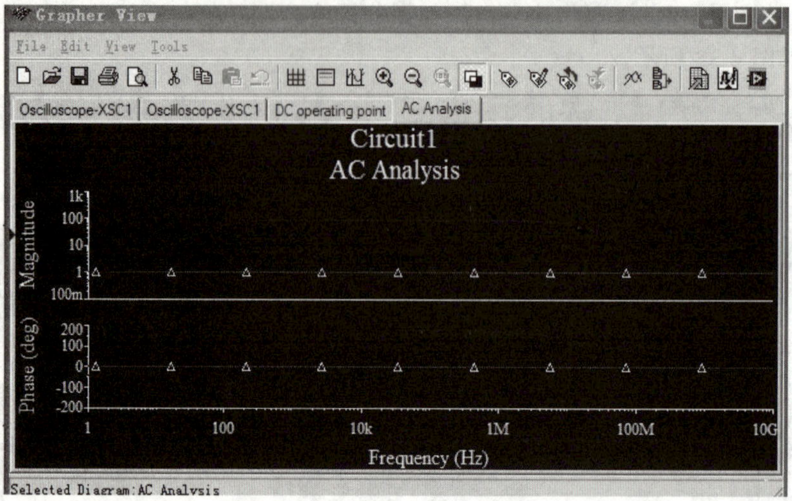

图 4.35 仿真结果

3）瞬态分析

瞬态分析是指对电路节点进行时域响应分析。选择 Simulate/Analyses 中的 Transient Analysis 可以进入瞬态分析对话框。过程与前述情况类似，不再叙述。

其实瞬态分析的结果直接可以在电路中利用示波器观察，那样做更简单、直观。

4.2 仿真软件 Proteus ISIS 及编程软件 KEIL 的使用简介

1. PROTEUS ISIS 使用简介

PROTEUS 是英国 LabCenter Electronics 公司开发的电路分析与实物仿真软件，是基于标准仿真引擎 SPICE3F5 的混合电路仿真工具。PROTEUS 不仅是模拟电路、数字电路、模/数混合电路的设计与仿真平台，更是目前世界上最先进的、最完整的多种型号微控制器系统的设计与仿真平台，如图 4.36 所示。

图 4.36 PROTEUS 启动界面图

1）PROTEUS ISIS 特点

PROTEUS 软件由 ISIS 和 ARES 两个软件构成，其中 ISIS 是原理图编辑与仿真软件，ARES 是布线编辑软件。

ISIS 软件支持 MCS-51 及其派生系列、Microchip 公司的 PIC 系列、AVR 系列和 ARM7 系列等多款 MCU。

PROTEUS 自身带有汇编编译器，不支持 C 语言，但可以与 Keil C 集成开发环境连接。

软件可直接点击 ARES 图标就可进行系统 PCB 板设计，同时还能够生成多种格式的网络表文件，供相应的专业 PCB 设计软件调用，方便了后续 PCB 的设计和制造。

2）启动 Proteus ISIS

ISIS 是一个界面非常友好的应用平台，鼠标光标也会根据其功能发生改变，如图 4.37 所示。

标准光标——不处于激活状态时用它来选择
黑白铅笔——单机放置对象
绿色铅笔——布线，单击开始或终止连线
蓝色铅笔——布总线，单击开始或终止布总线
选择手形——单机时指针下的对象被选中
移动手形——按下鼠标左键并拖动，可移动鼠标下的对象
拖线光标——按住鼠标左键对线进行拖拽调整
标号光标——使用PAT工具放置标号

图 4.37　鼠标光标功能图

3）菜单介绍

由于 PROTEUS 是标准的 Windows 视窗程序，所以其基本命令含义与常用程序相同。PTOTEUS 中 FILE，VIEW，EDIT 各自下拉菜单如图 4.38 所示。

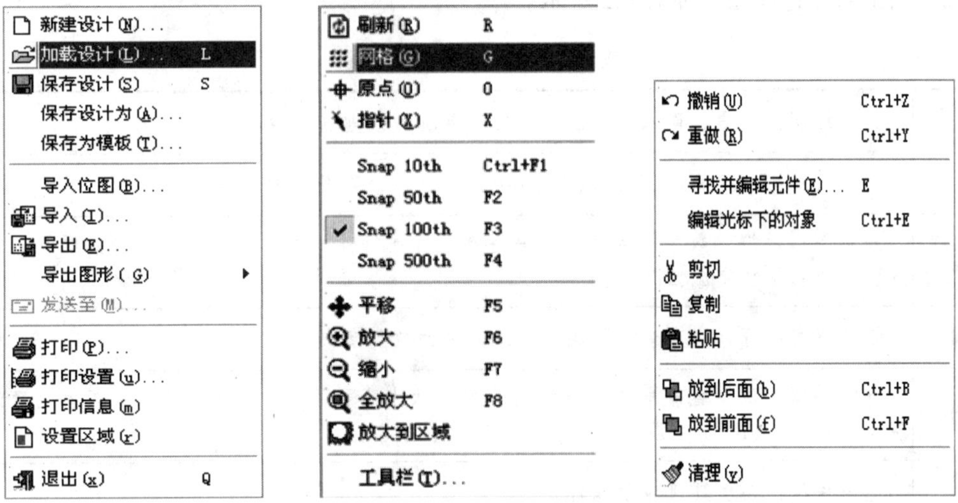

（a）FILE　　（b）VIEW　　（c）EDIT

图 4.38　PROTEUS 中 FILE，VIEW，EDIT 各自下拉菜单图

标准工具栏如图 4.39 所示。

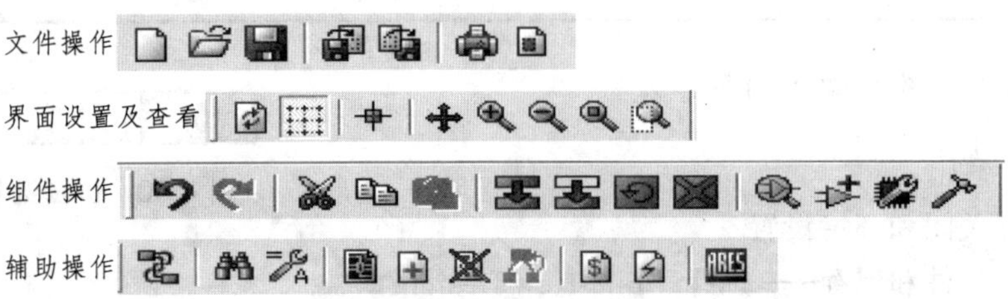

图 4.39　标准工具栏

绘图工具栏。

（1）对象类型选择图标如表 4.1 所示。

表 4.1　对象类型选择图标含义

	选择模式：单击此键可以取消左键放置器件功能，但可以编辑对象
	组件模式：用于对组件窗口中器件的添加、删除、选择、放置等操作
	节点模式：当两条线交叉，放置连接点用于线路联通
	标注或网络名：电路连线可用网络标号替换，表明相同标号的线段是有电气联系的
	文本说明：只是对电路进行注释说明，与仿真无关
	绘制总线：为简化线路，可用总线代替多根导线
	绘制子电路：当图纸较小时，可将部分电路以子电路形式画在另一张图上

（2）调试对象选择图标如表 4.2 所示。

表 4.2　调试对象选择图标

	放置终端：普通、输入、输出、双向、电源、接地和总线的放置
	放置引脚：包括普通、反向、正时钟、负时钟、段引脚和总线
	分析图：模拟、数字、混合、频率特性、传输特性、噪声分析、失真、傅里叶分析、音频、直流扫频和交流扫频等
	录音模式：可以将声音录制成文件，并可回放声音文件
	电源和信号源：直流电源、正弦信号源、脉冲信号源、指数信号源、单频率调频波信号源（SFFM）、File 信号源、音频、数字脉冲、数字时钟等
	电压探针：在仿真时显示探针处的电压
	电流探针：在仿真时显示探针处的电流
	虚拟仪器：示波器、逻辑分析仪、计数器、虚拟终端、SPI 调试器、I 调试器、信号发生器、模式发生器、交直流电压表、交直流电流表

仿真进程控制栏如图 4.40 所示。

图 4.40　仿真进程控制栏图标

4）基本操作

文件打开关闭和环境设置。

（1）新建文件和保存——选择“File-New Design”。

（2）编辑环境设置。

选择“Template-Set Graphics Styles”可进行编辑图形风格设置；

选择“Template-Set Text Styles”可进行全局字体风格设置；

选择“Template-Set Graphics Text”可进行图形字体格式设置；

选择“Template-Set Junciton dots”可进行交点设置。

（3）图纸设置。

选择“System-Set Sheet Sizes”菜单，会弹出图纸大小设置对话框。

（4）PROTEUS ISIS 参数设置。

在“System-Set BOM Scripts”中可对 BOM（Bill of Materials）进行设置。

（5）系统运行环境设置。

在主菜单中选择“System-Set Environment”，可进行系统环境设置。

（6）设置 Animation 选项。

选择“System-Set Animation Options”，可打开仿真电路设置对话框。

应用例程示例如图 4.41 所示。

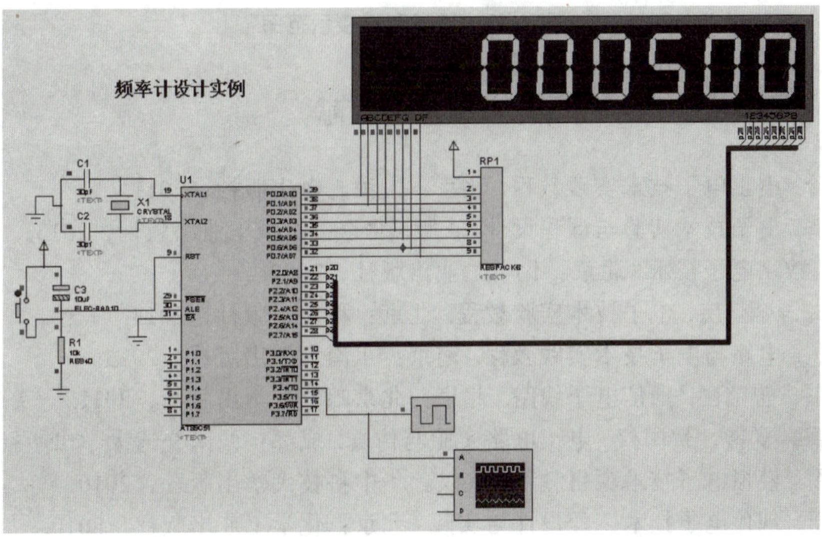

图 4.41　应用例程示例图

2．Keil 软件使用说明（举例讲解）

1）Keil 工程的建立

（1）进入 Keil 界面；（2）建立一个工程：选择菜单“Project”｜“New Project”；（3）保存工程；（4）选择系统要用的单片机；（5）建立文件；（6）文件保存；（7）添加文件。

2）工程的设置

（1）选择“Target”选项卡：选择所用的芯片型号；

（2）选择“Output”选项卡：选择编译、链接后输出文件的格式；

（3）选择“Debug”选项卡：选择仿真器类型。

3）编译和链接

编译与链接示例如图 4.42 所示。

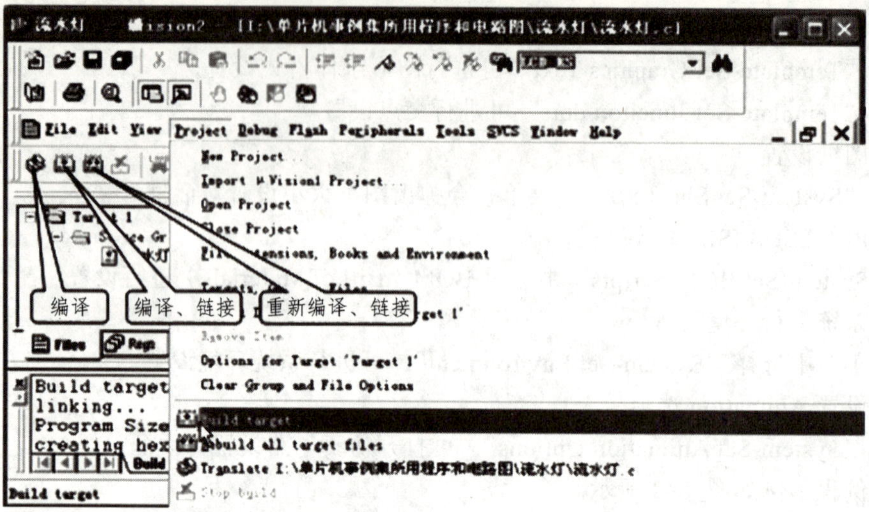

图 4.42 编译和链接示范图

本章参考文献

[1] 杨君玲. 电工电子技术实践教程. 北京：人民邮电出版社，2011.
[2] 毕满清. 电子技术实验与课程设计. 4 版. 北京：机械工业出版社，2013.
[3] 王平. 数字电子技术. 北京：化学工业出版社，2007.
[4] 马学文，李景宏. 电子技术实验教程. 北京：科学出版社，2013.
[5] 于维顺. 电路与电子技术实践教程. 南京：东南大学出版社，2013.
[6] 程远东，曾宝国. 通信电子线路. 北京：北京邮电大学出版社，2011.
[7] 彭厚德，夏锴，贺国权. 电工电路实验与仿真. 成都：西南交通大学出版社，2011.
[8] 李福军. 模拟电子技术项目教程. 武汉：华中科技大学出版社，2010.
[9] 李继凯. 现代电子技术工程设计与实践. 北京：化学工业出版社，2010.
[10] 刘晓阳，王平. 数字电子技术案例教程. 北京：中国水利水电出版社，2012.

第 5 章　基本单元电路的识图方法

基本单元电路是构成总体电路的基础，掌握基本单元电路的识图方法，有助于对总体电路的理解和分析。

5.1　晶体管放大电路

※能力目标

重点掌握晶体管放大电路的结构及功能特点，能够正确分析和识读放大电路中各种关键元器件的作用以及信号的输出状态，并且可以将其灵活运用到实际产品电路中。由三极管构成的基本放大器单元电路有 3 种，即共发射极放大器、共集电极放大器和共基极放大器。

※方法技巧

区别这三种放大器的最容易方法就是查看放大管的交流接地引脚，就可以确认放大器的类型，比如，放大管的发射极交流接地，则该放大器就是共发射极放大器。

1．共发射极放大电路

共发射极放大电路是最基本放大电路，它的发射极为输入信号和输出信号的公共接地端，如图 5.1 所示是 NPN 和 PNP 两种类型管子的典型共发射极电路。它的关键元器件包括 1 只晶体管、4 只电阻器和 2 个电容器。

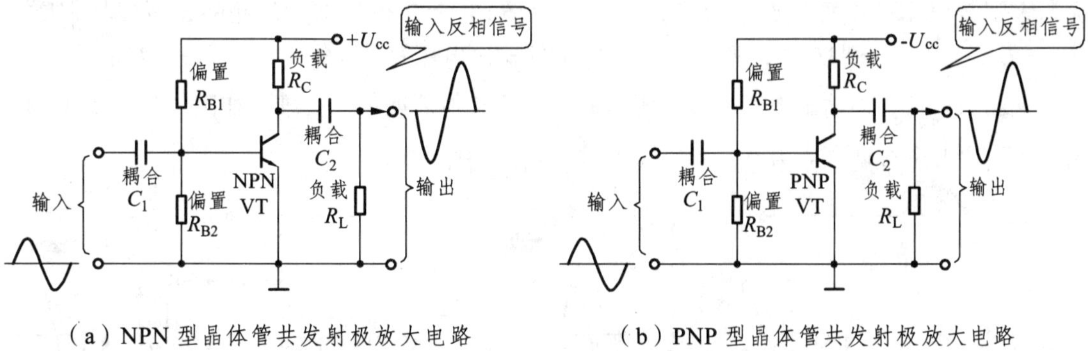

（a）NPN 型晶体管共发射极放大电路　　（b）PNP 型晶体管共发射极放大电路

图 5.1　共发射极放大电路图

在该放大器内，VT 是放大管，直流偏置电阻 R_{B1} 和 R_{B2} 通过电源给晶体管的基极供电，电阻 R_c 是集电极负载电阻，C_1 是输入信号耦合电容，C_2 是输出信号耦合电容，电阻 R_L 则是承载输出信号的负载电阻，U_{CC}是供电电压。NPN 型与 PNP 型晶体管放大器的最大不同之处在于供电电源：对于采用 NPN 型晶体管的放大器，供电电源是正电源，送入晶体管的集电极；对于采用 PNP 型晶体管的放大器，供电电源是负电源，送入晶体管的集电极。

共发射极放大电路输入与输出信号的相位关系如图 5.2 所示，对交流信号而言电阻的阻抗很小，可视为短路。

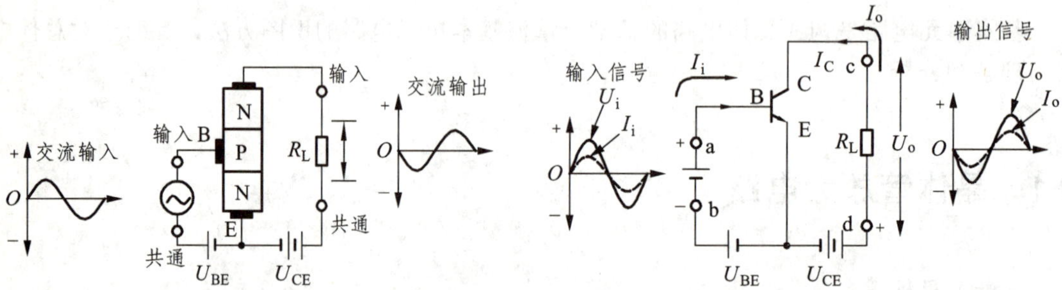

图 5.2 共发射极放大电路输入与输出信号的相位关系

1）直流偏置

供电电压U_{CC}通过R_{B1}、R_{B2}分压后，加到 VT 的基极，为基极提供直流偏置电压，基极电压$U_b \approx V_{cc}R_{B2}/(R_{B1}+R_{B2})$。流过$R_{B1}$的电流分两路到地：一路通过$R_{B2}$到地，一路通过 VT 的发射结到地。设置偏压电阻以改变放大器中的偏压值，使晶体管工作在放大区，进行线性放大。线性放大就是成正比放大，信号不失真地放大。如果偏压失常，晶体管就不能进行线性放大或不能工作。

2）工作原理

信号经共发射极放大电路后输出放大的反相信号，其工作原理如图 5.3 所示。进行分析时，可以将输入信号的变化曲线认为是输入端电流的变化曲线。在 1/4 周期时，电流呈增大状态，那么根据晶体管的放大功能$I_C=\beta I_B$，可知电流I_C也呈增大的趋势，所以根据欧姆$U_{R_C}=I_C R_C$，$I_C\uparrow$，则$U_{R_c}\uparrow$，那么由负载R_L上的输出电压$U_{R_L}=U_{cc}-U_{R_c}$可得，$I_C\uparrow$，$U_{R_c}\uparrow$，U_{cc}不变，$U_{R_L}\downarrow$，即输出图 5.3（a）所示的信号。其他周期依此类推，如图 5.3（b）、（c）、（d）所示。由此可见，输出电压与输入电压的相位相反。

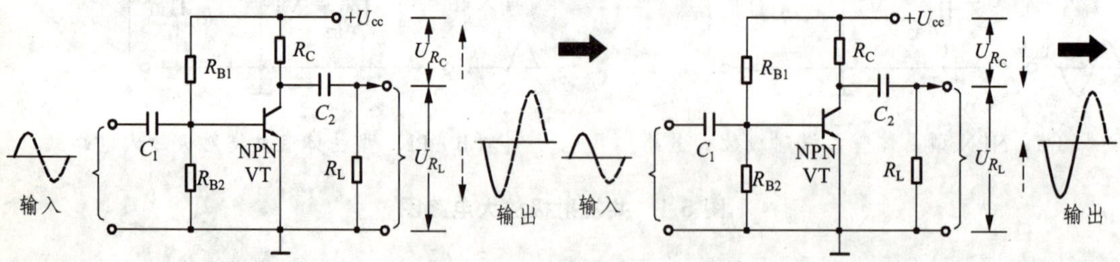

（a）1/4 周期时输出信号的状态　（b）2/4 周期时输出信号的状态

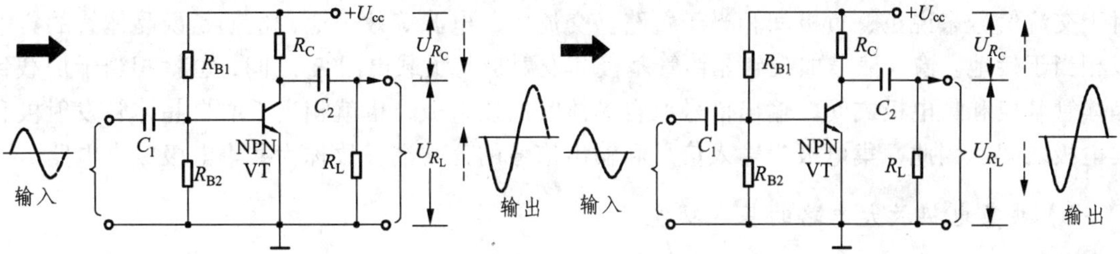

（c）3/4 周期时输出信号的状态　　（d）一个周期结束时输出信号的状态

图 5.3　共发射极放大电路工作原理图

※信息扩张：

如图 5.4 所示为 3 种基本偏置电路、固定偏置电路、自偏置电路和分压偏置电路。

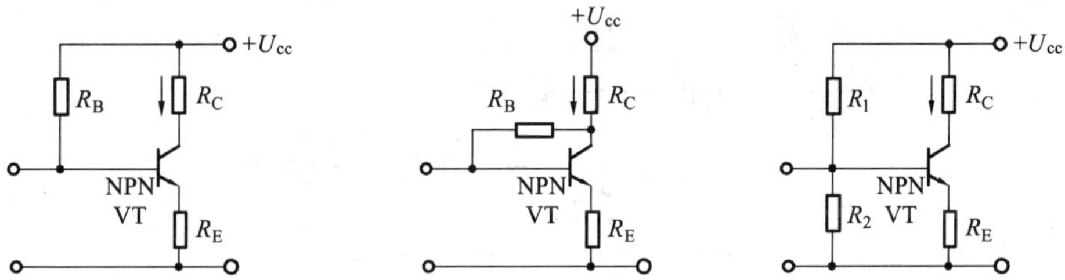

（a）固定偏置电路　　（b）自偏置电路　　（c）分压偏置电路

图 5.4　3 种基本偏置电路的结构

2．共集电极放大电路

共集电极放大电路的基本构成如图 5.5 所示，其关键组成元器件和共发射极放大电路基本相同，不同之处有两点：其一是将集电极电阻 R_C 移到了发射极（用 R_E 表示），其二是输出信号不再取自集电极而是取自发射极。

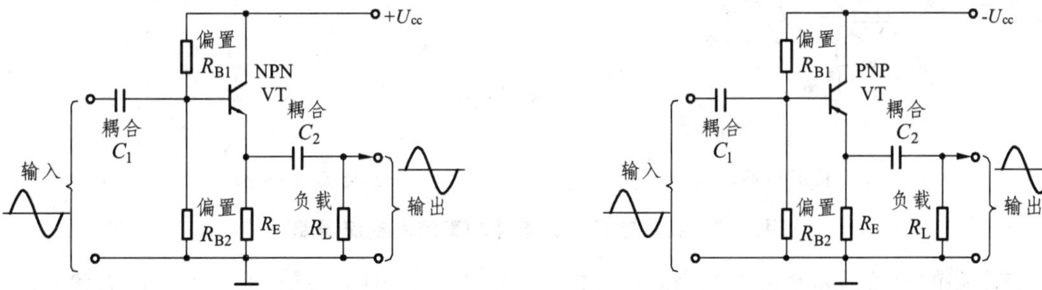

（a）NPN 型晶体管共集电极放大电路　　（b）PNP 型晶体管共集电极放大电路

图 5.5　共集电极放大电路图

在该电路中，两个偏置电阻 R_{B1} 和 R_{B2} 通过电源给晶体管基极供电，R_E 是晶体管发射极的负载电阻，两个电容 C_1 和 C_2 都是起到通交流、隔直流作用的耦合电容，电阻 R_L 则是加载输出信号的负载电阻。与共发射极晶体管放大器一样，NPN 型与 PNP 型晶体管共集电极放大器的最大不同之处也是供电电源不同。由于晶体管放大器单元电路的供电电源内阻很小，对于交流信号来说正、负极间相当于短路。交流中，电源等效于地，也就是说晶体管的集电极相当于接地。输入信号加载到晶体管基极和发射极与负载电阻 R_e 之间，也就相当于加载到晶体管基极和集电极之间，输出信号取自晶体管的发射极，也就相当于取自晶体管发射极和集电极之间。因此，集电极为输入信号和输出信号的公共端，故称为共集电极放大电路。

1）共集电极放大电路的基本功能

共集电极放大电路是从发射极输出信号的，信号波形与相位基本上与输入信号相同，因而又称射极输出器或射极跟随器，简称射随器，常用作缓冲器。如图 5.6 所示为共集电极基本放大电路。共集电极晶体管放大器常作为电流放大器使用，它的特点是高输入阻抗，电流增益大，但是输出电压的幅度几乎没有放大，也就是输出电压接近输入电压。而由于输入阻抗高而输出阻抗低的特性，它也作为阻抗变换器使用。

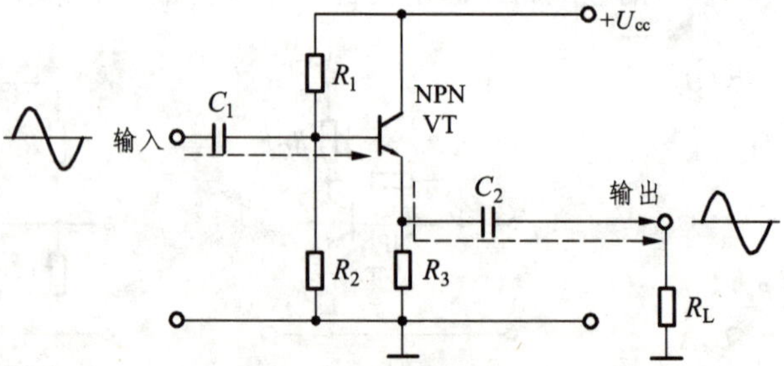

图 5.6 晶体管电流放大器

2）共集电极放大电路的直流和交流通路

对共集电极放大电路进行分析时，也可分为直流和交流两条通路，如图 5.7 所示。

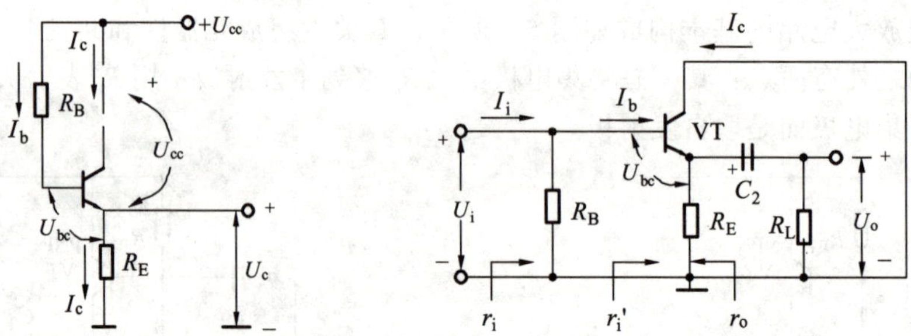

（a）直流通路 （b）交流通路

图 5.7 共集电极放大电路的直流和交流通路

该电路的直流通路是由电源为晶体管提供直流偏压的电路，晶体管工作在放大状态还是开关状态，主要由它的偏压确定。这种电路也是为晶体管提供能源的电路。交流通路是对交流信号起作用的电路，电容对交流信号来说可视为短路，电源的内阻对交流信号来说也视为短路。

3）共集电极放大电路的工作原理

经共集电极放大电路后输出同相且几乎等幅的信号（幅度略小于输入信号），其原理如图 5.8 所示。由图 5.8 可知，$U_i = U_{be} + U_o$，那么 $U_o = U_i - U_{be}$。而晶体管基极和发射集之间的电

压 U_{be} 远远小于负载上的电压，因此 U_o 几乎和 U_i 相等。在该电路中，被放大的仅为电流，因此共集电极放大电路常作为电流放大器使用。

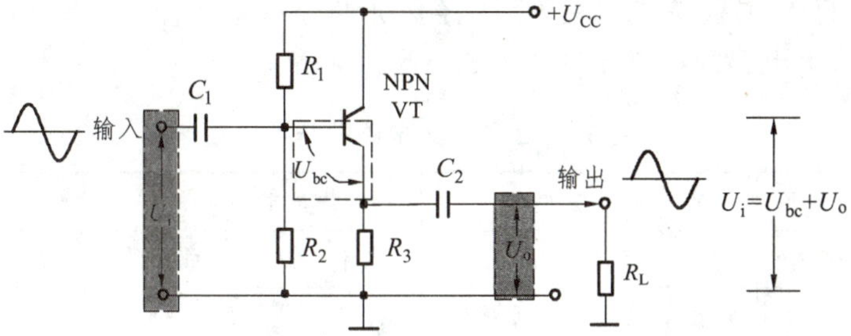

图 5.8　共发射极放大电路的工作原理图

3．共基极放大电路

共基极放大电路的基本结构如图 5.9 所示，其中的关键元器件主要是指偏置电阻、耦合电容器和放大晶体管。电路中有 4 个电阻都是为了建立静态工作点而设置的，其中 R_C 还兼作集电极的负载电阻，电阻 R_L 是负载端的电阻，两个电容 C_1 和 C_2 都是起到通交流、隔直流作用的耦合电容，去耦电容 C_B 用于使基极的交流直接接地，起到去耦合的作用，即起消除交流负反馈的作用。

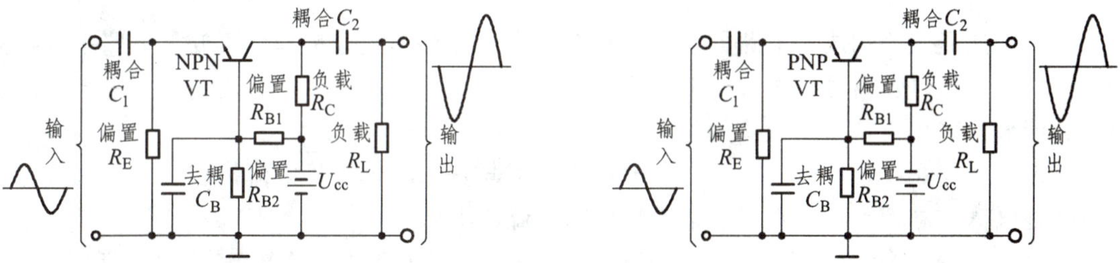

（a）NPN 型晶体管共基极放大电路　　（b）PNP 型晶体管共基极放大电路

图 5.9　共基极放大电路图

输入信号加载到晶体管的发射极和基极之间，而输出信号取自晶体管的集电极和基极之间，由此可见基极为输入信号和输出信号的公共端，因而该电路称为共基极晶体管放大器。在共基极放大电路中，信号由晶体管的发射极输入，经晶体管放大后由集电极输出，输出信号与输入信号反相。它的最大特点是频带宽，常用作晶体管宽频带电压放大器。

1）工作原理

在共基极放大电路中，直流电源通过负载电阻 R_C 为集电极提供偏置电压。同时，偏置电阻 R_2 和 R_3 构成分压电路为晶体管的基极提供偏置电压。信号从输入端输入电路后，经耦合电容 C_1 输入到晶体管的发射极，由晶体管放大后，经耦合电容 C_2 输出同相放大的信号，其原理与共发射极放大电路类似。负载电阻 R 。两端的电压随输入信号变化而变化，而输出端信号取自集电极和基极之间，对于交流信号来说直流电源相当于断路，因此输出信号相当于取自负载电阻 R_C 的两端，输出信号和输入信号的相位同相。

2）要点提示

共发射极、共集电极和共基极放大电路是单管放大器中3种最基本的单元电路，其他所有的放大电路都可以看成是它们的变形或组合。所以掌握这3种基本单元电路的性质是非常必要的。这3种放大电路的特点比较如表5.1所示。

表5.1 3种放大电路的特点比较

参　数	共发射极电路	共集电极电路	共基极电路
输入电阻 R_i	1 kΩ左右	几十千欧至几百千欧	几十欧
输出电阻 R_o	几千欧至几十千欧	几十欧	几千欧至几百千欧
电流增益 A_i	几十至一百	几十至一百	略小于1
电压增益 A_u	几十至几百	略小于1	几十至几百
u_i 与 u_o 之间的关系	反相（放大）	同相（几乎相等）	同相放大（放大）

5.2 场效应管放大电路

※能力目标

重点掌握场效应管放大电路的结构及功能特点，能够正确分析和识读放大电路中各种关键元器件的作用以及信号经过放大电路后的输出状态，并且可以灵活运用到实际电子产品电路中，能够正确分析其功能及作用范围。

场效应管与晶体管一样，也具有放大作用，但与普通晶体管是电流控制型器件相反，场效应管是电压控制型器件。它具有输入阻抗高、噪声低的特点。

场效应管的3个电极，即栅极、源极和漏极分别相当于晶体管的基极、发射极和集电极。如图5.10所示是场效应管的3种组态电路，即共源极、共漏极和共栅极放大器。如图5.10（a）所示是共源极放大器，它相当于晶体管共发射极放大器，是一种最常用的电路。如图5.10（b）所示是共漏极放大器，相当于晶体管共集电极放大器，输入信号从漏极与栅极之间输入，输出信号从源极与漏极之间输出，这种电路又称为源极输出器或源极跟随器。如图5.10（c）所示是共栅极放大器，它相当于晶体管共基极放大器，输入信号从栅极与源极之间输入，输出信号从漏极与栅极之间输出，这种放大器的高频特性比较好。

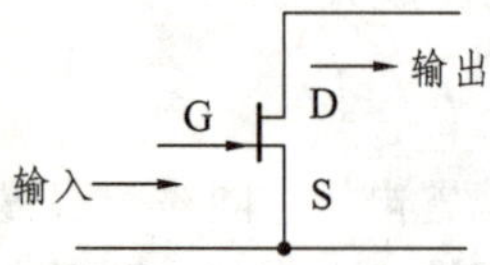

（a）共源极放大器

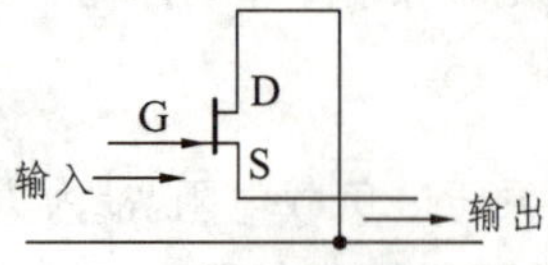

（b）共漏极放大器

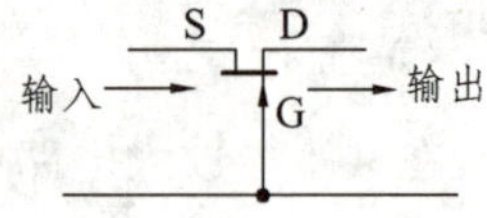

（c）共栅极放大器

图5.10 场效应管的3种组态电路图

※信息扩展

绝缘栅型场效应管的输入电阻很高，如果在栅极上感应了电荷，很不容易泄放，极易将

PN结击穿而造成损坏。为了避免发生PN结击穿损坏，存放时应将场效应管的3个极短接；不要将它放在静电场很强的地方，必要时可放在屏蔽盒内。焊接时，为了避免电烙铁带有感应电荷，应将电烙铁从电源上拔下。焊进电路板后，不能让栅极悬空。

1．场效应管放大电路的偏置方法

1）固定式偏置电路

在场效应管放大器中，有时需要外加栅极直流偏置电源，这种方式被称为固定式偏置电路，如图5.11所示。

C_1和C_2分别是输入端耦合电容和输出端耦合电容。$+U_{cc}$通过漏极负载电阻R_2加到VT的漏极，VT的源极接地。$-U_{cc}$是栅极专用偏置直流电源，为负极性电源，它通过栅极偏置电阻R_1加到VT的栅极，使栅极电压低于源极电压，这样就建立了VT的正常偏置电压。

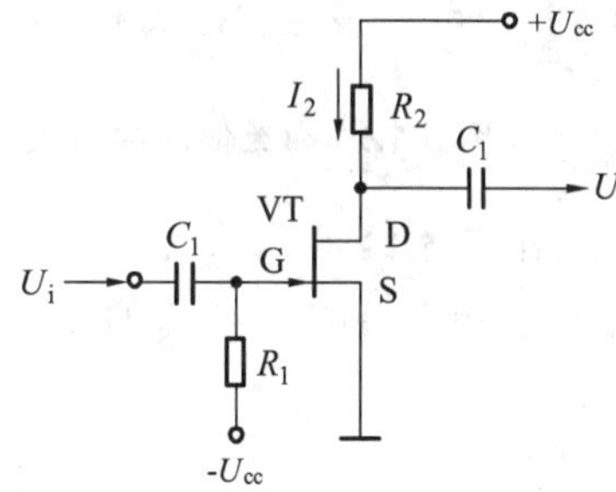

图5.11　固定式偏置电路图

在电路中，输入信号U经C_1耦合至场效应管VT的栅极，与原来的栅极负偏压叠加。场效应管受到栅极的作用，其漏极电流I_2相应变化，并在负载电阻R_2上产生压降，经C_2隔离直流后输出，在输出端即得到放大了的信号电压U_o。I_2与U_i同相，U_o与U_i反相。

这种偏置电路的优点是VT的工作点可以任意选择，不受其他因素的制约，也充分利用了漏极直流电源$+U_{cc}$，所以可以用于低压供电放大器。其缺点是需要两个直流电源。

2）自给偏压共源极放大电路

图5.12所示是典型的自给偏压共源极放大电路。图中C_1和C_2分别是输入、输出耦合电容，起通交流、隔直流的作用：$+U_{cc}$为漏极直流电压源，为放大电路提供能源；R_D是漏极电阻，它能把漏极电流的变化转变为电压的变化，以便输出信号电压：R_S是源极电阻，其作用是产生一个源极到地的电压降，以提供源极偏压，建立静态偏置，同时具有电流负反馈的作用；C_s是源极旁路电容，给源极交流信号提供一条通路，以免交流信号在R_S上产生负反馈。

由于场效应管在漏极电流较大时，具有温度上升、漏极电流就减小的特点，因而热稳定性好，故源极仅需设置自偏压电路就十分稳定了。

“自给偏压”，指的是由场效应管自身的电流产生偏置电压。N沟道结型场效应管正常工作时，栅极、源极之间需要加一个负偏置电压，这一点与晶体管的发射结需要正偏置电压是相反的。为了使栅极、源极之间获得所需负偏压，设置了自生偏压电阻R_S。当源极电流流过R_S时，将会在风两端产生上正下负的电压降U_S。由于栅极通过R_G接地，所以栅极为零电位。这样，R_S产生的U_S就能使栅极、源极之间获得所需的负偏压G_S，这就是自给偏压共源极放大电路的工作原理。

3）分压式自偏压电路

如图5.13所示为分压式自偏压电路，又称栅极接正电位偏置电路。它是在自给偏压共源极放大电路的基础上，加上分压电阻R_{f1}和R_{f2}构成的。

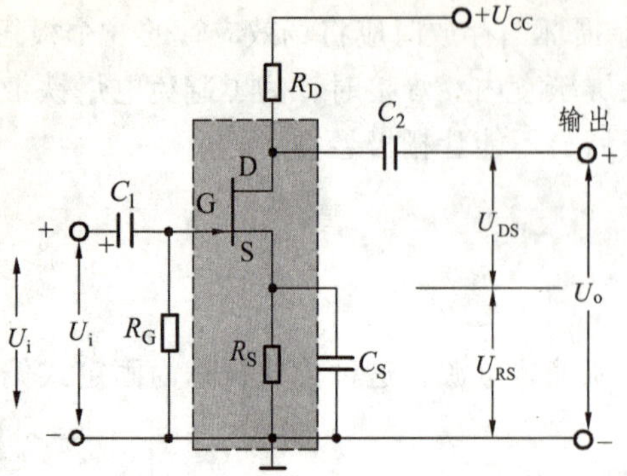

图 5.12 自给偏压共源极放大电路图

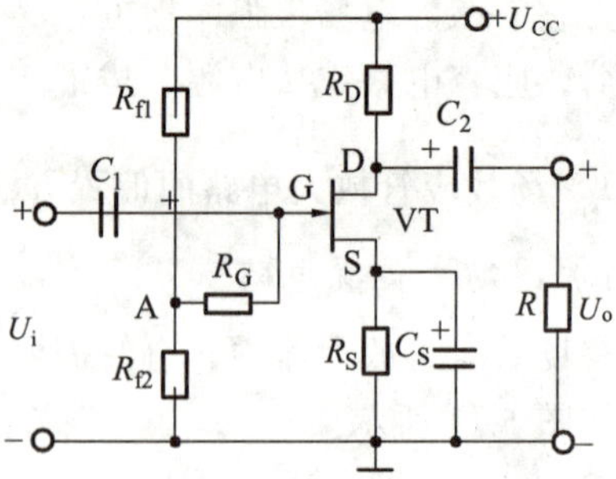

图 5.13 分压式自偏压电路图

在图 5.13 中，电源 $+U_{DD}$、输入耦合电容 C_1、输出耦合电容 C_2、漏极电阻 R_D、源极电阻 R_S、源极旁路电容 C_S 的作用均与自给偏压共源极放大电路相同。R_{f1} 和 R_{f2} 是分压偏置电阻，R_{f1} 与 R_{f2} 的接点通过大电阻 R_G 与场效应管的栅极相连。由于栅极绝缘无电流，所以 R_{f1} 与 R_{f2} 的分压点 A 与场效应管的栅极同电位。由于该电路既有“分压偏置”又有“自给偏置”，所以又称为组合偏置电路。这种偏置电路既可用于耗尽型场效应管，也可用于增强型场效应管。

5.3 负反馈放大电路

1. 反馈电路的模型与工作过程

所谓反馈就是将放大电路输出量（电流或电压）的一部分以一定的方式送回到放大器的输入端。而传送反馈量的电路就是反馈电路。典型的反馈电路构成如图 5.14 所示。反馈是改善放大电路性能的重要手段，如可以改变频率特性，改善电路的稳定性，减小电路的失真。

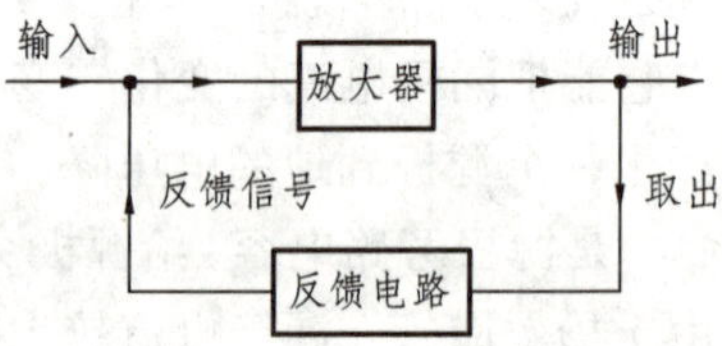

图 5.14 反馈电路模型

※信息扩展

反馈电路的工作过程如图 5.15（a）所示。如果反馈量与输入量的相位一致，使放大倍数增大的反馈称为正反馈，如图 5.15（b）所示；如果反馈量与输入量的相位相反，使放大倍数减小的反馈称为负反馈，如图 5.15（c）所示。

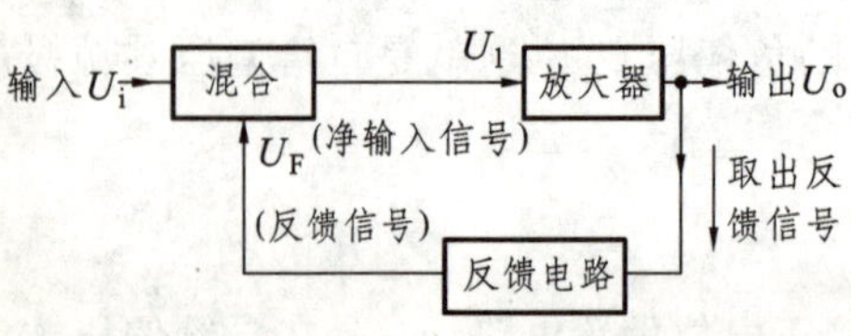

（a）基本反馈电路框图

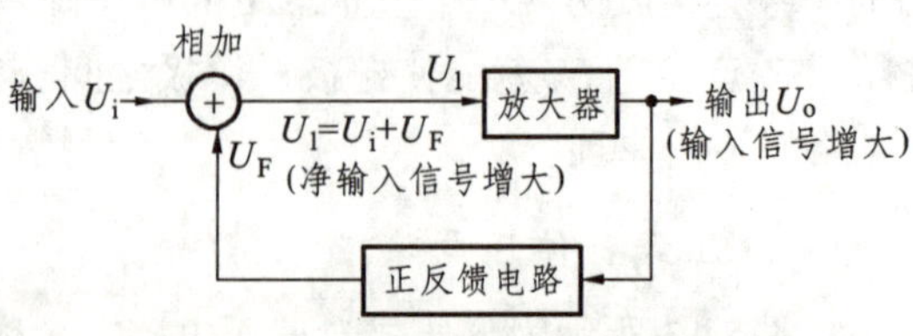

（b）正反馈电路框图

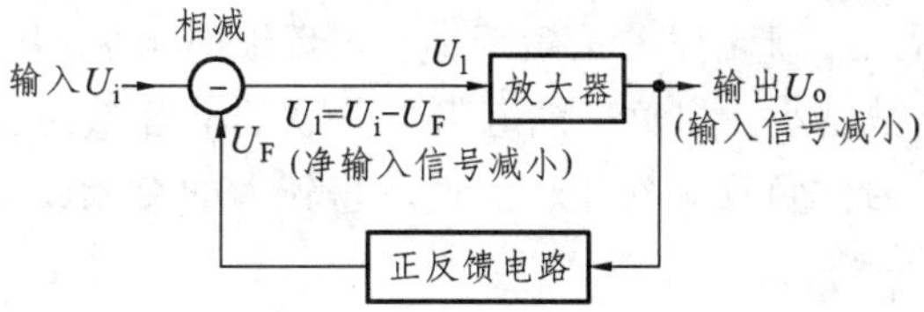

（c）负反馈电路框图

图 5.15　反馈电路的工作过程

2．单级负反馈放大器

1）并联负反馈放大器

如图 5.16 所示为常见的并联负反馈放大器。其中电阻 R 为电压负反馈元件，电阻 R 的左端直接与输入端相连，右端直接与输出端相连，从而将输入与输出回路联系起来了。

首先假设某瞬时输入信号为正极性（ + ），由于共发射极晶体管放大器输出电压的极性与输入电压相反，输出电压为负极性（ – ）。通过反馈元件 R 将负极性的反馈信号加到基极，与信号源的假设极性相反，使电压减小，所以反馈元件 R 为负反馈。然后，将放大器的输出端对地交流短接，通过电容 C_2，晶体管的集电极就会交流接地，此时就没有信号通过负反馈元件 R 反馈到晶体管的基极上，电路就不存在负反馈信号了，所以这是电压负反馈电路。

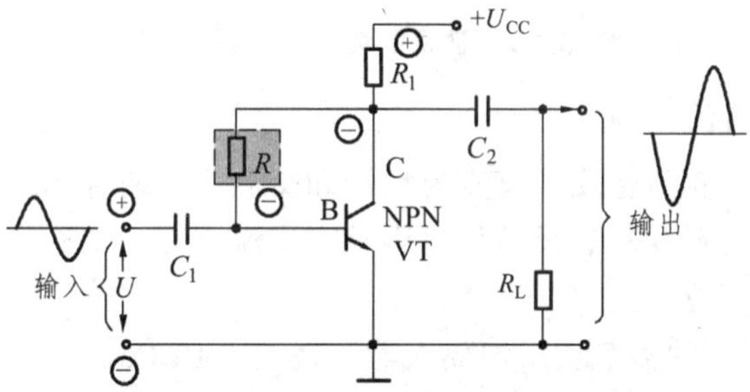

图 5.16　常见的并联负反馈放大器

2）串联负反馈放大器

如图 5.17 所示为常见的串联负反馈放大器。其中电阻 R 为电流负反馈元件，因为它既属于输入回路又属于输出回路，从而将输入与输出回路联系起来了。

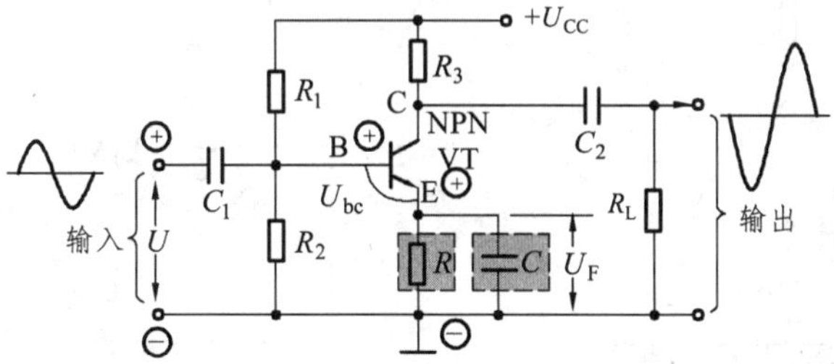

图 5.17　常见的串联负反馈放大器

首先假设某瞬时输入信号为正极性，由于 VT 发射极的电压极性与基极相同，也为正极性，提高了晶体管发射极的电位。因为晶体管的发射结电压 $U_{be}=U-U_F$，通过反馈元件 R，削弱输入信号的电压，所以反馈元件 R 为负反馈。负反馈电阻 R 用于稳定放大器，其阻值越大，整个放大器的放大倍数越小。与负反馈电阻 R 并联的电容 C 是去耦合电容，相当于将发射极交流短路，对交流信号无负反馈作用，从而获得较大的交流放大倍数。

3．多级负反馈放大器

如图 5.18 所示为常见的多级负反馈放大器，电阻 R 为两级放大器之间的反馈元件。假设某瞬时输入信号为正极性，晶体管 VT_1 和 VT_2 各极的电压极性如图 5.18 所示。晶体管 VT_2 的集电极输出的信号极性为正，经反馈元件 R 反馈到晶体管 VT_1 的发射极上的信号极性也为正，提高了晶体管 VT_1 发射极的电位，从而削弱了净输入信号 U_{be}，故为负反馈。

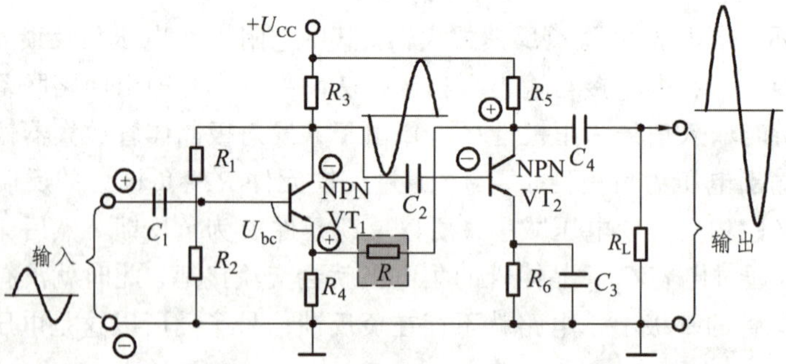

图 5.18 常见的多级反馈放大器

1）直流与交流反馈的判断

根据反馈信号的交、直流性质，有直流反馈和交流反馈两种形式。如果反馈信号中只包含直流成分，则称为直流反馈；若反馈信号中只有交流成分，则称为交流反馈。在很多情况下，交、直流两种反馈都有。

如图 5.19 所示为实用的多级负反馈放大器。在图 5.19（a）中，设晶体管 VT_2 发射极的旁路电容 C_2 的容量足够大，可认为电容两端的交流信号基本为零，则从晶体管 VT_2 的发射极通过电阻 R 引回到晶体管 VT_1 基极的反馈信号中将只有直流成分，因此电路中引入的是直流反馈。在图 5.19（b）中，从输出端通过电容 C 和电阻 R 将反馈引回到晶体管 VT_1 的发射极，由于电容的隔直流作用，反馈信号中将只有交流成分，所以这个反馈是交流反馈。

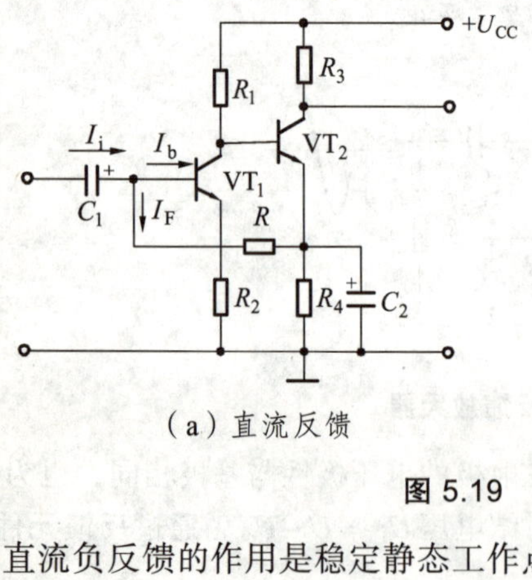

（a）直流反馈

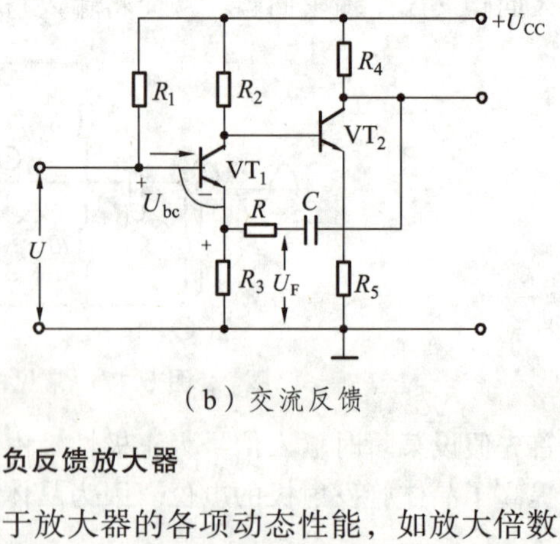

（b）交流反馈

图 5.19 两种多级负反馈放大器

直流负反馈的作用是稳定静态工作点，而对于放大器的各项动态性能，如放大倍数、通频带、输入及输出电阻等则没有影响。各种不同类型的交流负反馈将对放大电路的各项动态性能产生不同的影响，是用以改善电路交流性能的主要手段。

2）电流与电压反馈的判断

根据反馈信号在放大器输出端采样方式的不同，有电压反馈和电流反馈两种形式。如果反馈信号取自输出电压，则称为电压反馈；如果反馈信号取自输出电流，则称为电流反馈。

在图 5.19（a）中，如果去掉旁路电容 C_2，则反馈信号与输出回路的电流成正比，因此为电流反馈。在图 5.19（b）中，反馈信号与输出电压成正比，属于电压反馈。放大器中引入电流负反馈，将使输出电流保持稳定，其结果是提高了输出电阻；引入电压负反馈，将使输出电压保持稳定，其结果是降低了电路的输出电阻。为了判断放大电路中引入的反馈是电压反馈还是电流反馈，一般可假设将输出端交流短路，即令输出电压等于零，观察此时是否仍有反馈信号。如果反馈信号不复存在，则为电压反馈，否则就是电流反馈。

3）串联与并联反馈的判断

根据反馈信号与输入信号在放大电路输入回路中求和形式的不同，有串联反馈和并联反馈两种形式。如果反馈信号与输入信号在输入回路中以电压形式求和，即反馈信号与输入信号串联，则称为串联反馈；如果二者以电流形式求和，即反馈信号与输入信号并联，则称为并联反馈。在图 5.19（b）中，晶体管 VT_1 的基极和发射极之间的净输入电压 U_{be} 等于外加输入电压与反馈电压之差，即 $U_{be}=U-U_F$，说明反馈信号与输入信号以电压形式求和，因此属于串联反馈。在图 5.19（a）中，假设去掉旁路电容 C_2，晶体管 VT_1 的基极电流等于输入电流与反馈电流之差，即 $I_b=I_i-I_F$，也就是说反馈信号与输入信号以电流形式求和，所以是并联反馈。

5.4　直接耦合放大电路

直接耦合放大电路也可称为直流放大电路，它不仅可用来放大交流信号，而且还可用来放大直流信号或缓慢变化（即频率很低）的信号。也就是说，直流放大电路必须具有下限工作频率趋近于零的良好低频特性。直接耦合放大电路中的关键器件仍为晶体管放大器，它用直接耦合方式代替了电容耦合。

1．单管直流耦合放大电路

所谓单管直流耦合放大电路是指放大电路中只有一个晶体管，它与共发射极基本放大电路相比，仅少了两个耦合电容 C_1 和 C_2。由于没有 C_1、C_2 的隔直流作用，信号源和负载均对直流工作状态产生影响。如图 5.20 所示为单管直流耦合放大电路，其中的关键元器件为一只晶体管和提供偏压的电阻器。

电路中的偏置电阻 R_B 通过电源给晶体管的基极供电；负载电阻 R_C 通过电源给晶体管的集电极供电；电阻 R_S 对信号源来说是限流电阻，为晶体管提供适当的输入电流；电阻 R_L 则是放大器输出信号的负载电阻；晶体管 VT 的功能是放大基极的输入信号。

2．两级直流耦合放大电路

两级直流耦合放大电路如图 5.21 所示，它比单管直接耦合电路多了一个晶体管。由图可见，VT_1 的集电极电压（U_{C1}）等于 VT_2 的基极电压（U_{B2}），由于 VT_2 的发射极压降 U_{BE} 很小（硅管为 0.7 V，锗管为 0. 3 V），VT_1 的集电极电位也很低，难以正常工作。另一方面，VT_2 的静态基极电流也会过大，VT_2 也不能工作在放大区。这就是说，两个基本共发射极放大电路直流耦合是不能进行正常放大的。为了能使两级直流耦合电路能进行正常放大工作，必须抬高 VT_2 的基极电位。如图 5.22 所示是抬高 VT_2 基极电位的实用电路。其中图 5.22（a）是在 VT_2 的发射极上接一电阻 R_{E2}，这种方法虽然抬高了基极电位，使 VT_1 和 VT_2 都能正常工作，但第二级的电压放大倍数严重减小。为了既能抬高基极电位又能使 VT_2 的放大倍数不致减小得太多，将 R_{E2} 改换成一稳压管 DZ，如图 5.22（b）所示。图中电阻 R 的作用是确保稳压管工作在稳压区。由图 5.21 和图 5.22 可知，直流耦合放大电路中各级的工作点不独立，互相影响，存在零点漂移现象。

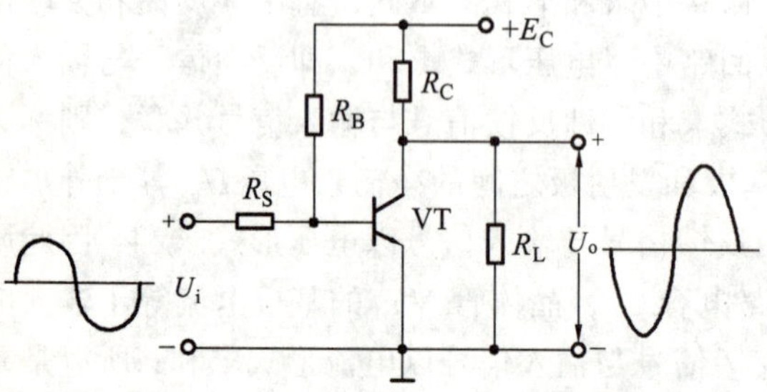

图 5.20 单管直流耦合放大电路图

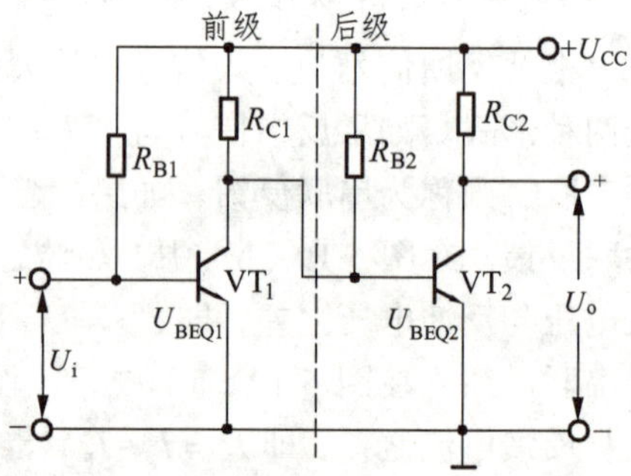

图 5.21 两级直流耦合放大电路图

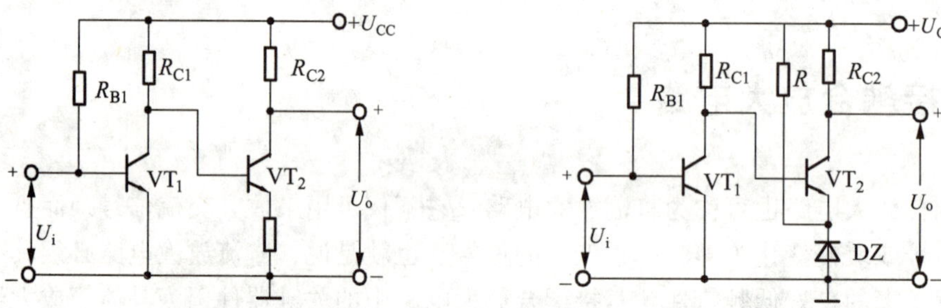

（a）具有 R_{E2} 的电路　（b）发射极接稳压管的电路

图 5.22 抬高 VT_2 基极电位的直流耦合电路图

3．多级直流耦合放大电路

在由多级放大电路组成的直流耦合放大电路中，如果每级都使用 NPN 型晶体管，为了使各级都有合适的工作点，后级的基极、集电极电位需要逐级升高，以致减小了末级输出电压的变化范围。为了解决这个问题，在实际应用中可采用 NPN 和 PNP 管配合使用，以降低后级的直流电位，如图 5.23 所示。图 5.23（a）所示为 NPN 管（VT_1）和 PNP 管（VT_2）配合使用，用来降低后级（VT_3）的电位。此外，也可以利用射极输出器、稳压二极管等降低后级放大电路的直流电位。图 5.23（b）所示为使用射极输出器（VT_2）来降低后级（VT_3）电位的电路。

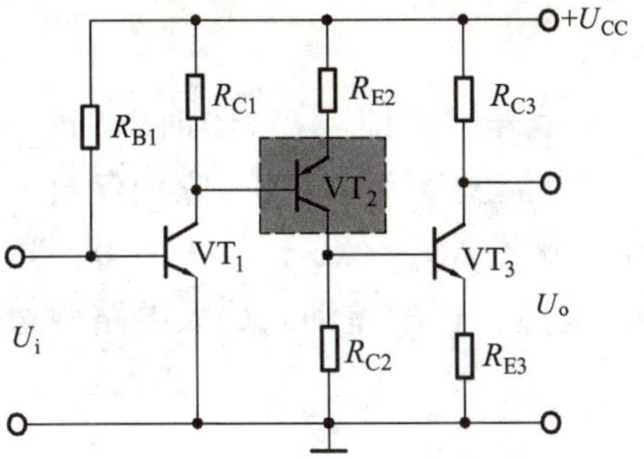

（a）NPN 管与 PNP 管配合使用

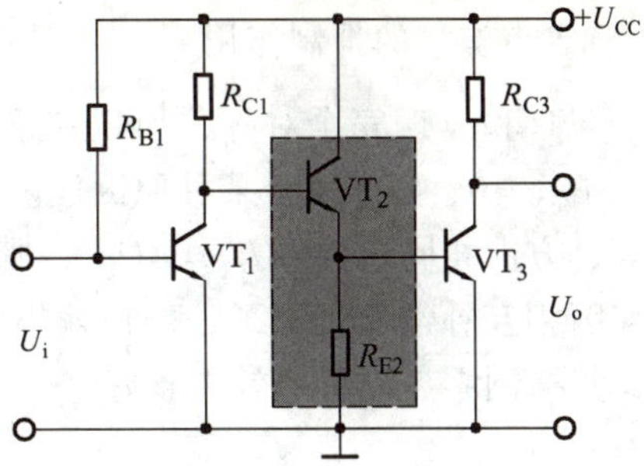

（b）使用射极输出器

图 5.23　多级直流耦合放大电路图

5.5　差动放大电路

※能力目标

重点掌握差动放大电路的结构及功能特点，能够正确分析和识读放大电路中各种关键元器件的作用，掌握其基本的识图方法，并在实际电子产品中分析其作用。

由于零点漂移与输入信号同属变化缓慢的“直流”量，如果漂移的大小接近或者超过了输入信号，那么输入信号将被零点漂移所淹没。因此，减小零点漂移就成为制作高质量直流放大器的一个重要目标。差动放大电路是一种能有效抑制零点漂移的直流放大电路，又称差分放大电路。它常用在多级放大电路的前置级，也是运算放大器中的基本电路。

1．差动放大电路的基本结构

如图 5.24 所示为差动放大电路的基本电路结构。

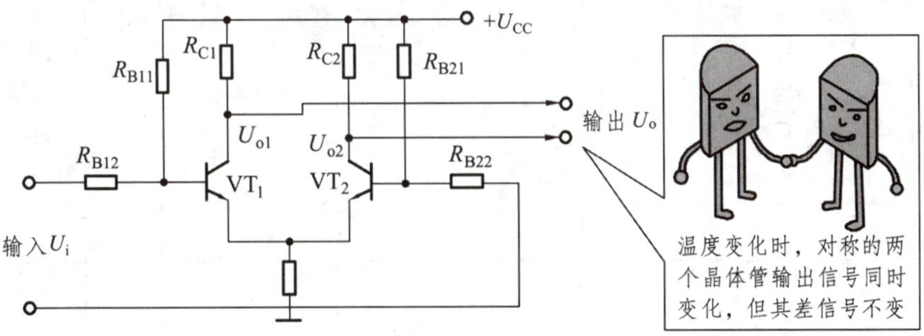

图 5.24　差动放大电路的基本电路结构

由图 5.24 可见，该电路实际上是由两个对称的单管共发射极放大电路组成的。其中 VT_1 和 VT_2 是两只特性相同的晶体管，R_{B11} 和 R_{B21} 是偏置电阻，R_{B12} 和 R_{B22} 是基极限流电阻，而 R_{C1} 和 R_{C2} 是集电极负载电阻。通常为了满足对称的要求，必须使 $R_{B11}=R_{B21}$，$R_{B12}=R_{B22}$，$R_{C1}=R_{C2}$。U_i 是输入信号电压，它经 R_{B1} 和 R_{B2} 分压分别加到两管的基极（称为双端输入）；U_o 是输出电压，它为两管输出电压之差，即：$U_o=U_{o1}-U_{o2}$（称为双端输出）。

2．对零点漂移的抑制作用

由于 VT_1 和 VT_2 完全对称，所以在没有加入输入信号时（即当 $U_i=0$ 时），$U_{o1}=U_{o2}$，$U_o=U_{o1}-U_{o2}=0$。如果由于某种原因使两管的集电极电流发生变化，那么它们各自的变化量大小相等、方向相同，即 $\Delta U_{C1}=\Delta U_{C2}$，则输出电压变化量 $\Delta U_o=\Delta U_{o1}-\Delta U_{o2}=0$。这说明，零点漂移因相互补偿而抵消了，仍使输出电压为 0。显然，这种差动式放大电路两边的对称性越好，其抑制零点漂移的效果越好。

3．差动放大器放大有用信号的原理

实际的输入信号（即有用信号）电压通常加在两个输入端之间（称为双端输入），由于电路对称，且有 $U_{o1}=-U_{o2}$，所以 $U_o=U_{o1}-U_{o2}=2U_{o1}$，因此输出电压不但不会为 0，反而比单管输出大 1 倍。这就是差动放大器可以有效放大有用输入信号的原理。

4．差动放大电路的连接方式

差动放大电路有两个输入端和两个输出端，它们可以组合成 4 种不同的连接方式，即双端输入双端输出、双端输入单端输出、单端输入双端输出和单端输入单端输出。如表 5.2 所示给出了这 4 种不同接法的电路图，并对差模电压放大倍数、输入和输出电阻等进行了比较。

表 5.2 差动放大电路的 4 种连接方法比较

接法	电路原理图	差模放大倍数	输入、输出电阻	共模抑制比	特点
双端输入双端输出	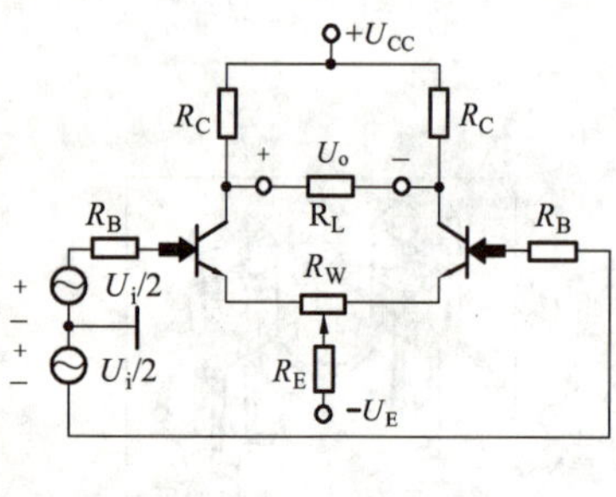	$A_d=\dfrac{\beta(R_C\,//\,R_L/2)}{R_B+r_{BE}}$ （忽略 R_W 的影响）	$r_i=2(R_B+r_{BE})$ $r_o=2R_C$	很高	① 放大倍数与单管相同； ② 当电路对称时共模抑制比 $CMRR\to\infty$； ③ 适用于对称输入、对称输出情况
双端输入单端输出	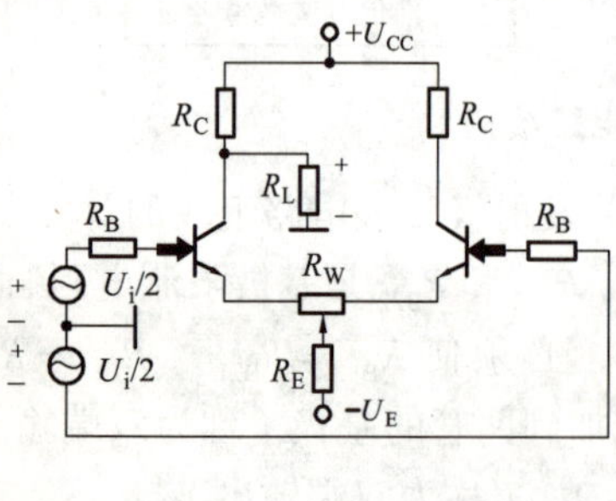	$A_d=\dfrac{1}{2}\times\dfrac{\beta(R_C\,//\,R_L)}{R_B+r_{BE}}$ （忽略 R_W 的影响）	$r_i=2(R_B+r_{BE})$ $r_o=R_C$	较高	① 放大倍数为单管的一半； ② 由于 R_E 的共模负反馈作用，$CMRR$ 仍很大； ③ 适用于将差动信号转换成单端输出的情况

续表

接法	电路原理图	差模放大倍数	输入、输出电阻	共模抑制比	特　点
单端输入双端输出	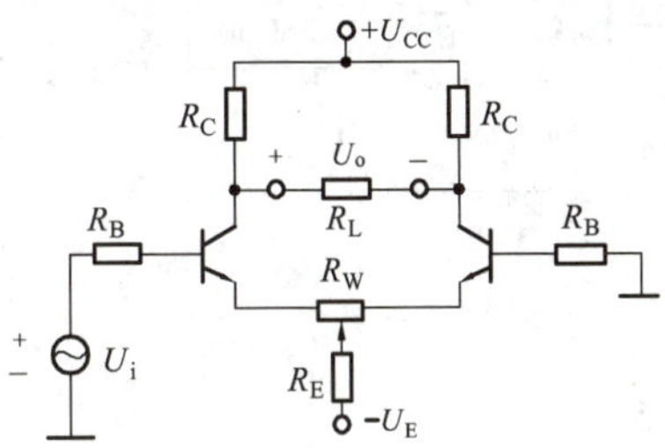	$A_d=-\dfrac{\beta(R_C // R_L/2)}{R_B+r_{BE}}$（忽略 R_W 的影响）	$r_i=2(R_B+r_{BE})$ $r_o=2R_C$	很高	① 放大倍数与单管相同； ② 当电路对称时 $CMRR\to\infty$； ③ 适用于将单端输入转换成双端输出
单端输入单端输出	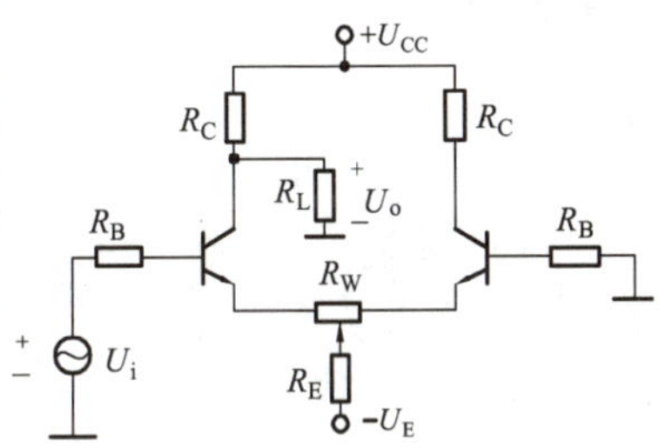	$A_d=-\dfrac{\beta(R_C // R_L)}{2(R_B+r_{BE})}$	$r_i=2(R_B+r_{BE})$ $r_o=R_C$	较高	① 放大倍数等于单管的一半； ② 有效高的共模抑制能力； ③ 适用于输入、输出均要接地的情况

由表 5.2 可以看出，不管信号是单端输入还是双端输入，其差模电压放大倍数仅取决于输出是单端还是双端。若是双端输出，则电压放大倍数与构成它的单边基本放大电路相同；若是单端输出，则是基本放大电路的一半。

5.6　运算放大电路

基本运算放大电路有很高的电压放大倍数，因此在作为放大器使用时，总是接成负反馈式闭环结构，否则电路是非常不稳定的。运算放大电路有两个输入端，因此输入信号有 3 种不同的接入方式，即反相输入、同相输入和差动输入。无论采取哪种输入方式，反馈网络都是接在反相输入端和输出端之间。

1．反相输入接法

如图 5.25 所示是采用反相输入接法的运算放大器电路，也称为反相比例放大电路。输入信号通过电阻 R_1 接到反相输入端。反馈电阻 R_2 接在输出端与反相输入端之间，构成电压并联负反馈。同相输入端通过电阻 R_3 接到地。R_3 称为输入平衡电阻，其作用是使两个输入端外接电阻的阻值相等，因此 $R_3=R_1 // R_2$。

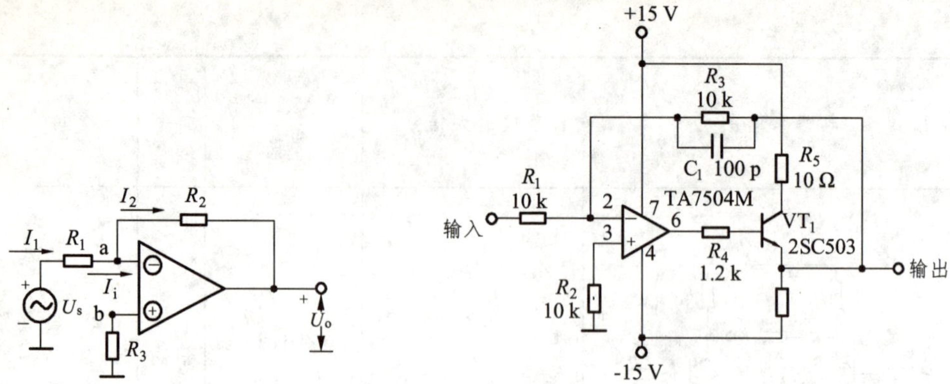

（a）电路原理图　　　　（b）电流放大器

图 5.25　反相位输入接法

运算放大器本身不吸收电流，即 $I_i = 0$，则 $I_1 = I_2$。并且可以推导出 $U_a = U_b$，此时有 a、b 两点电位相同，即以 $U_a = U_b = 0$，因而可分别求出 I_1 和 I_2。

$$I_1 = \frac{U_s - U_a}{R_1} = \frac{U_s}{R_1}$$

$$I_2 = \frac{U_a - U_o}{R_2} = \frac{U_o}{R_2}$$

因此

$$\frac{U_s}{R_1} = \frac{U_o}{R_2}$$

从而可得闭环电压放大倍数 A_{uf} 为：

$$A_{uf} = \frac{U_o}{U_s} = -\frac{R_2}{R_1}$$

可见，输出电压与输入电压以成比例关系，负号表示相位相反。

2．同相输入接法

如图 5.26 所示是采用同相输入接法的运算放大器电路，也称为同相比例放大电路。信号由同相端接入。反馈电阻 R_2 接在反相输入端，同时同相端和反相端各有一个电阻接到地。为了满足平衡，$R_3 = R_1 // R_2$。由于反馈信号不是接在同一输入端，所以属于电压串联负反馈。

同样，根据前面介绍的内容，有：

$$U_a = U_b = U_s$$

$$I_1 = I_2$$

由图 5.26（a）可知：

$$I_1 = \frac{U_a}{R_1} = \frac{U_s}{R_1}$$

$$I_2 = \frac{U_a - U_o}{R_2}$$

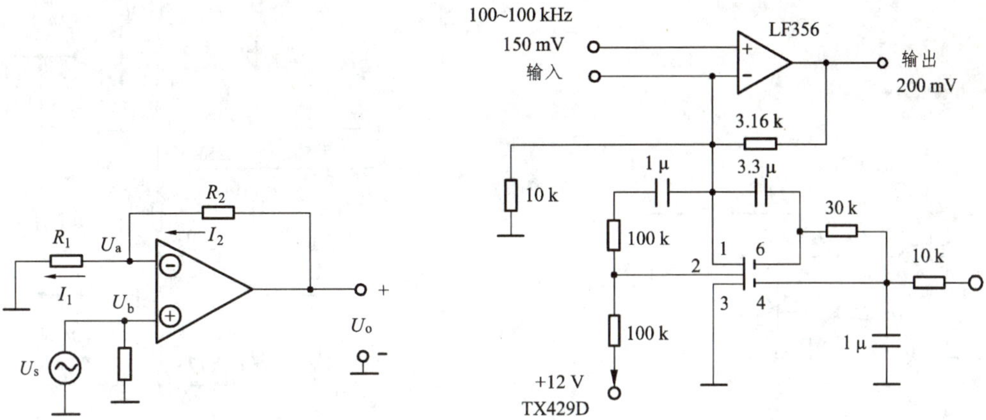

（a）电路原理图　　（b）应用实例（增益可调的交流信号放大器）

图 5.26　同相输入接法

从而可得同相输入时的闭环电压放大倍数：

$$A_{uf} = \frac{U_o}{U_s} = 1 + \frac{R_2}{R_1}$$

上式表明，输出电压与输入电压同样成正比例关系，且输出与输入的相位相同。

如果令 $R_2 = 0$，则有：

$$A_{uf} = 1,\ \ U_o = U_s$$

3．差动输入接法

图 5.27 采用同相接入法的一种特殊电路，通常称电压跟随器。它将所有输入电压都直接反馈到输入端。如图 5.28 所示是采用差动输入接法的运算放大器电路。信号 U_{a1} 通过电阻 R_1 接到反相输入端，U_{a2} 通过电阻 R_4 接到同相输入端，反馈信号仍接到反相输入端。为了满足平衡条件，通常使 $R_1 = R_4$，$R_2 = R_3$。由图可见，由于运算放大器不吸收电流，因而有：

$$U_b = \frac{R_3}{R_3 + R_4} \cdot U_{s2}$$

而 $U_a = U_b$，所以：

$$U_a = \frac{R_3}{R_3 + R_4} \cdot U_{s2}$$

$$I_1 = \frac{U_s - U_a}{R_1} = \frac{U_s - \dfrac{R_3}{R_3 + R_4} \cdot U_{s2}}{R_1}$$

$$I_2 = \frac{U_a - U_o}{R_2} = \frac{\dfrac{R_3}{R_3 + R_4} \cdot U_{s2} - U_o}{R_2}$$

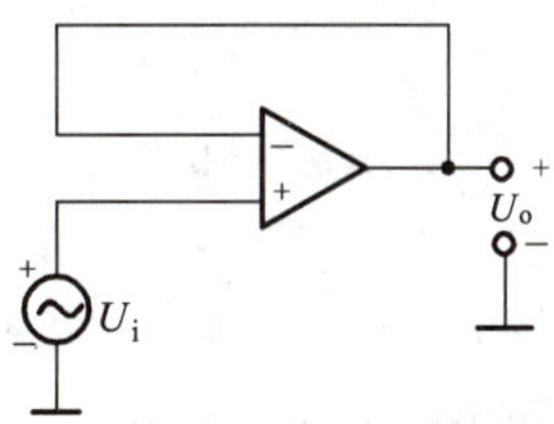

图 5.27　电压跟随器

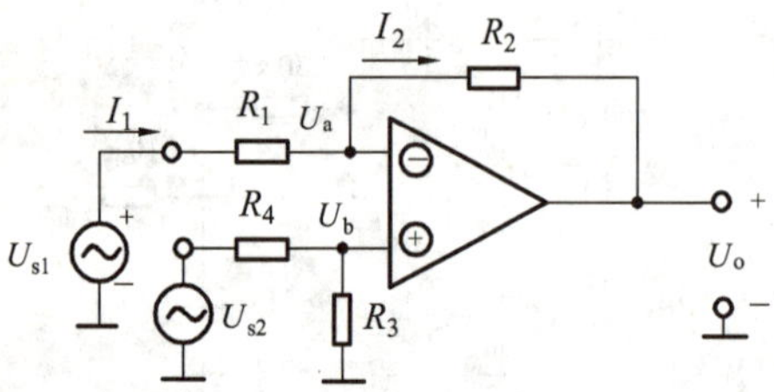

（a）电路原理图

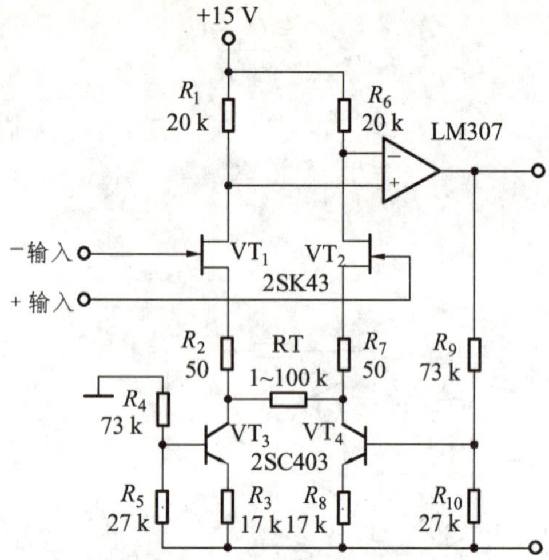

（b）应用实例（具有高输入阻抗的测量放大器）

图 5.28　差动输入接法

根据 $I_1 = I_2$，可得：

$$U_o = \frac{R_3}{R_3 + R_4} \cdot \left(1 + \frac{R_2}{R_1}\right) U_{s2} - \frac{R_2}{R_1} \cdot U_{s1}$$

如果满足 $R_1 = R_4$，$R_2 = R_3$ 上式可简化为：

$$U_o = \frac{R_2}{R_1}(U_{s1} - U_{s2})$$

可见，差动输入时，其输出电压与两输入电压之差成比例。

5.7　乙类推挽功率放大电路

功率放大电路实质上是能量转换电路。从能量控制上来说，功率放大电路和电压放大电路没有本质的区别。但是，功率放大电路和电压放大电路所要完成的任务是不同的。对电压放大电路的主要要求是使负载得到不失真的电压信号，研究的主要指标是电压增益、输入和输出电阻等，输出的功率并不一定大。而功率放大电路与之不同，它主要要求获得一定的不失真（或失真较小）的输出功率，通常是在大信号状态下工作。因此，功率放大电路具有以下特点：

（1）功率放大电路是以输出功率为目的的放大电路。而为获得大的功率输出，就要求功放管有足够大的输出电压和输出电流幅度，因此晶体管往往在接近极限状态下工作。

（2）功率放大电路输送给负载的功率是由直流电源提供的，要求直流电源提供的功率能尽可能多地转化为负载的功率，即电路的“效率”要高。效率是指负载得到的有用信号功率 P_0

和电源供给的直流功率 P_E 既之比。显然，要求功率放大电路的效率越高越好。

由于功率放大电路是在大信号下工作的，工作点变化范围大，容易使晶体管特性曲线的非线性问题表现出来。并且输出功率越大，非线性问题越突出，造成的非线性失真也越严重。对于家电产品通常要求非线性失真要小，特别是视频信号。

按晶体管的工作状态，功率放大器可分为甲类功率放大器、乙类功率放大器和甲乙类功率放大器。如图 5.29 所示是这 3 种功率放大器工作时的曲线。

在电压放大电路中，输入信号在整个周期内都有电流流过晶体管，我们把这种工作方式称为“甲类”放大或称 A 级放大，如图 5.29（a）所示。在图 5.29（c）中，一周内只有半个周期 $i_C>0$，我们把这种工作状态称为“乙类”工作状态。此外，工作点在甲、乙类之间的放大器称为“甲乙类”放大器，如图 5.29（b）所示。

（a）甲类功率放大器，在一个周期内 $i_C>0$

（b）甲乙类功率放大器，在一个周期内有半个周期以上 $i_C>0$

（c）乙类功率放大器，在一个周期内只有半个周期 $i_C>0$

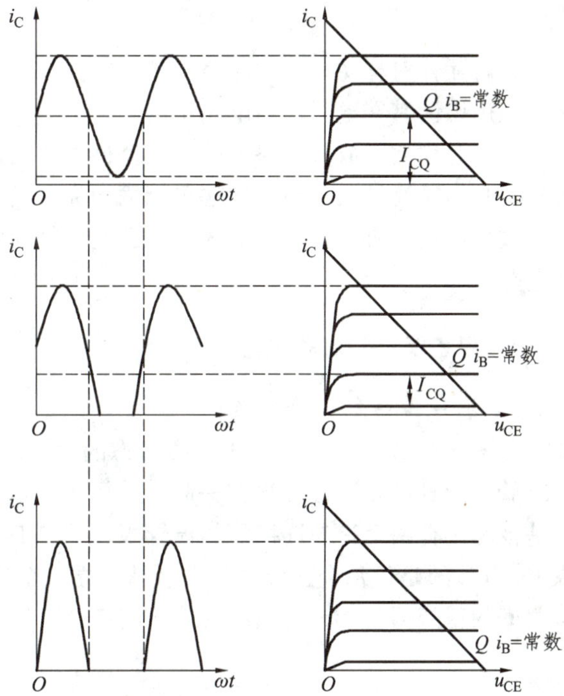

图 5.29　Q 点下移对放大电路工作状态的影响

乙类推挽功率放大电路就是选用两只极性和特性均相同的晶体管，使它们工作在乙类放大状态，一只负担正半周信号的放大任务，另一只负担负半周信号的放大任务。在负载上再将两个半周的信号合在一起，得到一个完整的输出信号波形。

如图 5.30 所示是变压器耦合乙类推挽功率放大电路的基本结构，它主要由两个特性相同的晶体管 VT_1 和 VT_2、一个输入变压器 T_1 和一个输出变压器 T_2 构成。输入变压器将前级的输出信号耦合到 VT_1 和 VT_2 的基极，输出变压器将 VT_1 和 VT_2 的集电极输出信号耦合到负载 R_L 上。变压器中间抽头的作用是保证电路对称和倒相，还兼有负载匹配作用。

在该电路中，当有输入信号 U_i 加到输入变压器 T_1 的初级时，在 T_1 次级即产生大小相等、相位相反的两个交流电压 U_{i1} 和 U_{i2}，使两个晶体管轮流工作，输出信号经变压器 T_2 合成，最终得到放大的完整的信号波形。

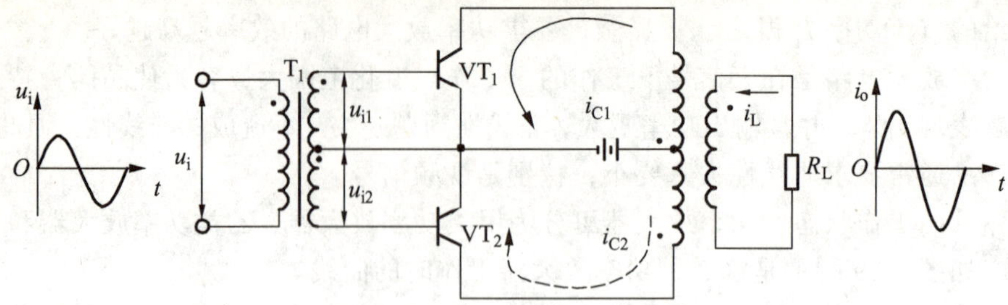

图 5.30 变压器耦合乙类推挽功率放大电路图

5.8 互补对称功率放大电路

了解互补对称功率放大电路的基本结构及工作原理，能够分析电路信号的输出状态并且能够正确识读其在电子产品电路中的功能。

互补对称功率放大电路中的关键器件主要是起放大作用的两只三极管。电路中有信号输入时，它们轮流导通，最后在输出端输出完整的电流信号波形。实际电路中应用的互补对称功率放大器主要有 3 种基本形式：甲乙类互补对称电路、单电源互补对称电路和复合互补对称电路。

1. 甲乙类互补对称电路

1）甲乙类互补对称电路的结构

如图 5.31 所示为工作于甲乙类状态的互补对称功率放大电路，VT_1 为 NPN 管，VT_2 为 PNP 管。两管的发射极连接在一起，采用正、负电源供电，发射极直接与负载相连接。两管的基极间接有两个正向连接的二极管 VD_1 和 VD_2 以及电阻 R_1，并通过 R_3 和 R_2 接到正、负电源上。其目的是给每个三极管的发射结建立一个适当的正向偏置电压，以减小交越失真。b_1 和 b_2 之间的压降通常调整（改变 R_3）到小于 $U_{BE1}+U_{BE2}$ 的值。

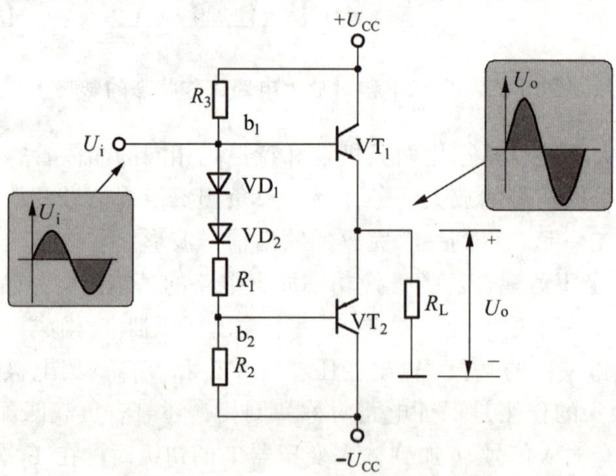

图 5.31 甲乙类互补对称功率放大器

2）甲乙类互补对称电路的工作原理

当输入信号为正半周时，b_1点电位升高，i_{B1}（包括直流成分I_{B1}和交流成分i_{b1}）将增大，在VT_1的发射极形成信号电流的正半周。与此同时，VT_2很快进入截止状态。当输入信号为负半周时，b_1点电位降低，b_2点电位也降低，VT_1截止，VT_2导通，VT_2的发射极形成信号电流的负半周，从而在负载R_L上得到一个完整的信号波形。

值得注意的是：在这种电路中由于存在起始静态电流，在无信号时为了保证负载R_L上没有电流流过，应使e点（发射极）的静态对地电位为零，故b_1等于b_2。如果静态时不满足b_1等于b_2，或某一个三极管损坏，将有较大的电流长期流过负载，可能损坏功率管或负载。另一方面，为了提高工作效率，在设置偏压时尽可能使电路工作于接近乙类状态。

2．单电源互补对称电路

如图5.32所示是采用单电源的甲乙类互补对称电路，简称OTL电路（其含义是没有变压器的功率放大电路）。互补对称式OTL功率放大器采用了两个导电极性相反的三极管，因此只需要相同的一个基极信号电压即可。

图5.32中，三极管VT_2为NPN型，VT_3为PNP型。推动级VT_1的集电极输出电压U_{C_1}即为VT_1、VT_2的基极信号电压，VT_1的集电极电阻R_3、R_4同时为VT_2、VT_3提供基极偏置电压，使其工作在放大状态。电容C_4接在输出端与负载之间，起到隔直流、通交流的作用。电容C_4两端由于充电而有直流电压$U_{C_4}=U_{CC}/2$（充电所致），因此它还是VT_3的直流电源。

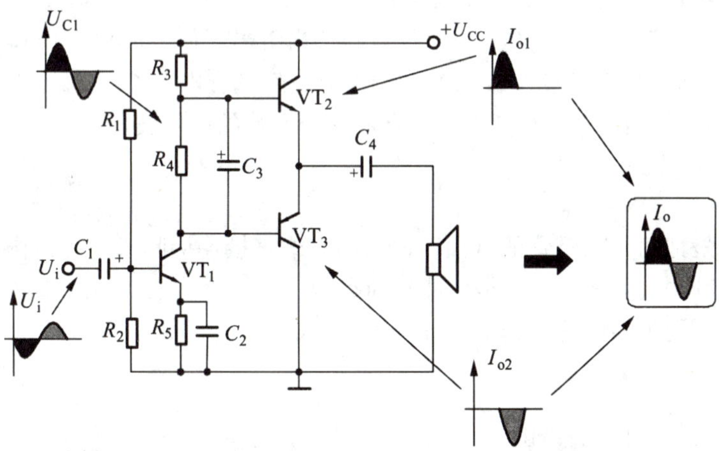

图5.32　互补对称式OTL功率放大电路图

输入信号U_i通过电容C_1耦合到三极管VT_1的基极，经VT_1放大后得到信号U_{C_1}。在信号U_{C_1}的正半周，VT_2导通，VT_3截止，输出放大的电流I_{o1}；在信号U_{C_1}的负半周，VT_3导通，VT_2截止，输出放大的电流为I_{o2}。输出的放大信号通过输出耦合电容C_4在扬声器上合成一个完整的信号波形（单电源互补对称电路中，每只三极管的工作电压不是U_{cc}，而是$U_{cc}/2$）。

3．复合互补对称电路

为了提高输出功率，功放管可以采用复合管的形式。如图5.33所示为采用复合管的互补对称式OTL功率放大电路。图中标识a的部分为两个NPN三极管组成的复合管，等效为一个 NPN 型三极管。图中标识 b 的部分为一个 PNP 三极管和一个 NPN 三极管组成的复合管，等效为一个 PNP 型三极管。

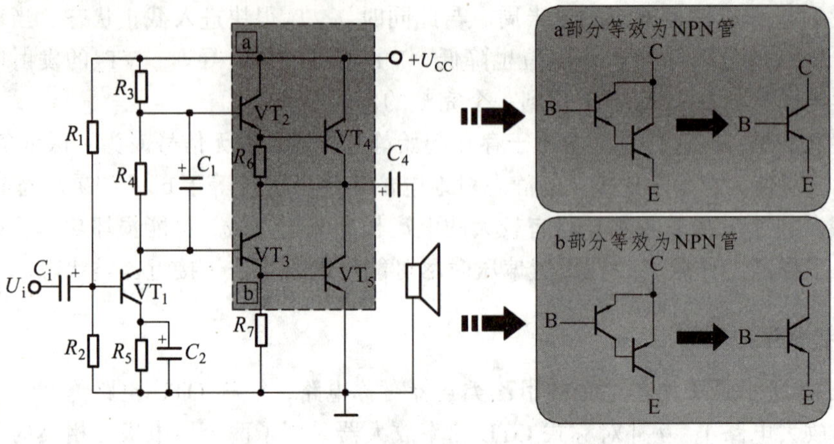

图 5.33 单电源的复合互补对称电路图

在图 5.33 中，VT_2 和 VT_4 组成一个 NPN 型复合管，VT_3 和 VT_5 组成 PNP 型复合管。VT_1 为前置推动级。R_6 和 R_7 为泄放电阻，主要是泄放掉 VT_2 和 VT_3 的一部分反向饱和电流，以使复合管的温度稳定。R_4 的作用是建立 VT_2 和 VT_3 基极间的电压，以提供适当的静态偏置电压，减小交越失真。

由图 5.33 可知，当正半周信号加到 VT_2、VT_3 的基极时，VT_2 导通，VT_3 截止，信号经 VT_2、VT_4 放大后，通过耦合电容 C_4 流过扬声器；当负半周信号加到 VT_2 和 VT_3 的基极时，VT_2 截止，VT_3 导通，信号经过 VT_3 和 VT_5 放大后，经耦合电容 C_2 也加到负载上。输出的放大信号通过输出耦合电容 C_4。在扬声器上合成一个完整的信号波形。

※信息扩展

所谓复合管是把两个三极管的电极以适当的方式直接连接起来，可当作一只管子使用。

复合管有两种构成方式：一种是由两只同类型的三极管构成，如图 5.34（a）、（b）所示；另一种是由两只不同类型的管子构成，如图 5.34（c）、（d）所示。

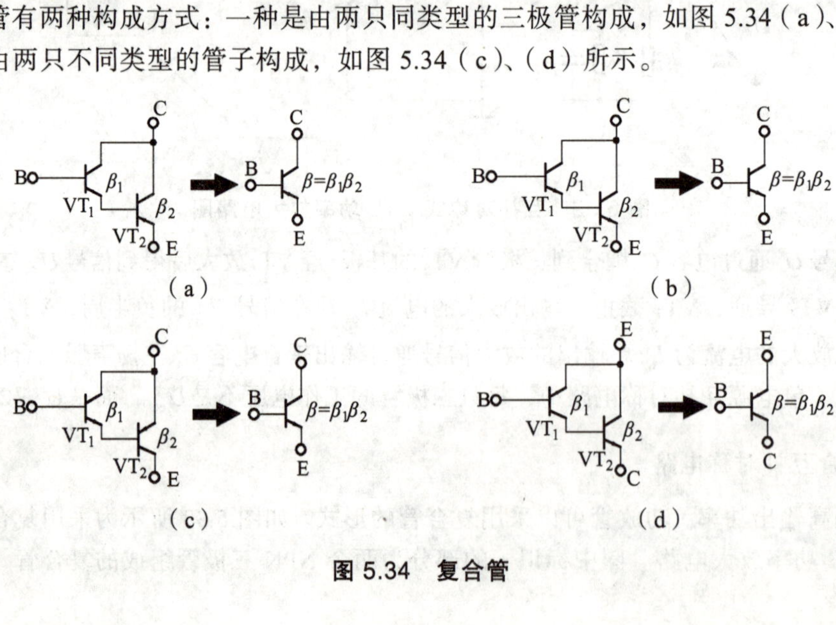

图 5.34 复合管

两只三极管连成复合管，必须保证每只管子各极的电流都能顺着各管正常工作电流的方向流动，否则是不行的。复合后的等效三极管的类型由前一只管子的类型决定。复合后的等效三极管的电流放大倍数近似等于两管电流放大倍数的乘积，即 $\beta=\beta_1\cdot\beta_2$。

5.9　电源稳压电路

电源可分为交流电源与直流电源，它向电子设备提供工作所需的能量，是任何电子设备都必不可少的组成部分。交流电源一般为 220 V、50 Hz 电源，但许多家用电器的内部电路都要采用直流电源作为供电能源，移动式电子设备采用化学电源（电池）供电。除特别指出外，电子设备一般都采用交流整流电源供电。

常用的电源稳压电路主要有稳压管稳压电路和串联型稳压电路。

1．稳压管稳压电路

最简单的稳压电路是稳压管稳压电路，如图 5.35 所示。图中 U_i 为整流滤波后所得到的直流电压，稳压管 VD 与负载 R_L 并联。由于稳压管承担稳压工作时应反向连接，因此其正极应接到输入电压的负端。

由稳压管的特性可知，在电路中若能使稳压管始终工作在 $I_{Z_{min}}<I_{Z_{max}}$ 的区域内，则稳压管上的电压基本上是稳定的，并且 $U_o=U_z$。电路中的 R 是必不可少的，它有两个作用：其一是限制稳压管反向击穿后的电流，以防止电流过大损坏稳压管，所以称 R 为限流电阻；其二是当电网电压波动引起输入电压（即整流滤波后的输出电压）U 变化时，可通过调节 R 上的电压降来保持输出电压基本不变。

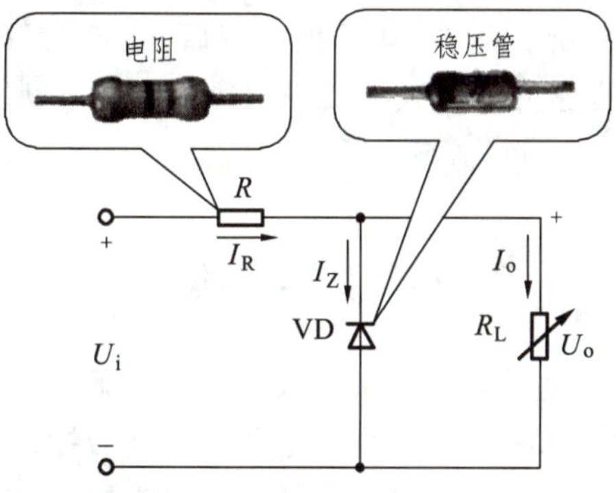

图 5.35　稳压管稳压电路图

2．串联型稳压电路

所谓串联型稳压电路，就是在输入直流电压和负载之间串入一个三极管，其作用就是当 U_i 发生变化引起输出电压变化时，通过某种反馈形式使三极管的 U_{CE} 电压也随之变化，从而调整输出电压，以保持输出电压基本稳定。由于串入的三极管是起调整作用的，故称之为调整管。

如图 5.36（a）所示是基本的调整管稳压电路，图中的三极管 VT 为调整管。为了分析其稳压原理，将图 5.36（a）所示的电路改画成图 5.36（b）的形式，这时可清楚地看到，它实质上是在图 5.35 所示电路的基础上再加上射极跟随器而组成的。根据电路的特点可知，输出和输入是跟随关系。因此，只要稳压管的电压保持稳定，则当 U_i 和 I_L 在一定的范围内变化时，输出也能基本稳定。与图 5.35 所示电路相比，加了跟随器后电路的突出特点是带负载的能力加强了。

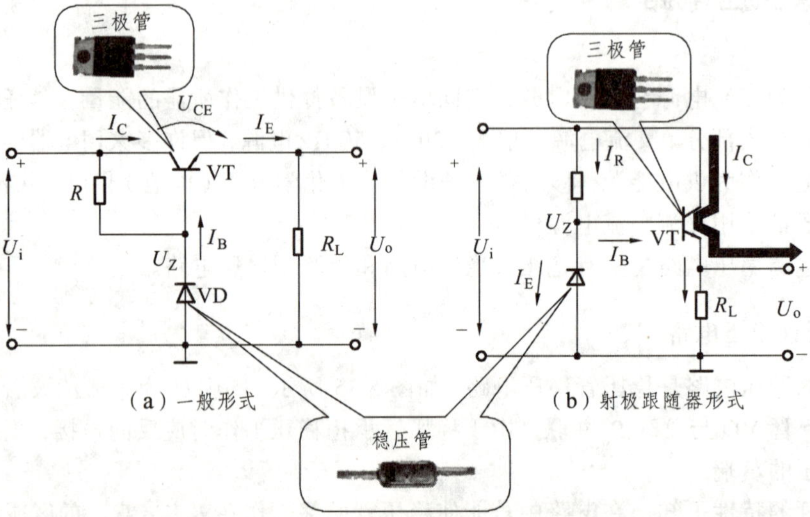

图 5.36　基本的调整管稳压电路图

总结提高

本章主要介绍了各种基本单元电路的结构、功能和识图案例。这些基本的放大电路是构成电子产品整机电路的基础，了解这些基本电路的工作原理在电子产品电路中的功能或作用范围是进行电子电路识图的关键。学习完本章的内容后，应掌握好单元电路的一些基本知识，具备识读单元电路的能力。在学习和实践中要积累经验，以达到能够识读整机电子电路图和一些稍复杂的电路图的目的。

本章参考文献

[1]　韩雪涛. 电子电路识图快速入门. 北京：人民邮电出版社，2009.

[2]　韩广兴. 新编电子电路实用手册. 北京：电子工业出版社，2011.

[3]　丁军航. 电子线路识读易学通. 北京：化学工业出版社，2013.

[4]　胡焱山. 电子行业职业技能鉴定指导中心家电维修技术 1 初级工基础音响. 北京：电子工业出版社，1998.

[5]　钱瑜，吴亮. 电子电路识图. 长沙：湖南科学技术出版社，2013.

第 6 章　模拟电子电路综合实验

6.1　设计要求

6.1.1　培养目标和要求

本课程设置是为了培养学生的综合实践能力和面向工程的应用设计能力，引导学生培养创新能力和解决实际工程问题的能力。

6.1.2　能力层次要求

按照学生能力培养的目标和要求，将实验项目划分为以下四级：

（1）电子电路基础应用能力（基础）（第一级）。本级培养学生的电子电路基础能力，让学生学会使用基本仪器、常用元器件及所学知识搭建基本单元电路，具有一定分析和解决实际电路问题的能力。

（2）电类专业综合实践能力（综合）（第二级）。本级培养学生的电子电路综合能力，通过项目训练，使学生具有将多学科知识进行融合、设计和应用来解决电路系统问题的能力，学会使用元件与集成电路构建多级电子电路小系统。

（3）电类专业工程设计能力（设计）（第三级）。本级培养学生的工程设计能力，通过工程化的项目训练，使学生初步了解工程项目或者产品开发的环节，学会以小组为单位，合理分工，自行完成项目的方案设计，软硬件设计以及电路系统的调试。理解环境因素或者极限参数对电子产品的性能影响，建立产品设计的模型，为工程应用开发或者产品开发奠定基础。

（4）研究与创新设计能力（创新）（第四级）。本级培养学生的研究和创新能力，学生可以自主设计创新课题，或者在老师现有课题的基础上，进行创新改进与研发，建立独立完成产品设计和开发的能力。

6.1.3　修读及考核方式

按电子电路综合实验的修读过程如下：

（1）在学期初开放实验室公布本学期的实验项目以及实验项目的开设时间、指导教师。

（2）学生自主进行实验项目的选题。

（3）指导教师安排实验项目的开题，并公布验收时间、中间指导时间（至少 2 次指导以上）、实物验收标准、报告验收时间、报告答辩时间。

6.2　模拟电子电路综合实验示例

6.2.1　基础设计示例——有源滤波器的设计

1．设计目的

（1）通过实验，熟悉由运算放大器组成 *RC* 有源滤波器的工作原理及特性。

（2）学会有源滤波器的幅频特性的测量。

2．设计技术指标与要求

1）设计要求

设计一个低通、高通或带通的有源滤波器。利用随身听作信号源，利用扬声器进行功能验证。根据扬声器的声音是尖锐还是低沉的声音，来判断滤波器的效果，也可以利用示波器测出其分频点。

2）设计仪器、设备

直流稳压电源，万用表，交流毫伏表，信号发生器，双踪示波器，焊接工具，设计电路所需的元器件，电路仿真软件等。

3．设计报告示例

1）目的与意义

（1）通过实验，熟悉由运算放大器组成 *RC* 有源滤波器的工作原理及特性。

（2）学会测量有源滤波器的幅频特性。

2）设计要求

设计一个低通、高通或带通的有源滤波器，并后接一个由 TDA2030 构成的后级功率放大单元，最后利用随身听作信号源，利用扬声器进行功能验证。根据扬声器的声音是尖锐还是低沉的声音，来判断滤波器的效果，也可以利用示波器测出其分频点。

3）设计方案

方案一　压控电压源二阶低通有源滤波电路

将简单的二阶低通滤波电路中接地的电容 C_1 端改接到集成运放的输出端，便得到压控电压源二阶低通滤波电路。电路中既引入了负反馈，又引入了正反馈。当信号频率趋于零时，由于 C_1 的电抗趋于无穷大，因而正反馈很弱；当信号频率趋于无穷大时，由于 C_2 的电抗趋于零，因而 $U_p(s)$ 趋于零。所以，只要正反馈引入得当，就既可能在 $f = f_0$ 时使电压放大倍数数值增大，又不会因正反馈过强而产生自激振荡。同相输入端电位控制由集成运放和 R_1、R_2 组成的电压源，故称压控电压源滤波电路。基础电路如图 6.1 所示。

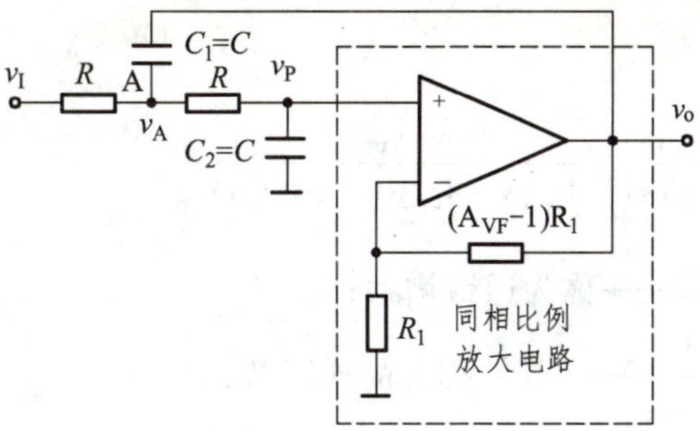

图 6.1　二阶有源低通滤波基础电路图

方案二　无限增益多路反馈滤波电路

无限增益多路反馈滤波电路也是通过增加 RC 环节，使得滤波器的过渡带变窄，衰减斜率值加大。但不同的是无限增益多路反馈滤波电路通过改变 R_f 的连接，改善 f_0 附近的频率特性，实现多路反馈效果。同时，因为图 6.2 所示电路中的运放可看成理想运放，即可认为其增益无穷大，故也将该种电路称为无限增益多路反馈滤波电路。

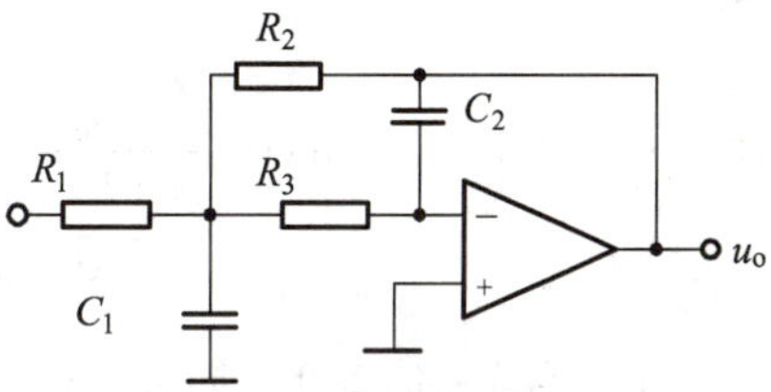

图 6.2　多路反馈滤波电路图

$$A_u(s)=\frac{-\dfrac{1}{C_1C_2R_1R_2}}{s^2+\dfrac{1}{C_1}\left(\dfrac{1}{R_1}+\dfrac{1}{R_2}+\dfrac{1}{R_3}\right)s+\dfrac{1}{C_1C_2R_2R_3}} \tag{6-1}$$

$$A_u(s_L)=\frac{A_{uo}}{s_L^2+\dfrac{1}{Q}s_L+1} \tag{6-2}$$

其中，$s_L=\dfrac{s}{\omega_c}$，Q 为品质因数。

为了电路性能稳定，增益容易调节，所以选择方案一压控电压源二阶低通有源滤波电路。

4）系统硬件设计

（1）电路原理。

选择电路的原则应力求结构简单，调整方便，容易满足指标要求。现在，我们选择图 6.1 所示的二阶压控电压源低通滤波电路。

它由两节 RC 滤波电路和同相比例放大电路组成，在集成运放输出到集成运放同相输入之间引入一个负反馈，在不同的频段，反馈的极性不相同，当信号频率 $f \gg f_0$ 时（f_0 为截止频率），电路的每级 RC 电路的相移趋于 –90°，两级 RC 电路的移相到 –180°，电路的输出电压与输入电压的相位相反，故此时通过电容 C 引到集成运放同相端的反馈是负反馈，反馈信号将起着削弱输入信号的作用，使电压放大倍数减小，所以该反馈将使二阶有源低通滤波器的幅频特性高频端迅速衰减，只允许低频端信号通过。其特点是输入阻抗高，输出阻抗低。

传输函数为：

$$A(s)=\frac{V_o(s)}{V_i(s)}=\frac{A_{VF}}{1+(3-A_{VF})sCR+(sCR)^2} \tag{6-3}$$

令 $A_0=A_{VF}$——称为通带增益； （6-4）

$Q=\dfrac{1}{3-A_{VF}}$——等效称为品质因数； （6-5）

$\omega_c=\dfrac{1}{RC}$——称为特征角频率； （6-6）

则

$$A(s)=\frac{A_0\omega_c^2}{s^2+\frac{\omega_n}{Q}s+\omega_c^2} \tag{6-7}$$

注：当 $3-A_{VF}>0$，即 $A_{VF}<3$ 时滤波电路才能稳定工作。

（2）电路要求。

截止频率：$f_p=170\ \text{Hz}$；

增益：$A_V=2.5$。

（3）电路元件参数的计算。

$$\frac{\omega_c}{Q}=\frac{1}{R_1C_1}+\frac{1}{R_2C_1}+(1-A_{uo})\frac{1}{R_2C_2} \tag{6-8}$$

所以根据上述推导公式可得：电路设计时应该使得 $\dfrac{R_3}{R_4}=1$，取 $R_4=R_3=10\ \text{k}\Omega$，然后由中心频率计算公试可以取 $C_1=C_2=0.1\ \mu\text{F}$，可以得出电阻 $R_1=800\ \Omega$，$R_2=800\ \Omega$。

5）系统硬件测试与分析

（1）仿真电路与仿真结果（见图 6.3）。

当输入的信号频率小于截止频率 170 Hz 时，其电路的放大倍数为 2.5，当 $f=170\ \text{Hz}$ 时得仿真结果如图 6.4 所示。仿真波特图如图 6.5 所示。

仿真数据记录如表 6.1 所示。

表 6.1 仿真数据记录表

U_i/mV	600	600	600	600	600	600	600	600	600	600
U_o/mV	2 080	2 102	2 120	2 130	2 112	2 107	1 098	826	280	90
f/Hz	100	120	150	170	172	180	200	300	500	1 000
A_V	2.26	2.40	2.24	2.56	2.42	2.21	2.00	0.85	0.34	0.08

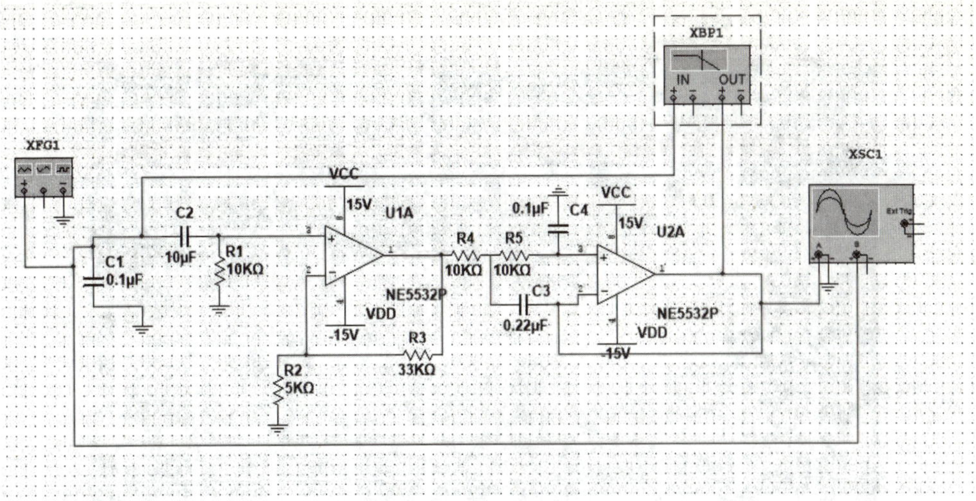

图 6.3　仿真电路图

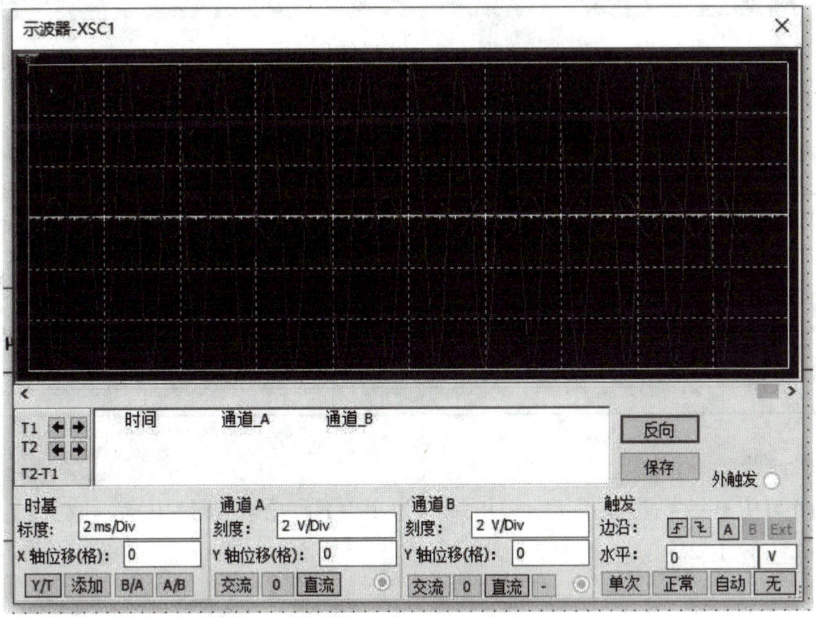

图 6.4　波形仿真图

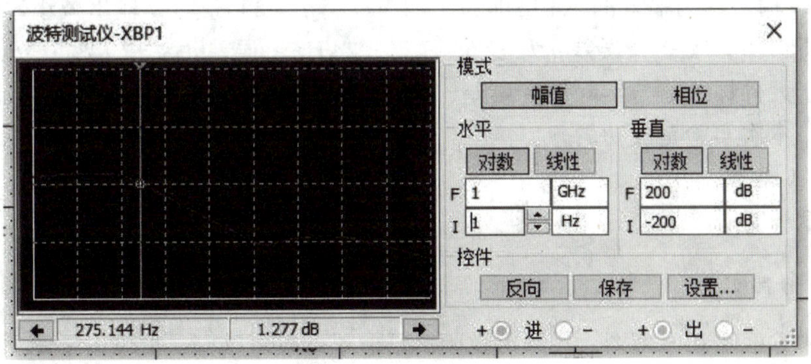

图 6.5　仿真波特图

调试结果如图 6.6 所示。

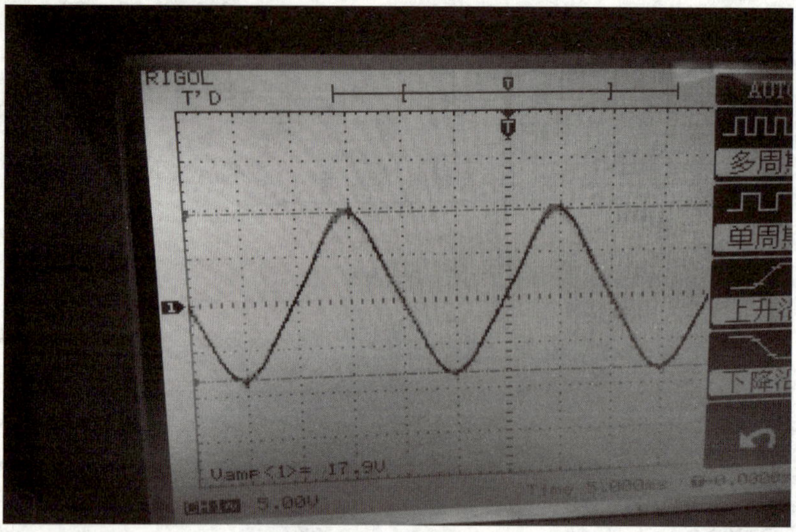

图 6.6 调试结果

实际测量数据如表 6.2 所示。

表 6.2 实际测量数据

U_i/mV	1 000	1 000	1 000	1 000	1 000	1 000	1 000	1 000	1 000	1 000
U_o/mV	2 080	2 102	2 120	2 130	2 112	2 107	1 098	826	280	90
f/Hz	100	120	150	170	172	180	200	300	500	1 000
A_V	2.16	2.20	2.24	2.26	2.22	2.21	2.00	0.85	0.37	0.09

（2）实验结果。

实际电路与仿真结果相差不大，截止频率为 170 Hz，在同频带中电压放大倍数较为稳定，通频放大倍数约等于 2.5。

（3）误差分析。

理论上当输入电压为 8 V，$f<2$ kHz 时，输出为输入的 2 倍，即输出电压为 16 V；当 $f=2$ kHz 时，输出约为输入的 1.4 倍即为 11.2 V；当 $f>2$ kHz 时，输出减小逐渐趋于 0。

误差分析：$f=1$ kHz，误差 n 为 ±2.5%；$f=2$ kHz，误差 n 为 ±7.14%；$f>10$ kHz 已完全滤波。由于元件标称值与实际值有误差，加之仪器本身的误差，使得产生微小偏差。在误差允许之内，本次实验是成功的。

6）总结（略）

参考文献（略）

4．设计报告要求

画出总体方框图和原理图，并给出说明。原理图可以电脑画，也可以手画，但必须规整。

5．评分标准（见表 6.3）

表 6.3　评分标准

项　目	主要内容	满　分
设计报告（40）	报告内容： （1）方案比较、设计与论证； （2）理论分析与计算； （3）电路图及有关设计文件； （4）测试方法与仪器，测试数据及测试结果分析	40
基本要求（60 分）	写出设计报告，提交元器件清单	15
	组装调试所设计的电路，使其正常工作；写出设计报告，提出元器件清单	15
	利用随身听作信号源，利用扬声器进行验证	15
	根据扬声器的声音是尖锐还是低沉的声音，来判断滤波器的效果，利用示波器测出其分频点	15

6.2.2　综合设计示例——语音滤波器的设计

1．设计目的

（1）掌握语音滤波器的设计方法和测试技术。

（2）了解相关器件的工作原理和应用。

（3）学会安装和调试分立元件与集成电路组成的多级电子电路小系统。

2．设计技术指标与要求

1）设计要求

（1）设计一个能满足要求的二阶有源滤波电路；

（2）要求绘出原理图，并用 Protel 画出印制板图；

（3）根据设计要求和技术指标设计好电路，选好元件及参数；

（4）在万能板、面包板或 PCB 板上安装好电路并调试；

（5）测量滤波器的性能参数：截止频率、带内增益 A_V 和阻带衰减速率；

（6）用 EWB 对电路仿真，并打印出幅频特性和相频特性曲线。

2）技术指标

截止频率 $f_H = 2\,000$ Hz，$f_L = 200$ Hz，$A_V = 4$，阻带衰减速率为 –40 dB/10 倍频。

3）扩展要求

（1）能驱动额定功率 $P \geqslant 0.1$ W 的扬声器；

（2）电路电压放大级输出阻抗能带 500 Ω 负载。

3．设计报告示例

1）目的与意义

掌握语音滤波器的设计方法和测试技术，了解相关器件的工作原理和应用，学会安装和调试分立元件与集成电路组成的多级电子电路小系统。通过动手设计和测试过程，加深对模拟电子技术课程知识的理解，熟悉掌握常用电子仪器及模拟电路实验设备的使用，培养电路设计的能力，以及分析问题和解决问题的方法，并进一步巩固基础知识，培养实践应用技能和创新意识，全面提升读者的综合能力。

2）设计要求

（1）设计要求。

① 设计一个能满足要求的二阶有源滤波电路；

② 要求绘出原理图，并用 Protel 画出印制板图；

③ 根据设计要求和技术指标设计好电路，选好元件及参数；

④ 在万能板或面包板或 PCB 板上安装好电路并调试；

⑤ 测量滤波器的性能参数：截止频率、带内增益和阻带衰减速率；

⑥ 用 EWB 对电路仿真，并打印出幅频特性和相频特性曲线。

（2）技术指标。

截止频率 $f_H = 2\,000$ Hz，$f_L = 200$ Hz，$A_V = 4$，阻带衰减速率为 –40 dB/10 倍频。

（3）扩展要求。

① 能驱动额定功率 $P \geqslant 8$ W 的扬声器；

② 电路电压放大级输出阻抗低，能带 500 Ω 负载。

3）方案设计

（1）滤波器传输性能。

由 *RC* 元件与运算放大器组成的滤波器称为 *RC* 有源滤波器。其功能是让一定频率范围内的信号通过，抑制或急剧衰减此频率范围以外的信号。可用在信息处理、数据传输、抑制干扰等方面，但因受运算放大器频带限制，这类滤波器主要用于低频范围。根据对频率范围的选择的不同，可分为低通、高通、带通与带阻等四种滤波器。一般来说，滤波器的幅频特性越好，其相频特性越差，反之亦然。滤波器的阶数 n 越高，幅频特性衰减的速率越快，但 *RC* 节数越多，元件参数计算越繁琐，电路调试越困难。常用的逼近方法是巴特沃斯最大平坦效应和切比雪夫等波动响应。

（2）电路选择。

根据技术指标截止频率 $f_H = 2\,000$ Hz，$f_L = 200$ Hz，$A_V = 4$，阻带衰减速率为每 10 倍频下降 40 dB。

① 高通部分。

高通电路如图 6.7 所示。

② 低通部分。

低通电路如图 6.8 所示。

③ 带通电路如图 6.9 所示。

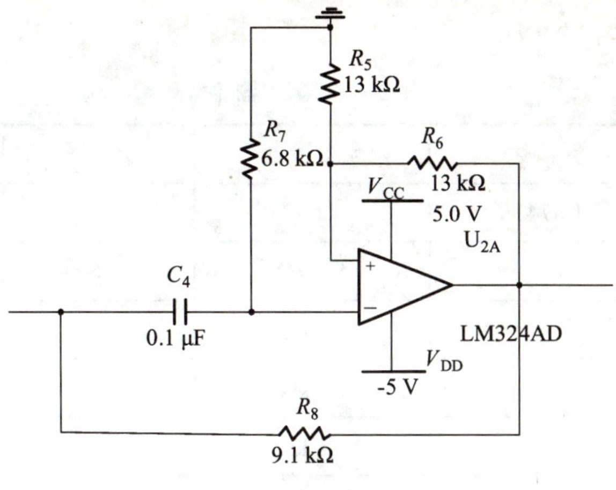

图 6.7　高通仿真图

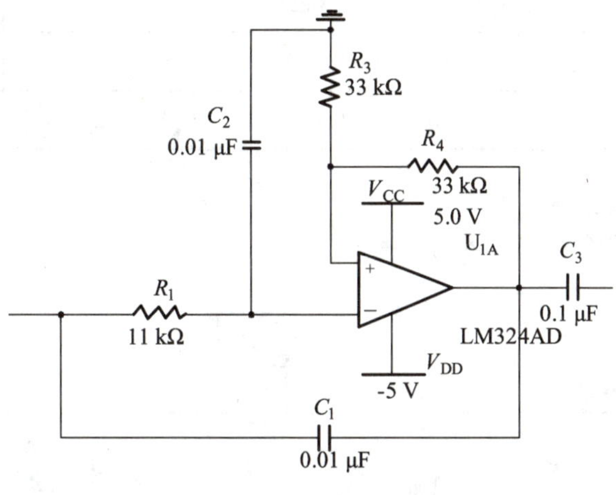

图 6.8　低通电路仿真图

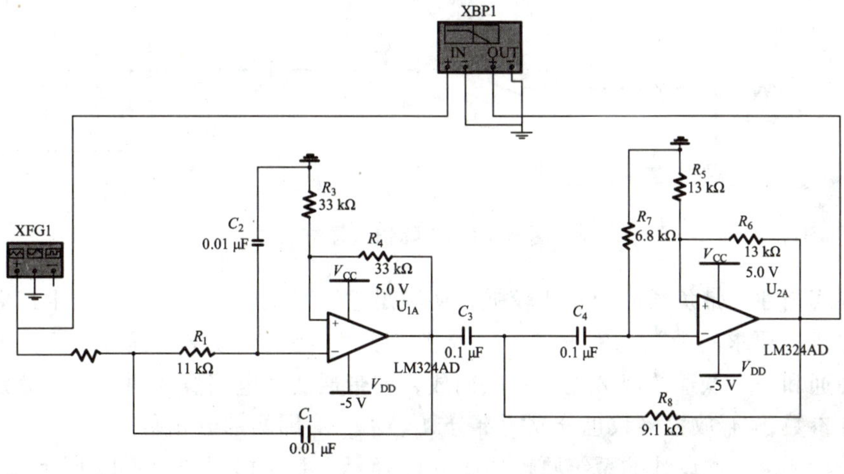

图 6.9　由高通和低通组合一个带通滤波器

（3）实验器件（见表 6.4）

表 6.4 实验器件

元件序号	型 号	主要参数	数 量	备 注
A1，A2	Ua741		2	运算放大器
R_1		5.6 kΩ	1	电 阻
R_2		11 kΩ	1	电 阻
R_3，R_4		33 kΩ	1	电 阻
R_5		9.1 kΩ	1	电 阻
R_6		6.8 kΩ	1	电 阻
R_7，R_8		13 kΩ	1	电 阻
C，C_1		0.01 μF	1	电 容
C_2		0.1 μF	2	电 容

4）系统硬件设计

（1）实际仿真图如图 6.10 所示。

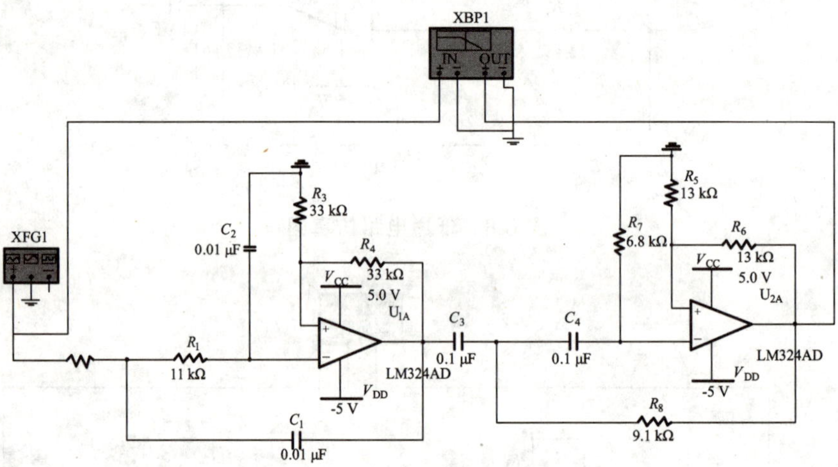

图 6.10 实际仿真图样

考虑到实用性，带负载能力要比较强，要满足输入阻抗应足够高，输出阻抗应足够小。根据设计要求，要求的带宽范围很宽，阻带衰减频率 –40 dB/10 倍频程带通滤波电路，可以采用一个高通和一个低通的滤波电路级联而成，将带通滤波电路看成两部分，分别求出两部分电路元件参数，A_v 放大倍数也分成两部分 A_{vl}，A_{vh}，A_v 即两部分相乘。

根据设计要求，本设计的系统原理如图 6.11 所示，系统框图如图 6.12 所示，二阶 RC 滤波器传输特性如表 6.5 所示。

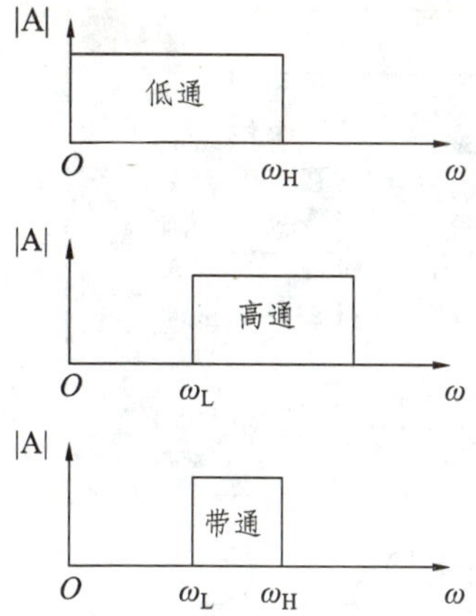

图 6.11　带通滤波器设计原理

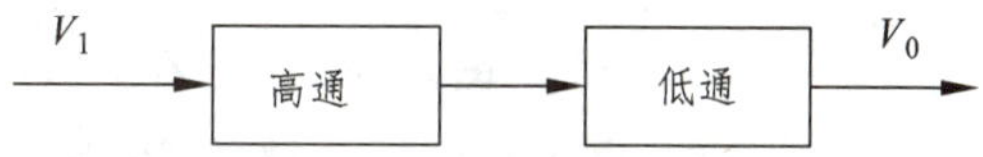

图 6.12　系统框图

表 6.5　二阶 *RC* 滤波器的传输特性

<table>
<tr><th>类　型</th><th>传输函数</th><th>性能参数</th></tr>
<tr><td>低　通</td><td>$A(s)=\dfrac{A_v\omega_c^2}{s^2+\dfrac{\omega_c}{Q}s+\omega_c^2}$</td><td rowspan="4">$A_v$——通带内的电压增益；
ω_c——低、高通滤波器的中心角频；
Q——品质因素，$Q\approx\dfrac{\omega_o}{BW}=\dfrac{f_0}{\Delta f}$
（当 $BW\ll\omega_o$ 时）；
BW——带通、带阻滤波器的宽度</td></tr>
<tr><td>高　通</td><td>$A(s)=\dfrac{A_v s^2}{s^2+\dfrac{\omega_c}{Q}s+\omega_c^2}$</td></tr>
<tr><td>带　通</td><td>$A(s)=\dfrac{A_v\dfrac{\omega_o}{Q}s}{s^2+\dfrac{\omega_o}{Q}s+\omega_o^2}$</td></tr>
<tr><td>带　阻</td><td>$A(s)=\dfrac{A_v(s^2+\omega_o^2)}{s^2+\dfrac{\omega_o}{Q}s+\omega_o^2}$</td></tr>
</table>

5）系统测试结果与分析

（1）系统测试结果如图 6.13 ~ 6.16 所示。

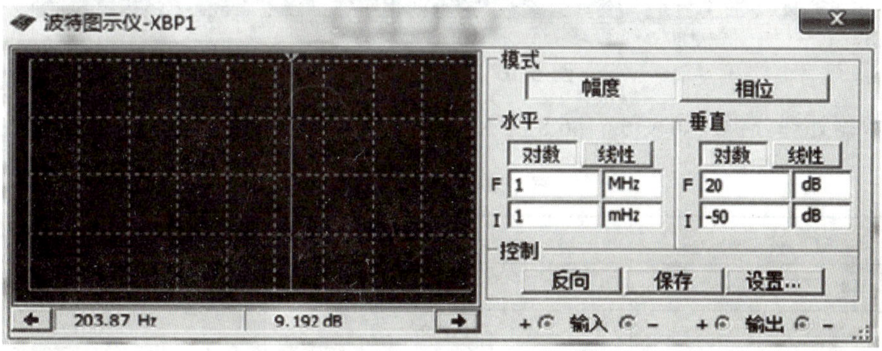

图 6.13　频率在 200 Hz 处幅频特性曲线

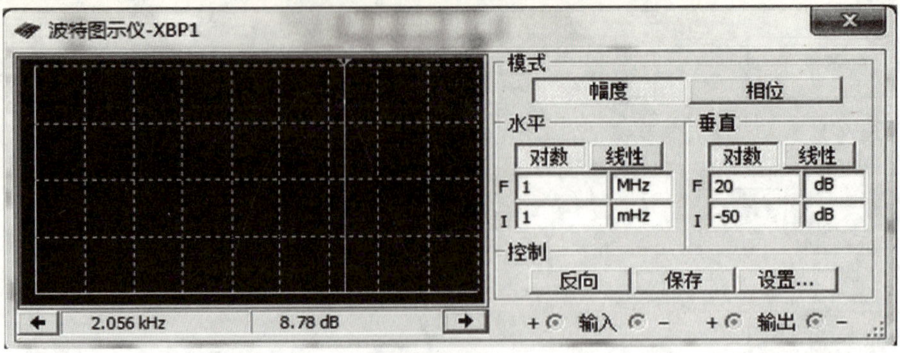

图 6.14 频率在 2 000 Hz 处幅频特性曲线

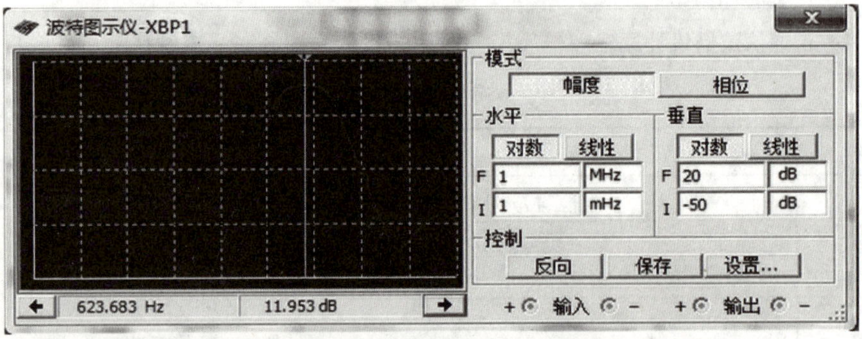

图 6.15 频率在 623 Hz 处幅频特性曲线

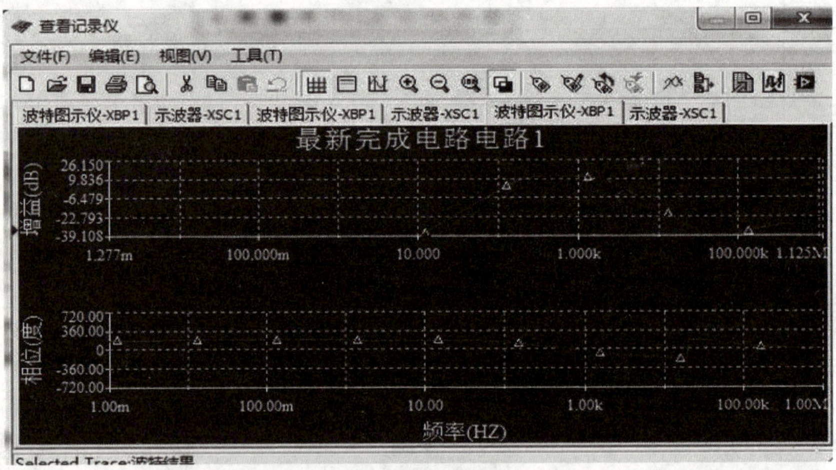

图 6.16 波特图形分析

（2）数据处理分析，如表 6.6 ~ 6.8 所示。

表 6.6 幅振特性

	幅振特性	
输入信号	200	2 000
测量值	9.028	9.02
理论值	4.00	4.00

表 6.7　衰减速率

	衰减速率	
	低　频	高　频
测量值	−37.0 dB/10 倍频	−37.0 dB/10 倍频
理论值	−10 dB/10 倍频	−10 dB/10 倍频

表 6.8　截止频率

	截止频率	
	f_L	f_H
测量值	203.87 Hz	2 005 Hz
理论值	200 Hz	2 000 Hz

6）总结（略）

参考文献（略）

4．验收要求

实物验收，按设计要求给出实物分数。

5．设计报告要求（2 500 字以上）

（1）选定设计方案；
（2）拟出设计步骤，画出设计电路，分析并计算主要元件参数值；
（3）如有软件内容，给出流程图、软件源程序、仿真过程及结果；
（4）列出测试数据表格；
（5）调试总结，并写出设计报告。

6．评分标准

表 6.9　评分标准

项　目	主要内容	满　分
设计报告（40 分）	报告内容： （1）方案比较、设计与论证； （2）理论分析与计算； （3）电路图及有关设计文件； （4）测试方法与仪器，测试数据及测试结果分析	40
基本要求（60 分）	截止频率达到要求	15
	放大倍数达到要求	15
	阻带衰减速率为 −40 dB/10 倍频	15
	其他特色功能	15

6.2.3 设计型设计示例——直流稳压电源的设计

1．设计目的

直流稳压电源是电子系统中不可缺少的设备之一，也是模拟电路理论知识的基本内容之一。完成一个直流稳压电源的设计，并进行安装调试，即可以达到对模拟电路理论知识的较全面的运用，也能掌握模拟电路的实际安装调试技术，具有很好的实用价值。

2．设计技术指标与要求

1）设计要求

（1）对所测结果进行全面分析，总结桥式整流、电容滤波电路的特点。

（2）根据所测数据，计算稳压电路的稳压系数 S_r 和输出电阻 R_o，并进行分析。

（3）分析讨论安装测试中出现的故障及其排除方法。

（4）给出完整的电路原理图，电子元器件清单。

2）主要技术指标

（1）电网供给的交流电压 U_1 为 220 V，50 Hz。

（2）变压器输出电压 U_2 为 15 ~ 18 V，50 Hz。

（3）稳压电源输出直流可调电压 $6\ \text{V} < U_o < 12\ \text{V}$，最大负载电流 100 mA 左右。

（4）驱动负载 $120\ \Omega < R_L < 24\ \Omega$。

3）设计仪器、设备

信号发生器，双踪示波器，万用表，交流毫伏表，焊接工具，设计电路所需的元器件，电路仿真软件等。

3．设计报告示例

1）目的与意义

直流稳压电源是电子系统中不可缺少的设备之一，也是模拟电路理论知识的基本内容之一。完成一个直流稳压电源的设计，并进行安装调试，即可以达到对模拟电路理论知识的较全面的运用，也能掌握模拟电路的实际安装调试技术，具有很好的实用价值。

2）设计要求

（1）对所测结果进行全面分析，总结桥式整流、电容滤波电路的特点。

（2）根据所测数据，计算稳压电路的稳压系数 S_r 和输出电阻 R_o，并进行分析。

（3）分析讨论安装测试中出现的故障及其排除方法。

（4）给出完整的电路原理图，电子元器件清单。

3）方案设计

（1）变压器的选择。

根据设计要求，设计直流稳压电源输出直流电压 12 V，输出电流小于 1 A，且具有电压、电流扩展功能，即 $P = UI = (12 + 2)1 = 14\ \text{W}$，所以可以判定选择的变压器的输出功率应在 14 W 左右。

（2）整流电路的选择。

由课本知识可知，整流电路共有 3 种，分别为半波整流、全波整流以及桥式整流。

方案一：半波整流（见图 6.17）

工作原理：半波整流是利用二极管的单向导通性来进行整流的电路。因此，在半波整流电路中，只有半个周期内有电流负载，另半个周期被二极管阻隔。输出波形如图 6.18 所示。

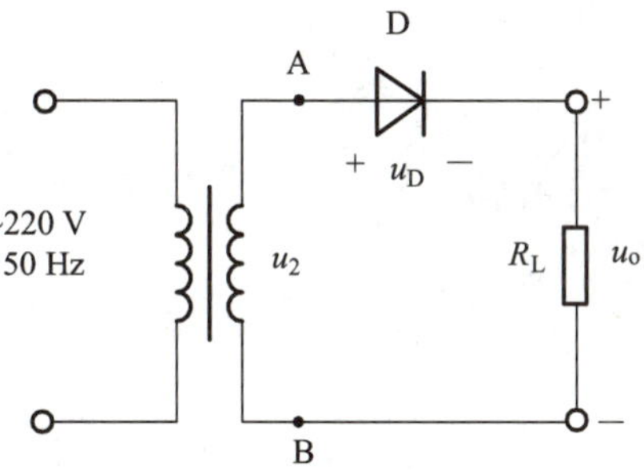

图 6.17 半波整流原理图

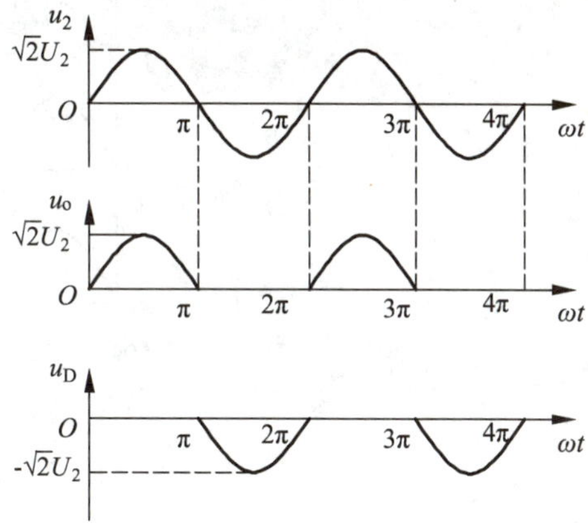

图 6.18 半波整流波形图

优缺点：降低了变压器的效率，对二极管的要求较高，因此半波整流只适用于小型电路。

方案二：全波整流（见图 6.19）

工作原理：较半波整流而言，全波整流可以使两个半周期均得到利用，并且脉动程度相对较小。输出波形如图 6.20 所示。

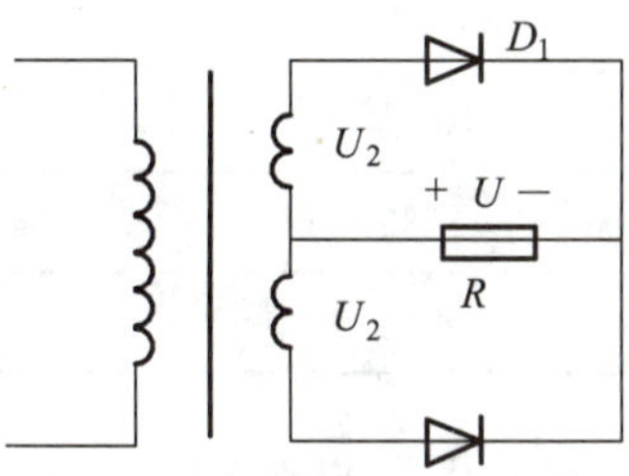

图 6.19 全波整流原理图

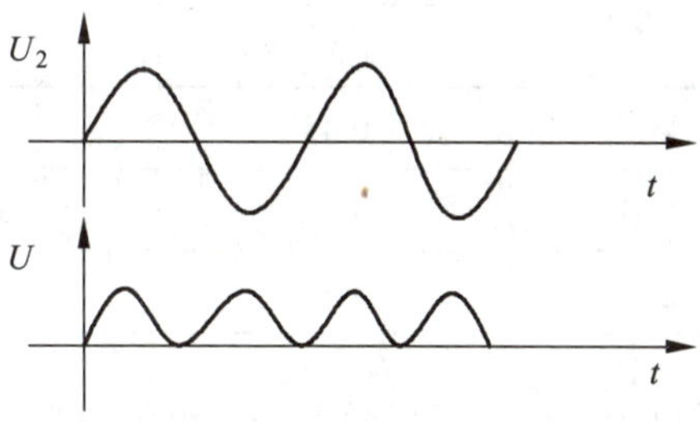

图 6.20 全波整流波形图

优缺点：全波整流对变压器有一定的特性要求，且二极管需承受的电压较高，因此，一般用于输出电压不高的电路。

方案三：桥式整流电路（见图 6.21）

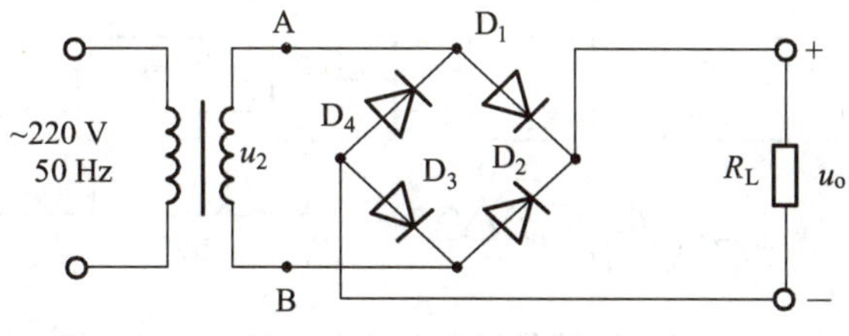

图 6.21 桥式整流原理图

工作原理：桥式整流电路由四只二极管组成，平均分为两组，轮流工作，输出为全波压。波形如图 6.22 所示。

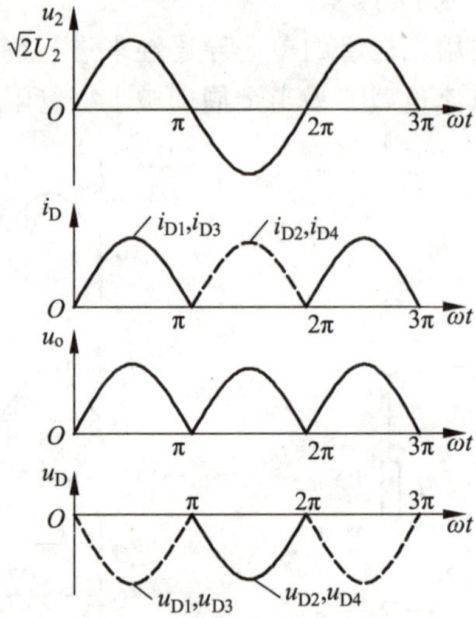

图 6.22 桥式整流波形图

优缺点：输出的波形脉动较小，输出电压高且对二级管的要求较低，但是结构相对较为复杂。各种重要性能参数如表 6.10 所示。

表 6.10 整流电路参数对比表

电 路	参 数			
	$U_{0(A_V)}/U_2$	S	$I_{D(A_V)}/I_{0(A_V)}$	U_{RM}/U_2
半波整流	0.45	157%	100%	1.41
全波整流	0.9	67%	50%	2×1.41
桥式整流	0.9	67%	50%	1.41

通过以上比较，可以断定桥式整流虽然结构复杂，但对二极管的要求低，所以造价相对较低，且输出波形脉动小、电压高。所以选用桥式整流。

4）系统硬件设计

（1）直流稳压电源的构成。

原理图与波形变换如图 6.23 所示。

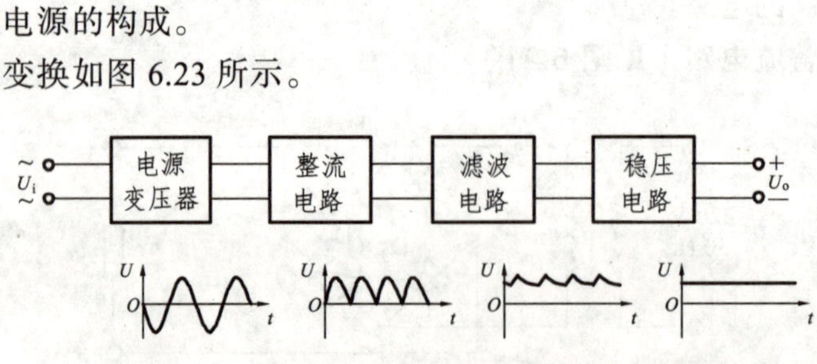

图 6.23 直流稳压电源的原理图和波形变换

（2）变压模块。

变压器：将 220 V 的电网电压转化成所需要的交流电压。

整流电路：利用二极管的单向导电性，将正负交替的交流电压变换成单一方向的直流脉动电压。

滤波电路：将脉动电压中的纹波成分滤掉，使输出为比较平滑的直流电压。

稳压电路：使输出的电压保持稳定。

变压器：将 220 V 的电网电压转化成所需要的交流电压。

（3）整流桥模块。

整流电路的任务是将交流电变换为直流电。完成这一任务主要是靠二极管的单向导电作用，因此二极管是构成整流电路的关键元件。管 $D_1 \sim D_4$ 接成电桥的形式，故有桥式整流电路之称。

由电路图 6.24 可以得出输出电压平均值：$U_o(A_V) \approx 0.9U_2$，由此可以得 $U_2 = 15\ \text{V}$，即变压器副边电压的有效值为 15 V，计算匝数比为 $220/15 = 15$。

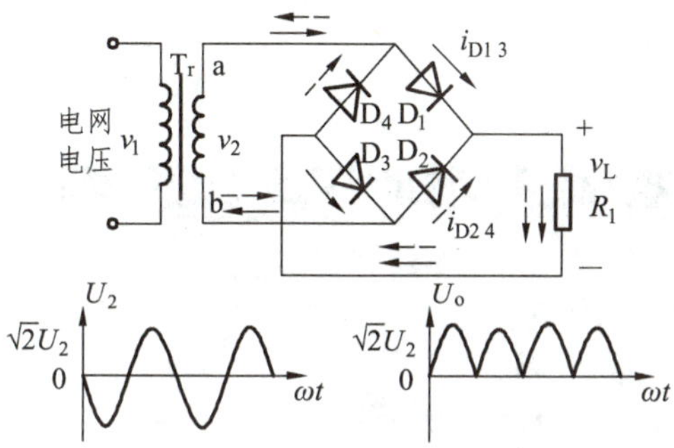

图 6.24　整流桥模块

流过二极管的平均电流：$I_D = 1/2I_L$ 在此实验设计中 I_L 的大小大约为 1 A。

反向电压的最大值：$U_{rm} = \sqrt{2}U_2$，选择二极管时为了安全起见，选择二极管的最大整流电路 I_{DF} 应大于流过二极管的平均电流 I_D，即 0.5 A，二极管的反向峰值电压 U_{rm} 应大于电路中实际承受最大反向电压的一倍。

（4）滤波模块。

滤波电路：交流电经整流电路后可变为脉动直流电，但其中含有较大的交流分量，为使设备上用纯净的交流电，还必须用滤波电路滤除脉动电压中的交流成分。常见的滤波电路有：电容滤波电路、电感滤波电路、电感电容滤波电路以及 π 型滤波电路。在此电路中，由于电容滤波电路较为简单且能得到较好的效果，故选用此电路。滤波电容一般选几十至几千微法的电解电容，由于 $R_1C = (3 \sim 5)T/2$，故选 2 200 μf 的电解电容。

（5）稳压模块、指示灯模块。

使用 LM7812T 稳压芯片和两个电容组成。指示灯使用发光二极管与一个阻值较大的电阻串联组成。

5）电路设计

变压器输出端 U_2 输出电压如图 6.25 所示。

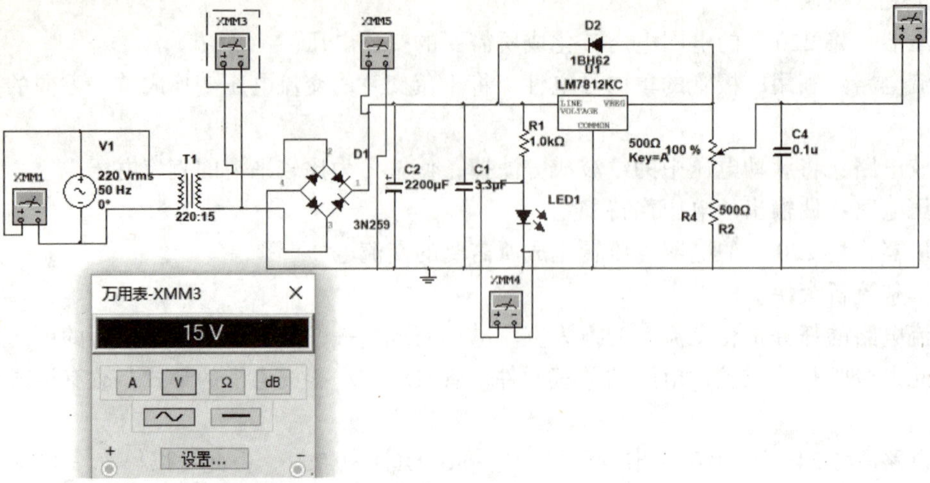

图 6.25 电路仿真图

U_o输出电压范围为如图 6.26 所示。

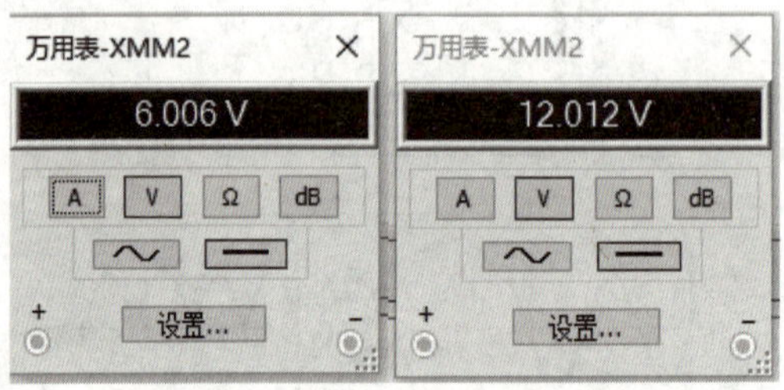

图 6.26 仿真输出电压范围

6）系统测试结果与分析

（1）系统测试结果。

输出电阻：

$$R_o = \left.\frac{\Delta U_o}{\Delta I_o}\right|_{U_I=常数}$$

负载 $R_L = 140\ \Omega$

由公式和仿真数据得（见表 6.11）：

表 6.11 仿真数据

U_o/V	I_o/mA	接负载 U_o/V	接负载 I_o/mA	R_o/kΩ
10.203	80.088	5.344	80.076	485.900
10.511	96.091	5.900	96.078	409.560
11.111	160.145	7.425	160.112	277.143
11.412	240.167	8.520	240.124	202.224
11.708	480.067	9.974	480.035	54.188

稳压系数：

$$S_v = \frac{\Delta U_o / U_o}{\Delta U_I / U_I}\bigg|_{\Delta I_L = 0}$$

将输入电压设置在 200 ~ 240 V 内变化，分别在电路中接入交流电压表、直流电压表、直流电流表进行相应测试，记录在相应电压下的电路输出电压，并计算出稳压系数，用示波器观察电源的纹波电压，得出直流稳压电源的性能测试结果，如表 6.12 所示。

表 6.12　测 试 数 据

输入电压/V	实际输出电压/V	电源纹波电压/mV	电源稳压系数
200	12.04	2.0	0.000 9
210	12.08	2.1	0.003 0
220	12.14	2.4	0.001 2
230	12.20	3.0	0.001 1
240	12.27	2.9	0.001 7

（2）系统结果分析。

电压可调，基本符合实验要求，稳压系数基本达到要求。

7）总结（略）

参考文献（略）

4．验收要求

实物验收，按设计要求给出实物分数。

5．评分标准

表 6.13　评 分 标 准

项　目	主要内容	满分
设计报告（40 分）	报告内容： （1）方案比较、设计与论证； （2）理论分析与计算； （3）电路图及有关设计文件； （4）测试方法与仪器，测试数据及测试结果分析	40
基本要求（60 分）	总结桥式整流、电容滤波电路的特点	15
	计算稳压电路的稳压系数 S_r 和输出电阻 R_o，并进行分析	15
	分析讨论安装测试中出现的故障及其排除方法	15
	给出完整的电路原理图，电子元器件清单	15

6.2.4 创新型设计示例——射频宽带放大器的设计

1．设计目的

（1）掌握射频宽带的工作原理及设计方法。

（2）学会安装和调试分立元件与集成电路组成的多级电子电路小系统。

2．设计技术指标与要求

本设计任务是制作一个射频宽带放大器，要求电压增益 $A_u \geqslant 20$ dB（发挥部分 $A_u \geqslant 60$ dB），输入电压有效值 $u_i \leqslant 20$ mV（发挥部分 $M_i \leqslant 1$ mV），A_u 在 0 ~ 20 dB（发挥部分 0 ~ 60 dB）内可调；最大输出正弦波电压有效值 $U_o \geqslant 20$ mV（发挥部分 $U_o \geqslant 1$ V），输出信号波形无明显失真；其 3 dB 带宽的下限频率 $f_l \leqslant 0.3$ MHz，上限频率 $f_h \geqslant 20$ MHz（发挥部分 $f_h \geqslant 100$ MHz），并要求在 1 ~ 15 MHz（发挥部分 1 ~ 80 MHz）频带内增益起伏≤1 dB；放大器的输入阻抗 = 50 Ω，输出阻抗 = 50 Ω；在 $A_u \geqslant 60$ dB时，输出端噪声电压的峰峰值≤100 mV 等，要求完成这些指标。

3．设计报告示例

1）系统设计方案选择

方案一：采用分立元件。前置放大部分采用三极管构建放大电路，程控增益部分采用单片机控制模拟开关选择不同的电阻值实现。此方案元器件成本低，但设计复杂度较大，要想采用该方案高精度的要求，特别是这么高的频率，需要对外围器件进行精确的计算和烦琐的调试，效率很低，系统稳定性差，相位的线性度差。

方案二：采用集成运算放大器 OPA846，可控增益宽带放大器 AD603，同时末级功率放大采用分立器件三极管构成功率扩展型电路结合。能实现小信号的前置放大及增益要求；还可以实现较大输出电压，但是由于 AD603 存在带宽不够的缺点，当带宽超过 90 MHz 时，信号衰减很快。

方案三：采用低噪声、低漂移、高输入阻抗的宽带运算放大器 THS3201 构建前置放大电路，能实现微小信号的放大及增益要求，单片机结合数模转换器控制高增益，高带宽的压控运算放大器 AD8367 实现稳定的高精度线性增益控制，末级放大也采用 THS3201 放大器，其带宽积很高，频带宽，效果好。该方案具有温度稳定性好，相位线性度高，增益可控精度高，系统稳定性好，可实现高带宽，高质量信号输出。

方案选定：经三种方案比较，决定采用方案三，该方案集合了先进的集成运算放大器高增益、高带宽、低直流漂移的优点，且能无失真地提取小信号，稳定性好，能够达到设计要求。

2）系统方案

本设计方案的整体框图如图 6.27 所示。采用 THS3201（带宽积可达 1.8 GHz）作为前置放大电路，放大增益达到 10 dB，此时小信号带宽还可达 520 MHz，同时还利用 THS3201 构成后级的负载驱动电路，其后级整体电压增益为 0 dB。同时为了实现题目扩展指标要求，还设计了三阶巴特沃斯低通滤波器组成的滤波网络，可以进一步降低噪声，减小通带内的起伏，降低低频信号的毛刺。主控模块采用 MSP430F149 单片机，通过键盘输入实现输出状态控制、增益步进控制，液晶显示器显示所设置的状态及参数。增益分配如表 6.14 所示。

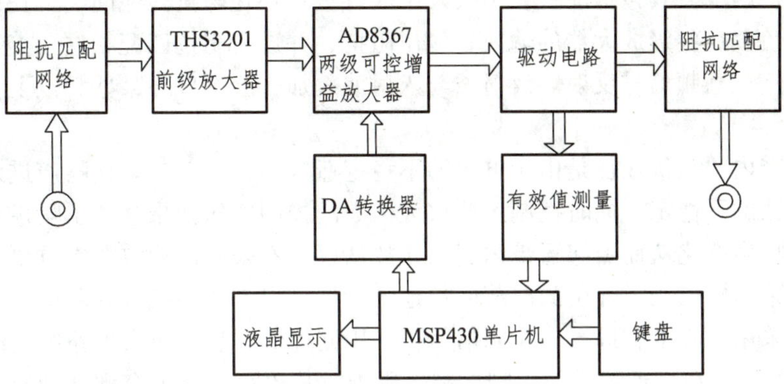

图 6.27　系统方案框

表 6.14　增益分配表

	增益 A_{μ}/dB	频带宽度 Bw/Hz
前置级	18	1.8 G/8
中级阻抗匹配	−16	—
可控增益级	−5～80	500
末　级	6	1.8 G/2
阻抗匹配网络	−6	—

3）理论分析与计算

（1）宽带放大器设计。

本设计电路由阻抗网络匹配网络，前置放大电路，两级可控增益电路和后级负载驱动电路组成，设计要求实现输入输出阻抗为 50 Ω，而一般集成运放的输入与输出阻抗达不到要求，所以电路在输入与输出部分要添加阻抗网络匹配网络部分；根据数据手册可知可控增益放大器 AD8367 识别小信号的效果很差，而运放 THS3201 能识别 1 mV 以下的信号，且能放大输入信号，带宽积为 1.8 GMz，完全满足电路设计要求。设计要求带宽达到 100 MHz 以上，增益达到 60 dB，芯片 AD8367 的带宽为 500 MHz，两级增益能达到 85 dB，能够做到这个指标。但 AD8367 最高输出电压为 1 V 左右，而题目要求输出电压达到 1 V 以上，所以要添加一级功放，且要求带宽高，稳定性好，所以选择 THS3201 作为后级放大器。多级放大电路的电压放大倍数是各级电压放大倍数的乘积：$A_u = A_{u_1} \cdot A_{u_2} \cdot A_{u_3} \cdots$将上式取绝对值后再求对数，可得到多级放大电路的对数幅频特性，即：

$$20\lg|A_u| = 20\lg|A_{u1}| + 20\lg|A_{u2}| + \cdots$$

（2）频带内增益起伏控制。

本题目要求在通带内起伏要求小于 1 dB，考虑到题目要求的带宽较大，通带内起伏要求小于 1 dB 是一个比较难达到的指标，主要从以下几点出发来解决这个问题。

第一，选用合适的运放芯片，通过查阅一些芯片资料如 THS3201 和 AD8367 在满足其合适的外围工作电路后其通带内的起伏小于 1 dB，优于题目指标。

第二，阻抗匹配。其包括前级，末级及中间各级均存在阻抗匹配问题，在调试时一定要实测信号源、负载和各级放大器的输入、输出阻抗，并进行阻抗匹配，这一点至关重要，否则，不匹配会造成高频信号反射。反射波与入射波叠加，会造成在某些频点上传输信号超出指标要求。

第三，通带内的起伏往往是由于电源的不稳定造成的，电源夹杂这噪声进入运放芯片后会引起放大倍数的不稳定，同时控制运放放大倍数的控制电压如果叠加了噪声的话会使得输出波形跟随着噪声变化从而引起通带内起伏，故从以上看来电源滤波非常重要，在本设计中电源线路都是采用屏蔽线，外层的屏蔽网接地，这样可以有效的抵抗外部电场的干扰，电源线进入屏蔽盒采用穿心电容进入，控制信号也采用同样的方法。放大电路级与级之间的电源线都采用π型滤波。在靠近芯片的引脚后都采用 10 μF 和 0.1 μF 电容耦合到地。

第四，抗干扰措施，本设计的各个模块都装入金属屏蔽盒内，可有效地防止空间的电磁干扰。同时用金属挡板将前后级之间隔离防止自激。电路板上的信号走线尽量短且和其他信号线之间不要靠得太近防止干扰信号耦合到有用信号中。

第五，各级连线一律采用 50 Ω 的同轴电缆线，且连线要尽量缩短，防止高频段衰减过大。

（3）射频放大器稳定性。

设计电路电压增益在通频带内波动较明显，通过对各级放大电路进行频率补偿，在电源端增加去耦 1 nF，0.1 μF 和 100 μF 电容，电容、电阻的引线部分要尽可能的短，并且采用屏蔽盒对系统电路板进行屏蔽，外部信号用隔离线通过穿心电容进入屏蔽盒，可避免外部噪声干扰，还有集成运放电路各级阻抗要匹配，如果匹配不好将造成较大的信号反射造成电路不稳定。事实证明，这样可有效抑制通频带内增益起伏的变化，同时提高了放大器的稳定性。

（4）增益调整。

AD8367 的增益可以通过 DA 输出的电压来控制放大倍数 $A_u = 10^{(50\cdot V_c - 5)/20}$，$V_c$ 为 DA 输出的控制电压，其范围为 0.05 ~ 0.95 V，AD8367 的增益的 dB 数与控制端电压呈线性关系，即增益 $G = 50\cdot V_c - 5$（dB），增益范围为 − 2.5 ~ 42.5 dB，单片机只需进行简单的线性运算就可以控制对数增益，增益步进可以很精确的实现，所以单片机控制的增益误差很小。本设计采用了两级 AD8367 级联控制，由单片机同时控制器增益大小，其增益为 $G = 100\cdot V_c - 10$（dB），增益范围为 − 5 ~ 85 dB 由单片机通过键盘来实现增益步进，从而实现增益调整。系统的总增益为：

$$G_{\min} = -3\ (\text{dB})$$

$$G_{\max} = 82\ (\text{dB})$$

4）电路与程序设计

（1）前置放大电路。

如图 6.28 所示，前置放大电路由高带宽集成运放 THS3201 组成。增益为 10 dB 时，带宽为 520 MHz，能够识别 1 mV 的小信号。为防止运放自激，输入端由同轴电缆连接，在运放电源端就近放置 1 nF 瓷片电，0.1 μF 瓷片电容和 100 μF 电解电容到地。前置放大电路的反馈电阻对带宽和带内的起伏有很大的影响作用，通过不断的调试在本设计中反馈电阻的取值为 768 Ω，放大倍数为 18 dB。有效地将小信号放大提供给后级的放大电路。

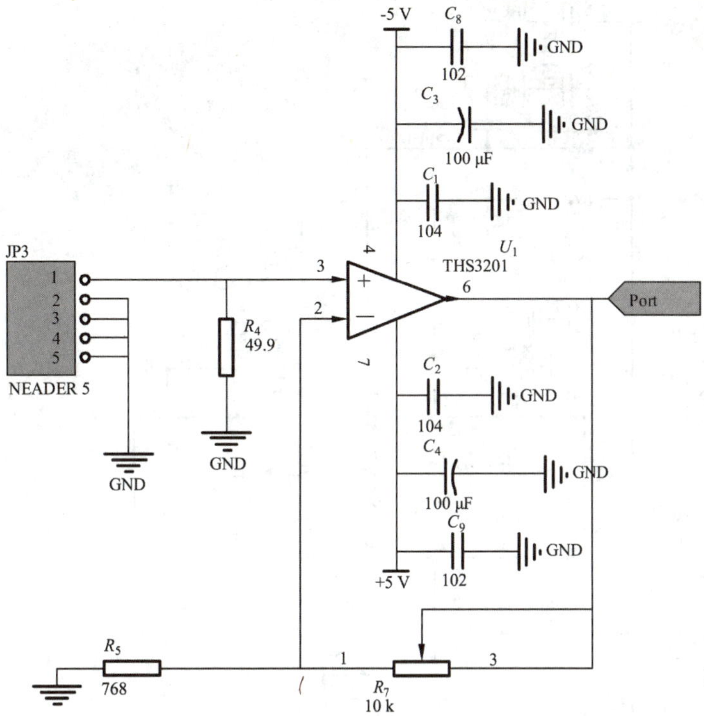

图 6.28　前置放大电路图

（2）可控增益控制部分。

如图 6.29 所示，可控增益放大器 AD8367 的增益可以通过 DA 输出的电压来控制放大倍数 $A_u = 10^{(50 \cdot V_c - 5)/20}$，$V_c$ 为 DA 输出的控制电压，其范围为 50 ~ 950 mV，AD8367 的增益跟控制端电压的 dB 数呈线性关系，增益 $G = 20 \cdot \log(50 \cdot V_c - 5)$（dB）；此设计应用了两级可控增压放大器，则通过 DA 输出的电压来控制放大倍数 $A_u = 10^{(100 \cdot V_c - 10)/20}$，增益 $G = 20 \cdot \log(100 \cdot V_c - 10)$（dB）；单片机只需进行简单的线性运算就可以控制对数增益，增益步进可以很精确的实现，所以单片机控制的增益误差很小。

（3）末级放大电路。

如图 6.30 所示，末级放大部分采用 THS3201 运算放大器，此芯片频带宽，增益高。在增益为 10 dB 时，带宽还有 500 多兆赫兹，且此芯片是电流型运算放大器，可提高功率放大能力，对 DC 到 150 MHz 的信号进行线性放大，在 150 MHz 以下增益非常平稳。为了稳定直流特性，将反馈回路用电容串联接地，加大直流负反馈，从而使性能更好。

（4）阻抗匹配网络。

① 使用本电路时输入输出阻抗匹配一定要处理好，AD8367 的输入和输出阻抗都是 200 Ω，考虑到系统总体的增益要为 0 ~ 60 dB，而在前级有固定的 18 dB 的增益，两级 AD8367 只能完成 – 5 dB 的衰减，故还需要在两级 AD8367 之间加入衰减匹配网络，如图 6.31 所示。

这个网络的插入损耗为 – 14dB，该匹配网络用于接口标准的 50 Ω 输入和输出电阻。

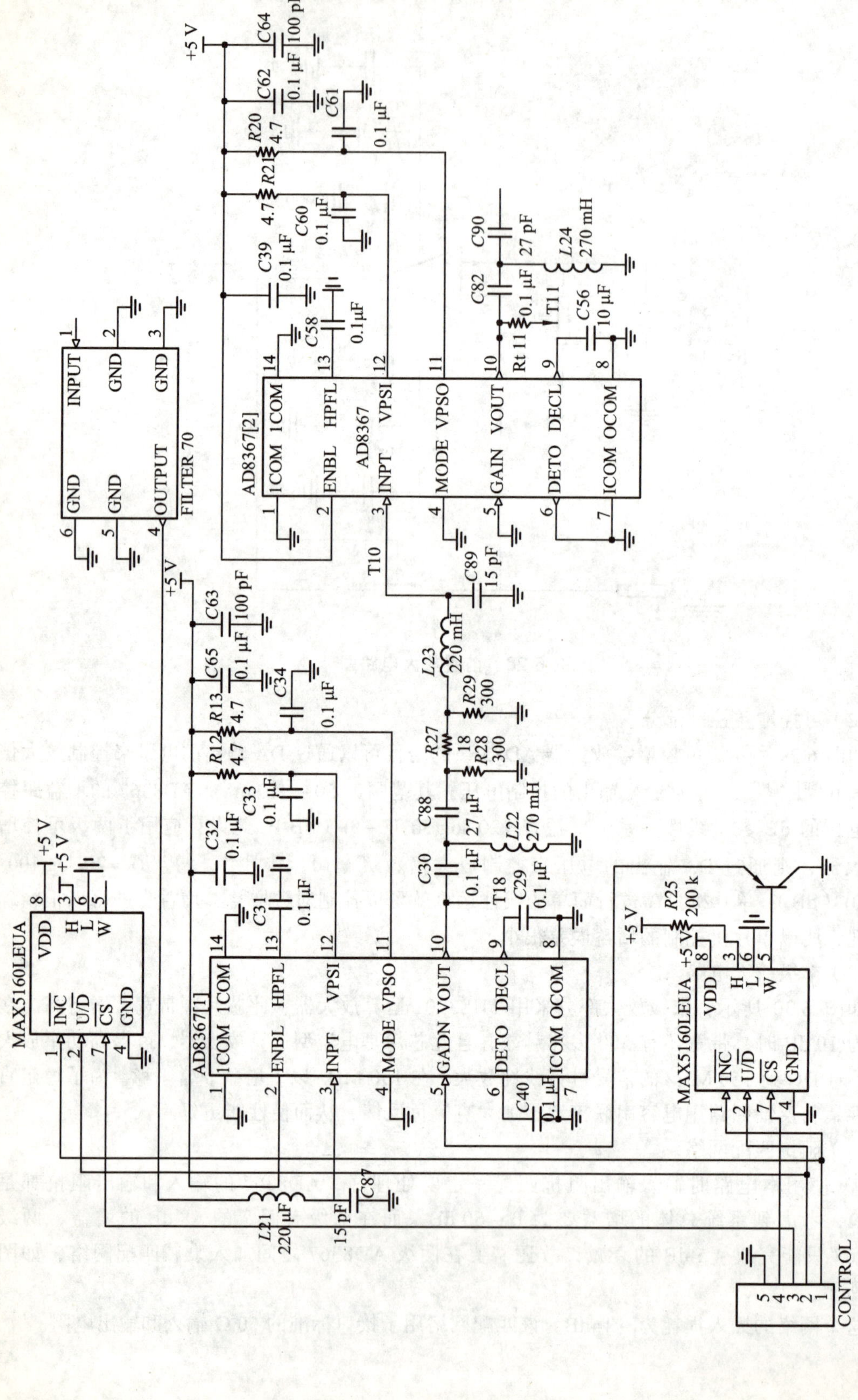

图 6.29 可控增益放大电路图

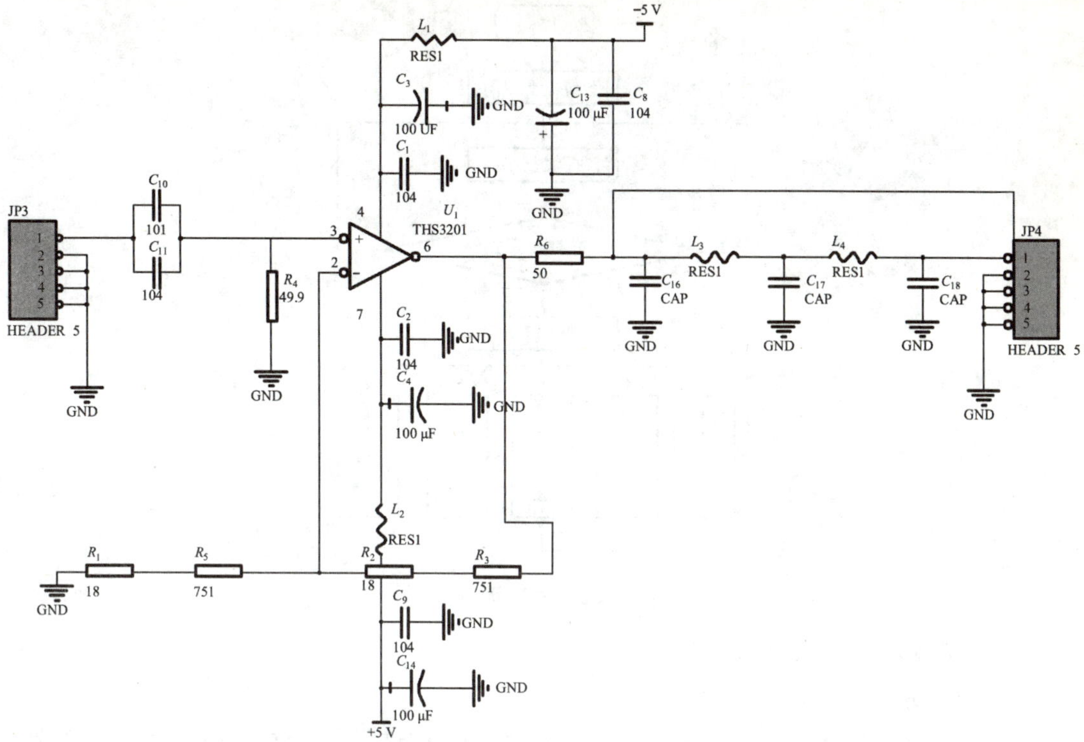

图 6.30　末级功率放大电路图

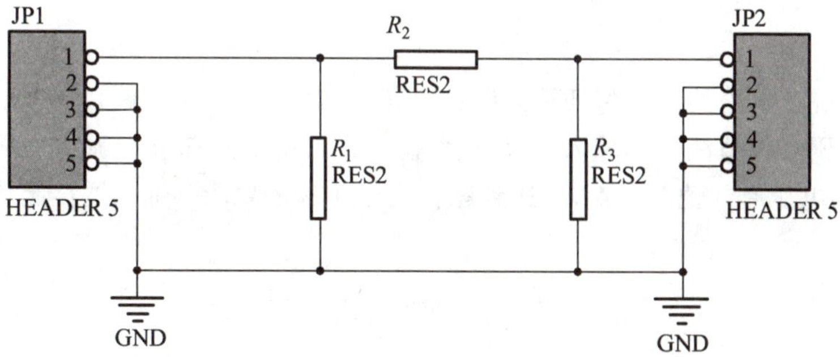

图 6.31　阻抗匹配网络（$R_1=174\ \Omega$、$R_2=26.6\ \Omega$、$R_3=174\ \Omega$）

② 如图 6.31 所示，本设计中运算放大器输入阻抗和输出阻抗为 200 Ω，为了达到输入阻抗和输出阻抗都为 50 Ω，可按如图 6.32 所示电路进行匹配：

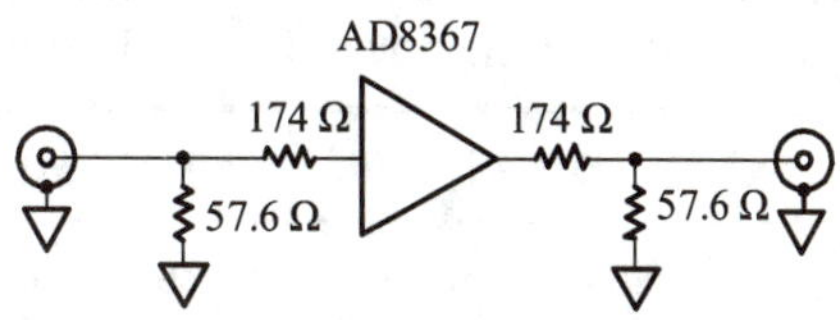

图 6.32　50 Ω 匹配网络

（5）直流电源。

本设计采用线性直流稳压电源，输入为交流 220 V，由稳压芯片稳压输出，提供 ± 5 V 和可调电源。

（6）系统软件设计。

本程序通过按键步进和预置来控制电压增益，软件流程图如图 6.33 所示。

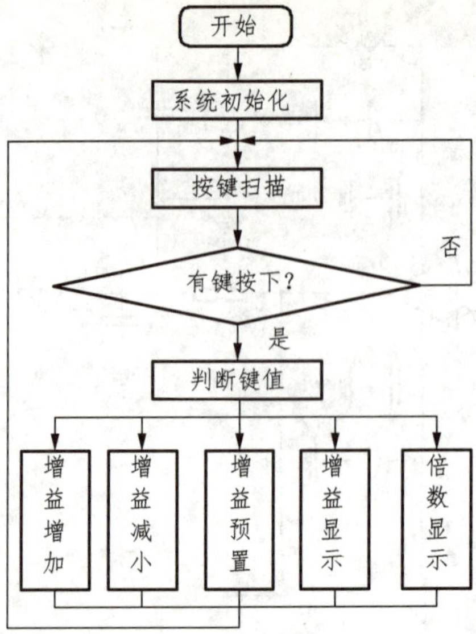

图 6.33 程序流程图

5）测试方法与测试结果

（1）测试方案。

先分别调试各个模块使其达到预期的效果，在调试的过程中注意考虑和后级之间的阻抗匹配，然后将各部分电路连接起来，先调整 0 dB，使输出信号幅度和输入信号幅度相等。接上 50 Ω 的负载电阻进行整机测试。

（2）测试结果与分析。

① 输入阻抗：电路的设计保证输入阻抗大于 50 Ω 电阻，满足题目要求。

② 输出电压有效值测量：输入端加入频率为 1 MHz 的正弦波，调节电压和增益测得不失真，最大输出电压有效值为 1.4 V，达到题目大于 1 V 的要求。带内增益起伏测试如表 6.15 所示。

表 6.15 带内增益起伏测试结果

U_i = 20 mV A_u = 20 dB

输入频率/MHz	0.1	0.3	0.5	1	5	10	20	30	40	50	60
U_o/mV	997	1 000	1 040	1 010	1 000	1 010	1 070	1 060	1 070	1 070	1 070
带内增益起伏/dB	0.02	0	0.17	0.04	0	0.04	0.3	0.26	0.3	0.3	0.3
输入频率/MHz	70	80	90	100	110	120	130				
U_o/mV	1 050	1 020	1 000	980	920	900	876				
带内增益起伏/dB	0.21	0.08	0.22	0.44	0.5	0.58	0.7				

（3）输出噪声电压测量：增益调到 60 dB，将输入端短路时输出电压峰峰值为 80 mV 左右。满足输出噪声电压小于 100 mV 的要求。

（4）频率特性测量：增益设为 60 dB 挡，输入端加 1 mV 正弦波，由于信号源不能保证不同频段的 10 mV 正弦波幅度稳定，因此每次测量前先调节信号源使得输入信号保持在 1 mV 左右，再测量输出信号。然后改变输入信号的频率从 0.3 MHz 到 100 MHz，观察输出幅度的变化。

6）结　论

本设计采用集成运放构成，较好得完成了各项基本指标和宽展指标，最大增益可达 60 dB，步进可调，具有很好的抗噪性能。本题主要考虑如何去除干扰、各级阻抗匹配的问题。为了使频带内增益起伏控制效果更好，建议采用数字 AGC 实现，还可以加入恒温装置使芯片温度恒定，工作保持不变，输出恒定。测试结果如表 6.16 ~ 6.19 所示。

表 6.16　增益可调范围测试结果

U_i = 20 mV

预置增益/dB	0	3	6	10	20	40（10 mV）
U_o/mV	20.9	28.1	38.5	59.8	191	945
A_u/dB	0.38	2.95	5.69	9.51	19.6	39.5
输出波形失真情况	无明显失真	无明显失真	无失真	无失真	无失真	无失真

表 6.17　带内增益起伏测试结果

U_i = 20 mV　　A_u = 20 dB

输入频率/MHz	0.3	0.5	1	2	5	10	15	20	25	40
U_o/mV	203	203	202	203	203	202	203	204	203	203
带内增益起伏/dB	0.27	0.27	0.26	0.27	0.27	0.26	0.27	0.27	0.27	0.27

表 6.18　增益可调范围测试结果

U_i = 1 mV

预置增益/dB	0	3	6	10	20	40	50	60
U_o/mV	1	1.3	1.8	2.8	9.3	98	305	1 007
A_u/dB	0	2.28	5.11	9.04	19.3	39.82	49.68	60.08

表 6.19　带内增益起伏测试结果

U_i = 20 mV　A_u = 20 dB

输入频率/MHz	0.1	0.3	0.5	1	5	10	20
U_o/mV	997	1 000	1 040	1 010	1 000	1 010	1 070
带内增益起伏/dB	0.02	0	0.17	0.04	0	0.04	0.3
输入频率/MHz	70	80	90	100	110	120	130
U_o/mV	1 050	1 020	950	880	780	700	576
带内增益起伏/dB	0.21	0.08	0.22	0.44	1.1	1.1	2.3

4．验收要求

实物验收，按设计要求给出实物分数。

5．设计报告要求（3 000 字以上）

（1）选定设计方案；

（2）拟出设计步骤，画出设计电路，分析并计算主要元件参数值；

（3）如有软件内容，给出流程图、软件源程序、仿真过程及结果；

（4）列出测试数据表格；

（5）调试总结，并写出设计报告。

6．评分标准

表 6.20 评分标准

项目	主要内容	满分
设计报告（40 分）	报告内容： （1）方案比较、设计与论证； （2）理论分析与计算； （3）电路图及有关设计文件； （4）测试方法与仪器，测试数据及测试结果分析	40
基本要求（60 分）	电压增益 $A_u \geqslant 20$ dB（发挥部分 $A_u \geqslant 60$ dB），输入电压有效值 $u_i \leqslant 20$ mV（发挥部分 $M_i \leqslant 1$ mV），A_u 在 0～20 dB（发挥部分 0～60 dB）范围内可调	15
	最大输出正弦波电压有效值 $U_o \geqslant 200$ mV（发挥部分 $U_o \geqslant$ 1 V），输出信号波形无明显失真	15
	其 3 dB 带宽的下限频率 $f_l \leqslant 0.3$ MHz，上限频率 $f_h \geqslant 20$ MHz（发挥部分 $f_h \geqslant 100$ MHz），并要求在 1～15 MHz（发挥部分 1～80 MHz）频带内增益起伏≤1 dB	10
	放大器的输入阻抗 = 50 Ω，输出阻抗 = 50 Ω	10
	在 $A_u \geqslant 60$ dB 时，输出端噪声电压的峰峰值≤100 mV	10

6.3 模拟电子电路综合实验分类题库

6.3.1 基础设计题库

1．高输入阻抗放大电路设计与制作

1）设计目的

（1）掌握放大电路交、直流电路的设计方法；

（2）掌握元件参数对放大电路的影响；

（3）学会电路的安装、调试方法。

2）设计技术指标与要求

（1）设计要求。

① 用分立元件设计电路；

② 有一定的放大倍数和通频带；

③ 输入阻抗、输出阻抗、放大倍数要准确；

④ 自定电源电压；

⑤ 用一级放大电路实现。

（2）技术指标。

① 通频带优于：100 Hz ~ 10 kHz；

② 电压放大倍数：不小于 10；

③ 输入阻抗：大于 100 kΩ；

④ 最大输出电压：空载时不小于 2.5 V。

3）设计提示

（1）方案提示。

用晶体管直流、交流等效电路分析、设计电路。

（2）设计用仪器设备。

示波器，交流毫伏表，数字万用表，低频信号发生器，实验面包板或万能板。

（3）设计用主要器件。

三极管、电阻电容若干。

4）验收要求

实物验收，按设计要求给出实物分数。

2．功率放大器设计

1）项目目的

（1）熟悉互补对称推挽功率放大器（OTL）的电路结构及工作原理。

（2）学会 OTL 互补对称推挽功率放大器的调试及主要性能指标的测试方法。

2）设计技术指标与要求

（1）设计要求。

① 写出设计报告，提出元器件清单。

② 组装调试所设计的电路，使其正常工作。

③ 测量最大不失真输出功率 P_{omax} 和低频截止频率 f_L 是否满足设计要求。

（2）主要技术指标。

① 扬声器作为负载，$R_L = 8\,\Omega$。

② 最大不失真输出功率：$P_{omax} \geqslant 500\ \text{mW}$。

③ 低频截止频率：$f_L \leqslant 80\ \text{Hz}$。

④ 集成功放的选择：LM384 或 LA4100。

（3）项目仪器、设备。

信号发生器，双踪示波器，直流稳压电源，万用表，交流毫伏表，焊接工具，设计电路所需的元器件，电路仿真软件等。

3）设计提示

如图 6.34 所示为 OTL 互补对称功率放大器的实验电路。图中晶体管 T1 组成推动级（也称前置放大级），T2、T3 是一对参数对称的 NPN 型和 PNP 型晶体三极管，它们组成互补推挽 OTL 功放电路。由于每一个管子都接成射极输出器的形式，因此具有输出电阻低、带负载能力强等优点，适合于作功率输出级。

如图 6.35 所示为集成功率放大器的管脚图，其中 14 脚为电源 V_{CC}，3、4、5、7、10、11、12 为接地端，2 和 6 端为输入端，一般 2 脚接地，8 脚为输出端，1 端接旁路电容，9 和 13 脚置空。

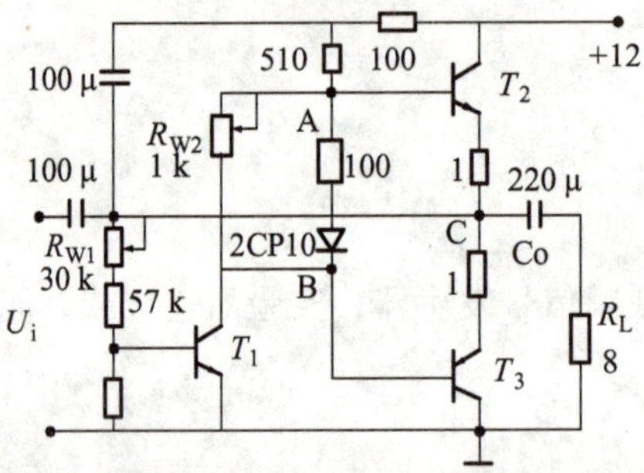

图 6.34　OTL 互补对称功率放大器

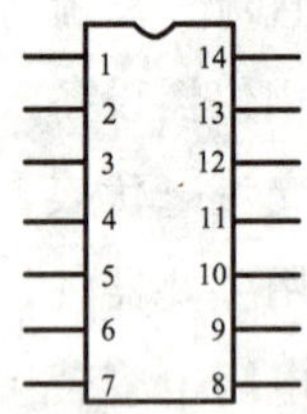

图 6.35　LM384 的管脚图

典型的功率放大电路如图 6.36 所示，输入端滑动变阻器起到音量调节作用，上下两个电容作为电源滤波电容，外接 0.1 μF 的低通电容，主要是用来去除高频噪声，输出端耦合一个电解电容，体现了这个电路为 OTL 电路。

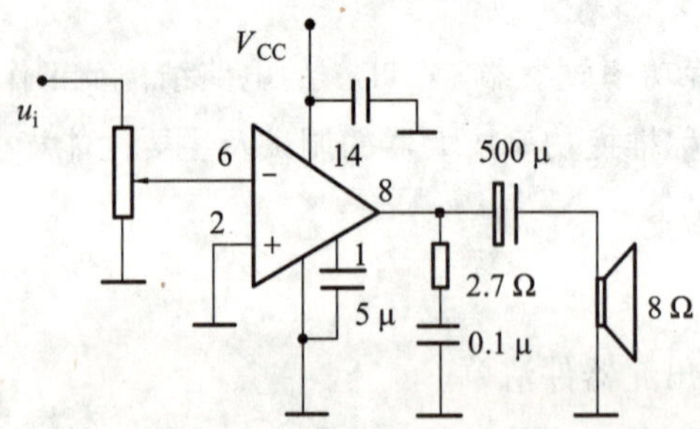

图 6.36　典型功率放大电路图

4）项目预习要求

（1）复习有关 OTL 功率放大器的工作原理，并根据实验电路参数计算各项性能指标的理论值。

（2）复习有关交越失真产生的原因及消除方法。

3．*RC* 正弦波振荡器设计

1）设计目的

（1）进一步理解用集成运放构成的正弦波发生器的工作原理。

（2）学习振荡器的调整和主要性能指标的测试方法。

2）设计技术指标与要求

（1）设计要求。

可以产生正弦波，频率范围为 10 Hz ~ 100 kHz，输出电压可调，带载能力强，波形尽量不失真。设计完成后可以利用示波器测量出其输出频率的上限和下限，还可以进一步测出其输出电压的范围。

（2）项目仪器、设备。

信号发生器，双踪示波器，直流稳压电源，万用表，交流毫伏表，焊接工具，设计电路所需的元器件，电路仿真软件等。

3）设计提示

如图 6.37 所示为 *RC* 桥式正弦波振荡器。其中 *RC* 串、并联电路构成正反馈支路，同时兼作选频网络，R_1、R_2、R_W 及二极管等元件构成负反馈和稳幅环节。调节电位器 R_W，可以改变负反馈深度，以满足振荡的振幅条件和改善波形。利用两个反向并联二极管 D_1、D_2 正向电阻的非线性特性来实现稳幅。电路的振荡频率：$f_0=\dfrac{1}{2\pi RC}$

起振的幅值条件：$A_f=1+\dfrac{R_f}{R_1}\geqslant 3$

式中，$R_f=R_W+R_2+(R_3 // r_D)$，r_D 为二极管正向导通电阻。

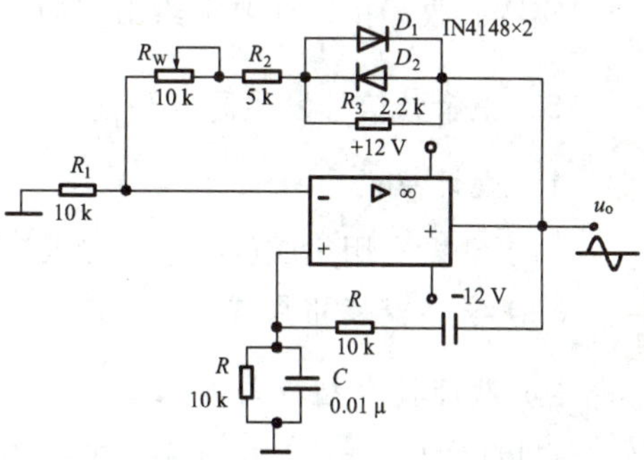

图 6.37　*RC* 桥式正弦波振荡器

4）项目预习要求

（1）复习 *RC* 振荡器的有关内容，特别是 *RC* 并联选频网络振荡器的结构与工作原理。

（2）掌握振荡器起振的条件，学习利用实验的方法调试振荡器，测量振荡电路的振荡频率。

4．简易恒流源的设计与制作

1）设计目的

（1）掌握恒流源电路的设计方法；

（2）学会电路的安装、调试方法。

2）设计技术指标与要求

（1）设计要求。

① 用分立元件设计电路；

② 有一定的输出能力；

③ 用一二个晶体管实现；

④ 自定电源电压。

（2）技术指标。

① 输出电压：0 ~ 8 V；

② 恒流输出：10 mA；

③ 负载电阻从 0 ~ 750 Ω 输变化时输出电流变化不大于 10%；

3）设计提示

（1）方案提示。

利用三极管 $I_C = \beta I_B \approx I_E$，固定 I_B，使 I_C 恒定。

（2）设计用仪器设备。

示波器，数字万用表，低频信号发生器，实验面包板或万能板。

（3）设计用主要器件。

三极管、电阻电容若干。

4）验收要求

实物验收，按设计要求给出实物分数。

5．正余弦信号发生器电路设计

1）设计目的

（1）掌握利用集成放大电路 OP07 实现正余弦信号发生器的方法。

（2）学会安装和调试分立元件与集成电路组成的多级电子电路小系统。

2）设计技术指标与要求

可以同时产生正弦波和余弦波，频率范围为 10 Hz ~ 100 kHz，输出电压可调，带载能力强，波形尽量不失真。设计完成后可以利用示波器测量出其输出频率的上限和下限，还可以进一步测出其输出电压的范围。

3）设计提示

（1）方案提示。

① 选用 OP07CP 完成设计；

② 也可以选用其他方案（自选型号）；

③ 参考原理如图 6.38 所示。

（2）设计用仪器设备。

数字万用表，电源，低频信号发生器，实验面包板或万能板，示波器。

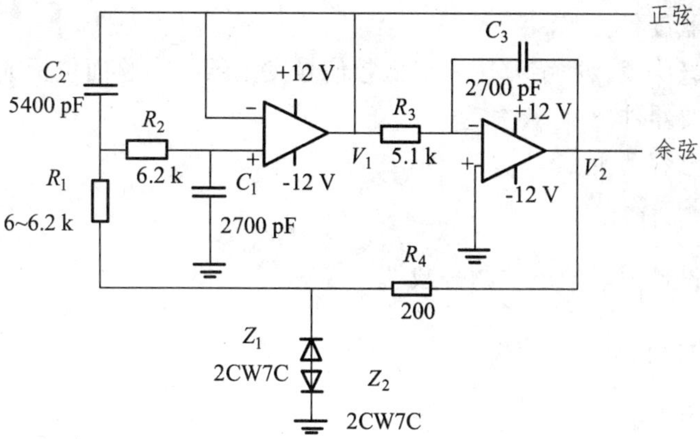

图 6.38　正余弦信号产生电路图

（3）设计用主要器件。

OP07 一片，电阻电容若干。

4）验收要求

实物验收，按设计要求给出实物分数。

6．低输入阻抗放大电路设计与制作

1）设计目的

（1）掌握放大电路交、直流电路的设计方法；

（2）掌握元件参数对放大电路的影响；

（3）学会电路的安装、调试方法。

2）设计技术指标与要求

（1）设计要求。

① 用分立元件设计电路；

② 有一定的放大倍数和通频带；

③ 输入阻抗、输出阻抗、放大倍数要准确；

④ 自定电源电压；

⑤ 用一级放大电路实现。

（2）技术指标。

① 通频带优于：100 Hz ~ 10 kHz；

② 电压放大倍数：10；

③ 输入阻抗：小于 100 Ω；

④ 输出阻抗：2 kΩ；

⑤ 最大输出电压：空载时不小于 2.5 V。

3）设计提示

（1）方案提示。

用晶体管直流、交流等效电路分析、设计电路。

（2）设计用仪器设备。

示波器，交流毫伏表，数字万用表，低频信号发生器，实验面包板或万能板。

（3）设计用主要器件。

三极管、电阻电容若干。

4）验收要求

实物验收，按设计要求给出实物分数。

7．窗比较器电路设计

1）设计目的

（1）掌握利用集成放大电路 OP07 实现信号极性转换窗比较器的方法。

（2）学会安装和调试分立元件与集成电路组成的多级电子电路小系统。

2）设计技术指标与要求

（1）设计要求。

设计一个窗比较器电路，当输入信号超出某一个预设的电压范围时发光报警。

（2）技术指标。

电路的输出驱动发光二极管。当输入信号介于下参考电压和上参考电压之间时，输出电压为零，不发光；当输入信号小于下参考电压或大于上参考电压时，输出电压等于运放的饱和输出电压，电路发光报警。

3）设计提示

（1）方案提示。

① 选用 OP07CP 完成设计；

② 也可以选用其他方案（自选型号）；

③ 参考原理如图 6.39 所示。

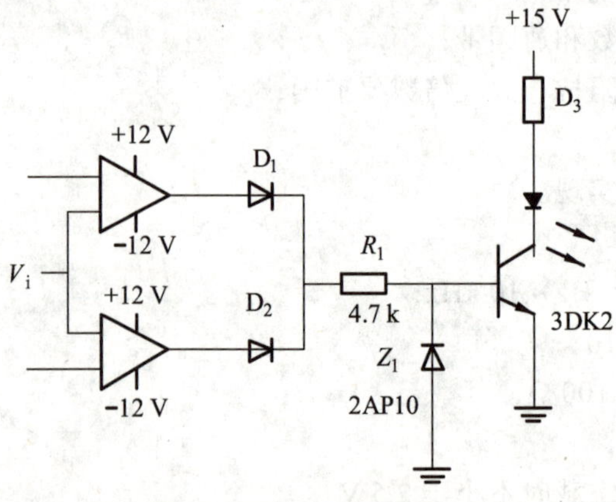

图 6.39 窗比较器电路图

（2）设计用仪器设备。

数字万用表，电源，低频信号发生器，实验面包板或万能板，示波器。

（3）设计用主要器件。

OP07 一片，电阻电容若干。

4）验收要求

实物验收，按设计要求给出实物分数。

8．高通滤波器电路设计

1）设计目的

（1）掌握综合使用仿真工具和电子元件实现模拟滤波器的方法。

（2）学会安装和调试分立元件与集成电路组成的多级电子电路小系统。

2）设计技术指标与要求

（1）设计要求。

设计一个二阶有源高通滤波器。首先用 Mutisim 仿真得出电路结构和参数，然后选择合适的元件予以实现，最后测量并汇出滤波器的幅频特性曲线。

（2）技术指标

设计高通滤波器，阻带截止频率 0.6 kHz，通带起始频率 1.5 kHz，通带最大衰减 – 1 dB，阻带最小衰减 – 25 dB。

3）设计提示

（1）方案提示。

① 选用 OP07CP 完成设计；

② 也可以选用其他方案（自选型号）；

③ 在 Multisim 中使用 Filter Wizard 工具（Tools 菜单→Circuit Wizard→Filter Wizard），参考设置如图 6.40 所示。

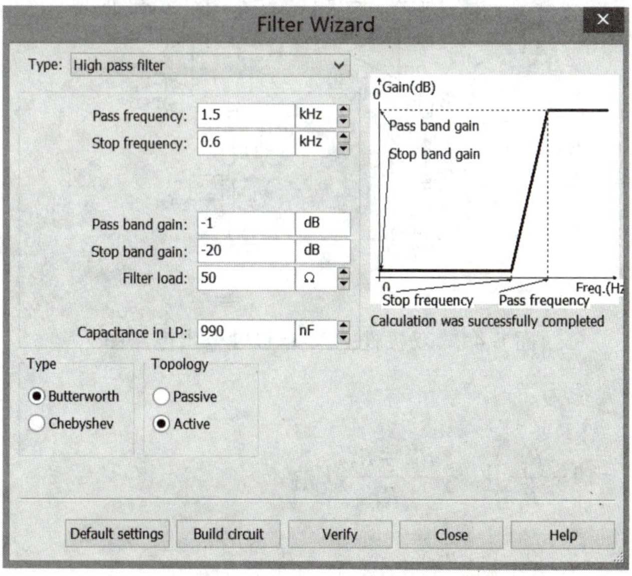

图 6.40　使用 Filter Wizard 设计滤波器

（2）设计用仪器设备。

数字万用表，电源，低频信号发生器，实验面包板或万能板，示波器。

（3）设计用主要器件。

OP07 两片，电阻电容若干。

4）验收要求

实物验收，按设计要求给出实物分数。

9．信号极性转换电路设计

1）设计目的

（1）掌握利用集成放大电路 OP07 实现信号极性转换的方法。

（2）学会安装和调试分立元件与集成电路组成的多级电子电路小系统。

2）设计技术指标与要求

（1）设计要求。

设计一个将双极性信号转换成单极性信号的电路。

（2）技术指标。

输入双极性信号 -10～+10 V，转换后的输出信号为 0～+5 V。

3）设计提示

（1）方案提示。

① 选用 OP07CP 完成设计；

② 也可以选用其他方案（自选型号）；

③ 参考原理如图 6.41 所示。

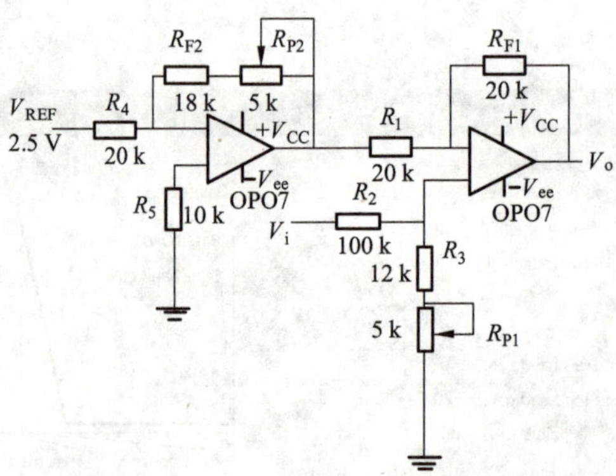

图 6.41 双极性输入-单极性输出电路图

电路输出与输入关系为：

$$V_o=\left(1+\frac{R_{F1}}{R_1}\right)V_{P1}-\frac{R_{F2}+R_{P2}}{R_4}V_{REF}$$

$$=\left(1+\frac{R_{F1}}{R_1}\right)\frac{R_3+R_{P1}}{R_2+R_3+R_{P2}}V_i-\frac{R_{F2}+R_{P2}}{R_4}V_{REF}$$

（2）设计用仪器设备。

数字万用表，电源，低频信号发生器，实验面包板或万能板，示波器。

（3）设计用主要器件。

OP07 一片，电阻电容若干。

4）验收要求

实物验收，按设计要求给出实物分数。

10．最大值选取电路

1）设计目的

（1）掌握最大值选取电路的工作原理及设计方法。

（2）学会安装和调试分立元件与集成电路组成的多级电子电路小系统。

2）设计技术指标与要求

（1）设计要求。

① 设计一个至少两路输入的比较器，比较器选取最大输入值输出。

② 拟定测试方案和设计步骤。

③ 根据性能指标，计算元件参数，选好元件，设计电路并画出电路图。

④ 在面包板上、万能板或 PCB 板上安装电路。

⑤ 撰写设计报告。

（2）技术指标。

输入动态 0.5 V　带宽 1 kHz。

3）设计提示

（1）方案提示。

① 选用运放放大器提高精度。

② 也可以选用其他方案（自选型号）。

③ 参考原理如图 6.42 所示。

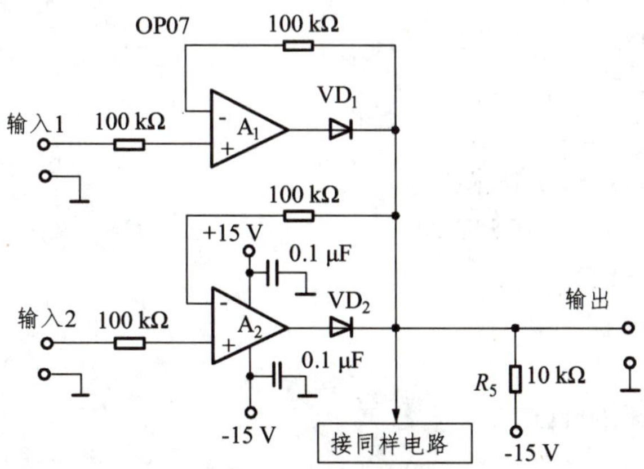

图 6.42　原理图

（2）设计用仪器设备。

数字万用表，低频信号发生器，示波器，电源，实验面包板或万能板。

（3）设计用主要器件。

① OP07 两片；② 电阻电容若干。

4）验收要求

实物验收，按设计要求给出实物分数。

11．对讲机放大电路设计

1）设计目的

（1）掌握对讲机放大电路的工作原理及设计方法。

（2）学会安装和调试分立元件与集成电路组成的多级电子电路小系统。

2）设计技术指标与要求

（1）设计要求。

① 画出电路原理图（或仿真电路图）；
② 元器件及参数选择；
③ 电路仿真与调试；
④ PCB 文件生成与打印输出；
⑤ 实验室自行装配和调试；
⑥ 编写设计报告，包括设计与制作的全过程，附上有关资料和图纸，有心得体会；
⑦ 答辩，在规定时间内完成叙述并回答问题。

（2）技术指标。

① 前置放大级技术指标。
a. 电压放大倍数：$A_v = 100$；
b. 最大输出电压 $V_o = 1\ \text{V}$；
c. 频率响应：30 Hz ~ 30 kHz；
d. 输入电阻：$r_i > 15\ \text{k}\Omega$；
e. 失真度：$\gamma < 10\%$；
f. 负载电阻：$R_L = 2\ \text{k}\Omega$；
g. 电源电压：$V_{CC} = 12\ \text{V}$。

② 功率放大器（输出级）技术指标。
a. 最大输出功率：$R_{om} \geqslant 0.25\ \text{W}$；
b. 负载电阻：$R_L = 8\ \Omega$；
c. 失真度：$\gamma \leqslant 5\%$；
d. 效率：$\eta \geqslant 50\%$；
e. 输入阻抗：$R_i \geqslant 100\ \text{k}\Omega$。

3）设计提示

（1）确定前置放大级电路方案的几个方面。

① 根据总的电压放大倍数，确定放大电路的级数，实际电路中，为使放大电路的性能稳定，都引入一定深度的负反馈，所以，放大倍数应留有一定余量。

② 根据输入、输出阻抗及频率响应等方面的要求，确定晶体管的组态（共射、共基、共集）及静态偏置电路。

③ 根据三种耦合方式（阻容耦合、变压器耦合、直接耦合）的不同特点，选用适当的耦合方式。

前置放大级原理如图 6.43 所示。

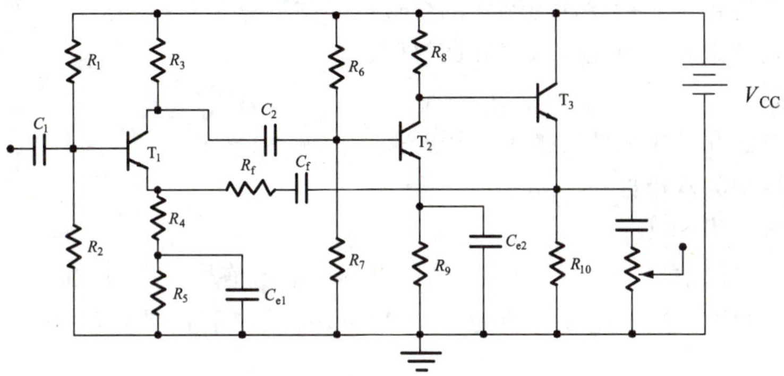

图 6.43　前置放大级原理图

（2）确定功率放大器电路方案。

功放输出级原理如图 6.44 所示。

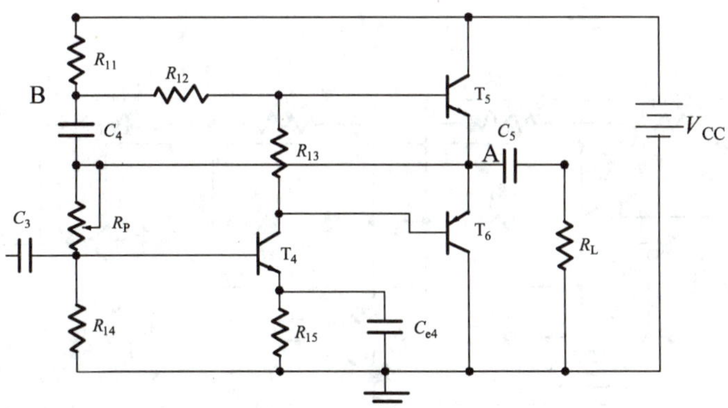

图 6.44　功放输出级原理图

4）验收要求

实物验收，按设计要求给出实物分数。

12．函数信号发生器

1）设计目的

（1）掌握函数发生器的工作原理及设计方法。

（2）学会安装和调试分立元件与集成电路组成的多级电子电路小系统。

2）设计技术指标与要求

（1）设计要求。

① 画出电路原理图（或仿真电路图）；

② 元器件及参数选择；

③ 电路仿真与调试；

④ PCB 文件生成与打印输出；

⑤ 实验室自行装配和调试；

⑥ 编写设计报告，包括设计与制作的全过程，附上有关资料和图纸，有心得体会。

⑦ 答辩，在规定时间内完成叙述并回答问题。

（2）技术指标。

① 输出为方波和三角波两种波形，用开关切换输出；

② 输出电压均为双极性；

③ 输出阻抗均为 50 Ω；

④ 输出为方波时输出电压峰值为 0 ~ 5 V 可调，输出信号频率为 200 Hz ~ 2 kHz 可调。

⑤ 输出为三角波时输出电压峰值为 0 ~ 5 V 可调，输出信号频率为 200 Hz ~ 2 kHz 可调。

3）设计提示

（1）方波发生器原理图。

方波发生器原理电路如图 6.45 所示，在方波信号发生器电路的基础上增加了一级放大器，目的是为了实现输出电压可调和输出阻抗为 50 Ω。

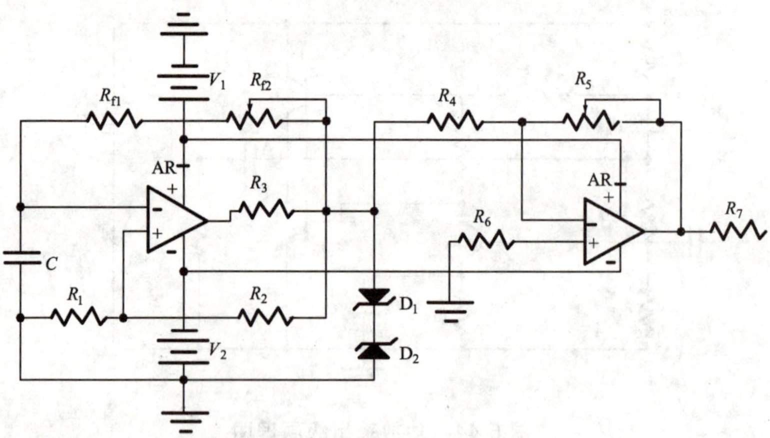

图 6.45 方波发生器原理图

（2）三角波发生器原理图。

三角波发生器原理电路如图 6.46 所示，在三角波信号发生器电路的基础上增加了一级放大器，目的是为了实现输出电压可调和输出阻抗为 50 Ω。

4）验收要求

实物验收，按设计要求给出实物分数。

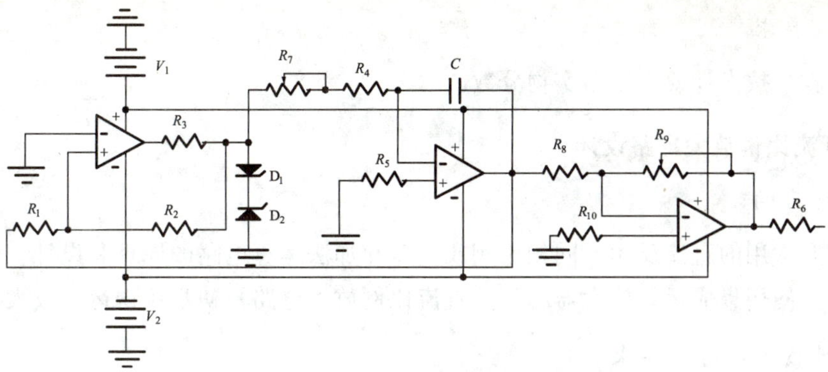

图 6.46　三角波发生器原理图

13．迟滞比较器与窗口比较器

1）设计目的

（1）掌握正反馈电路的原理和迟滞比较器的设计。

（2）掌握窗口比较器的工作原理和设计。

2）设计技术指标与要求

（1）制作要求。

① 运算放大器的芯片可以任选，以低成本芯片实现功能最佳；

② 设计和制作一个迟滞比较器，使其能稳幅输出的方波，$f = 1\ \text{kHz}$，$V_o = \pm 5\ \text{V}$，触发电压迟滞区间为 1 V；

③ 设计和制作一个窗口比较器，当输入电压为正负 3 V 区间内时，比较器输出低电平，反之输出高电平。

（2）制作步骤。

① 拟定测试方案和设计步骤；

② 根据性能指标，计算元件参数，选好元件，设计电路并画出电路图；

③ 在面包板上或万能板或 PCB 板上安装电路；

④ 撰写设计报告。

3）设计提示

（1）方案提示。

① 测试的输入信号可以由信号发生器产生，正弦波 $f = 1\ \text{kHz}$，幅度可调；

② 测试的输出信号由示波器测试；

③ 迟滞比较器的反馈电路中电阻阻值需要经过计算确定；

④ 窗口比较器一般由两个运算放大器构成；

⑤ 参考原理图（略，可自选其他方案或自己设计的方案）。

（2）设计用仪器设备。

示波器，函数信号发生器，数字万用表，直流稳压电源，实验面包板或万能板。

（3）设计用主要器件。

LM324（1 片）、二极管、电阻电容若干。

4）验收要求

实物验收，按设计要求给出实物分数。

14．直流比例放大电路设计

1）设计目的

（1）掌握常用的直流反相、同相比例放大器和加法运算电路的原理和设计；

（2）学会使用集成运算放大器芯片的直流比例放大电路，初步认识运算放大器电路。

2）设计技术指标与要求

（1）制作要求。

① 使用廉价的LM324芯片中的其中一个运算放大器，设计和制作一个直流反相比例放大器，自设放大倍数。

② 使用LM324芯片中的其中一个运算放大器，设计和制作一个直流同相比例放大器，自设放大倍数。

③ 使用LM324芯片中剩余的两个运算放大器，设计和制作一个加法电路，实现运算$V_o = 3V_{in3} - V_{in1} - V_{in2}$。

（2）制作步骤。

① 拟定测试方案和设计步骤；

② 根据性能指标，计算元件参数，选好元件，设计电路并画出电路图；

③ 在面包板上或万能板或PCB板上安装电路；

④ 撰写设计报告。

3）设计提示

（1）方案提示。

① 加法电路可以这样设计：首先使用一个运算放大器制作出一个反相加法器，实现运算$V_o = -(V_{in1} + V_{in2})$；然使用另一个运算放大器制作出一个比例放大器，放大倍数$A = -3$；最后将反相比例放大器与反相加法器相连，实现运算$V_o = 3V_{in3} - V_{in1} - V_{in2}$。

② 运算放大器的精度与电阻的误差有关，可先测量电阻值选最接近的使用。

③ 运算放大器的输入由电源和分压二极管分压得到,使用电阻分压时尽量选择阻值较小的电阻。

④ 参考原理图（略，可自选其他方案或自己设计的方案）。

（2）设计用仪器设备。

数字万用表，直流稳压电源，实验面包板或万能板。

（3）设计用主要器件。

LM324（1片）、二极管、电阻电容若干；

4）验收要求

实物验收，按设计要求给出实物分数。

15. 方波发生器与三角波发生器

1）设计目的

（1）掌握方波发生器电路的原理和设计。

（2）掌握三角波发生器的工作原理和设计。

2）设计技术指标与要求

（1）制作要求。

① 设计和制作一个方波三角波发生器，其中方波的频率为 1 kHz，幅度为 ± 5 V；

② 通过修改电路和元件参数，方波三角波发生器改装成矩形波锯齿波发生器。

（2）制作步骤。

① 拟定测试方案和设计步骤；

② 根据性能指标，计算元件参数，选好元件，设计电路并画出电路图；

③ 在面包板上或万能板或 PCB 板上安装电路；

④ 撰写设计报告。

3）设计提示

（1）方案提示。

① 运算放大器的芯片使用高速运放芯片最佳，亦可以使用通用运放；

② 参考原理图（略，可自选其他方案或自己设计的方案）。

（2）设计用仪器设备。

示波器，数字万用表，直流稳压电源，实验面包板或万能板。

（3）设计用主要器件。

LM324（1 片）、二极管、电阻电容若干；

4）验收要求

实物验收，按设计要求给出实物分数。

16. 简单的开关稳压电源

1）设计目的

（1）掌握常用 DC-DC 开关稳压电源的工作原理及设计方法。

（2）学会制作和调试采用集成开关电源稳压芯片的稳压电源电路。

2）设计技术指标与要求

（1）制作要求。

① 设计一个基于开关电源芯片 MC34063 的升压电路，其中输入电源电压为 12 V，输出电压 24 V；

② 设计一个基于开关电源芯片 MC34063 的降压电路，其中输入电源电压为 12 V，输出电压为 5 V 或 3.3 V；

③ 设计一个基于开关电源芯片 MC34063 的负压电路，其中输入电源电压为 12 V，输出电压 – 12 V；

④ 电源的输入端和输出端都要有带电显示功能（发光二极管）；
⑤ 三个电源电路分别独立，但是可以做到一块电路板中。
（2）制作步骤。
① 拟定测试方案和设计步骤；
② 根据性能指标，计算元件参数，选好元件，设计电路并画出电路图；
③ 在面包板上或万能板或 PCB 板上安装电路；
④ 撰写设计报告。

3）设计提示

（1）方案提示。
① 在电路中功率电阻的功率可以大些。
② 电容器和电感器根据相关的公式计算后选用，也可按经验值选择。
③ 参考原理图（略，可自选其他方案或自己设计的方案）。
（2）设计用仪器设备。
数字万用表，直流稳压电源，实验面包板或万能板。
（3）设计用主要器件。
MC34063（3 片）、电解电容、功率电感器、功率电阻、发光二极管、电阻电容若干。

4）验收要求

实物验收，按设计要求给出实物分数。

17．简易的仪表放大器设计与制作

1）设计目的

掌握高增益仪表放大器电路的原理和设计。

2）设计技术指标与要求

（1）制作要求。
① 运算放大器的芯片可以任选，以低成本芯片实现功能最佳；
② 仪表放大器的放大倍数，即增益应当达到 40 dB 左右；
③ 实现仪表放大器的增益线性可调功能。
（2）制作步骤。
① 拟定测试方案和设计步骤；
② 根据性能指标，计算元件参数，选好元件，设计电路并画出电路图；
③ 在面包板上或万能板或 PCB 板上安装电路；
④ 撰写设计报告。

3）设计提示

（1）方案提示。
① 使用 LM324 芯片虽然在性能上稍差，但是电路可以制作得相对简单一些。
② 增益线性可调功能可以使用精密电位器实现。

③ 测试用信号由波形发生器产生，正弦波 $f=1\,\text{kHz}$，幅度可调。

④ 电路电源可以使用实验室的直流稳压电源。

⑤ 参考原理图（略，可自选其他方案或自己设计的方案）。

（2）设计用仪器设备。

示波器，数字万用表，直流稳压电源，实验面包板或万能板。

（3）设计用主要器件。

LM324（1片）、电位器（1个）二极管、电阻电容若干。

4）验收要求

实物验收，按设计要求给出实物分数。

18. 使用运算放大器设计和制作压控振荡器

1）设计目的

（1）掌握压控振荡器的工作原理。

（2）学会使用运算放大器设计和制作压控振荡器电路。

2）设计技术指标与要求

（1）制作要求。

使用通用运算放大器设计一个压控三角波-方波发生器，控制电压为 0 ~ 1 V，振荡频率为 0 ~ 1 kHz，方波输出峰值为 ± 12 V 或 ± 5 V。

（2）制作步骤。

① 拟定测试方案和设计步骤；

② 根据性能指标，计算元件参数，选好元件，设计电路并画出电路图；

③ 在面包板上或万能板或 PCB 板上安装电路；

④ 撰写设计报告。

3）设计提示

（1）方案提示。

① 本电路对信号频率较低，可以使用通用运放芯片制作；

② 控制电压使用电位器分压得到，注意阻值选取不能过大；

③ 稳定幅度可选用双向稳压管；

④ 参考原理图（略，可自选其他方案或自己设计的方案）。

（2）设计用仪器设备。

示波器，数字万用表，直流稳压电源，实验面包板或万能板。

（3）设计用主要器件。

LM324（1片）、双向稳压管，三极管，双向稳压管，电阻电容若干。

4）验收要求

实物验收，按设计要求给出实物分数。

6.3.2 综合设计题库

1．基于运放的信号发生器设计

1）设计目的

（1）掌握信号发生器的工作原理及设计方法。

（2）学会安装和调试分立元件与集成电路组成的多级电子电路小系统。

2）设计技术指标与要求

（1）用使用集成运算放大器制作正弦波发生器，在没有外加输入信号的情况下，依靠电路自激振荡而产生正弦波输出电路。经过同频变换可以产生方波、三角波信号。

（2）采用经典振荡电路，产生正弦信号，频率范围 100 Hz ~ 100 kHz。

（3）双电源供电。

（4）信号经过放大、驱动电路，可在 1 kΩ 负载条件下：正弦波最大峰-峰值 3 V，幅值可调，谐波失真小于 3%。

（5）拟定测试方案和设计步骤；

（6）根据性能指标，计算元件参数，选好元件，设计电路并画出电路图；

（7）在面包板上或万能板或 PCB 板上安装电路；

（8）撰写设计报告。

3）设计提示

（1）方案提示。

① 使用运算放大器 LM324，组成由基本放大电路，选频网络，正反馈网络构成的经典振荡电路，产生自激振荡的正弦波。使用同轴电位器，对信号的频率范围进行调节，使其在 100 Hz ~ 100 kHz 时可产生幅值不变的正弦波。

② 也可以选用其他方案（自选型号）。

③ 参考原理图如图 6.47 所示。

（2）设计用仪器设备。

数字万用表，低频信号发生器，实验面包板或万能板。

（3）设计用主要器件。

LM324（1 片）、74LS00（1 片）、74LS04（1 片）、74LS160（5 片）、NE555（1 片）、9013（1 片）、IN4007（2 片）、50 同轴电位器（1 片）、10 k 的电位器（3 片）、50 k 的电位器（2 片）、20 k 电位器（2 片）、电容若干、电阻若干。

4）验收要求

实物验收，按设计要求给出实物分数。

2．*RC* 高通滤波器

1）设计目的

（1）掌握高通滤波器的工作原理、设计和安装方法；

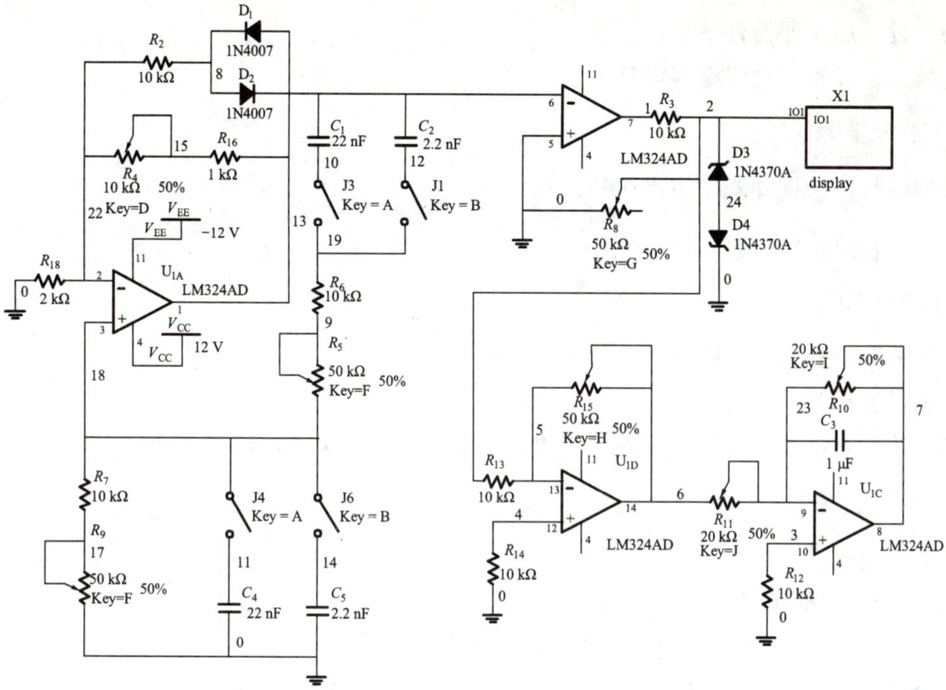

图 6.47　整体电路图

（2）研究电路参数对高通滤波器特性的影响；
（3）熟悉高通滤波器的主要技术指标和测试方法。

2）设计技术指标与要求

（1）设计要求。
① 通带内有一定的增益；
② 截止频率；
③ 拟定测试方案和设计步骤；
④ 根据性能指标设计电路，计算元件参数，通过仿真软件验证选好元件，并画出电路图；
⑤ 在面包板上、万能板或 PCB 板上安装电路；
⑥ 撰写设计报告。
（2）技术指标。
① 截止频率：100 Hz；
② 放大倍数大于 10 倍。

3）设计提示

（1）方案提示。
① 可以用集成运算放大器和 *RC* 组成高通滤波器；
② 也可用分立元件构成高通滤波器。
（2）设计用仪器设备。
示波器，交流毫伏表，数字万用表，低频信号发生器，实验面包板或万能板。

（3）设计用主要器件。

运放、三极管、电阻电容电感若干。

4）验收要求

实物验收，按设计要求给出实物分数。

3．语音滤波器的设计

1）设计目的

（1）掌握语音滤波器的设计方法和测试技术；

（2）了解相关器件的工作原理和应用；

（3）学会安装和调试分立元件与集成电路组成的多级电子电路小系统。

2）设计技术指标与要求

（1）设计要求。

① 设计一个能满足要求的二阶有源滤波电路；

② 要求绘出原理图，并用 Protel 画出印制板图；

③ 根据设计要求和技术指标设计好电路，选好元件及参数；

④ 在万能板、面包板或 PCB 板上安装好电路并调试；

⑤ 测量滤波器的性能参数：截止频率、带内增益 A_V 和阻带衰减速率；

⑥ 用 EWB 对电路仿真，并打印出幅频特性和相频特性曲线。

（2）技术指标。

截止频率 $f_H = 2\,000$ Hz， $f_L = 200$ Hz， $A_V = 4$，阻带衰减速率为 -40 dB/10 倍频。

（3）扩展要求。

① 能驱动额定功率 $P \geqslant 8$ W 的扬声器；

② 电路电压放大级输出阻抗低，能带 500 Ω 负载。

3）设计提示

（1）方案提示。

① 电路可采用一级二阶低通与一级二阶高通滤波电路级联；

② 电路根据二阶滤波器（巴特沃斯响应）设计表设计，采用压控电压源电路；

③ 在测试过程中，若某项指标偏差较大，则应根据设计表调整修改相应元件的值。

（2）设计用仪器设备。

示波器、交流毫伏表、万用表、低频信号发生器、实验面包板或万能板、智能电工实验台。

（3）设计用主要器件。

741 两块、电阻电容若干。

4）验收要求

实物验收，按设计要求给出实物分数。

4．*RC* 低通滤波器

1）设计目的

① 掌握低通滤波器的工作原理、设计和安装方法；

② 研究电路参数对低通滤波器特性的影响；

③ 熟悉低通滤波器的主要技术指标和测试方法。

2）设计技术指标与要求

（1）设计要求。

① 通带内有一定的增益；

② 截止频率 2 000 Hz；

③ 拟定测试方案和设计步骤；

④ 根据性能指标设计电路，计算元件参数，通过仿真软件验证，选好元件，并画出电路图；

⑤ 在面包板上、万能板或 PCB 板上安装电路；

⑥ 撰写设计报告。

（2）技术指标。

① 截止频率：2 000 Hz；

② 放大倍数大于 10 倍。

3）设计提示

（1）方案提示。

① 可以用集成运算放大器和 *RC* 组成低通滤波器；

② 也可用分立元件构成低通滤波器。

（2）设计用仪器设备。

示波器，交流毫伏表，数字万用表，低频信号发生器，实验面包板或万能板。

（3）设计用主要器件。

运放、三极管、电阻电容电感若干。

4）验收要求

实物验收，按设计要求给出实物分数。

5．前置放大器的设计与应用

1）设计目的

（1）理解前置放大器的相关概念，理解差模信号与共模信号，了解当前最新的一些前置放大器 IC 的类别及主要指标和特性，学习前置放大器的设计技巧。

（2）实际进行差分信号产生、测试；用单运放构成仪表放大器，并进行性能测试。

（3）利用前置放大器 IC 进行设计、测试与应用。

（4）了解阻抗匹配、偏置电路设计及共模信号抑制的常用方法。

2）设计技术指标与要求

（1）设计要求。

① 根据技术指标设计电路方案，运用 multisim 软件进行仿真，并选取放大电路的各元件参数；

② 静态测试：调零和消除自激振荡；

③ 测量放大电路的主要性能指标，并与理论计算值比较；

④ 制版或用万能板（面包板）搭出实际电路并测试。

（2）技术指标。

差模电压增益：$|A_{vd}|=50$；

差模输入电阻：$R_{id}>20\ \text{k}\Omega$；

共模抑制比 $K_{\text{CMR}}>200$；

通频带：$BW>30\ \text{kHz}$；

已知条件如下：信号源内阻：$R_{\text{S}}=10\ \text{k}\Omega$；负载电阻 $R_{\text{L}}=\infty$；

共模电压输入范围：$V_{\text{ICM}}\leqslant\pm9\ \text{V}$。

3）设计提示

（1）双运放差分放大电路。

① 电路工作原理。

如图 6.48 所示为两个同相放大电路的简单串联组合电路，也称为同相串联差分放大电路。该放大电路的输出电压（不考虑可调电阻）为：

$$v_{\text{o}}=\left(1-\frac{R_2\cdot R_4}{R_1\cdot R_3}\right)v_{\text{IC}}+\frac{1}{2}\left(1+\frac{2R_4}{R_3}+\frac{R_2\cdot R_4}{R_1\cdot R_3}\right)v_{\text{Id}}$$

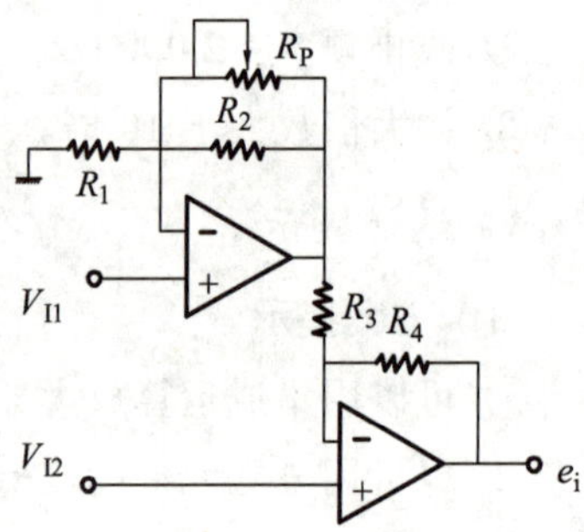

图 6.48 同相串联差分放大电路图

显然，若满足 $\frac{R_4}{R_3}=\frac{R_1}{R_2}$ 的匹配条件，上式第一项为 0，即共模输出电压为 0。闭环差模电压增益为：$A_{vd}=1+\frac{R_1}{R_2}$。

② 参数确定。

电阻可由匹配条件 $\frac{R_4}{R_3}=\frac{R_1}{R_2}$ 确定，一般为 kΩ 级，可调电阻通常选择 30 ~ 50 kΩ 的可调电阻。

（2）设计用仪器设备。

低频信号发生器，实验面包板或万能板、示波器。

（3）设计用主要器件。

集成运放（LM741 或 LM324）、电阻若干，可调电位器 30 ~ 50 kΩ。

4）验收要求

（1）实物验收，按设计要求给出实物分数。

（2）测量放大器的实际性能指标。

① 差模电压增益 A_{vd}：两端输入 500 Hz，200 mV（有效值）的正弦信号，测量输出电压，观测与记录输出与输入电压的波形（幅度和相位关系），算出差模电压增益，与理论值比较。

② 共模电压增益 A_{vc}：两输入端并接，加共模电压 500 Hz、1 V（有效值）的正弦信号，测量输出电压，算出共模增益。

③ 算出共模抑制比，分析是否满足设计要求。

④ 测量幅频响应，算出通频带。

⑤ 测量差模输入电阻（找到高输入电阻测量方法）。

6．声控路灯设计与制作

1）设计目的

（1）掌握声控路灯的设计方法；

（2）掌握声控路灯主要参数与测试技术；

（3）学会安装、调试电路，会排除电路故障。

2）设计技术指标与要求

（1）设计要求。

① 夜间有声音时触发灯亮，灯亮后延时一段时间灯灭。

② 灯可用发光二极管代替；

③ 驻极电容话筒输入；

④ 根据性能指标，计算元件参数，选好元件，设计电路并画出电路图；

⑤ 在面包板上或万能板或 PCB 板上安装电路；

⑥ 撰写设计报告。

（2）技术指标。

① 拍手掌时能触发灯亮；

② 灯亮后延时 1 分钟；

③ 工作电压、灯的类型可任选。

3）设计提示

（1）方案提示。

① 可用集成电路或分立元件实现；

② 也可用成品电路抄板再设计实现。

（2）设计用仪器设备。

示波器，交流毫伏表，数字万用表，低频信号发生器，实验面包板或万能板。

（3）设计用主要器件。

集成运放、三极管、电阻电容若干。

4）验收要求

实物验收，按设计要求给出实物分数。

7．带通滤波器设计与制作

1）设计目的

（1）掌握带通滤波器的工作原理、设计和安装方法。

（2）研究电路参数对带通滤波器特性的影响。

（3）熟悉带通滤波器的主要技术指标和测试方法。

2）设计技术指标与要求

（1）设计要求。

① 中心频率有一定的增益；

② 有一定的 Q 值；

③ 拟定测试方案和设计步骤；

④ 根据性能指标，设计电路，计算元件参数，通过仿真软件验证，选好元件，并画出电路图；

⑤ 在面包板、万能板或 PCB 板上安装电路；

⑥ 撰写设计报告。

（2）技术指标。

① 中心频率：38 kHz，精度优于 5%；

② Q = 10；

③ 放大倍数大于 10 倍。

3）设计提示

（1）方案提示。

① 可以用集成运算放大器和 *RC* 组成有源带通滤波器；

② 也可用 *LC* 谐振电路构成带通滤波器。

（2）设计用仪器设备。

示波器，交流毫伏表，数字万用表，低频信号发生器，实验面包板或万能板。

（3）设计用主要器件。

运放、三极管、电阻电容电感若干。

4）验收要求

实物验收，按设计要求给出实物分数。

8．水温测量仪

1）设计目的

（1）通过对温度测量电路的设计、安装和调试了解温度传感器的性能，学会在实际电路中应用；

（2）进一步熟悉集成运放的线性和非线性应用；

（3）学会安装和调试分立元件与集成电路组成的多级电子电路小系统。

2）设计技术指标与要求

（1）设计要求。

① 设计一个能满足要求的温度测量及报警电路；

② 要求绘出原理图，并用 Protel 画出印制板图；

③ 根据设计要求和技术指标设计好电路，选好元件及参数；

④ 在万能板、PCB 板上或面包板上安装好电路并调试；

⑤ 拟定测试方案和设计步骤；

⑥ 撰写设计报告、调试总结及使用说明书。

（2）技术指标。

① 测温范围：室温≈50 °C；

② 被测温度达到 50 °C 时，指示灯亮（或蜂鸣器工作）；

③ 由数字电压表实现温度显示，可直接读出温度值。

3）设计提示

（1）方案提示（见图 6.49）。

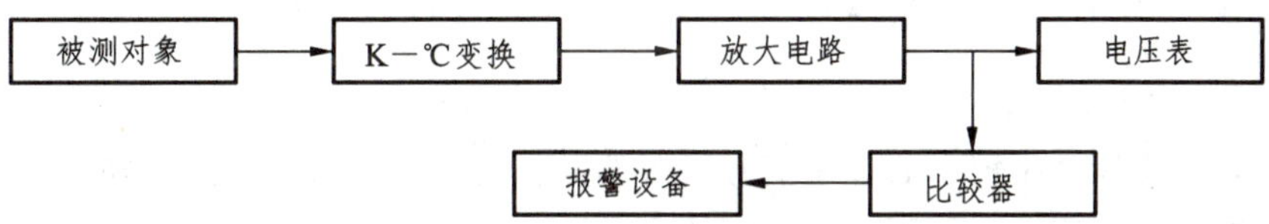

图 6.49　原理图

（2）设计用仪器设备。

示波器，交流毫伏表，数字万用表，低频信号发生器，万能板或 PCB 电路板。

（3）设计用主要器件。

AD590 集成温度传感器 1 只、741 4 块、蜂鸣器/LED 各 1 个、电阻电容若干、晶体管 1 只（驱动电路）、电阻若干。

4）验收要求

实物验收，按设计要求给出实物分数。

6.3.3　设计型设计题库

1．高保真音频放大器

1）设计目的

（1）学习基本理论在实践中综合运用的初步经验，掌握模拟电路设计的基本方法、设计步骤，培养综合设计与调试能力。

（2）学会音频功率放大器（OCL 音频功率放大器）的设计方法和性能指标测试方法。

（3）培养实践技能，提高分析和解决实际问题的能力。

2）设计技术指标与要求

（1）设计要求。

① 分析电路的组成及工作原理。

② 进行单元电路设计计算。

③ 采用衰减式音调控制电路，采用 OCL 音频功率放大器。

④ 说明电路调试的基本方法。

⑤ 画出完整电路图。

⑥ 小结及讨论。

（2）技术指标。

① 最大不失真输出功率：10 W。

② 负载阻抗（扬声器）$R_L = 8\ \Omega$。

③ 频率响应：$f_L \sim f_H = 50\ \text{Hz} \sim 20\ \text{kHz}$。

④ 音频控制值范围 低音：100 Hz ± 15 dB；高音：10 kHz ± 15 dB。

⑤ 输入电压：$U_i \leqslant 100\ \text{mV}$。

⑥ 失真度：$r \leqslant 2\%$。

⑦ 稳定性；在电源为 ± 15 ~ 24 V 内变化时，输出零漂≤100 mV。

3）设计提示

音频放大器就是对比较小的音频信号进行放大，使其功率增加，然后输出。前置放大主要对音频小信号进行放大，使用一个同相放大电路对输入的小信号的电压进行放大得到后一级的输入。后一级电路主要对音频进行功率放大以产生足够大的输出功率，推动扬声器发声。设计时首先根据上述指标对整个电路进行安排，确定各级的增益分配，然后对各级进行具体的设计。设计框图如图 6.50 所示。

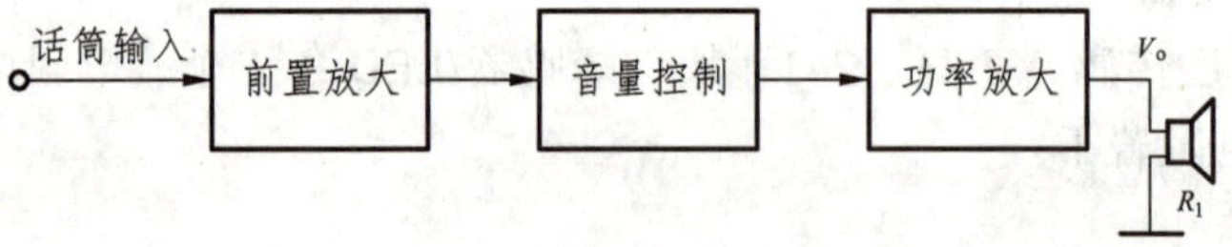

图 6.50 设计框图

（1）模块介绍。

① 前置放大电路。

前置级放大电路要求输入阻抗高，输出阻抗低，以便不影响音调控制网络正常工作。为后级提供一定比的信号电压。

② 负反馈式音调控制器。

负反馈式音调控制电路的噪音和失真较小，并且在调节音调时，其转折频率保持固定不变，而特性曲线的斜率却随之改变。由于集成运算放大器具有电压增益高、输入阻抗高等优点，用它制作的音调控制电路具有电路结构简单、工作稳定等优点。

③ 功率放大器。

功率放大器的作用是给音响放大器的负载（一般是扬声器）提供所需要的输出功率。功率放大器的主要性能指标有最大输出不失真功率、失真度、信噪比、频率响应和效率。目前常见的电路结构有OTL型、OCL型、DC型和CL型。有全部采用分立元件晶体管组成的功率放大器，也有采用集成运算放大器和大功率晶体管构成的功率放大器。

（2）设计仪器设备。

数字万用表、交流毫伏表、万能板或制版、智能电工实验台、示波器。

（3）设计用主要器件。

根据学生设计方案上报。

4）验收要求

实物验收，按设计要求给出实物分数。

2．音响放大器的设计

1）设计目的

（1）掌握音响放大器的设计方法和测试技术。

（2）了解相关器件的工作原理和应用。

（3）学会安装和调试分立元件与集成电路组成的多级电子电路小系统。

2）设计技术指标与要求

（1）设计要求。

① 设计话音放大与混合前置放大器、音调控制级、功率放大级；

② 选定元器件和参数，并设计好电路原理图；

③ 在万能板、面包板或PCB板上进行电路安装调测；

④ 测试输出功率；

⑤ 测试输入阻抗；

⑥ 撰写设计报告。

（2）技术指标。

额定功率 $P \geqslant 0.3$ W，负载阻抗为10 Ω，频率响应范围为50 Hz ~ 20 kHz，输入阻抗大于20 kΩ，放大倍数≥20 dB。

（3）扩展要求。

① 能驱动额定功率 $P \geqslant 8$ W的扬声器；

② 电路电压放大级输出阻抗低，能带500 Ω负载。

3）设计提示

（1）方案提示。

音响放大器的设计框图如图6.51所示。

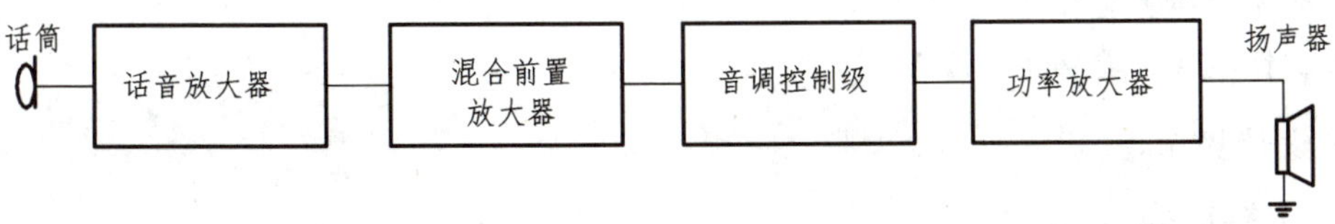

（a）

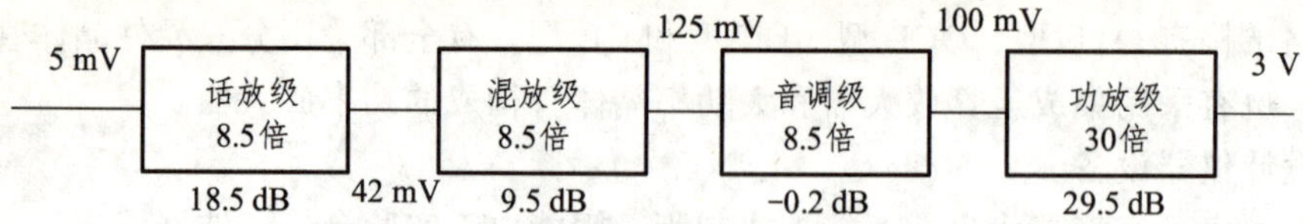

（b）

图 6.51 设计框图

（2）设计用仪器设备。

示波器、交流毫伏表、万用表、低频信号发生器、实验面包板或万能板、智能电工实验台。

（3）设计用主要器件。

电子混响延时模块 1 片、集成功放 LM386（或 LA4102）1 片、四运放 LM324 1 块（或 741 3 块）、LA4102、高阻话筒 20 k 1 个、扬声器（8 Ω / 4 W）1 个、电阻电容若干。

4）验收要求

实物验收，按设计要求给出实物分数。

3．摩尔斯电报训练器

1）设计目的

（1）掌握摩尔斯电报训练器的工作原理；

（2）掌握摩尔斯电报训练器的设计方法；

（3）学会安装、调试电路，会排除电路故障。

2）设计技术指标与要求

（1）设计要求。

① 电键按下时喇叭发出音频振荡音，断开时不发音；

② 音频振荡音频率可调；

③ 输出音频振荡音量可调，并有一定的输出功率；

④ 根据性能指标，计算元件参数，选好元件，设计电路并画出电路图；

⑤ 在面包板、万能板或 PCB 板上安装电路；

⑥ 测量扩音机的频率特性曲线。

⑦ 撰写设计报告。

（2）技术指标。

① 音频振荡音频率：200 ~ 2 000 Hz 可调；

② 频率范围：输出最大功率不小于 1 W；

③ 工作电压：直流 6 ~ 12 V。

3）设计提示

（1）方案提示。

① 电路由可控正弦波振荡器和音频功率放大器组成。

② 可采用集成芯片或分立元件实现。

（2）设计用仪器设备。

示波器，交流毫伏表，数字万用表，低频信号发生器，实验面包板或万能板。

（3）设计用主要器件。

集成电路、三极管、电阻电容若干；

4）验收要求

实物验收，按设计要求给出实物分数。

4. 串联型稳压电源

1）设计目的

（1）研究单相桥式整流、电容滤波电路的特性。

（2）掌握稳压管、串联晶体管稳压电源主要技术指标的测试方法。

2）设计技术指标与要求

（1）设计要求。

① 输出直流电压；

② 输出电压可调；

③ 有过流保护且自恢复；

④ 拟定测试方案和设计步骤；

⑤ 根据性能指标计算元件参数，选好元件，设计电路并画出电路图；

⑥ 在面包板、万能板或 PCB 板上安装电路；

⑦ 测量电路的指标和参数；

⑧ 撰写设计报告。

（2）技术指标。

① 输出电压范围：6 ~ 12 V；

② 输出最大电流：不小于 500 mA；

③ 输出电阻：小于 0.5 Ω；

④ 稳压系数：小于 2%；

⑤ 纹波电压：不大于 100 mV；

⑥ 输出电流大于 600 mA 时电路自动保护。

3）设计提示

（1）方案提示。

① 可以使用分立元件组成串联型稳压电源。

② 也可以采用集成稳压芯片实现。

（2）设计用仪器设备。

示波器，交流毫伏表，数字万用表，低频信号发生器，实验面包板或万能板。

（3）设计用主要器件。

电源变压器、稳压管、稳压集成芯片、二极管、三极管、电阻电容若干；

4）验收要求

实物验收，按设计要求给出实物分数。

5．助听器设计与制作

1）设计目的

（1）掌握助听器的设计方法；
（2）掌握助听器主要参数与测试技术；
（3）学会安装、调试电路，会排除电路故障。

2）设计技术指标与要求

（1）设计要求。
① 1～2节电池供电；
② 耳机进行放音；
③ 驻极电容话筒输入；
④ 根据性能指标，计算元件参数，选好元件，设计电路并画出电路图；
⑤ 在面包板、万能板或PCB板上安装电路；
⑥ 撰写设计报告。
（2）技术指标。
① 输入信号：满足驻极式电容话筒要求；
② 频率范围：300～5 000 Hz；
③ 输出阻抗：600 Ω；
④ 输出功率：不小于10 mW；
⑤ 工作电压：1.5～3 V。

3）设计提示

（1）方案提示。
① 可用集成电路或分立元件实现；
② 也可用成品电路抄板再设计实现。
（2）设计用仪器设备。
示波器，交流毫伏表，数字万用表，低频信号发生器，实验面包板或万能板。
（3）设计用主要器件。
集成运放、三极管、电阻电容若干。

4）验收要求

实物验收，按设计要求给出实物分数。

6．充电器设计与制作

1）设计目的

（1）掌握直流充电器的充电原理；

（2）掌握直流充电器的主要技术参数以及设计、安装、调试方法。

2）设计技术指标与要求

（1）设计要求。

① 能充多节电池；

② 恒流充电；输出电流可调；

③ 具充电完毕自动停止充电功能，功率管过载保护；

④ 根据性能指标，计算元件参数，选好元件，设计电路并画出电路图；

⑤ 在面包板上或万能板或 PCB 板上安装电路；

⑥ 撰写设计报告。

（2）技术指标。

① 可充 1～4 节 1.25 V 锂电或同类电池；

② 输出电流可 20～100 mA 连续可调；

③ 充满后断电或自动进入涓流充电方式；

④ 充满后声、光指示；

⑤ 发挥部分重点从提高电源效率入手；

⑥ 充电电流大于 250 mA 时过载保护。

3）设计提示

（1）方案提示。

① 可以使用专用集成芯片构成恒流电路；

② 用电压比较器和精准稳压源判断电压。

（2）设计用仪器设备。

示波器，交流毫伏表，数字万用表，实验面包板或万能板。

（3）设计用主要器件。

运放、稳压二极管、三极管、电阻电容若干。

4）验收要求

实物验收，按设计要求给出实物分数。

7．分立元件小功率扩音机

1）设计目的

（1）掌握扩音机的设计方法；

（2）掌握扩音机主要参数与测试技术；

（3）学会安装、调试电路；会排除电路故障。

2）设计技术指标与要求

（1）设计要求。

① 电路直接对话筒信号进行放大；

② 有一定的输出功率；

③ 用电池供电；

④ 根据性能指标计算元件参数，选好元件，设计电路并画出电路图；
⑤ 在面包板、万能板或 PCB 板上安装电路；
⑥ 测量扩音机的频率特性曲线；
⑦ 撰写设计报告。
（2）技术指标。
① 输入信号：不大于 10 mV；
② 频率范围：300 ~ 5 000 Hz；
③ 输入阻抗：大于 10 kΩ；
④ 输出功率：不小于 500 mW；
⑤ 工作电压：直流 6 V。

3）设计提示

（1）方案提示。
① 前级用射极跟随器或场效应晶体管实现高阻抗输入；
② 后级功放采用 OTL 电路。
（2）设计用仪器设备。
示波器，交流毫伏表，数字万用表，低频信号发生器，实验面包板或万能板。
（3）设计用主要器件。
三极管、电阻电容若干；

4）验收要求

实物验收，按设计要求给出实物分数。

8．多级放大器设计与制作

1）设计目的

（1）掌握多级放大器交直流电路的设计方法；
（2）掌握多级放大器的安装、调试和故障排除；
（3）掌握元件参数对放大器性能的影响。

2）设计技术指标与要求

（1）设计要求。
① 用分立元件设计电路；
② 采用 2 ~ 4 级放大电路；
③ 输入阻抗、输出阻抗、放大倍数要准确。
（2）技术指标。
① 通频带优于：100 Hz ~ 10 kHz；
② 放大倍数：500；
③ 输入阻抗：10 kΩ；
④ 输出阻抗：150 Ω；
⑤ 工作电压：12 V；
⑥ 最大不失真输出电压：2.5 V。

3）设计提示

（1）方案提示。

① 用射极跟随器提高输入阻抗；

② 用强负反馈电路确定放大倍数；

③ 用射极跟随器降低输出阻抗。

（2）设计用仪器设备。

示波器，交流毫伏表，数字万用表，低频信号发生器，实验面包板或万能板。

（3）设计用主要器件。

三极管、电阻电容若干；

4）验收要求

实物验收，按设计要求给出实物分数。

9．手提扩音器设计

1）设计目的

（1）掌握手提扩音机的设计方法；

（2）掌握手提扩音机主要参数与测试技术；

（3）学会安装、调试电路；会排除电路故障。

2）设计技术指标与要求

（1）设计要求。

① 电路直接对话筒信号进行放大；

② 有一定的输出功率；

③ 用电池供电；

④ 根据性能指标，计算元件参数，选好元件，设计电路并画出电路图；

⑤ 在面包板、万能板或 PCB 板上安装电路；

⑥ 测量扩音机的频率特性曲线；

⑦ 撰写设计报告。

（2）技术指标。

① 输入信号：讲话语间信号；

② 频率范围：300 Hz ~ 5 000 Hz；

③ 输出功率：不小于 1 000 mW；

④ 工作电压：直流 6 ~ 12 V；

⑤ 噪声电压：不大于 50 mV。

3）设计提示

（1）方案提示。

可采用分立元件或集成功率放大器实现。

（2）设计用仪器设备。

示波器，交流毫伏表，数字万用表，低频信号发生器，实验面包板或万能板。

（3）设计用主要器件。

集成电路、三极管、电阻电容若干；

4）验收要求

实物验收，按设计要求给出实物分数。

6.3.4 创新型设计题库

1．电子驱鼠器

1）设计目的

（1）学习基本理论在实践中综合运用的初步经验，掌握电子电路设计的基本方法、设计步骤，培养综合设计的能力；

（2）通过实际的系统应用和操作，加深对所学知识的理解；

（3）通过组装和调试培养实践技能，提高分析和解决实际问题的能力。

2）设计技术指标与要求

（1）设计要求。

① 能定时发光惊吓老鼠；

② 能定时发出猫叫声音驱除老鼠；

③ 拟定测试方案和设计步骤；

④ 根据性能指标，计算元件参数，选好元件，设计电路并画出电路图；

⑤ 在面包板、万能板或 PCB 板上安装电路；

⑥ 撰写设计报告。

（2）技术指标。

① 具备定时电路；

② 定时电路控制闪光电路；

③ 定时电路控制声音发生电路以及功放电路；

④ 电源自制；

⑤ 其他特色设计。

3）设计提示

（1）方案提示（见图 6.52）。

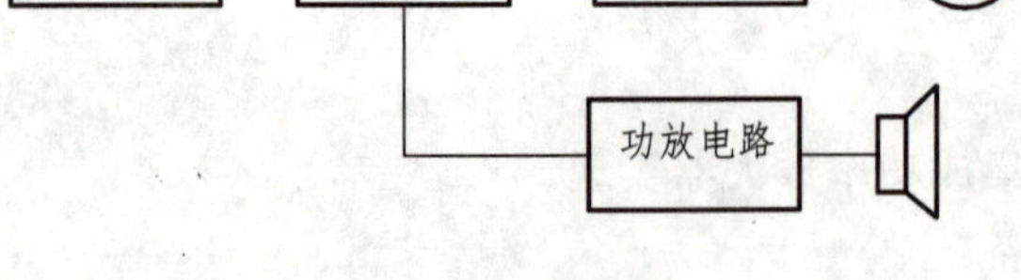

图 6.52 原理图

（2）设计用仪器设备。

示波器，交流毫伏表，数字万用表，低频信号发生器，万能板或 PCB 电路板。

（3）设计用主要器件。

材料自报清单。

4）验收要求

实物验收，按设计要求给出实物分数。

2. 宽带直流放大器

1）设计目的

（1）掌握直流放大器的工作原理、设计和安装方法。

（2）研究电路元件对直流放大器特性的影响。

（3）熟悉直流放大器的主要技术指标和测试方法。

2）设计技术指标与要求

（1）设计要求。

① 电路由分立元件实现，能对直流信号进行放大；

② 输出信号具有一定的功率；

③ 拟定测试方案和设计步骤；

④ 根据性能指标计算元件参数，选好元件，设计电路并画出电路图；

⑤ 在面包板、万能板或 PCB 板上安装电路；

⑥ 测量输出信号的幅度和频率；

⑦ 撰写设计报告。

（2）技术指标。

① 工作频率范围：0 ~ 100 kHz；

② 输出功率：50 Ω 负载时，输出 V_{pp} 不小于 5 V；

③ 放大倍数：不小于 100；

④ 输入阻抗不小于 10 kΩ；

⑤ 其他特色功能。

3）设计提示

（1）方案提示。

差动放大器与 OCL 功率放大电路级联实现。

（2）设计用仪器设备。

示波器，交流毫伏表，数字万用表，低频信号发生器，实验面包板或万能板。

（3）设计用主要器件。

二极管、三极管、电阻电容若干。

4）验收要求

实物验收，按设计要求给出实物分数。

3．红外遥控报警器设计

1）设计目的

① 掌握信号放大电路设计方法和测试技术。

② 了解相关器件的工作原理和应用。

③ 学会安装和调试分立元件与集成电路组成的多级电子电路小系统。

2）设计技术指标与要求

（1）设计要求。

① 设计一个红外遥控报警器，包括红外发射器和红外接收器两部分；

② 设计的红外发射器调整频率为 30 kHz；

③ 设计一个红外接收器，当无人遮挡红外光时，报警器不发出报警信号；有人遮挡红外光时，报警器发声，报警信号频率为 800 Hz。

（2）设计步骤。

① 拟定测试方案和设计步骤；

② 根据性能指标计算元件参数，选好元件，设计电路并画出电路图；

③ 在面包板、万能板或 PCB 板上安装电路；

④ 撰写设计报告。

3）设计提示

（1）方案提示。

外遥控报警器包括两个部分，在发射部分中，选用一个 555 时基集成的多谐振荡电路起振，利用它的复位端给输出端一个高电平使报警器的第二个部分接收器工作，并使用功率放大器使其工作功率增大以使促进发射头发射功率的增大，有效地提高红外线的发射距离。在接收部分中，使用一个与发射头相配套的接收头用来接收红外线，同时将接收的信号转化为相应的信号，再选用前置放大器将信号进一步的进行放大，再经过整流后输出并接报警器件如图 6.53 所示。

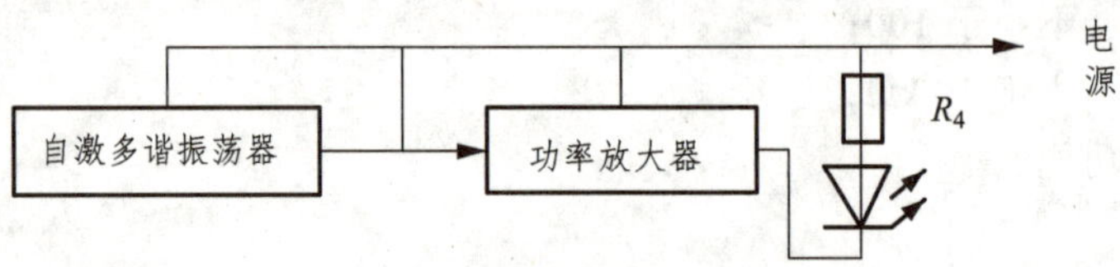

图 6.53 红外信号发射电路框图

（2）设计用仪器设备。

示波器，交流毫伏表，数字万用表，低频信号发生器，万能板或 PCB 电路板。

（3）设计用主要器件。

① 发射部分。

选用 LM555 时基集成电路；

选用 JE9013NPN 三极管；

电阻选用用 RTX-1/8W 型碳膜电阻；

电容 C_1，C_2 用 CD11-16A 型电解型电容器；

发射头选用 TLN911。

② 接收部分。

接收头选用与发射头配套的 TLP911 型聚焦式红外接收头；
选用 BL20106 型红外接收专用前置放大集成电路；
三极管选用 3DG6NPN 三极管；
二极管选用 1N4001 整流二极管；
电阻选用 RTX-1/8 W 型碳膜电阻；
集成电路 IC3 选用 7812（12 V，1.5 A）型三端固定稳压集成电路；
晶闸管选用小型塑封单向晶闸管 BT169；
选用 TWH13 型笛声报警喇叭；
选用带管座的（250 V，0.25 A）普通保险管；
选用交流电二极电源插头。

4）验收要求

实物验收，按设计要求给出实物分数。

6.3.5　补充部分参考选题

选题一　线路通断检测器的设计

1．任务与要求

1）设计任务

设计制作一台线路通断检测器，用于检测线路的是否通断。

2）设计要求

（1）用压电陶瓷蜂鸣片作为电声元件。
（2）用两根导线作为测试探针。
（3）线路通断是通过测试电阻的大小来判断，有以下三种情况。
若 $R_x > 900\ \Omega$，则蜂鸣片不发出声响；
若 $R_x < 150\ \Omega$，则蜂鸣片发出间歇式的滴-滴声响；
若 $150\ \Omega < R_x < 900\ \Omega$，则蜂鸣片发出两种频率交替的滴-嘟、滴-嘟声响。以上各临界阻值（150 Ω 和 900 Ω）允许误差为 ± 10%；

选题二　温度报警器的设计

1．任务与要求

1）设计任务

设计制作一台温度报警器，用于检测和报警温度。

2）设计要求

（1）用压电陶瓷蜂鸣片作为报警器件。

当温度在 10 °C 至 30 °C 范围内（允许误差 ±1 °C）时，报警器不发出声音。当温度超出这个范围时，报警器发出声响。

（2）需要设计直流稳压电源。

（3）在保证性能的前提下，尽可能减少功耗和成本。

选题三　多路防报警器

1．任务与要求

1）设计任务

设计制作一台防盗报警器，适用于仓库、住宅、机关办公楼等地防盗报警。

2）设计要求

（1）防盗器数量可根据需要任意扩展；

（2）值班室可监视多处安全情况，一旦出现偷盗，用指示灯显示报警地点，并发出音响；

（3）设置不间断电源，当电网停电时，备用直流电源自动转换供电。

选题四　直流稳压电源与充电电源的设计

1．任务与要求

1）设计任务

设计制作一台直流稳压电源与充电电源。

2）设计要求

（1）输出电压：3 V，6 V 两挡，正负极性输出。

（2）输出电流：额定电流为 150 mA，最大电流为 500 mA。

（3）额定电流输出时，$\Delta V_o / V_o \leqslant 10\%$。

（4）具有快充和慢充两种方式对 4 节 5 号或 7 号电池充电。慢充电流为 50 ~ 60 mA，快充电流为 110 ~ 130 mA。

选题五　三极管 β 值测量分选仪

1．任务与要求

1）设计任务

设计对小功率硅三极管的直流电流放大系数 β 进行测量的分选仪。

2）设计要求

β 值的范围分 5 挡：1 ~ 50，50 ~ 100，100 ~ 150，150 ~ 200，200 ~ 250。

选题六　OCL 功率放大器

1．任务与要求

1）设计任务

采用全部或部分分立元件（末级必须用分立元件）设计一 OCL 音频功率放大器。

2）设计要求

① 额定输出功率 $p_0 \geqslant 1$ W；
② 负载阻抗 $R_L = 8\ \Omega$；
③ 失真度 $\gamma \leqslant 3\%$；
④ 3 dB 带宽 20 ~ 30 kHz；
⑤ 输入灵敏度不低于 150 mV；
⑥ 可使用实验室电源。

选题七　电压/频率变换器

1．任务与要求

1）设计任务

设计 V/F 变换器。

2）设计要求

（1）输出直流 V_i，输出额定频率为 f_o 的矩形波，且 $f_o \propto V_1$；
（2）V_1 变化范围：0 ~ 10 V；
（3）f_o 变化范围：0 ~ 10 kHz；
（4）转换精度 < 1%。

选题八　数字式电容测量仪

1．设计要求

（1）输出电容容量可调。

（2）用两只 LED 数码管构成数字显示器。数码管用来显示后两位，均用十进制数表示，即数字显示器可显示出的最大数字和最小数字分别为 99 和 0。

（3）数字显示器所显示的数字 N 与被测电容量 C_X 的函数关系是 $N = C_X/(10\ \mu\text{F})$。

（4）在正常工作条件下，测量电路接上 C_X 后数字显示器便可自动显示出数字，即不需要测试者进行清零、启动之类的操作，便可正常显示。响应时间 T_x 不超过 2 s，即接上 C_X 后，在 2 s 之内，显示器所显示的数字 N 符合上述函数关系，其误差的绝对值在给定器件的前提下尽量小。

（5）在正常测量范围内显示数目应当清晰，但允许有所闪动。

（6）若被测电容超过 990 μF，则数码管呈全暗状态，发光二极管呈亮状态，表示超量程。

（7）测量电路应有被测电容器的两个插孔，并标上符号“+”和“–”。“+”端电位瞬时值不低于“–”端电位的瞬时值，而且它们之间的开路电压瞬时值最大不超过 5.5 V。

2．技术指标

（1）电容量：10 ~ 990 μF 内。
（2）要求误差小于 10%；
（3）其他创新。

选题九 多路智力竞赛抢答器

1．设计要求

（1）采用 555 电路设计一个的自举式锯齿波发生器；
（2）拟定测试方案和设计步骤；
（3）根据性能指标计算元件参数，选好元件，设计电路并画出电路图；
（4）在面包板、万能板或 PCB 板上安装电路；
（5）撰写设计报告。

2．技术指标

振荡频率 665 Hz。

选题十 太阳能诱虫灯

本课题要求设计一台水稻飞蛾诱捕设备，用于稻田、蔬菜种植基地、其他农作物生产基地进行无公害扑灭虫害。考虑自然状态下生产基地的面积大，分布范围广，采用太阳能作为供电电源，从产品的市场需求方面，学生需考虑产品的性价比。

选题十一 鸡舍灯光控制器

本课题要求使用分立元件设计一台鸡舍灯光控制器，要求单纯使用模拟电路、数字电路的知识，设计灯光控制电路；要求在光照强度低时能自动开启灯光照明；从产品的市场需求方面，学生需考虑产品的性价比和产品的可靠性。

本章参考文献

[1] 吴慎山. 模拟电子技术实验与实践. 北京：电子工业出版社，2011.
[2] 吴正光，郑颜. 电子技术实验仿真与实践. 北京：科学出版社，2008.
[3] 王维斌，王庭良. 模拟电子技术实验教程. 西安：西北工业大学出版社，2012.
[4] 高吉祥，库锡树. 电子技术基础实验与课程设计. 北京：电子工业出版社，2011.
[5] 姚素芬. 电子电路实训与课程设计. 北京：清华大学出版社，2013.
[6] 曹泰斌. 电工电子技术实验. 北京：清华大学出版社，2012.
[7] 马玉国 电子技术实践指导书. 天津：天津大学出版社，2010.
[8] 朱金刚，王效灵. 电路与电子技术实验. 杭州：浙江工商大学出版社，2012.
[9] 赵淑英，董鹏中. 电子技术实验与课程设计. 北京：清华大学出版社，2010.

第 7 章　数字电子电路综合实验

7.1　数字电子电路综合实验示例

7.1.1　基础设计示例——基于触发器的水塔控制电路设计

1．设计目的

（1）熟悉基本 D 触发器的功能测试。

（2）了解触发器的两种触发方式（脉冲电平触发和脉冲边沿触发）及触发特点。

（3）能熟练使用触发器搭建水塔控制电路。

2．设计技术指标与要求

1）设计要求

（1）一个水塔液位控制装置的示意图如图 7.1 所示，虚线表示水位。

（2）传感器 A、B 被水浸没时会有高电平输出，I 是水泵控制电路逻辑函数，L 是水泵的控制信号，信号为 1 时水泵开启。设计 I 的逻辑电路。要求，水位低于 A 时开启水泵 L，水位高于 B 时，关闭水泵 L。

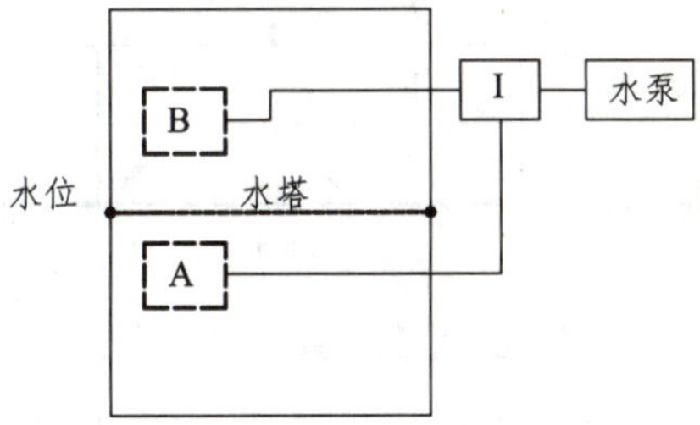

图 7.1　水塔控制示意图

（3）（选做）实现液位控制的显示电路。用 D 触发器和若干门电路，设计一个用在智力竞赛中两组抢答者的灯光显示电路。要求：先抢答者按下抢答开关发出灯光显示，同时封锁后抢答者的灯光显示电路，最后由主持人清除灯光显示和封锁信号，用实验验证设计结果。

3．制作过程详解

1）技术原理分析

触发器是一个具有记忆功能的二进制信息存储器件，是构成多种时序电路的最基本逻辑单元，也是数字逻辑电路中一种重要的单元电路。在数字系统和计算机中有着广泛的应用。触发器具有两个稳定状态，即“0”和“1”，在一定的外界信号作用下，可以从一个稳定状态翻转到另一个稳定状态。触发器有集成触发器和门电路组成的触发器。触发方式有电平触发和边沿触发两种。

D 触发器在时钟脉冲 CP 的前沿（正跳变 0→1）发生翻转，触发器的次态 Q^{n+1} 取决于 CP 的脉冲上升沿到来之前 D 端的状态，即 $Q^{n+1}=D$。因此，它具有置 0、置 1 两种功能。由于

在 $CP=1$ 期间电路具有维持阻塞作用，所以在 $CP=1$ 期间，D 端的数据状态变化不会影响触发器的输出状态。$\bar{R}_D$ 和 $\bar{S}_D$ 分别是决定触发器初始状态 Q^n 的直接置 0、置 1 端。当不需要强迫置 0、置 1 时，$\bar{R}_D$ 和 $\bar{S}_D$ 端都应置高电平（如接 +5 V 电源）。74LS74、74LS175 等均为上升沿触发的边沿触发器。如图 7.2 所示为 74LS74 的引脚图和功能图。D 触发器应用很广，可用做数字信号的寄存、移位寄存、分频和波形发生器等。

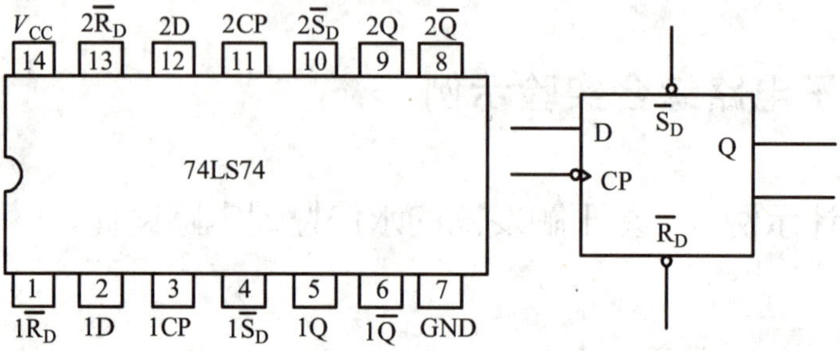

图 7.2　74LS74 引脚图和功能图

2）设计及实现过程

水塔控制电路主要实现对水泵的控制，当水位低于 B 点时开始工作，水位高于 A 点时停止工作。根据题目要求，列出控制器的控制逻辑，如下所示。

（1）根据题意列出真值表为（见图 7.3）。

A	$\bar{B}$	L
1	0	0
1	1	0
0	1	1

（a）水位下降

A	$\bar{B}$	L
0	1	1
1	1	1
1	0	0

（b）水位上升

图 7.3　真值表

图 7.3 中，A，B 为水位点时水泵此刻状态，L 为控制器总输出状态。由此，可利用 *RS* 触发器电路完成搭建，电路原理如图 7.4 所示。

（2）设计电路，如图 7.5 所示。

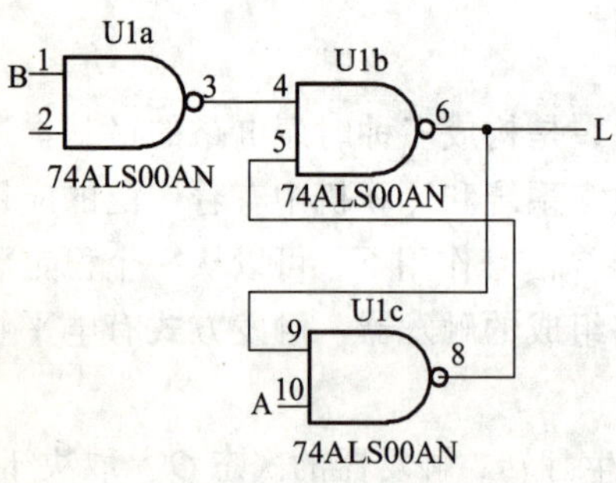

图 7.4　设计电路原理图

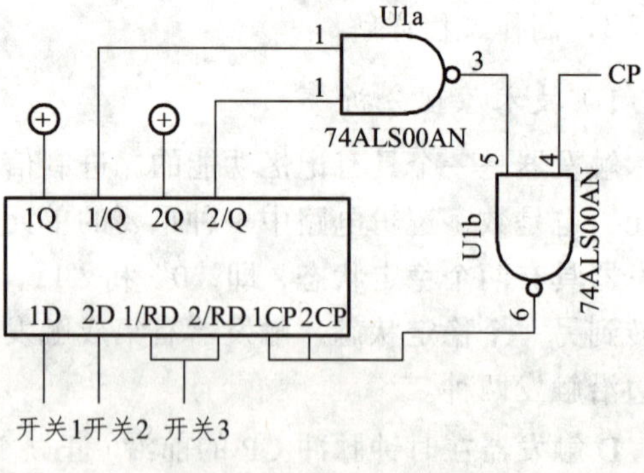

图 7.5　设计电路原理图

芯片中，开关 1、开关 2 分别为 A，B 点的输入值。其中在触发器 CP 端接入 10 kHz 脉冲，用示波器记录 6 端输出相对于 CP 的波形（见图 7.6）。

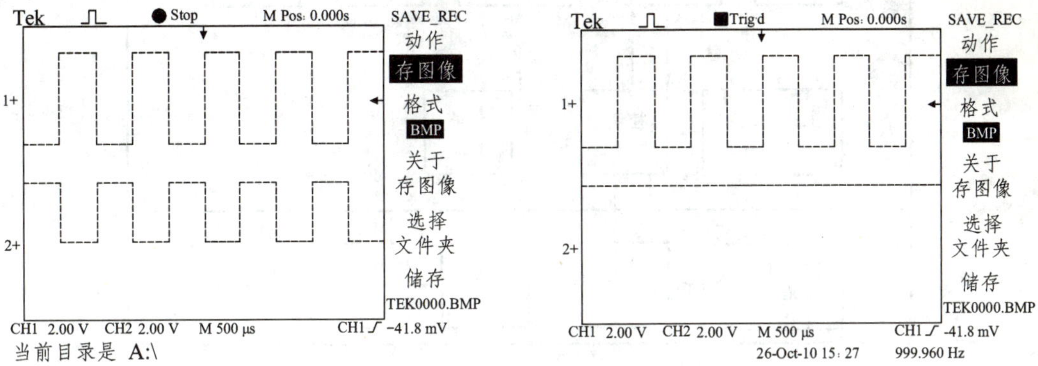

（a）开关未按时　　（b）开关按下时

图 7.6　输出波形

由此，测试结果满足要求。

7.1.2　基础设计示例——多路智力竞赛抢答器

1．设计目的

（1）掌握抢答器的工作原理及设计方法。

（2）学会安装和调试分立元件与集成电路组成的多级电子电路小系统。

2．设计技术指标与要求

1）设计要求

（1）设计一个智力竞赛抢答器，可同时供 8 名选手或 8 个代表队参加比赛，他们的编号是 0、1、2、3、4、5、6、7，各用一个抢答按钮，按钮的编号与选手的编号一一对应，为 S0、S1、S2、S3、S4、S5、S6、S7；

（2）给主持人设置一个控制开关，用来控制系统清零（编号显示数码管灭灯）和抢答开始；

（3）抢答器具有数据锁存和显示功能。抢答开始后，若有选手按抢答按钮，编号立即锁存，并在 LED 上显示选手的编号，同时扬声器给出音响提示。此外封锁输入电路，禁止其他选手抢答。优先抢答的选手编号一直保持到主持人将系统清零为止。

3．制作过程详解

1）方案介绍

定时抢答器的总体框图（见图 7.7）所示，它由主体电路和扩展电路两部分组成。主体电路完成基本的抢答功能，即开始抢答后，当选手按动抢答按钮时，能显示选手的编号，同时能封锁输入电路，禁止其他选手抢答。扩展电路完成定时抢答的功能。

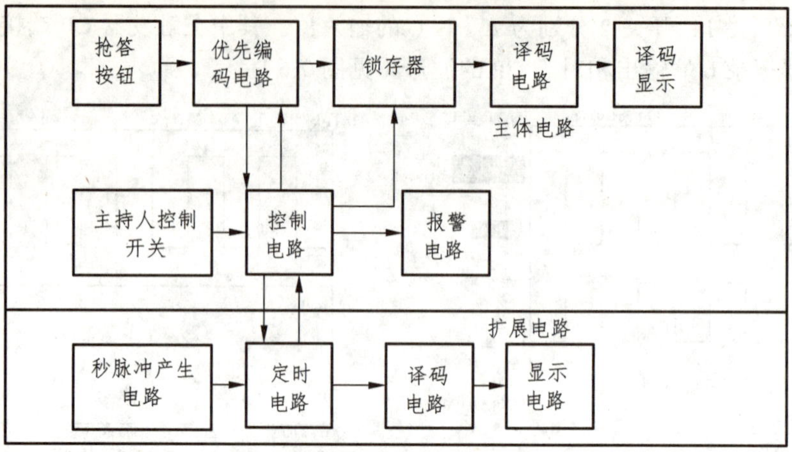

图 7.7 竞赛抢答器设计框图

工作原理为：接通电源后，主持人的开关处于“清除”位置时，抢答器处于禁止状态，选手编号的 LED 数字显示器灯不亮，抢答定时时间 LED 数字显示器显示设定时间。当主持人把开关拨到“开始”位置后，抢答器进入工作状态，选手们进行抢答。当其中一个选手按下抢答按钮后，其他选手再按按钮无效，报警器发出声响表示进入回答问题状态，选手编号的 LED 数字显示器显示出抢答成功的选手编号，与此同时定时时间开始倒计时，抢答定时时间 LED 数字显示器显示出该选手所剩下的回答问题的时间。当抢答定时时间到了，优先编码电路停止工作，选手门不能继续抢答。抢答定时时间 LED 数字显示器显示时间为“0”。

原理及设计：该部分主要由 555 定时器秒脉冲产生电路、十进制同步加减计数器 74LS192 减法计数电路、74LS48 译码电路和 2 个 7 段数码管及相关电路组成，具体电路如图 7.9 所示。两块 74LS192 实现减法计数，通过译码电路 74LS48 显示到数码管上，其时钟信号由时钟产生电路提供。74192 的预置数控制端实现预置数，由节目主持人根据抢答题的难易程度，设定一次抢答的时间，通过预置时间电路对计数器进行预置，计数器的时钟脉冲由秒脉冲电路提供。按键弹起后，计数器开始减法计数工作，并将时间显示在共阴极七段数码显示管 DPY_7-SEG 上，当有人抢答时，停止计数并显示此时的倒计时时间；如果没有人抢答，且倒计时时间到时，输出低电平到时序控制电路，控制报警电路报警，同时以后选手抢答无效。

2）电路设计

（1）抢答电路设计。

设计电路如图 7.8 所示。电路选用优先编码器 74LS148 和锁存器 74LS297 来完成。该电路主要完成两个功能：一是分辨出选手按键的先后，并锁存优先抢答者的编号，同时译码显示电路显示编号（显示电路采用七段数字数码显示管）；二是禁止其他选手按键，其按键操作无效。

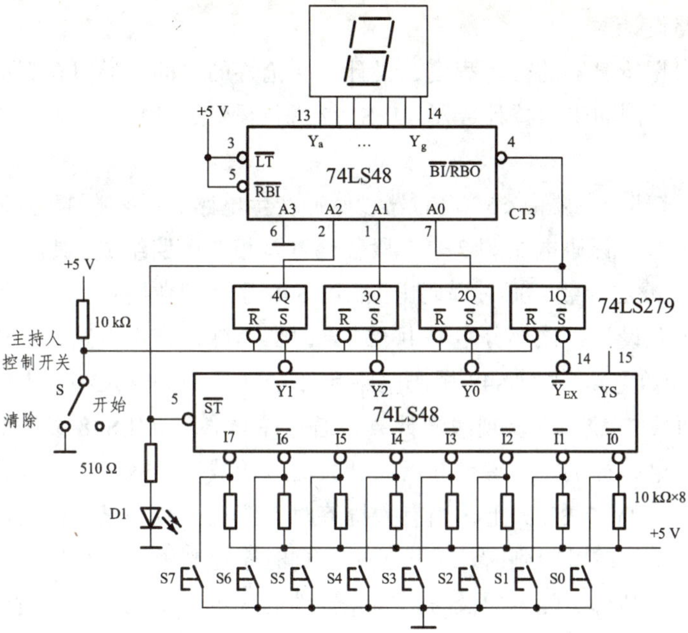

图 7.8　竞赛抢答器电路图

工作过程：开关 S 置于“清除”端时，*RS* 触发器的 *R*、*S* 端均为 0，4 个触发器输出置 0，使 74LS148 的优先编码工作标志端（图中 5 号端）为 0，使之处于工作状态。当开关 S 置于“开始”时，抢答器处于等待工作状态，当有选手将抢答按键按下时（如按下 S5），74LS148 的输出经 *RS* 锁存后，*CTR* = 1，RBO（图中 4 端）为 1，七段显示电路 74LS48 处于工作状态，4Q3Q2Q = 101，经译码显示为“5”。此外，*CTR* = 1，使 74LS148 优先编码工作标志端（图中 5 号端）为 1，处于禁止状态，封锁其他按键的输入。当按键松开即按下时，74LS148 此时由于 *CTR* 仍为 1，使优先编码工作标志端（图中 5 号端）为 1，所以 74LS148 仍处于禁止状态，确保不会出二次按键时输入信号，保证了抢答者的优先性。如有再次抢答需由主持人将 S 开关重新置“清除”然后再进行下一轮抢答。74LS148 为 8 线-3 线优先编码器，真值表如表 7.1 所示。

表 7.1　74LS148 真值表

输入									输出				
$\overline{ST}$	$\overline{IN_0}$	$\overline{IN_1}$	$\overline{IN_2}$	$\overline{IN_3}$	$\overline{IN_4}$	$\overline{IN_5}$	$\overline{IN_6}$	$\overline{IN_7}$	$\overline{Y_2}$	$\overline{Y_1}$	$\overline{Y_0}$	$\overline{Y_{RX}}$	$\overline{Y_S}$
1	×	×	×	×	×	×	×	×	1	1	1	1	1
0	1	1	1	1	1	1	1	1	1	1	1	1	0
0	×	×	×	×	×	×	×	0	0	0	0	0	1
0	×	×	×	×	×	×	0	1	0	0	1	0	1
0	×	×	×	×	×	0	1	1	0	1	0	0	1
0	×	×	×	×	0	1	1	1	0	1	1	0	1
0	×	×	×	0	1	1	1	1	1	0	0	0	1
0	×	×	0	1	1	1	1	1	1	0	1	0	1
0	×	0	1	1	1	1	1	1	1	1	0	0	1
0	0	1	1	1	1	1	1	1	1	1	1	0	1

（2）定时电路设计。

节目主持人根据抢答器的难易程度，设计一次抢答的时间，通过预置时间电路对计数器进行预置，选用十进制同步加减计数器 74LS192 进行设计，计数器的时钟脉冲由秒脉冲电路提供。

原理及设计：该部分主要由 555 定时器秒脉冲产生电路、十进制同步加减计数器 74LS192 减法计数电路、74LS48 译码电路和 2 个 7 段数码管及相关电路组成。具体电路如图 7.9 所示。两块 74LS192 实现减法计数，通过译码电路 74LS48 显示到数码管上，其时钟信号由时钟产生电路提供。原理及设计：该部分主要由 555 定时器秒脉冲产生电路、十进制同步加减计数器 74LS192 减法计数电路、74LS48 译码电路和 2 个 7 段数码管及相关电路组成。具体电路如图 7.9 所示。两块 74LS192 实现减法计数，通过译码电路 74LS48 显示到数码管上，其时钟信号由时钟产生电路提供。按键弹起后，计数器开始减法计数工作，并将时间显示在共阴极七段数码显示管 DPY_7-SEG 上，当有人抢答时，停止计数并显示此时的倒计时时间；如果没有人抢答，且倒计时时间到时，输出低电平到时序控制电路，控制报警电路报警，同时以后选手抢答无效。结合实际经验及考虑到元器件的成本，我们选择的电阻值为 $R_1 = 15\ \text{k}\Omega$，$R_2 = 68\ \text{k}\Omega$，$C = 10\ \mu\text{F}$，代入到上式中即得，即秒脉冲。

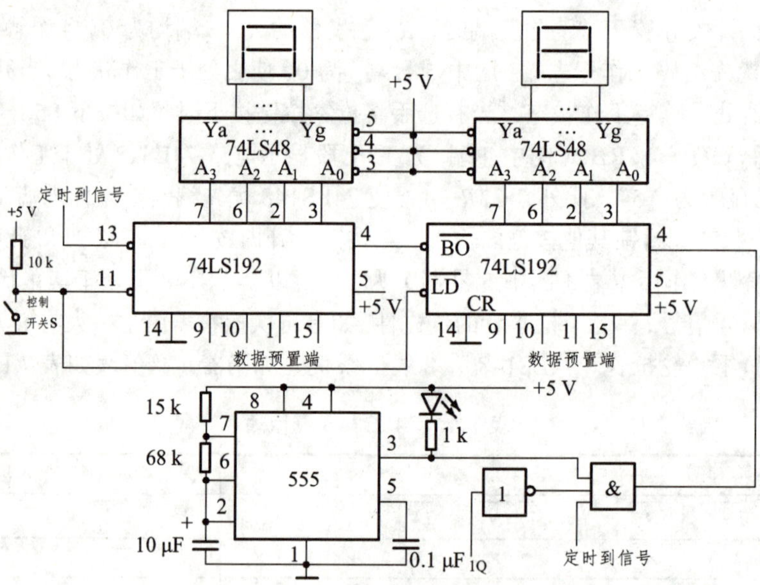

图 7.9 定时器基本电路图

（3）报警电路设计

由 555 芯片构成多谐振荡电路，555 的输出信号再经三极管放大，从而推动扬声器发声。控制电路包括时序和报警两个电路，如图 7.10 所示。控制电路需具有以下几个功能。

主持人闭合开关扬声器发声，多路抢答器电路和计时电路进入正常状态；参赛者按键时，扬声器发声，抢答电路和计时电路停止工作；抢答时间到，无人抢答，扬声器发声，抢答电路和计时电路停止工作。

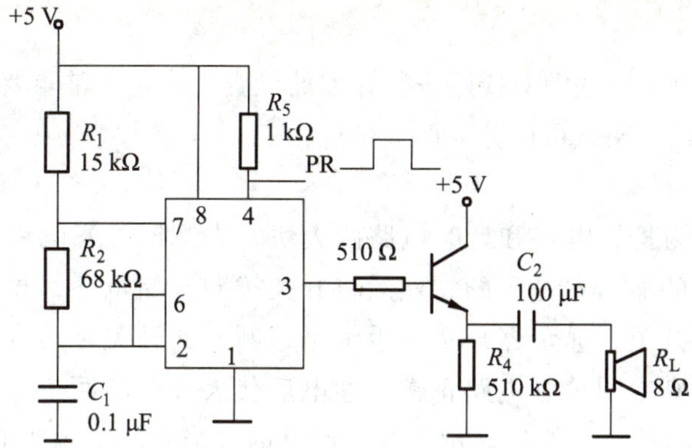

图 7.10　报警器电路图

（4）时序控制电路设计。

时序控制电路是抢答器设计的关键，它要完成以下三项功能。

① 主持人将控制开关拨到“开始”位置时，扬声器发声，抢答电路和定时电路进入正常抢答工作状态。

② 参赛选手按动抢答按键时，扬声器发声，抢答电路和定时电路停止工作。

③ 当设定的抢答时间到，无人抢答时，扬声器发声，定时和定时电路停止工作。

根据上面的功能要求，设计的时序控制电路如图 7.11 所示。图中，门 G1 的作用是控制时钟信号 CP 的放行与禁止，门 G2 的作用是控制 74LS148 的输入使能端。图 7.11 的工作原理是：主持人控制开关从“清除”位置拨到“开始”位置时，来自于图 7.8 中的 74LS279 的输出 $1Q=0$，经 G3 反相，$A=1$，则时钟信号 CP 能够加到 74LS192 的 CPD 时钟输入端，定时电路进行递减计时。同时，在定时时间未到时，则“定时到信号”为 1，门 G2 的输出为 0，使 74LS148 处于正常工作状态，从而实现功能①的要求。当选手在定时时间内按动抢答键时，$1Q=1$，经 G3 反相，$A=0$，封锁 CP 信号，定时器处于保持工作状态；同时，门 G2 的输出为 1，74LS148 处于禁止工作状态，从而实现功能②的要求。当定时时间到时，则“定时到信号”为 0→1，74LS148 处于禁止工作状态，禁止选手进行抢答。同时，门 G1 处于关门状态，封锁 CP 信号，使定时电路保持 00 状态不变，从而实现（功能 3）的要求。集成单稳触发器 74LS121 用于控制报警电路及发声的时间。

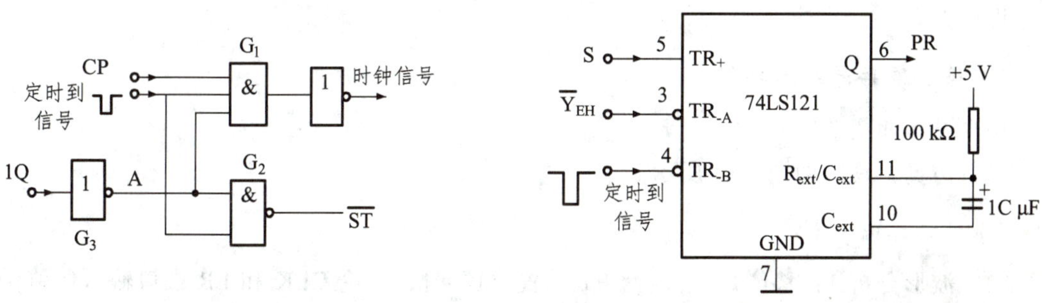

（a）　（b）

图 7.11　时序控制电路图

（5）调试。

在通电之前必须对照原理图对线路进行详细的检查，这是非常重要的一点，如果有连接错误的地方须及时纠正。调试可以分为两大步进行。

① 分块调试。

将整个电路划分为抢答电路和计时电路两大块，先测试抢答电路，开关处于清除端，通电后代表选手编号的显示器是灭的，然后将开关拨向开始抢答，显示器仍是灭的，闭合代表选手的其中一个开关，显示器显示选手编号，断开此开关再闭合其他任意开关，显示器仍显示刚才的数字则表明抢答电路正常；通电后代表计时的两个显示器显示预置的时间20，开关从清除端拨向开始，然后显示器开始倒计时，当时间显示为00时停止计时则计时器正常。

② 整机联调。

将整个电路连接好，接通电源，能达到预期的功能则表示整机工作正常，如果未能达到，则仍需进行检查调试。

7.1.3 设计型设计示例——16位移位寄存器设计

1．设计目的

（1）学习掌握循环移位寄存器的设计实现方法。

（2）熟练运用Quartus Ⅱ软件，熟悉EDA的VHDL程序设计和实现方法。

（3）掌握应用 EDA 常用工具软件进行时序逻辑电路的设计、分析、综合、仿真等的方法与技巧。

2．设计技术指标与要求

设计一个16位循环移位寄存器，首先设定参与循环移位的16位数值，而后每来一次脉冲降沿，16位数值依次右移1位。

3．设计过程详解

设计方案

1）移位寄存器基本功能

仿真设计如图7.12所示。

进行仿真，具体如图7.13所示。

2）仿真结果分析

（1）波形分析1：移位开始，当SET端置“1”时，不论CLK和LR端口输入何值，其工作状态均显示为“置数”的工作状态。当 SET 端置“0”，LR 端置“0”时，CLK上每来一个脉冲升沿，寄存器输出从高位开始依次右移一位，同时最低位给最高位，实现“循环右移”。具体如图7.14所示。

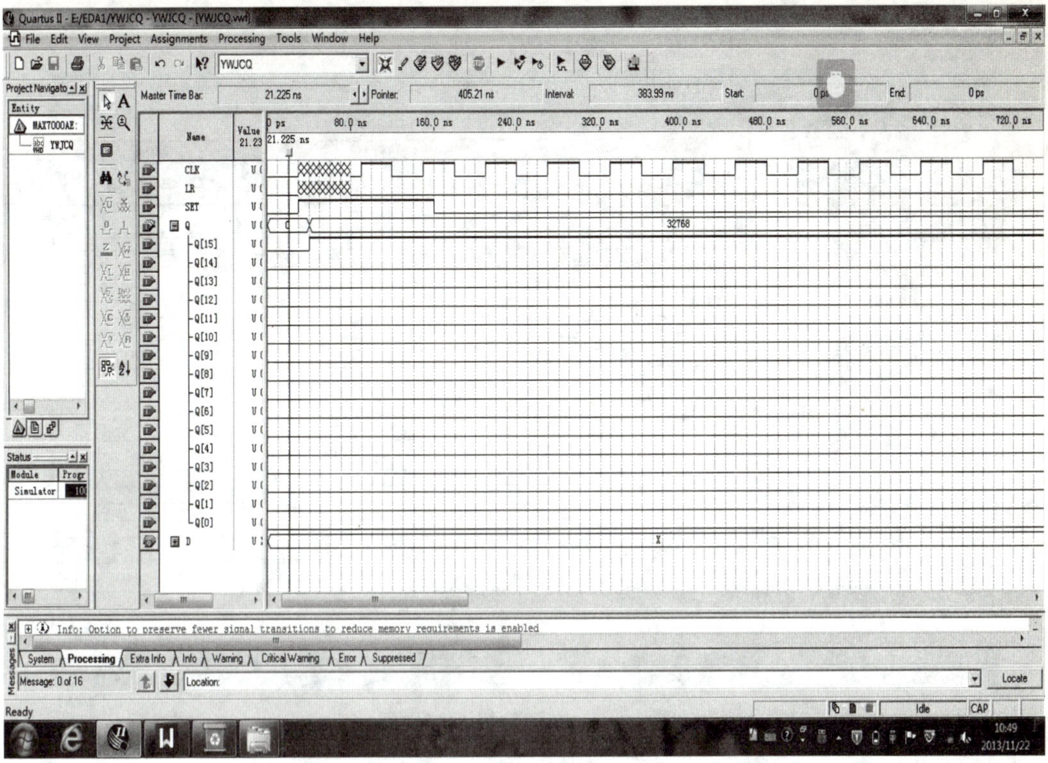

图 7.12　仿真设计图

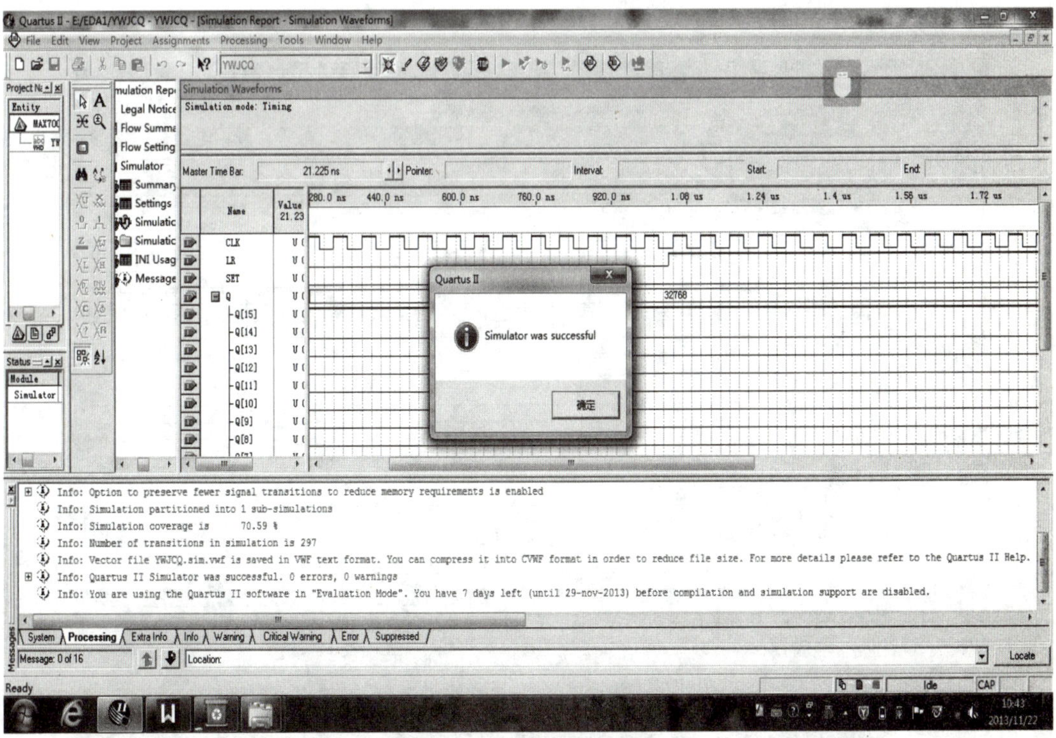

图 7.13　仿真结果图

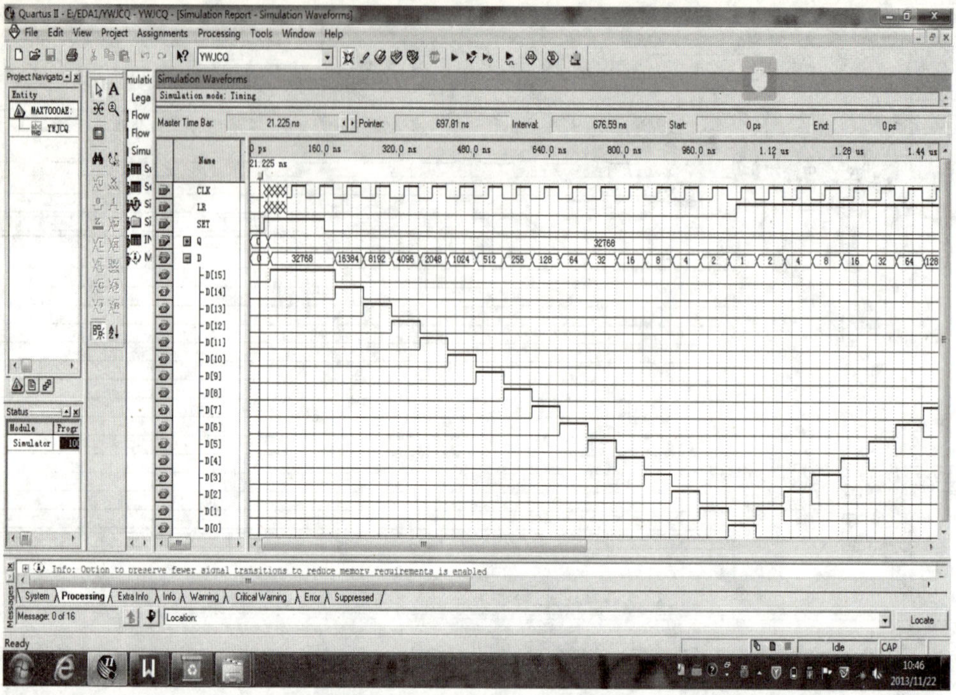

图 7.14　仿真分析 1 结果图

（2）波形分析 2：移位继续，当 SET 端置“0”，LR 端置“1”时，CLK 上每来一个脉冲升沿，寄存器输出从低位开始依次左移一位，同时最高位给最低位，实现“循环左移”。具体如图 7.15 所示。

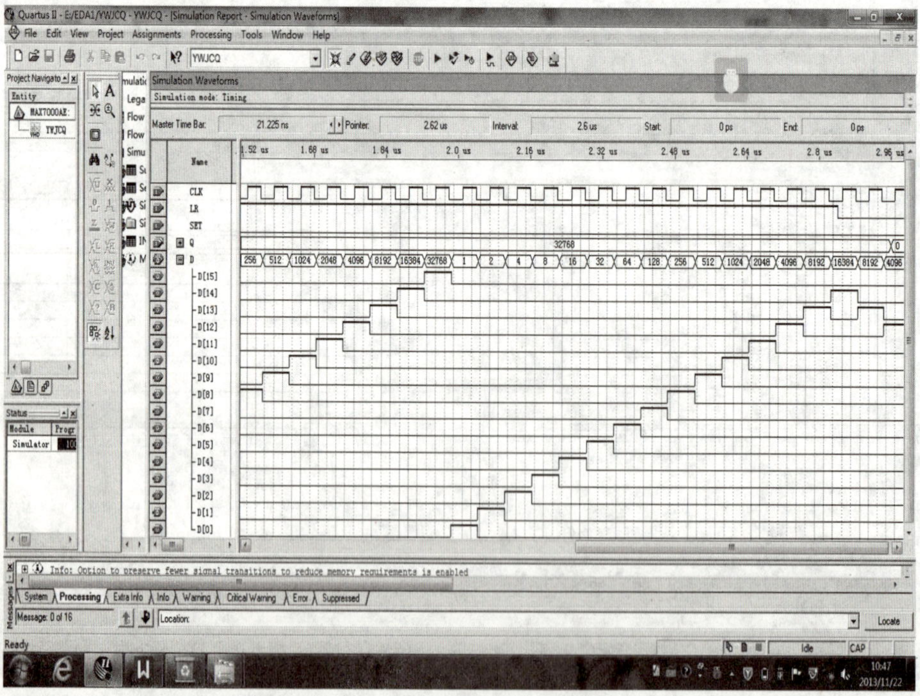

图 7.15　仿真分析 2 结果图

7.1.4　创新型设计示例——十字路口交通信号灯的设计

1．设计目的

（1）学会使用数字电子技术以及 EDA 技术解决工程实际问题。

（2）锻炼自主方案设计能力、软硬件设计能力。

2．设计技术指标与要求

模拟十字路口交通信号灯的工作过程，利用实验板上的两组红、黄、绿 LED 作为交通信号灯，设计一个交通信号灯控制器。

要求：

（1）交通灯从绿变红时，有 5 秒黄灯亮的间隔时间；

（2）交通灯红变绿是直接进行的，没有间隔时间；

（3）绿灯时间为 26 秒，红灯时间为 30 秒；

（4）在任意时间，显示每个状态到该状态结束所需的时间。

路口交通管理如图 7.16 所示。

交通信号灯状态如表 7.2 所示。

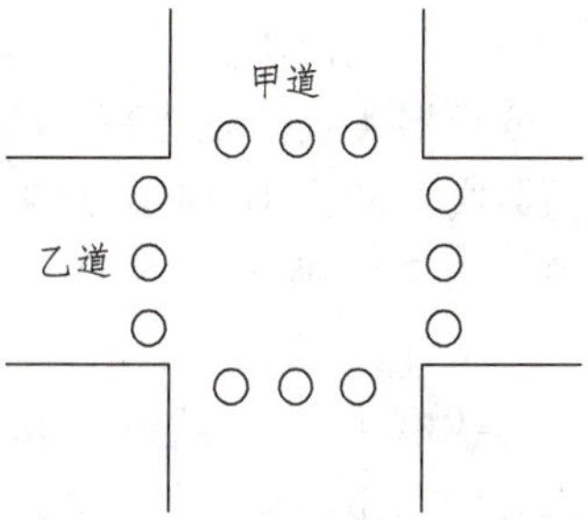

图 7.16　路口交通管理示意图

表 7.2　交通信号灯的 4 种状态

	A	B	C	D
甲道交通灯	红（30 秒）	红	绿（26 秒）	黄（5 秒）
乙道交通灯	绿	黄	红	红

3．设计过程详解

1）设计原理

本实验中主要应用了状态机以及减法器的设计原理。在状态连续变化的数字系统设计中，采用状态机的设计思想有利于提高设计效率，增加程序的可读性，减少错误的发生几率。同时，状态机的设计方法也是数字系统中一种最常用的设计方法。能够做到甲道、乙道的红绿灯闪亮的时间相同，在绿灯跳变红灯的过程中能够用黄灯进行过渡，使得行驶过程中的车辆有足够的时间停下来。同时在甲道、乙道各设立一组计时显示器，能够显示相应的红、黄、绿倒计时。可以利用 VHDL 语言合理设计系统功能，使红黄绿灯的转换有一个准确的时间间隔和转换顺序。

2）系统方案

本设计可分为分频、计数、状态控制、显示分配、译码显示五部分。

进程将 CLK 信号分频后产生 1 秒信号，然后构成两个十进制计数器，并产生允许十位计数器计数的控制信号。状态寄存器实现状态转换和产生状态转换的控制信号，下个模块产生次态信号和信号灯输出信号，以及每一个状态的时间值。经过五个模块的处理，使时间计数、红绿灯显示能够正常运行。原理框图如图 7.17 所示（顶层原理图见附录 6）。

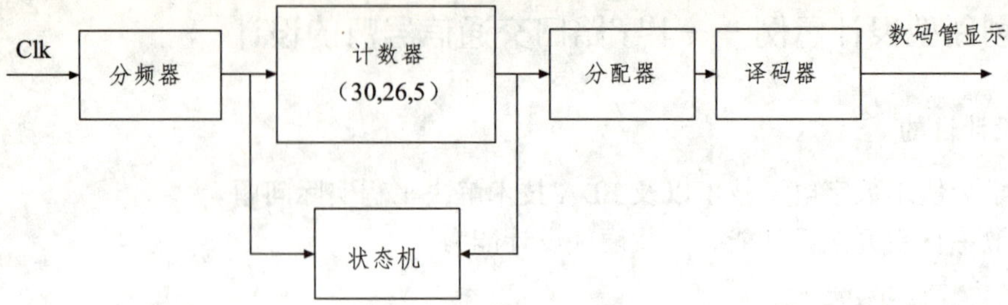

图 7.17 交通信号灯控制器程序原理框图

3）实现过程

（1）分频模块。

分频器实现的是将高频时钟信号转换成低频的时钟信号，用于触发控制器和计数器。该分频器实现的是 10 MHz 分频，将 10 MHz 的时钟信号分频成 1 Hz 的时钟信号。生成的模块文件如图 7.18 所示（VHDL 程序见本章附录 1）。

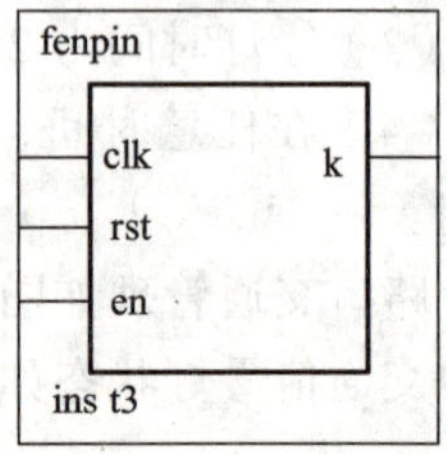

图 7.18 分频器模块文件

（2）计数模块。

计数模块由 30 进制、26 进制、5 进制三个计数器用来给状态机做状态切换触发信号，并为显示模块提供倒计时时间。使能端控制定时器是否工作，复位端控制复位。当正常计时开始后，既由最大值开始倒计数，减到 1 时产生进位信号。以 30 进制计数器为例，程序流程图如图 7.19 所示（VHDL 程序见附录 2）。

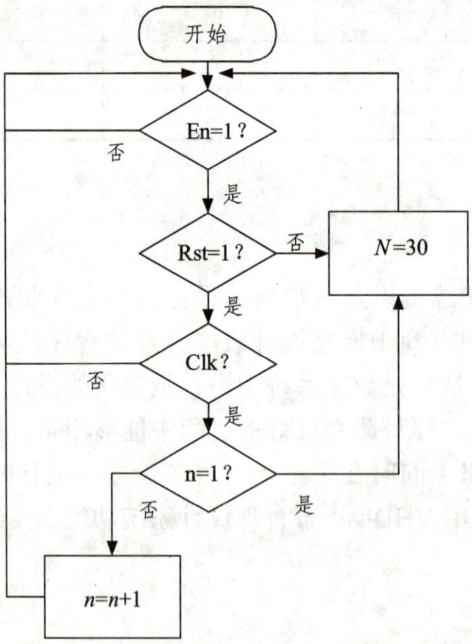

图 7.19 计数器程序流程图

（3）状态机模块。

控制模块根据外部输入信号和计时模块产生的输出信号，产生系统的状态机，控制其他部分协调工作。计时模块用来为显示译码模块提供倒计时时间。本模块采用状态机进行设计，可以定义出四种状态，分别为 S0：甲道红灯且没有车辆行驶，乙道绿灯；S1：甲道红灯，乙道黄灯；S2：甲道绿灯，乙道红灯；S3：甲道黄灯，乙道红灯。利用 CASE 语句定义状态的转换方式及时间的变换方式，达到甲道、乙道绿灯亮 26 秒，红灯亮 30 秒，黄灯亮 5 秒的设计要求。其程序流程如图 7.20 所示（VHDL 程序见附录 3）。

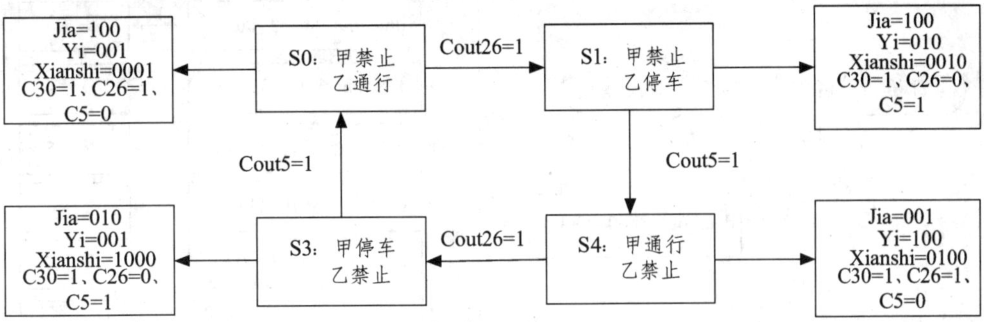

图 7.20　状态机模块序流程图

（4）显示分配模块。

计数模块由三个不同进制的计数器组成，不同状态下，需要将不同的计数器的值赋给两组不同的数码管进行显示，所以需要根据状态机状态信息分配显示状态，其程序流程如图 7.21 所示（VHDL 程序见附录 4）。

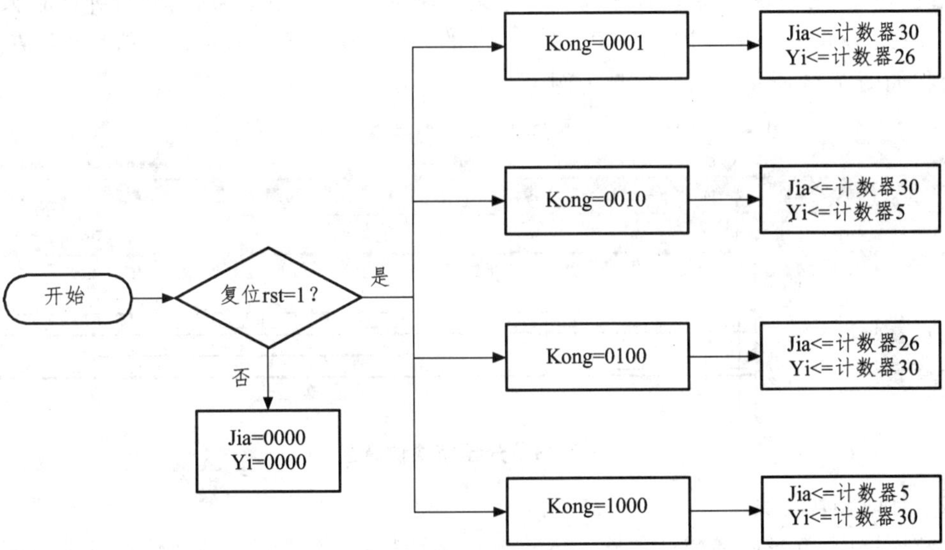

图 7.21　显示分配模块序流程图

（5）译码显示模块。

数码管由 7 段组成，分共阳极和共阴极，本次设计采用共阳极数码管。当输入为低电平时，数码管显示；当输入为高电平时，数码管不显示。用这样的方法输入不同的高低信号控制数码管的显示。其程序流程如图 7.22 所示（VHDL 程序见附录 5）。

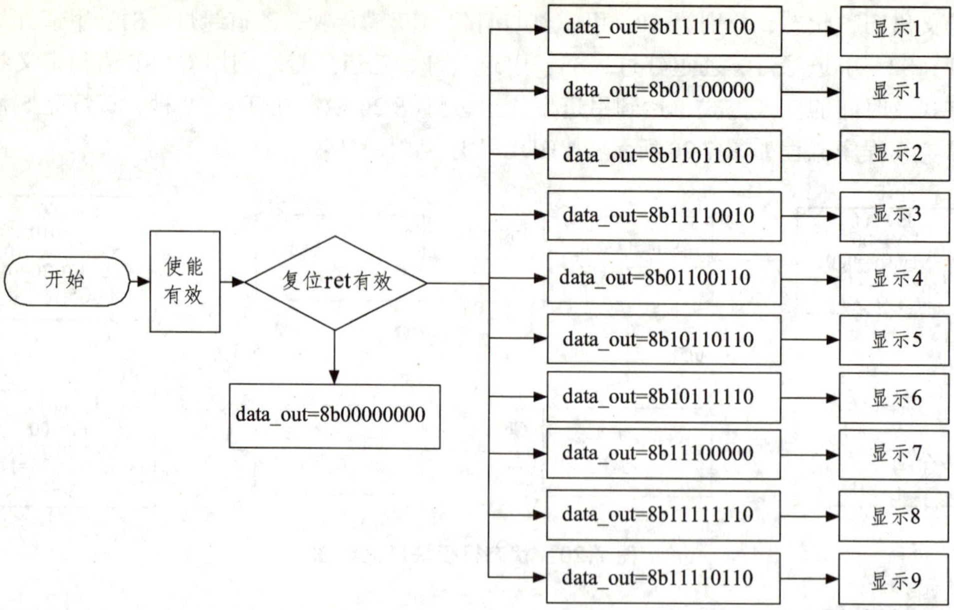

图 7.22　译码器程序流程图

4）调试及结果

（1）分频模块仿真。

系统时钟计时模块需要 1 Hz 的脉冲。分频模块主要为系统提供所需的时钟计时脉冲。该模块将 10 MHz 的脉冲信号进行分频，产生 1 s 的方波，作为系统时钟计时信号。仿真波形其程序流程如图 7.23 所示（以九分频为例）。

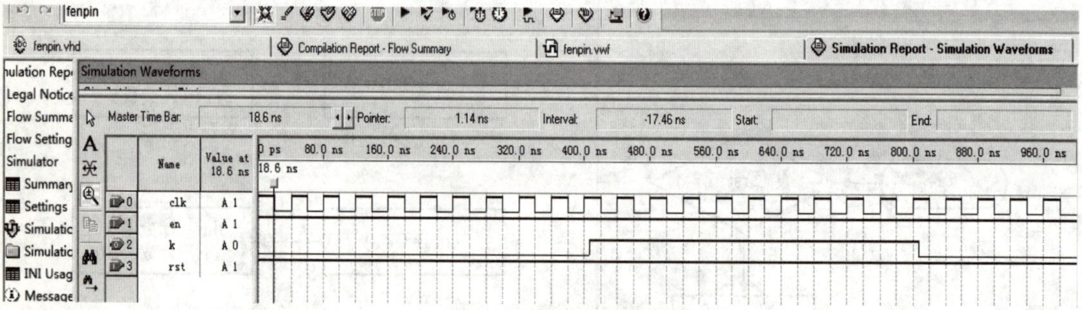

图 7.23　分频模块仿真图

（2）计时模块仿真。

计数模块由 30 进制递减计数器、26 进制递减计数器、5 进制递减计数器组成，分频后得到的 1 Hz 的信号为计数模块提供时钟信号，使能 en 高电平有效，rst 低电平复位，仿真波形如图 7.24 ~ 图 7.26 所示。

（3）状态机模块仿真。

控制模块根据外部输入信号和计时模块产生的输出信号，产生系统的状态机，控制其他部分协调工作。计时模块用来为显示译码模块提供倒计时时间，同时输出甲乙道口的红绿灯控制信号和数码管显示状态控制信号。仿真波形如图 7.27 所示。

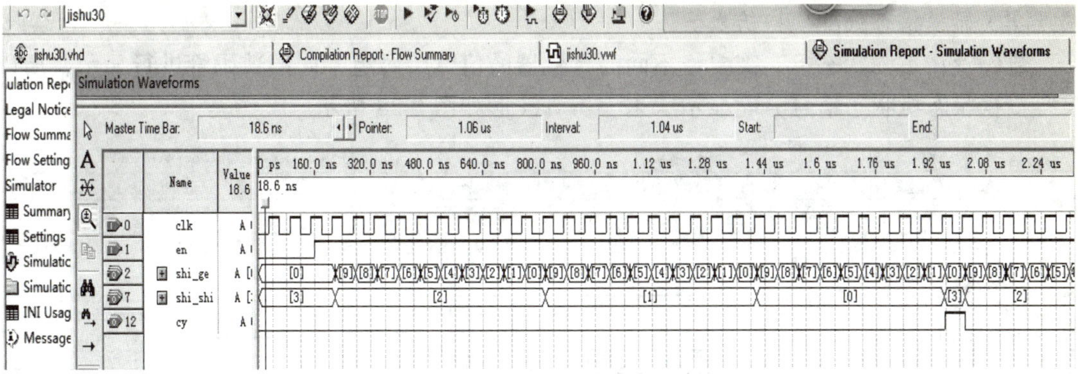

图 7.24　30 进制递减计数器模块仿真图

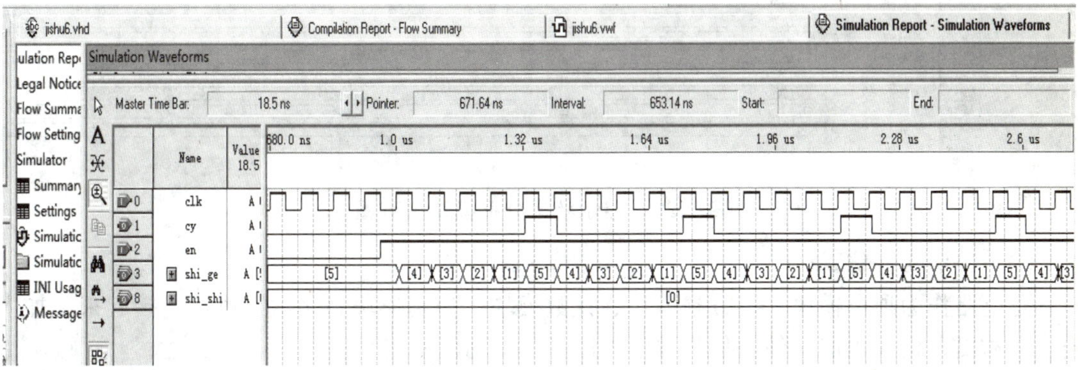

图 7.25　5 进制递减计数器模块仿真图

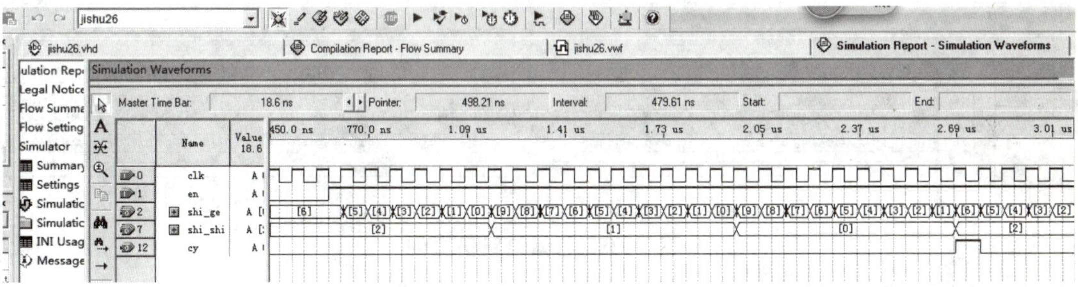

图 7.26　26 进制递减计数器模块仿真图

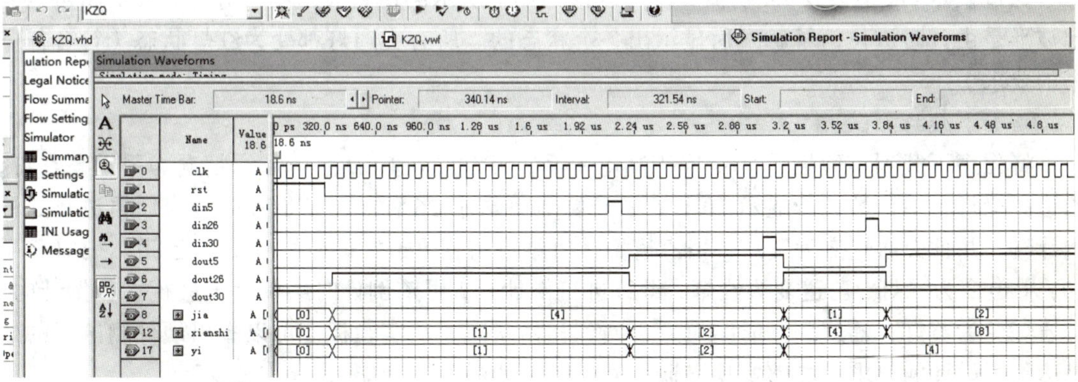

图 7.27　状态机模块仿真图

（4）显示状态分配模块仿真。

数码管在不同状态下，需要将不同的计数器的值赋给两组不同的数码管进行显示，所以需要根据状态机状态信息分配显示状态，仿真波形如图 7.28 所示。

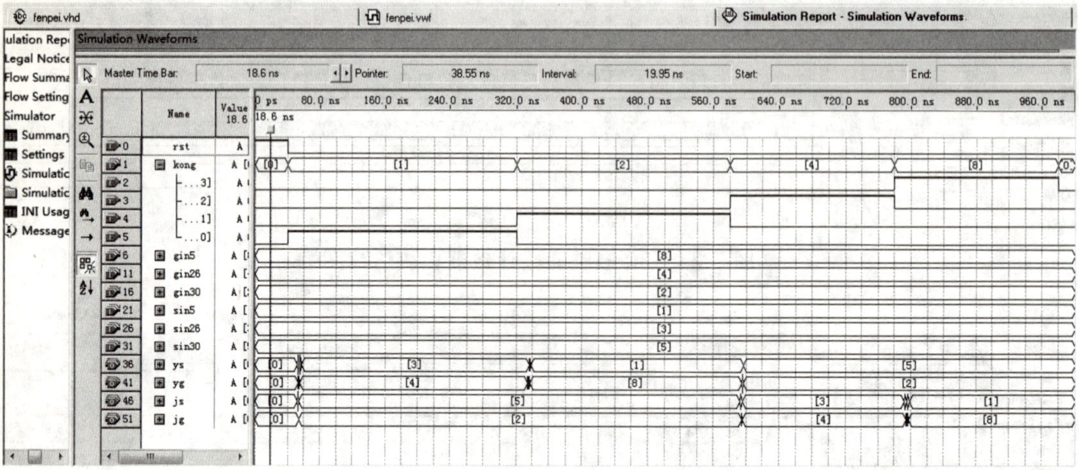

图 7.28 显示状态分配模块仿真图

（5）顶层文件仿真。

总电路作为顶层模块，将分频模块、计数模块、控制模块和显示模块等连接起来，加入输入、输出，构成顶层文件。仿真波形如图 7.29 所示。

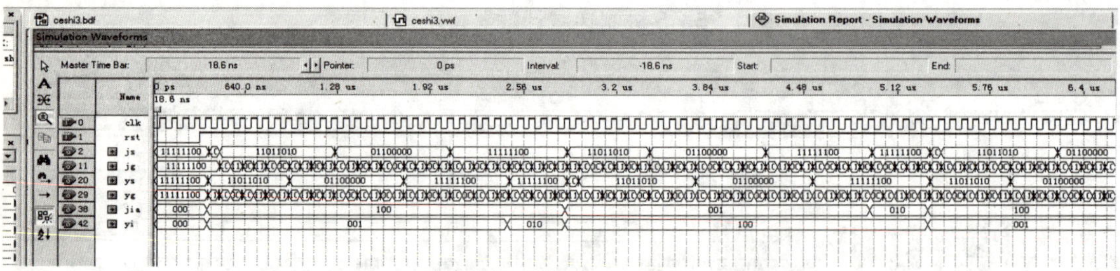

图 7.29 总体电路仿真图

（6）仿真结果分析。

通过设定 clk 值以及 rst 初值，就可以得到如上所示的仿真波形图。由仿真波形图可以看出波形是由计时进位信号触发而显示出各个状态的。所有交通灯都变为红灯状态（符合任务书的要求）。

（7）下载与测试。

将程序下载到实验板后，rst 置于高电平后，可以看到 LED 灯的显示情况为甲道亮红灯，乙道亮绿灯，甲道数码管显示 30 秒，乙道数码管显示 26 秒。乙道倒计时结束后再进行 5 秒倒计时，并且交通灯变为黄灯；当乙道倒计时结束后，甲道数码管显示 26，乙道数码管显示 30，甲道变为绿灯，乙道变为红灯，继续进行倒计时；甲道倒计时结束后再进行 5 秒倒计时，交通灯变为黄灯；乙道倒计时结束后再回到初始状态。从实验板上可以看出硬件测试下的效果达到了设计的要求，能够实现交通信号灯控制器的基本功能。

7.2　数字电子电路综合实验分类题库

7.2.1　基础设计题库

1．故障监测报警电路的制作

1）设计目的

（1）熟悉数据选择器的逻辑功能。

（2）学习用数据选择器实现组合逻辑电路的方法。

2）设计技术指标与要求

某车间有 3 台电动机工作，检测电路对 3 台电动机工作状态进行监测。使用发光二极管显示检测结果：

（1）绿色发光二极管亮。表示 3 台电动机正常工作。

（2）黄色发光二极管亮。表示有 1 台电动机出现故障。

（3）红色发光二极管亮。表示有 2 台以上电动机出现故障。

（4）要求有具体电路设计及仿真。

（5）电源可自制也可使用成品。

3）制作提示

参考原理如图 7.30 所示。

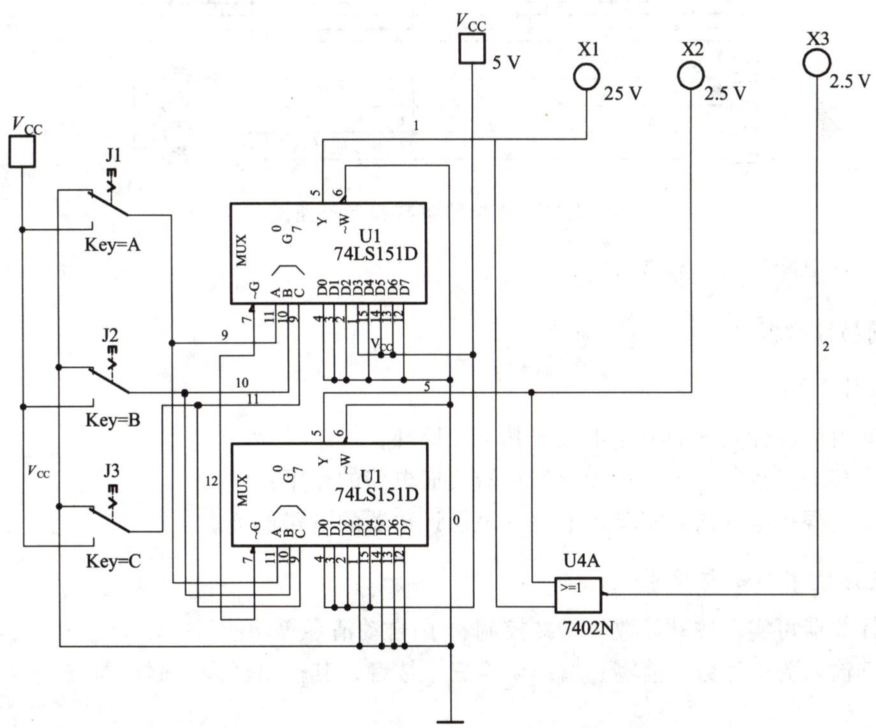

图 7.30　故障监测报警电路参考电路图

2．简单抢答器的设计与仿真（模板）

1）设计目的

（1）了解集成逻辑门芯片的结构特点。

（2）体验由集成逻辑门实现复杂逻辑关系的一般方法。

（3）掌握集成逻辑门的正确使用。

2）设计技术指标与要求

（1）采用与非门设计四路抢答器的原理图，明确元器件连接和电路连线。

（2）采用 LED 灯显示抢答结果。

（3）使用 4 个按键作为抢答器输入。

3）制作提示

（1）通电后，分别按下 A、B、C、D 各键观察对应指示灯是否点亮。当其中某一指示灯点亮时，再按其他键，观察其他指示灯的变化。完成电路的分析报告。

（2）参考原理如图 7.31 所示。

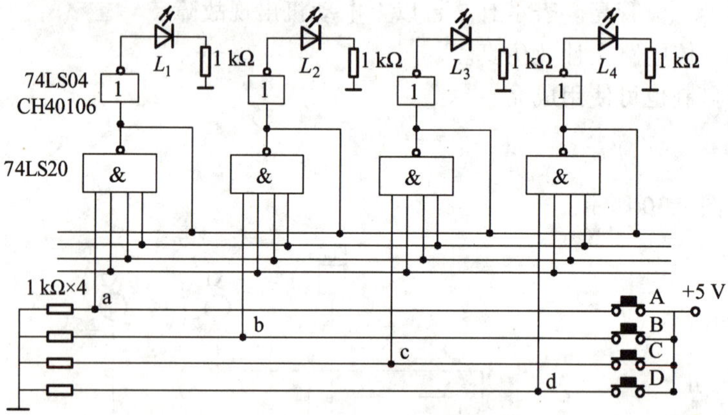

图 7.31 简单抢答器参考电路图

（3）仿真电路如图 7.32 所示。

3．简易计数器

1）设计目的

（1）知道简易计数器的电路组成及其工作原理；

（2）了解七段数码显示器和加减计数器集成电路的作用；

（3）学会根据电路图在实验板上实现简易计数器的电路连接。

2）设计技术指标与要求

（1）计数器可实现按键计数、增减控制、手/自动清零等功能。

（2）其输入为：计数、清零、增减切换三个按键，其输出经译码驱动器处理后，由数码管显示。

（3）扩展显示电路。

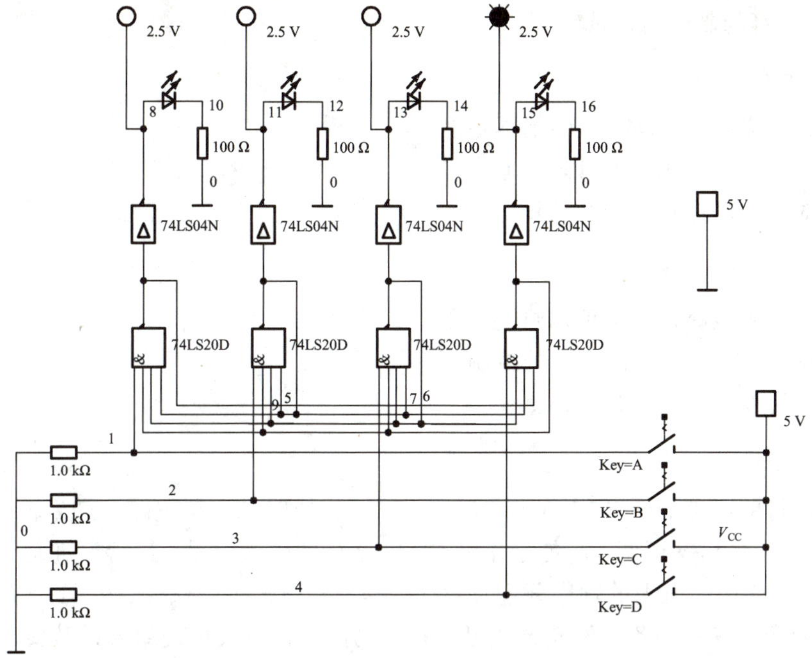

图 7.32　简单抢答器仿真电路图

3）制作提示

（1）选用可预置 4 位二进制加/减计数器 4516。计数脉冲从 CP 输入，每到来 1 个脉冲上升沿，二进制输出数据改变 1。如果 U/D 端为高电平，就增加 1；反之减少 1。RD 为异步清零端，RD 为高电平时，计数器清零，对这三个输入端进行控制。计数器输出的 4 位二进制数据用 7 段译码/驱动器 4511 驱动 7 段数码显示管。

（2）也可以选用其他方案（自选型号）。

（3）参考原理框图如图 7.33 所示，参考电路如图 7.34 所示。

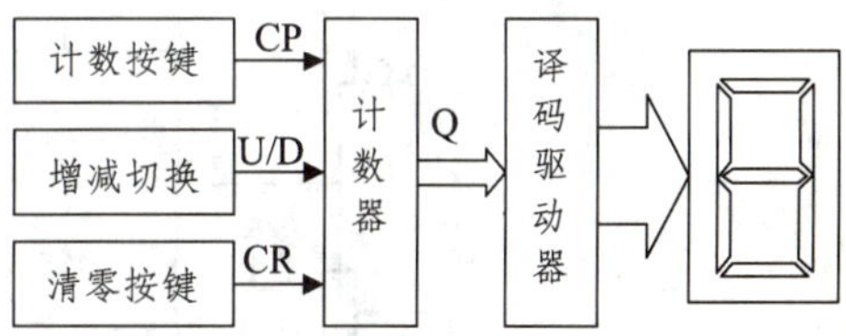

图 7.33　简易计数器参考原理框图

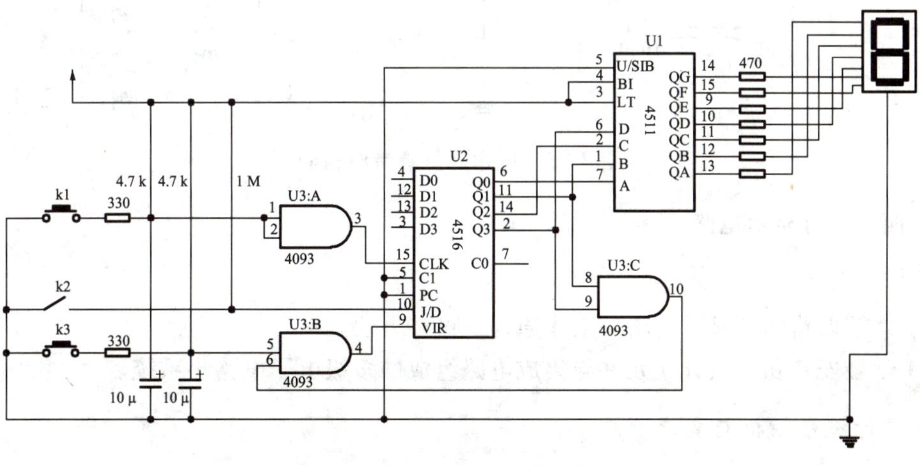

图 7.34　简易计数器参考电路图

4．流水彩灯的制作与调试

1）设计目的

（1）熟悉集成电路 CD4017 的基本功能。
（2）掌握流水灯的工作原理。
（3）能对流水灯进行制作与调试。

2）设计技术指标与要求

（1）设计计时电路，作为流水灯亮灭的计数信号。
（2）采用 CD4017 完成流水灯的控制。
（3）可自行设计其他特色功能。

3）制作提示

（1）流水灯的原理如图 7.35 所示。电路由 555 构成时基振荡电路，产生输出时基脉冲，振荡频率约在 6 ~ 50 Hz 可调，此信号作为 CD4017 计数输入信号，进行十进制计数后再译码输出，CD4017 输出高电平的顺序分别是 3、2、4、7、10、1、5、6、9、11 脚，依次使 10 串彩灯按排列顺序发光。各种发光方式可按自己的需要进行具体的组合，若要改变彩灯的闪光速度，可改变电容 C_1 的大小。

（2）参考原理如图 7.35 所示。

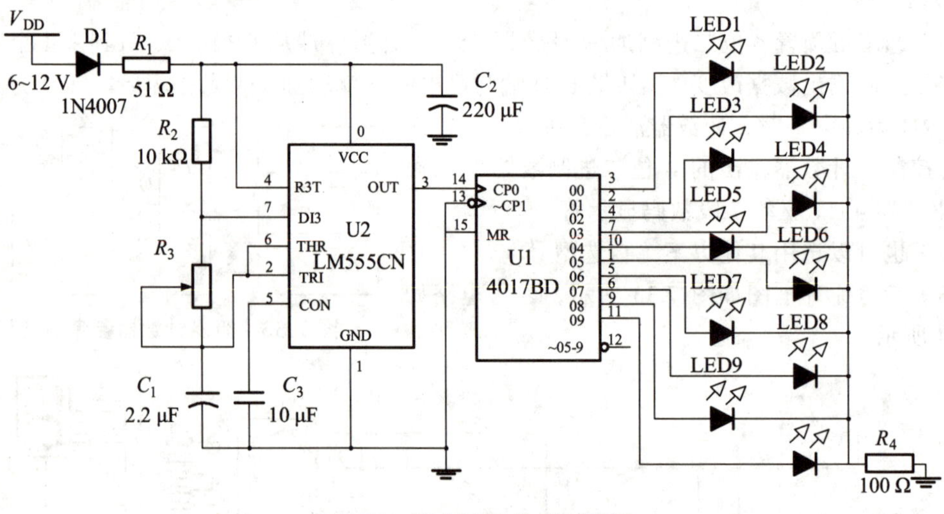

图 7.35　流水彩灯参考电路图

5．四路彩灯显示电路

1）设计目的

（1）掌握四路彩灯显示电路的工作原理及设计方法。
（2）学会安装和调试分立元件与集成电路组成的多级电子电路小系统。

2）设计技术指标与要求

（1）开机自动置入初始状态后即能按规定的程序进行循环显示。

（2）程序由三个节拍组成：第一节拍时，四路输出 Q1 ~ Q4 依次为 1，使第一路彩灯先点亮，接着第二、第三、第四路彩灯点亮。第二节拍时，Q4 ~ Q1 依次为 0，使第四路彩灯先灭，然后使第三、第二、第一路彩灯灭。第三节拍时，Q1 ~ Q4 输出同时为 1 态 0.5 秒，然后同时为 0 态 0.5 秒，使四路彩灯同时点亮 0.5 秒然后同时灭 0.5 秒，共进行 4 次。每个节拍费时都为 4 秒，执行一次程序共需 12 秒。

（3）用发光二极管显示彩灯系统的各节拍。

3）制作提示

（1）彩灯的三个节拍可以用移位寄存器 74LS194 实现，通过控制 S0 和 S1 实现右移、左移和送数，通过控制 CLR 控制清零。

（2）也可以选用其他方案（自选型号）。

（3）参考原理如图 7.36 所示。

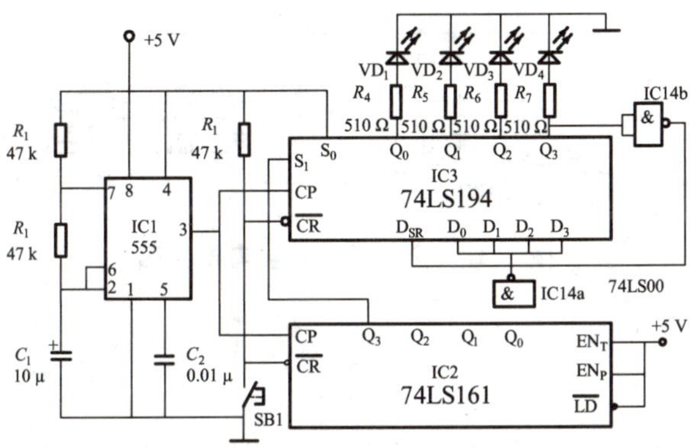

图 7.36　四路彩灯显示参考电路图

6．基于硬件描述语言的全加器设计

1）设计目的

（1）掌握全加器器的工作原理及设计方法；

（2）掌握 Quartus Ⅱ设计软件的基本步骤；

（3）学会 EDA 设计的基本思路及方法。

2）设计技术指标与要求

（1）首先掌握一位全加器原理图输入的基本方法、步骤，对其进行编译、测试、仿真。

（2）其次学会将一位全加器组合为四位全加器，在 Quartus Ⅱ设计软件中进行功能仿真测试。

（3）学会利用硬件设计语言设计两个八段数码管和拨码开关驱动程序；最后能将全加器程序和数码管程序下载到 FPGA 芯片中，实现通过数码管显示拨码开关加法操作，拨码开关上拨，数码管自动显示加一。

3）制作提示

（1）选用 Alteral 公司 cyclone Ⅱ家族系列芯片，数码管、拨码开关自购合适型号。

（2）也可以选用其他方案（自选型号）。

（3）参考原理如图 7.37 所示。

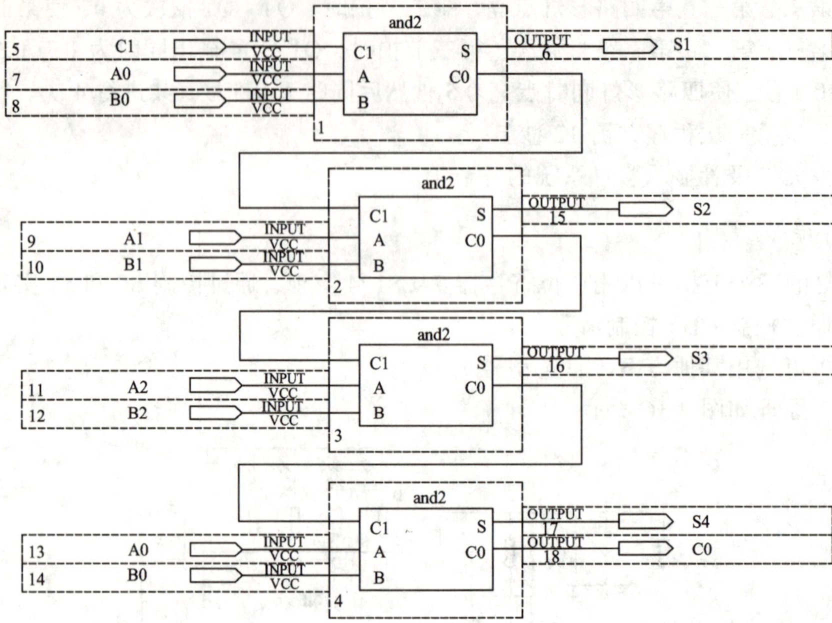

图 7.37　全加器设计参考电路图

7．基于 FPGA 的流水灯设计

1）设计目的

（1）通过本设计，使学生综合运用《数字系统设计》以及《数字电路》《模拟电路》等课程的内容，为以后从事电子产品设计、软件编程、系统控制等工作奠定一定的基础。

（2）学会使用 Quartus Ⅱ软件，用 VHDL 语言编写一个较完整的实用程序，并仿真运行，保证设计的正确性。

（3）了解 PLD 应用开发的全过程：分析需求、设计原理图、选用元器件、布线、编程、调试、撰写报告等。

2）设计技术指标与要求

（1）控制 8 个 LED 灯进行花式显示，设计 4 种显示模式：

① S0，从左至右逐个点亮 LED 灯；

② S1，从右至左逐个点亮 LED 灯；

③ S2，从两边至中间逐个点亮 LED 灯；

④ S3，从中间至两边逐个点亮 LED 灯。

4 种模式循环切换，复位键（rst）控制系统的运行与停止。

（2）设计流水灯的状态转换图，并实现状态间的循环跳转。

（3）设计方法采用 VHDL 语言编写程序，通过 Quartus Ⅱ软件完成程序的编辑与仿真。

3）设计提示

① 流水灯状态转换参考如图 7.38 所示，可采用计数器实现状态间的跳转。

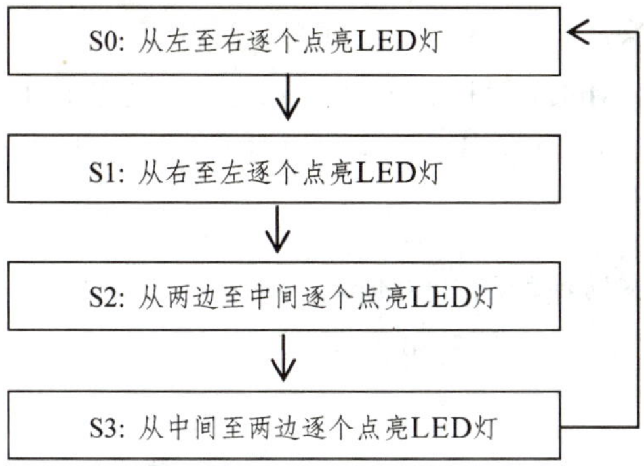

图 7.38　基于 FPGA 的流水灯参考电路图

8．基于 FPGA 的占空比为 1：1 的奇数分频器设计

1）设计目的

（1）通过本设计，使学生综合运用《数字系统设计》以及《数字电路》《模拟电路》等课程的内容，为以后从事电子产品设计、软件编程、系统控制等工作奠定一定的基础。

（2）学会使用 Quartus Ⅱ软件，用 VHDL 语言编写一个较完整的实用程序，并仿真运行，保证设计的正确性。

（3）了解 PLD 应用开发的全过程：分析需求、设计原理图、选用元器件、布线、编程、调试、撰写报告等。

2）设计技术指标与要求

（1）设计一个分频系数为 5、占空比为 1：1 的奇数分频器；

（2）设计方法采用 VHDL 语言编写程序，通过 Quartus Ⅱ软件完成程序的编辑与仿真。

3）设计提示

（1）采用 2 个计数器进行控制，一个计数器采用时钟信号上升沿触发，另一个计数器采用时钟信号下降沿触发，两个计数器的模与分频系数相同。

（2）然后根据这两个计数器的并行信号输出决定两个相应的电平控制信号，最后对两个电平信号进行相应的逻辑运算即可完成分频信号的输出。

9．基于 FPGA 的状态机设计

1）设计目的

（1）通过本设计，使学生综合运用《数字系统设计》以及《数字电路》《模拟电路》等课程的内容，为以后从事电子产品设计、软件编程、系统控制等工作奠定一定的基础。

（2）学会使用 Quartus Ⅱ软件，用 VHDL 语言编写一个较完整的实用程序，并仿真运行，保证设计的正确性。

（3）了解 PLD 应用开发的全过程：分析需求、设计原理图、选用元器件、布线、编程、调试、撰写报告等。

2）设计技术指标与要求

（1）分别设计 Moore、Melay 两种状态机，实现 4 种状态（S0，S1，S2，S3）间的跳转。

（2）设计方法采用 VHDL 语言编写程序，通过 Quartus Ⅱ软件完成程序的编辑与仿真。

3）设计提示

（1）Moore 状态机状态转换如图 7.39 所示。

（2）Melay 状态机状态转换如图 7.40 所示。

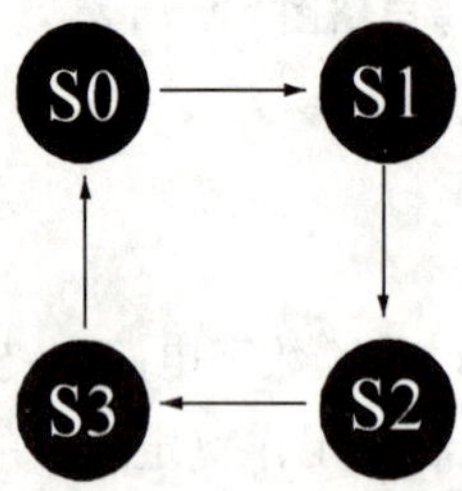

图 7.39 Moore 状态机状态转换图

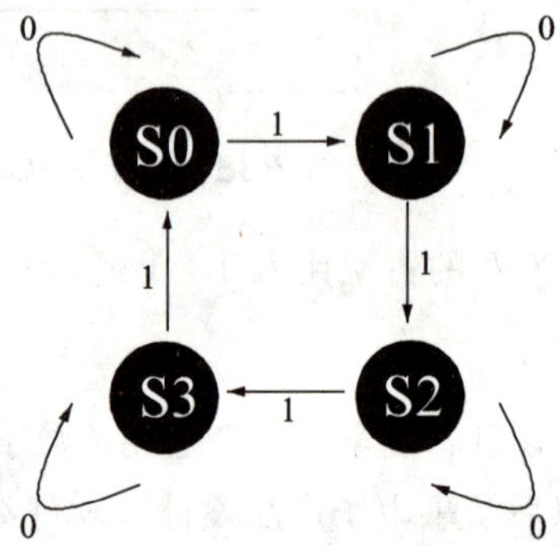

图 7.40 Melay 状态机状态转换图

10．序列检测器的设计

1）设计目的

（1）掌握序列检测器的工作原理；

（2）学会用状态机进行数字系统设计。

2）设计技术指标与要求

（1）设计一个序列检测器模块，可实现对一组序列的检测；

（2）序列可存储 1 ~ 4 组序列，可分别进行检测；

（3）序列可存储 1 ~ 4 组序列，可实施更换存储的序列值；

（4）被检测序列错误时告警。

3）制作提示

序列检测器用于检测一组或多组由二进制码组成的脉冲序列信号，在数字通信中有着广泛的应用。当序列检测器连续收到一组串行二进制码后，如果这组码与检测器中预先设置的码相同，则输出 1，否则输出 0。由于这种检测的关键在于正确码的接收必须是连续的，这就要求检测器必须记住前一次的正确码及正确序列，直到在连续的检测中所收到的每一位码都与预置的对应码相同。在检测过程中，任何一位不相等都将回到初始状态重新开始检测。原理图如图 7.41 所示。

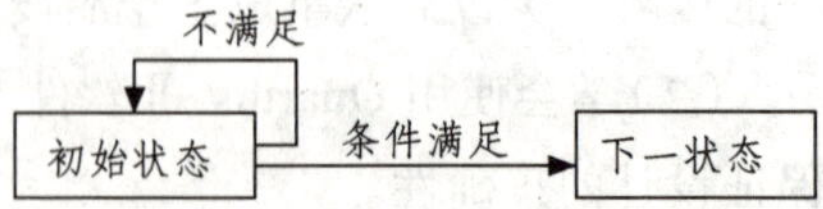

图 7.41 序列检测器原理框图

本实验要从一串二进制码中检测出一个已预置的 8 位二进制码 10001110，每增加一位二进制码相当于增加一个状态，再加上一个初始态，用 9 个状态可以实现。其过程如图 7.42 所示。

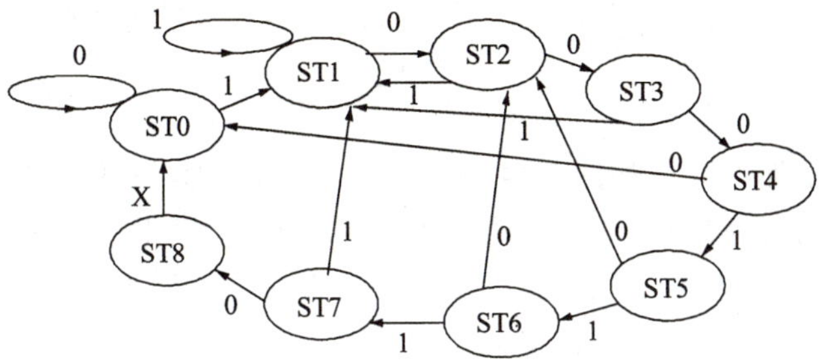

图 7.42　序列检测器状态转换图

11．串/并转换数码静态显示控制电路设计

1）设计目的

（1）掌握数码管静态显示的工作原理；

（2）学会使用 VHDL 进行串/并转换的数字系统设计方法。

2）设计技术指标与要求

（1）在 FPGA 中设计一个能控制 8 个 74LS164 组成的串行静态 8 数码管显示模块，要求数据显示清晰，且无闪烁感；

（2）要求设计显示的计数时钟（分频得到）。

3）制作提示

（1）静态数码管显示如图 7.43 所示。一般使用 74LS164 进行数码管驱动及串行显示，同时驱动 8 个数码管时，连接线路比较复杂，需要进行简化，其中段码并行连接，片选需设计译码器进行连接。

（2）74LS164 的 CP 同步时钟频率要适当，频率太高会显示不清晰，频率太低会有闪烁感。

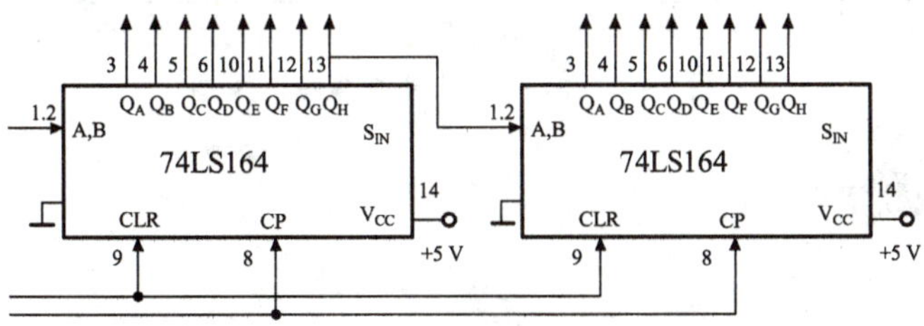

图 7.43　串/并转换数码静态显示控制电路参考图

7.2.2　综合设计库

1．电子生日蜡烛电路的制作

1）设计目的

（1）加深理解与非门构成基本 RS 触发器的逻辑功能。

（2）进一步熟悉简单电子产品的制作工艺。

（3）熟悉音乐 IC 管脚的识别方法。

2）设计技术指标与要求

电子生日蜡烛电路原理图如图 7.44 所示。IC1 选用 CD4011B（四 2 输入与非门）集成块、IC 为生日快乐音乐集成块，电源采用稳压电源 + 5 V。由于音乐 IC 输出功率小，必须外接三极管 VT 进行小功率放大后，才能推动小型受话器（0.25 W）或蜂鸣器放音。

3）制作提示

（1）方案提示。

① 按工艺要求，用万用表对驻极体话筒、蜂鸣器等元件进行质量检测。

② 在万能 PCB 版上，按装配工艺要求插接元器件并焊接，印制板接线如图 7.44 所示。

③ 组装完成后，用打火机对光敏电阻照耀，观察“生日蜡烛”（发光二极管）是否点亮，音乐是否奏响。然后对话筒 BM 吹气，是否能“灯熄乐停”。

④ 调节电位器 R_p，改变电子生日蜡烛的灵敏度。

（2）参考原理如图 7.44 所示。

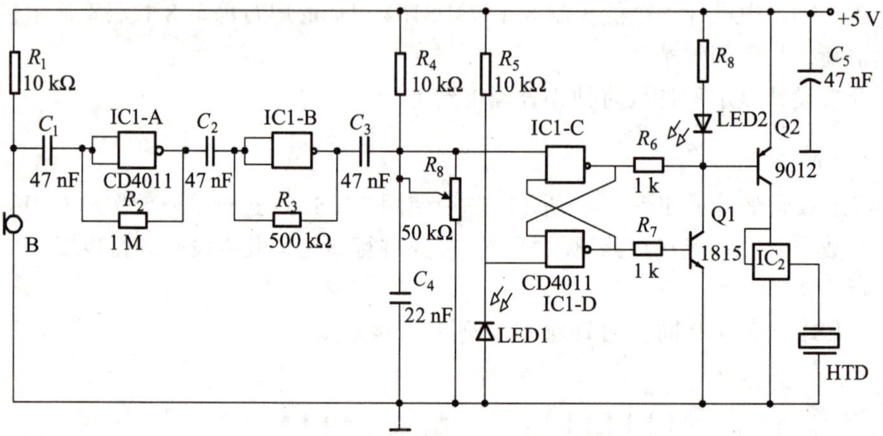

图 7.44　电子生日蜡烛参考电路图

2．$3\frac{1}{2}$位直流数字电压表

1）设计目的

（1）掌握双积分式 A/D 转换器的工作原理。

（2）熟悉 $3\frac{1}{2}$ 位 A/D 转换器 CC14433 的性能及其引脚功能。

（3）掌握用 CC14433 构成直流数字电压表的方法。

（4）学会安装和调试分立元件与集成电路组成的多级电子电路小系统。

2）计技术指标与要求

$3\frac{1}{2}$位直流数字电压表是定时对所检测的电压取样，然后通过 A/D 转换，用 4 位十进制数字显示被测模拟电压值，其最高位数码管只显示“+”“–”号和指示 0 或 1，因此称之为半位，其电压量程分为 1.999 V 和 199.9 V 两挡。

3）制作提示

（1）方案提示。

$3\frac{1}{2}$ 位直流数字电压表电路框图如图 7.45 所示。

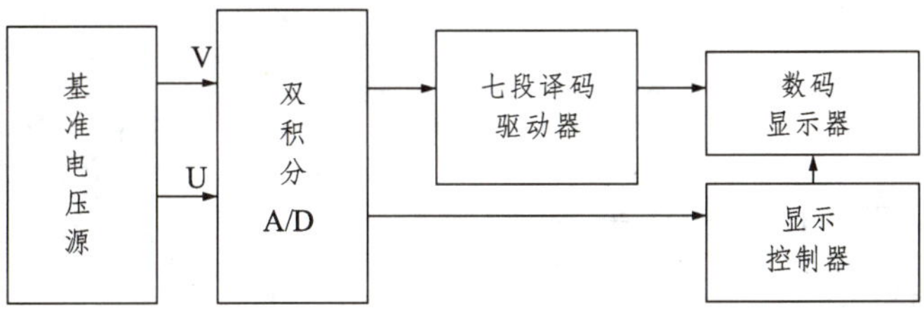

图 7.45　$3\frac{1}{2}$ 位直流数字电压表的电路框图

（2）V-T 变换型双积分 A/D 转换器。

直流数字电压表的核心器件是一个间接型 A/D 转换器，它首先将输入的模拟电压信号变换成易于准确测量的时间量，然后在这个时间宽度里用计数器计时，计数结果就是正比于输入模拟电压信号的数字量。

如图 7.46 所示是双积分 ADC 的逻辑框图。它由积分器（包括运算放大器 A_1 和 RC 积分网络）、过零比较器 A_2，N 位二进制计数器、开关控制电路、门控电路，参考电压 V_{REF} 与时钟脉冲源 CP 组成。

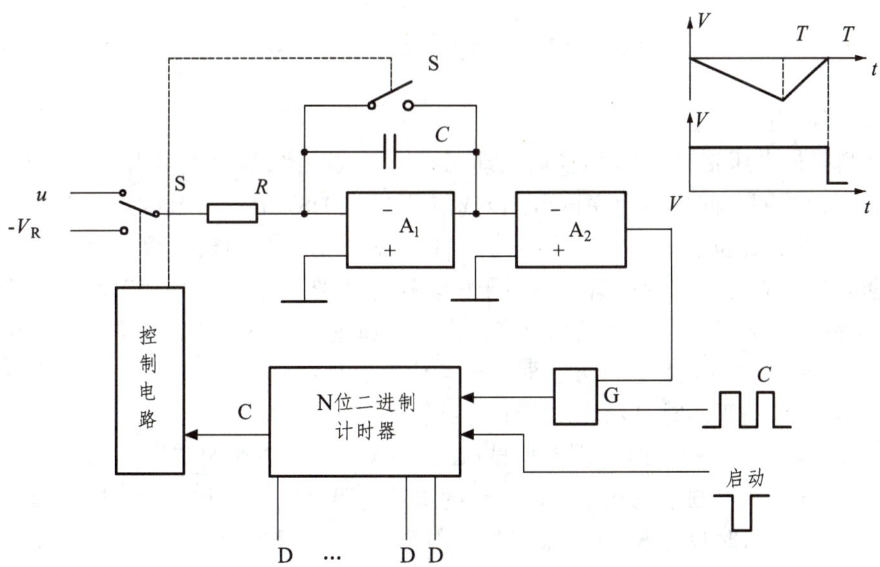

图 7.46　双积分 ADC 的逻辑框图

转换开始前，先将计数器清零，并通过控制电路使开关 S_0 接通，将电容 C 充分放电。由于计数器进位输出 CO = 0，控制电路使开关 S 接通 u_x，模拟电压与积分器接通。同时，门 G 被封锁，计数器不工作。积分器输出 V_A 线性下降，经零值比较器 A_2 获得唯一电压 V_C，打开门 G，计数器开始计数，当输入 2^n 个时钟脉冲后 $t=T_1$，各触发器输出端 $D_{n-1}\sim D_0$ 由 11～1 回到 00～0，其进位输出 CO = 1，作为定时控制信号，通过控制电路将开关 S 转换至基准电压源 $-V_{REF}$，积分器向相反方向积分，V_A 开始线性上升，计数器重新从 0 开始计数，直至 $t=T_2$，V_A 下降到 0，比较器输出的正方波结束，此时计数器中暂存二进制数字就是 u_x 相对应的二进制数码。$3\frac{1}{2}$ 位直流数字电压表电路如图 7.47 所示。

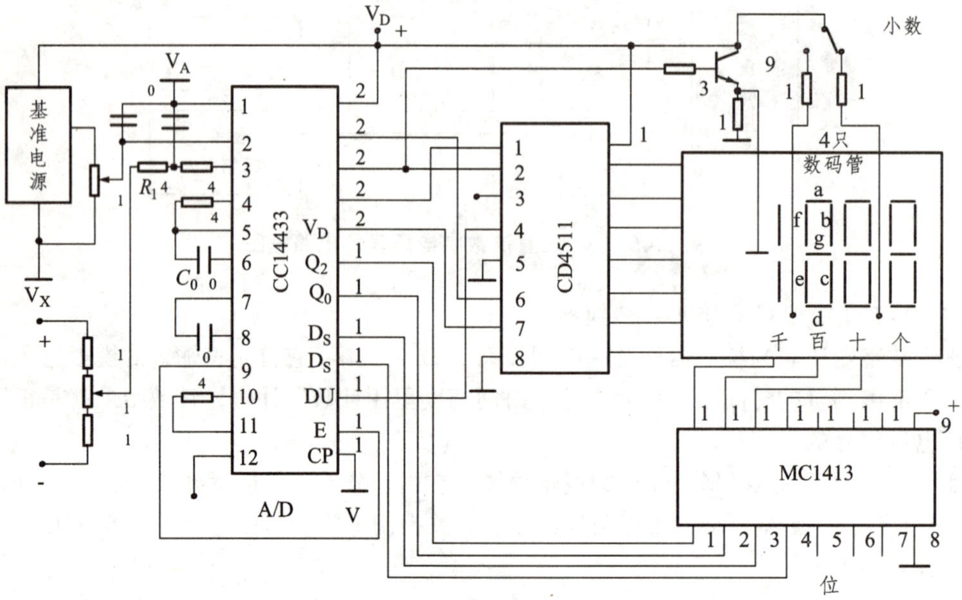

图 7.47　$3\frac{1}{2}$ 位直流数字电压表的参考电路图

（3）原理说明。

① 被测直流电压 u_x 经 A/D 转换后以动态扫描形式输出，数字量输出端 $Q_0Q_1Q_2Q_3$ 上数字信号（8421 码）按照时间先后顺序输出。位选信号 DS_1、DS_2、DS_3、DS_4 通过位选开关 MC1413 分别控制着千位、百位、十位和个位上的 4 只数码管的公共阴极。数字信号经七段译码器 CC4511 译码后，驱动 4 只数码管的各段阳极。这样就把 A/D 转换器按时间顺序输出的数据以扫描形式在 4 只数码管上依次显示出来，由于选通重复频率较高，工作时从高位到低位以每位每次约 300 μS 的速度循环显示。即一个 4 位数的显示周期是 1.2 ms，所以人的肉眼就能清晰地看到 4 位数码管同时显示 3 位半十进制数字量。

② 当参考电压 $V_R=2$ V 时，满量程显示 1.999 V；$V_R=200$ mV 时，满量程为 199.9 mV。可以通过选择开关来控制千位和十位数码管的限流电阻，实现对相应的小数点显示的控制。最高位（千位）显示时只有 b、c 二根线与数码管的 b、c 脚相接，所以千位只显示 1 或不显示，用千位的 g 笔段来显示模拟量的负值（正值不显示），即由 CC14433 的 Q_2 端通过 NPN 晶体管 9013 来控制 g 段。

③ 精密基准电源 MC1403。A/D 转换需要外接标准电压源作参考电压。标准电压源的精度应当高于 A/D 转换器的精度。本实训采用 MC1403，在正常使用范围内变化时，输出电压的变化不超过 3 mV，一般只有 0.6 mV 左右，输出最大电流为 10 mA。

④ 实验箱中已有 BCD 七段译码／驱动器 CC4511 和 LED 数码管。

⑤ 七路达林顿晶体管列阵 MC1413。

MC1413 采用 NPN 达林顿复合晶体管的结构，因此有很高的电流增益和很高的输入阻抗，可直接接受 MOS 或 CMOS 集成电路的输出信号，并把电压信号转换成足够大的电流信号驱动各种负载。该电路内含有 7 个集电极开路反相器。

3．数字式频率计

1）设计目的

（1）熟悉数据选择器的逻辑功能。

（2）学习用数据选择器实现组合逻辑电路的方法。

2）设计技术指标与要求

（1）设计要求。

① 被测信号为 TTL 脉冲信号。

② 测量精度为 ± 1 Hz。

③ 用 LED 数码管显示频率数值。

（2）技术指标。

① 输入信号为正弦信号、三角波，幅值为 10 mV。

② 显示的频率范围为 0000 ~ 9999 Hz。

③ 提高测量的精度至 0.1 Hz。

3）制作提示

（1）方案提示。

频率是指单位时间（1 s）内信号振动的次数。从测量的角度看，即单位时间测得的被测信号的脉冲数。电路的方框图如图 9.48 所示。被测信号送入通道，经放大整形后，使每个周期形成一个脉冲，这些脉冲加到主门的 A 输入端，门控双稳输入的门控信号加到主门的 B 输入端，在主门开启时间内，脉冲信号通过主门，进人计数器，则计数器计的数，就是要测的频率值。如果主门的开启时间为 T_s，计数器累积的数字为 N，则被测的频率为 $f_x = N/T$。

（2）参考原理如图 7.48 所示。

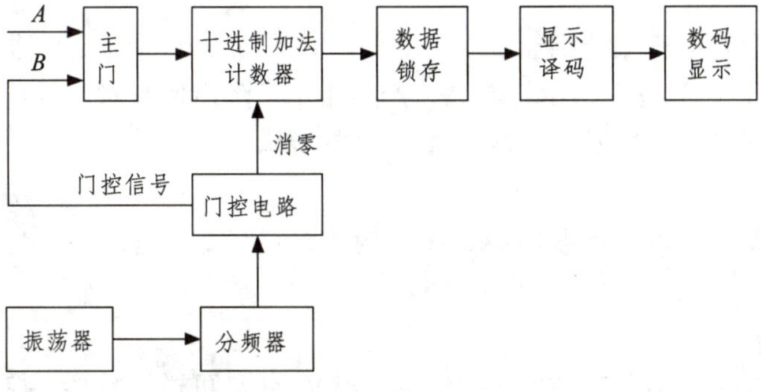

图 7.48　数字式频率计参考电路图

4．拔河游戏机

1）设计目的

（1）学习数字电路中基本 *RS* 触发器、计数、译码显示等单元电路的综合应用。

（2）熟悉拔河游戏机的工作原理。

（3）学会安装和调试分立元件与集成电路组成的多级电子电路小系统。

2）设计技术指标与要求

拔河游戏机用 9 个（或 15 个）电平指示灯排列成一行，开机后只有中间一个点亮，以此作为拔河的中心线，游戏双方各持一个按键，迅速、不断地按动产生脉冲，谁按得快，亮点向谁方向移动，每按一次，亮点移动一次。移到任一方终端指示灯点亮，这一方就得胜，此时双方按键均无作用，输出保持，只有经复位后才使亮点恢复到中心线。最后，显示器显示胜者的盘数。

3）制作提示

可逆计数器 74LS193 原始状态输出 4 位二进制数 0000，经译码器输出使中间的一只电平指示灯点亮。当按动 A、B 两个按键时，分别产生两个脉冲信号，经整形后分别加到可逆计数器上，可逆计数器输出的代码经译码器译码后驱动电平指示灯点亮并产生位移，当亮点移到任何一方终端后，由于控制电路的作用，使这一状态被锁定，而对输入脉冲不起作用。如按动复位键，亮点又回到中点位置，比赛又可重新开始，如图 7.49 所示。

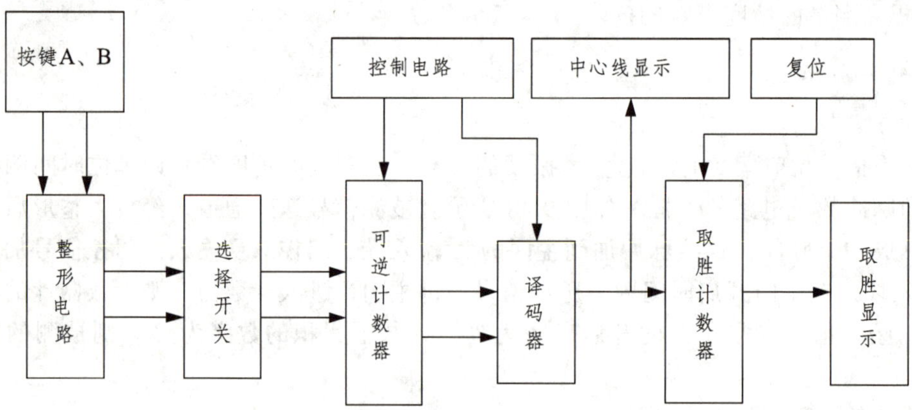

图 7.49　拔河游戏机的电路框图

将双方终端指示灯的正端分别经 2 个与非门后接到 2 个十进制计数器 CC4518 的使能端 EN，当任一方取胜，该方终端指示灯点亮，产生 1 个下降沿使其对应的计数器计数。这样，计数器的输出即显示了胜者取胜的盘数，如图 7.50 所示。

（1）编码电路。

由双时钟二进制同步可逆计数器 74LS193 构成，它有 2 个输入端，4 个输出端，能进行加/减计数。

（2）整形电路。

由与门 74LS08 和与非门 74LS00 构成。因 74LS193 是可逆计数器，控制加减的 CP 脉冲分别加至 5 脚和 4 脚，此时当电路要求进行加法计数时，减法输入端 CP_D 必须接高电平；进

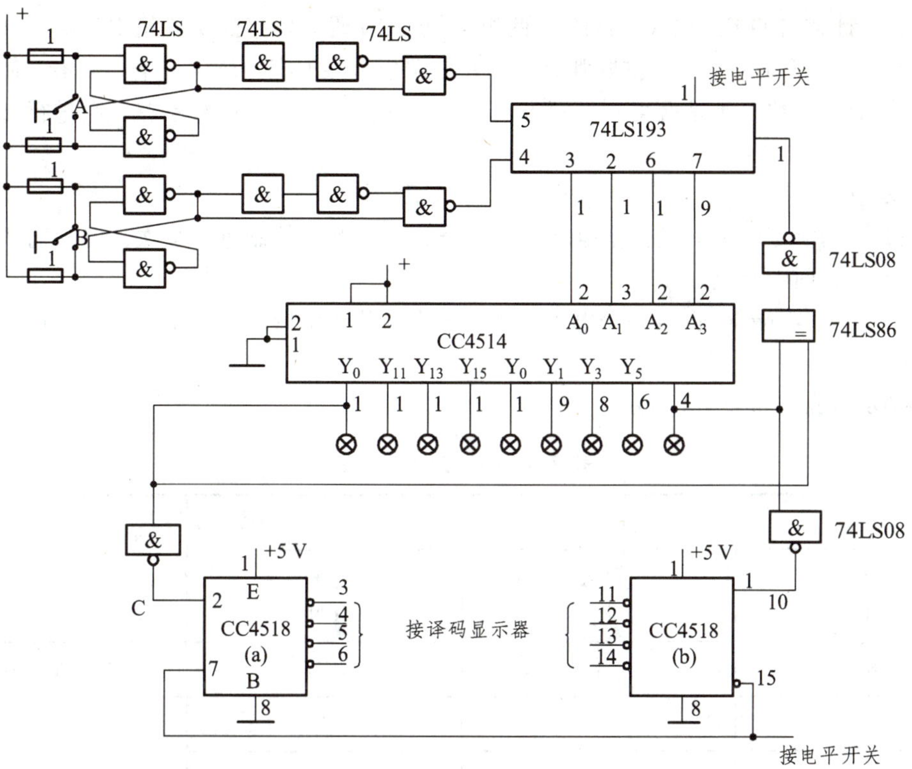

图 7.50　整机逻辑图

行减法计数时，加法输入端 CP_U 也必须接高电平，若直接由 A、B 键产生的脉冲加到 5 脚或 4 脚，就有可能在进行计数输入时另一计数输入端为低电平，使计数器不能计数，双方按键均失去作用，拔河比赛不能正常进行。加一整形电路，使 A、B 二键出来的脉冲经整形后变为一个占空比很大的脉冲，这就减少了进行某一计数时另一计数输入为低电平的可能性，从而使每按一次键都有可能进行有效的计数。

（3）译码电路。

由 4 线-16 线译码器 CC4514 构成。译码器的输出 $Y_0 \sim Y_{15}$ 中选 9 个（或 15 个）接电平指示灯，电平指示灯的负端接地，而正端接译码器；这样，当输出为高电平时电平指示灯点亮。

比赛准备，译码器输入为 0000，Y_0 输出为 1，中心处指示灯首先点亮，当编码器进行加法计数时，亮点向右移，进行减法计数时，亮点向左移。

（4）控制电路。

由异或门 74LS86 和与非门 74LS00 构成，其作用是指示出谁胜谁负。当亮点移到任何一方的终端时，判该方为胜，此时双方的按键均宣告无效。将双方终端指示灯正接至异或门的 2 个输入端，当获胜一方为“1”，而另一方则为“0”，异或门输出为“1”，经与非门产生低电平“0”，再送到 74LS193 计数器的置数端，于是计数器停止计数，处于预置状态，由于计数器数据端 D_0、D_1、D_2、D_3 和输出 Q_0、Q_1、Q_2、Q_3 对应相连，输入也就是输出，从而使计数器对脉冲不起作用。

（5）胜负显示。

由计数器 CC4518 和译码显示器构成。将双方终端指示灯正极经与非门输出后分别接到

2 个 CC4518 计数器的 EN 端,CC4518 的两组 4 位 BCD 码分别接到实验箱中的两组译码显示器的 8、4、2、1 插孔上。当一方取胜时，该方终端指示灯发亮，产生一个上升沿，使相应的计数器进行加一计数，于是就得到了双方取胜次数的显示，若 1 位数不够，则进行 2 位数的级连。

（6）复位。

74LS193 的清零端 CR 接一个电平开关，作为一个开关控制进行多次比赛而需要的复位操作，使亮点返回中心点。

CC4518 的清零端 R_D 也接一个电平开关，作为胜负显示器的复位来控制胜负计数器使其重新计数。

CC4518 功能表如表 7.3 所示。

表 7.3　CC4518 功能表

输入			输出功能
时钟 CP	清零 R_D	使能 EN	
×	1	×	全部为 0
↑	0	1	加计数
0	0	↓	
↓	0	×	保持
×	0	↑	
↑	0	0	
1	0	↓	

5．方波、三角波、正弦波发生器

1）设计目的

（1）学习信号发生器的设计方法；

（2）研究方波、三角波、正弦波发生器的设计方案；

（3）掌握方波、三角波、正弦波发生器的测试方法；

2）设计技术指标与要求

（1）设计一个方波、三角波、正弦波发生器；

（2）频率范围：在 50 ~ 1 000 Hz 内可调；

（3）幅度范围：峰值在 0.1 ~ 5 V 内可调。

3）制作提示

设计电路框图如图 7.51 所示。

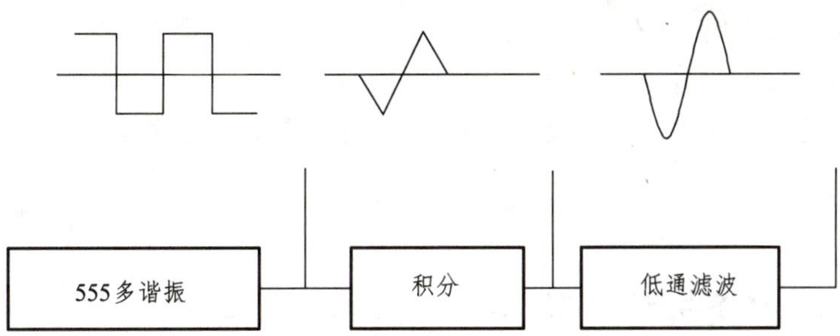

图 7.51　方波、三角波、正弦波、信号发生器的原理框图

利用 555 与外围元件构成多谐振荡器来产生方波，其振荡频率可调。*RC* 积分电路是一种应用比较广泛的模拟信号运算电路。在自动控制系统中，常用积分电路作为调节环节。此外，*RC* 积分电路还可以用于延时、定时以及各种波形的产生或变换。由 555 定时器组成的多谐振荡器输出的方波经 555 外围电容耦合输出，再经 *RC* 积分电路的 *R* 与 *C* 积分，构成接近三角波。再用低通滤波的方法将三角波变换为正弦波。

主体参考电路如图 7.52 所示。

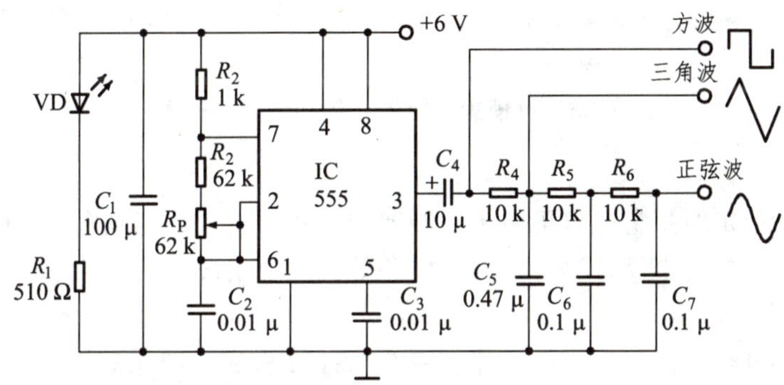

图 7.52　方波、三角波、正弦波、信号发生器参考电路图

6．可预置的定时显示报警电路

1）设计目的

（1）掌握数字电路的设计及调试方法。

（2）学会安装和调试分立元件与集成电路组成的多级电子电路小系统。

2）基础知识与能力层次要求

（1）课程涉及课程：数字电路。

（2）能力层次要求：电类专业综合实践能力（综合）（第二级）：√。

3）设计技术指标与要求

（1）设计要求。

① 设计定时显示报警电路。

② 预置时间最大 30 s。

③ 数码管显示时间。

（2）技术指标。

① 能进行 30 秒计时，具有时间显示功能，有外部操作开关。

② 可以控制计数器的启动与置数，计数器按递减方式进行。

③ 当计数器递减到零时，显示器显示 00，计数器停止计时并发出警报。

4）制作提示

（1）方案提示。

30 秒定时器的总体参考方案框图如图 7.53 所示，它包括时钟脉冲发生电路、计数器、译码显示电路、报警电路和辅助时序控制电路等部分组成。时钟脉冲发生电路产生秒脉冲，计数器完成 30 秒计时，控制电路控制计时器的启动与置数，译码显示电路显示时间，报警电路完成报警功能。

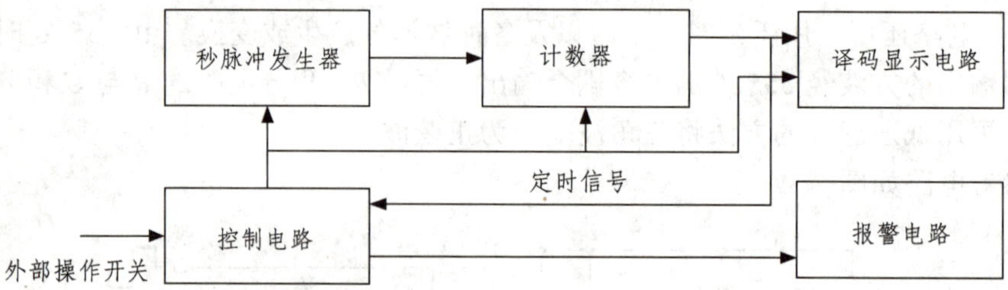

图 7.53 可预置定时器总体参考方案框图

（2）单元电路设计。

本次课程设计的定时报警电路可由十进制递减计数器、置数控制电路、时钟信号控制电路、译码显示电路、报警电路、秒脉冲发生电路等几部分组成。

① 递减计数器。

电路的主要部分是十进制递减计数器，由 74LS192 构成。图 7.54 所示为 8421BCD 码三十进制递减计数器原理图。

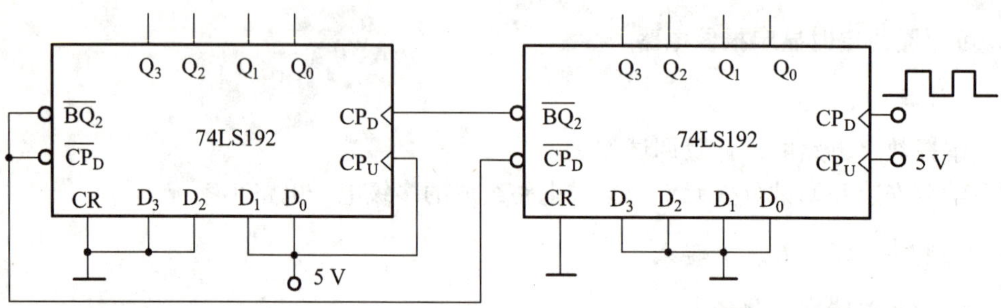

图 7.54 8421BCD 码三十进制递减计数器原理图

它的计数原理是 LD、CP_U 置 1，CR 置 0 时，若时钟脉冲加到 CP_D 端，则计数器在预置数的基础上完成减计数。预置数为 $N=(0011\ 0000)_{8421BCD}=(30)_{10}$。当低位 BO_1 发出借位脉冲时，高位计数器才作减计数。当计数器全为零时，BO_2 将低电平送入两个计数器的 LD 端，重新置数为 30，计数器又开始下一循环的计数。

② 置数控制电路。

置数控制电路的作用是控制计数器的置数和启动。可以将一个高低电平逻辑开关接到两块 74LS192 的 LD 端，当开关置 0 时，计数器置数，显示 30 秒，当开关置 1 时，计数器从 30 秒开始递减计数。

③ 时钟信号控制电路。

时钟信号控制电路的接法如图 7.55 所示。

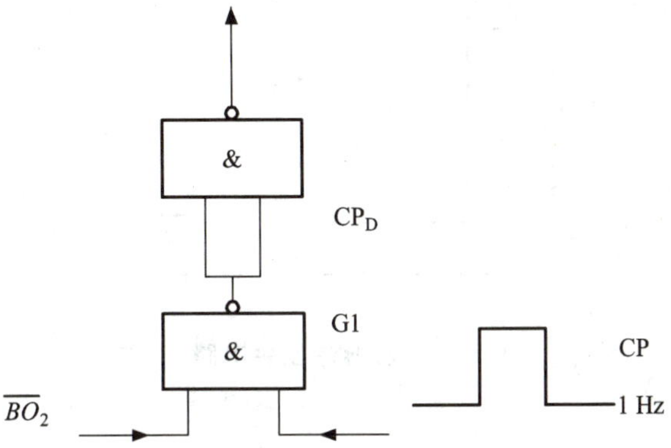

图 7.55　时钟信号控制电路图

它作用是让计数器从 30 秒计数到 0 时，不再又从 30 秒开始计数，而是暂停到 0，以便报警电路开始工作。其原理是将 BO_2 和时钟信号 CP 接入与非门，在接入一次与非门，相当于 BO_2 与 CP 接入了一个或门，再接到控制个位的 74LS192 的 CP_D 端，当未计数到零时，BO_2 为高电平，时钟脉冲可以进入 CP_D，计数器继续计数，当计数到 0 时，BO_2 输出低电平，时钟脉冲通过与门后变为低电平，计数器停止计数，同时报警电路开始工作。

④ 译码显示电路。

本电路显示时间采用数码管来显示。由于 74LS192 的输出是高电平有效，用 74LS48 来译码，采用 7 段共阴极数码管来显示时间，如图 7.56 所示。

⑤ 报警电路。

本电路采用发光二极管来报警，当计数器计时到零后，BO_2 输出低电平，因此可以将 BO_2 通过一个反相器与 LED 相连，此反相器可由 BO_2 接入与非门两输入端构成。当 BO_2 为低电平时 LED 就会发光，起到报警作用，如图 7.57 所示。

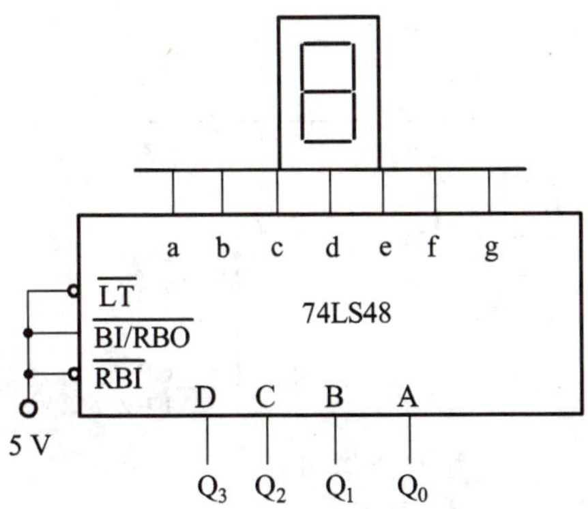

图 7.56　译码显示电路图

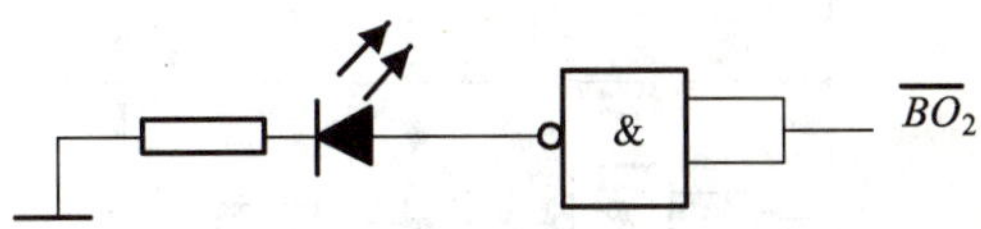

图 7.57　报警电路图

⑥ 秒脉冲发生电路。

秒脉冲发生电路使用555组成的多谐振荡器来构成，电路如图7.58所示。

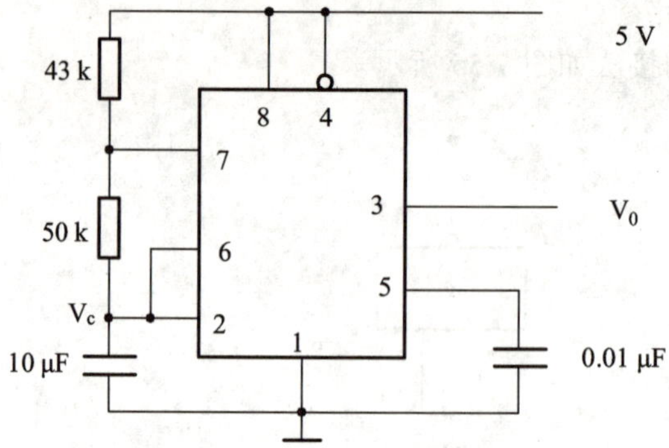

图 7.58　秒脉冲发生电路图

（3）设计电路图

将以上各单元电路连接起来，就构成了30秒定时电路。

① 电路原理图如图7.59所示。

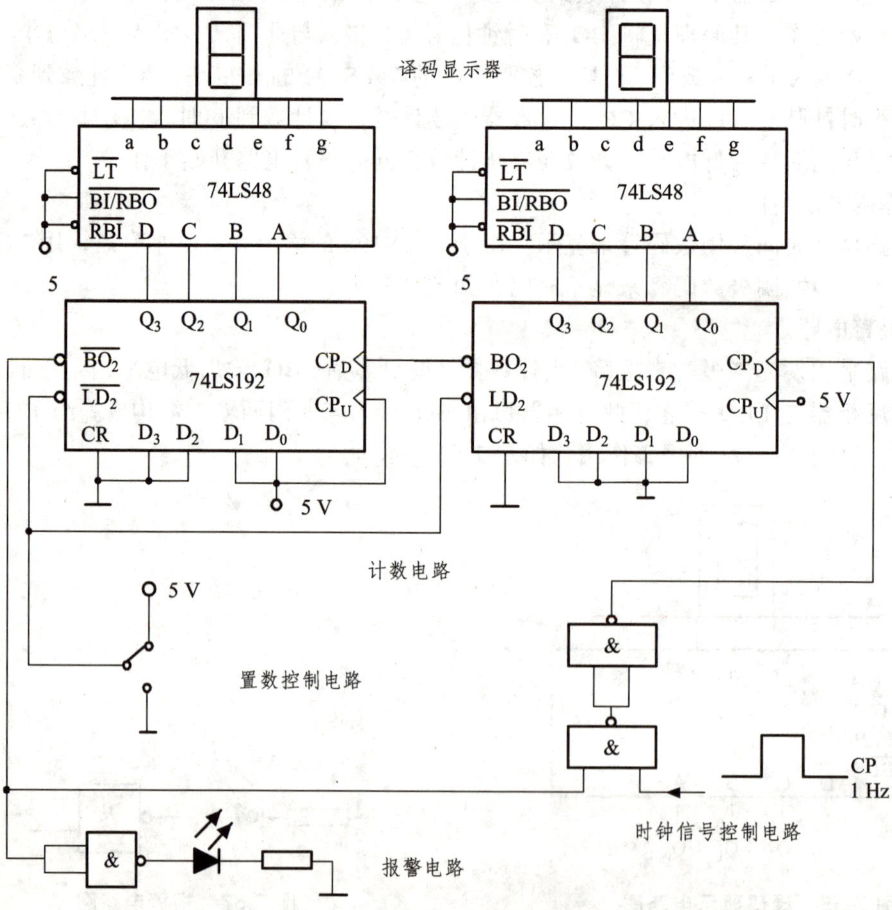

图 7.59　定时显示报警电路参考图

② 电路原理介绍。

当置数开关置低电平时，计数器置数为 30 秒。当置数开关置高电平时，计数器开始计数。此时 BO_2 的输出为高电平，时钟脉冲可以送入 CP_D，计数器作减计数。当计数器计数到 0 时，BO_2 输出低电平，时钟脉冲经两个与非门变为低电平，计数器停止计数，同时 BO_2 的低电平经反相后变为高电平，驱动 LED 发光，达到报警作用。

7．数字电子钟

1）设计目的

（1）掌握数字电子钟的设计、组装与调试方法。

（2）熟悉集成电路的使用方法。

2）设计技术指标与要求

（1）设计一个有“时”“分”“秒”（12 小时 59 分 59 秒）显示，且有校时功能的电子钟。

（2）闹钟系统。

（3）整点报时。在 59 分 51 秒、53 秒、55 秒、57 秒输出 750 Hz 音频信号，在 59 分 59 秒时输出 1 000 Hz 信号，音频持续 1 s，在 1 000 Hz 荧屏结束时刻为整点。

3）制作提示

数字电子钟的逻辑框图如图 7.60 所示。它由 555 集成芯片构成的振荡电路、分频器、计数器、显示器和校时电路组成。555 集成芯片构成的振荡电路产生的信号经过分频器作为秒脉冲，秒脉冲送入计数器，计数结果通过“时”“分”“秒”译码器显示时间。数字电子钟参考电路如图 7.61 所示。

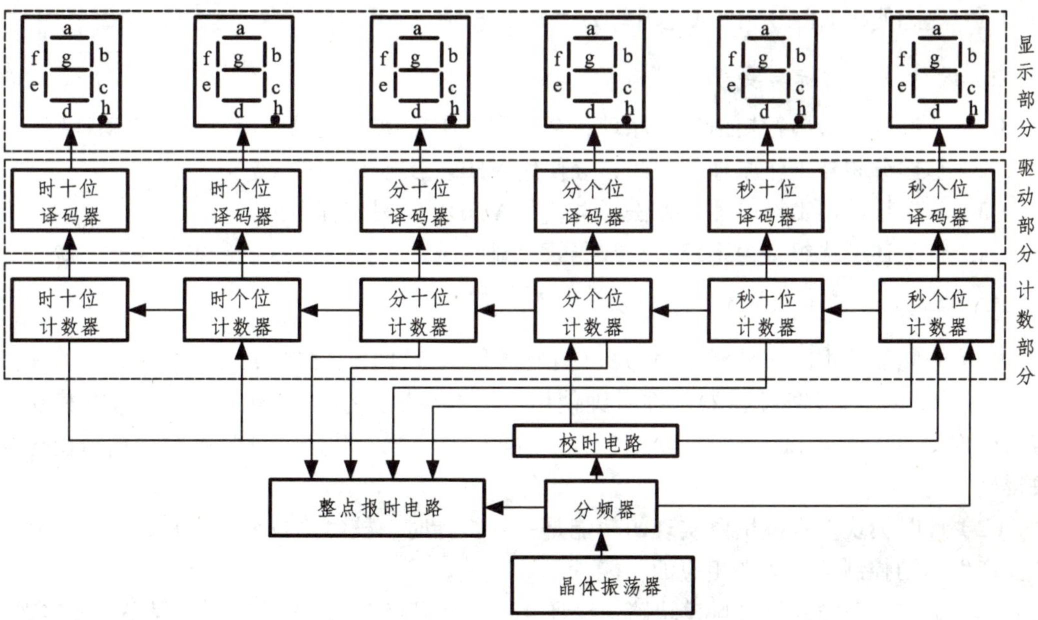

图 7.60　数字电子钟电路框图

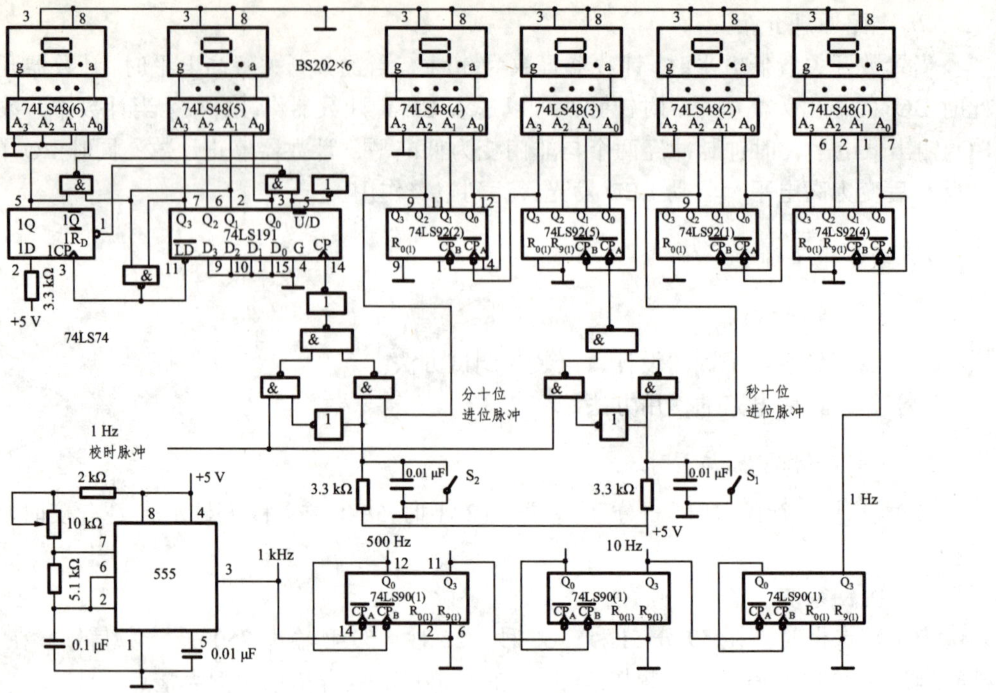

图 7.61 数字电子钟参考电路图

8．复杂数字钟设计与扫描显示

1）设计目的

（1）掌握数字钟的工作原理及设计方法。

（2）熟练掌握硬件设计语言设计分频，计数、串形扫描显示电路的方法。

（3）熟悉使用 CPLD/FPGA 芯片驱动数码管显示。

2）设计技术指标与要求

（1）掌握数码管串行扫描工作原理，会使用 VHDL 实现数码管串行扫描驱动程序。

（2）掌握分频器工作原理及方法，会使用 VHDL 实现该程序。

（3）掌握计数器工作原理及方法，会使用 VHDL 实现该程序。

（4）将上述模块组合为系统，在数码管上显示该数字钟。

3）制作提示

（1）分频器。本系统共需 3 种频率时钟信号（1 024 Hz、512 Hz、1 Hz）分别给输入去抖、无闪烁显示以及秒计数器基准时钟使用。为减少输入引脚，本系统采用分频模块，只需由外部提供 FPGA 试验箱的 40/50 MHz 基准时钟信号，其余三种频率时钟信号由分频模块得到。

（2）计时模块。本模块要实现的功能是：正常计时、校时、校分、校秒，在每个状态下都会产生不同控制信号实现相应的功能。

（3）矩阵键盘输入及去抖模块路：设计 4×4 的矩阵键盘，并设计去抖程序，可实现 0～9 数字输入，以及开始、复位、置数等控制功能，电路如图 7.62 所示。

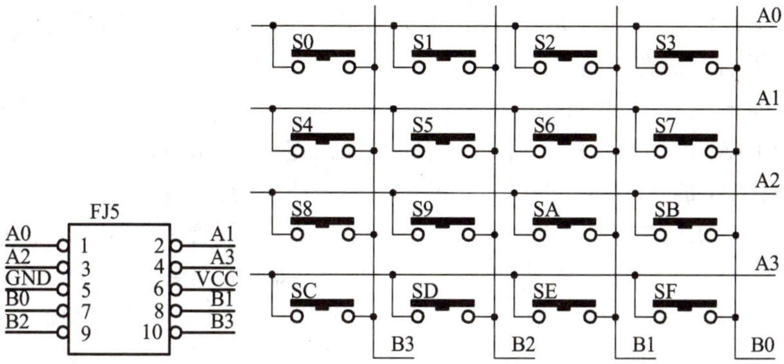

图 7.62　4×4 键盘电路和 10 芯接口

（4）数码管显示模块：驱动 8 个数码管进行显示，要求无闪烁感。

9．VHDL 梁祝乐曲演奏程序设计

1）设计目的

（1）了解乐曲演奏电路的原理。

（2）掌握利用可编程逻辑器件实现乐曲演奏的设计方法。

（3）学会使用 FPGA 小系统板与外围电路组成的多级数字电路小系统（可选）。

2）设计技术指标与要求

（1）可以单点演奏各乐点（频率），不能串音；

（2）可连续播放梁祝乐曲。

3）制作提示

与利用微处理器（CPU 或 MCU）来实现乐曲演奏相比，以纯硬件完成乐曲演奏电路的逻辑要复杂得多。如果不借助于功能强大的 EDA 工具和硬件描述语言，仅凭传统的数字逻辑技术，即使最简单的演奏电路也很难实现。

根据声乐学知识，组成乐曲的每个音符的发音频率值及其持续的时间是乐曲能连续演奏所需的两个基本要素，获取这两个要素所对应的数值以及通过纯硬件的手段来利用这些数值实现所希望乐曲的演奏效果是本实验的关键。本设计由三个模块组成，各模块的功能如下所述：

模块一：SPEAKER 为一个数控分频器。其 CLK 端输入一个具有较高频率（本实验为 12 MHz）的信号，通过 SPEAKER 分频后由 SPKOUT 输出。由于直接从数控分频器中出来的输出信号是脉宽极窄的脉冲式信号，为了便于驱动喇叭，需另加一个 D 触发器均衡其占空比，但这时的频率将是原来的 1/2。SPEAKER 对 CLK 输入信号的分频比由 11 位预置数 TONE[10…0]决定。SPKOUT 的输出频率将决定每一音符的音调，这样分频计数器的预置值 TONE[10…0]与 SPKOUT 的输出频率就有了对应关系。例如在 TONETABA 模块中若取 TONE[10…0] = 1 036，作为发音符为“3”音的信号频率。

模块二：TONETABA 是确定乐曲的速度以及每个音符的节拍数。TONETABA 的功能首先是为 SPEAKER 提供决定所发音符的分频预置数，而此数在 SPEAKER 输入口停留的时间

即为此音符的节拍值。模块 TONETABA 是乐曲简谱码对应的分频预置数查表电路，其中设置了“梁祝”乐曲全部音符所对应的分频预置数，共 13 个，每一音符的停留时间由音乐节拍和音调发生器模块 NOTETABS 的 CLK 输入频率来决定，在此为 4 Hz。这 13 个值的输出由对应于 TONETABA 的 4 位输入值 Index[3...0]来确定，而 Index[3...0]最多有 16 种可选值。输向 TONETABA 中的值 ToneIndex[3...0]的输出值与持续的时间由模块 NOTETABS 来决定。

模块三：NOTETABS 为音调发生器。在 NOTETABS 中设置了一个 8 位二进制计数器（计数最大值为 138），这个计数器的计数频率选为 4 Hz，即每一计数值的停留时间为 0.25 s，恰好为当全音符设为 1 s 时，四四拍的 4 分音符的持续时间。例如，NOTETABS 在以下的 VHDL 逻辑描述中，“梁祝”乐曲的第一个音符为“3”，此音在逻辑中停留了 4 个时钟节拍，即为 1 s 时间，相应地所对应的“3”音符分频预置值为 1036 在 SPEAKER 的输入端停留了 1 s。随着 NOTETABS 中的计数器按 4 Hz 的时钟频率作加法计数时，“梁祝”乐曲就开始连续自然地演奏起来了。

如表 7.4 所示为简谱中音名与频率的对应关系。

表 7.4 简谱中音名与频率的关系

音 名	频率（Hz）	音 名	频率（Hz）	音 名	频率（Hz）
低音 1	261.63	中音 1	523.25	高音 1	1 046.50
低音 2	293.67	中音 2	587.33	高音 2	1 174.66
低音 3	329.63	中音 3	659.25	高音 3	1 381.51
低音 4	349.23	中音 4	698.46	高音 4	1 396.92
低音 5	391.99	中音 5	783.99	高音 5	1 567.98
低音 6	440	中音 6	880	高音 6	1760
低音 7	439.88	中音 7	987.76	高音 7	1 975.52

由于对应的频率点都有小数部分，在分频时不需花大量时间去产生分频电路，只要大概频率点在此范围内即可，本实验采用图 7.63 所示频率点，我们把音符与音谱对应定义如下：

```
when  0=>tone<=2047;  code<=0;  high<=0;
when  1=>tone<=773;   code<=1;  high<=0;
when  2=>tone<=912;   code<=2;  high<=0;
when  3=>tone<=1036;  code<=3;  high<=0;
when  5=>tone<=1197;  code<=5;  high<=0;
when  6=>tone<=1290;  code<=6;  high<=0;
when  7=>tone<=1372;  code<=7;  high<=0;
when  8=>tone<=1410;  code<=1;  high<=1;
when  9=>tone<=1480;  code<=2;  high<=1;
when  10=>tone<=1542; code<=3;  high<=1;
when  12=>tone<=1622; code<=5;  high<=1;
when  13=>tone<=1668; code<=6;  high<=1;
when  15=>tone<=1728; code<=1;  high<=2;
```

音符　对应频率点　对应音谱　区别低中高音

图 7.63 梁祝乐曲演奏参考程序图

现在提供转换的“梁祝”乐曲音符，与需要演奏其他乐曲的原理相同，只需修改音符即可：

3；3；3；3；5；5；5；6；8；8；8；9；6；8；5；5；12；12；12；15；13；12；10；12；9；9；9；9；9；9；9；0；9；9；9；10；

7；7；6；6；5；5；5；6；8；8；9；9；3；3；8；8；6；5；6；8；5；5；5；5；5；5；5；5；10；10；10；12；7；7；9；9；6；8；5；

5；5；5；5；5；3；5；3；3；5；6；7；9；6；6；6；6；6；6；5；6；8；8；8；9；12；12；12；10；9；9；10；9；

8；8；6；5；3；3；3；3；8；8；8；8；6；8；6；5；3；5；6；8；5；5；5；5；5；5；5；5；0；0；0；

10．VGA 彩条信号显示控制电路设计

1）设计目的

（1）掌握 VGA 显示的工作原理及设计方法；

（2）掌握 Quartus Ⅱ宏单元电路的调用方法；

（3）学会 EDA 设计的基本思路及方法。

2）设计技术指标与要求

（1）了解彩色显示器的构成，分别为 R（红）、G（绿）、B（蓝）、HS（行同步信号）、VS（场同步信号）。颜色编码如表 7.5 所示。

（2）了解 VGA 工业标准，分别为：

时间频率：25.175 MHz；

行频：31 469 Hz；

场频：59.94 Hz。

实现满足以上标准的 VGA 彩条显示，控制显示如下三种模式，共六种变化（见表 7.6）。

表 7.5　颜色编码

颜色	黑	蓝	红	品	绿	青	黄	白
R	0	0	0	0	1	1	1	1
G	0	0	1	1	0	0	1	1
B	0	1	0	1	0	1	0	1

表 7.6　彩条信号发生器 3 种显示模式

1	横彩条	1：白黄青绿品红蓝黑	2：黑蓝红品绿青黄白
2	竖彩色	1：白黄青绿品红蓝黑	2：黑蓝红品绿青黄白
3	棋盘格	1：棋盘格显示模式 1	2：棋盘格显示模式 2

3）制作提示

VGA 行扫描、场扫描示意如图 7.64 所示。

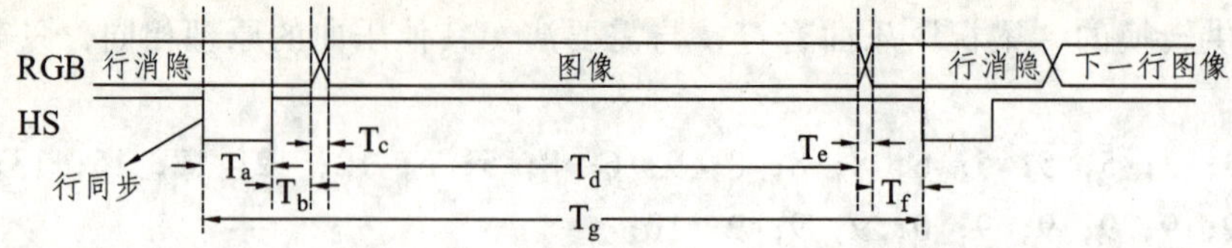

（a）行扫描

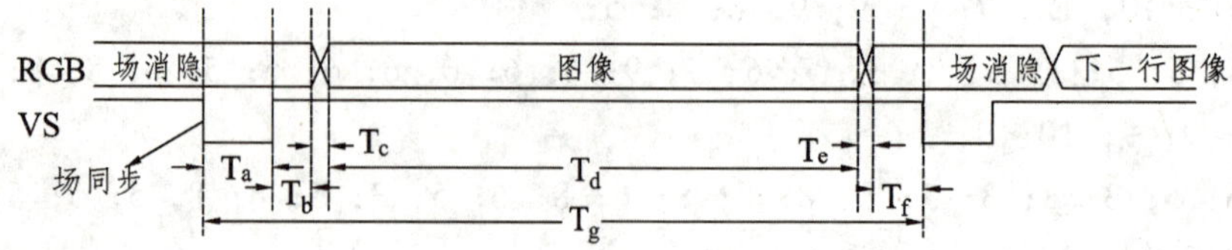

（b）场扫描

图 7.64 VGA 行扫描、场扫描示意图

行扫描时序要求如表 7.7 所示。

表 7.7 行扫描时序要求（单位：像素，即输出一个像素 Pixel 的时间间隔）

		行同步头			行图像		行周期
对应位置	T_f	T_a	T_b	T_c	T_d	T_e	T_g
时间（Pixels）	8	96	40	8	640	8	800

场扫描时序如表 7.8 所示。

表 7.8 时序要求（单位：行，即输出一行 Linel 的时间间隔）

		行同步头			行图像		行周期
对应位置	T_f	T_a	T_b	T_c	T_d	T_e	T_g
时间（Lines）	2	2	25	8	480	8	525

HS 和 VS 时序如图 7.65 所示。

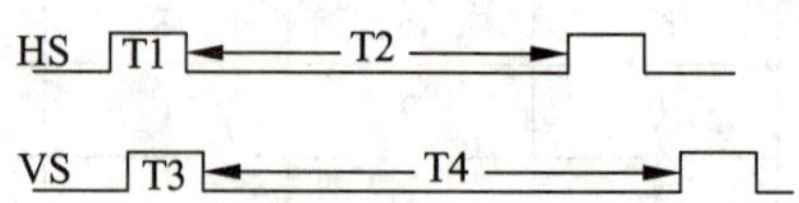

图 7.65 HS 和 VS 的时序图

7.2.3 设计型设计题库

1．移位相加型 8 位硬件乘法器设计

1）设计目的

（1）掌握硬件乘法器的工作原理及设计方法；

（2）掌握使用逐项移位相加实现乘法器的方法；

（3）学会 EDA 设计的基本思路及方法。

2）设计技术指标与要求

（1）设计 8 位乘法器的时序。要求在此时钟下，每个时钟脉冲做一次移位相加，8 个时钟后完成乘法运算。

（2）设计的各模块要求独立仿真测试，并可实现顶层连接。

逻辑原理如图 7.66 所示。

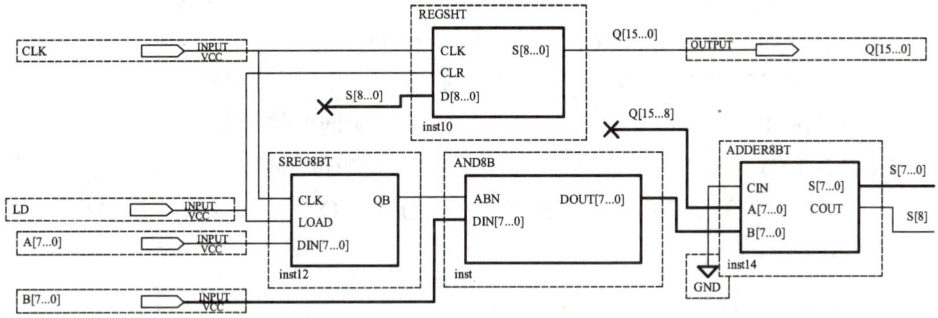

图 7.66　8 位乘法器逻辑原理图

2．并行 AD 采样控制电路设计

1）设计目的

（1）掌握 ADC0809 的工作原理及设计方法；

（2）掌握状态机的设计方法；

（3）学会使用状态机实现 ADC 控制电路。

2）设计技术指标与要求

（1）设计实现 ADC0809 的采样控制电路；

（2）设计的各模块要求独立仿真测试，并可实现顶层连接。

参考顶层设计原理如图 7.67 所示。

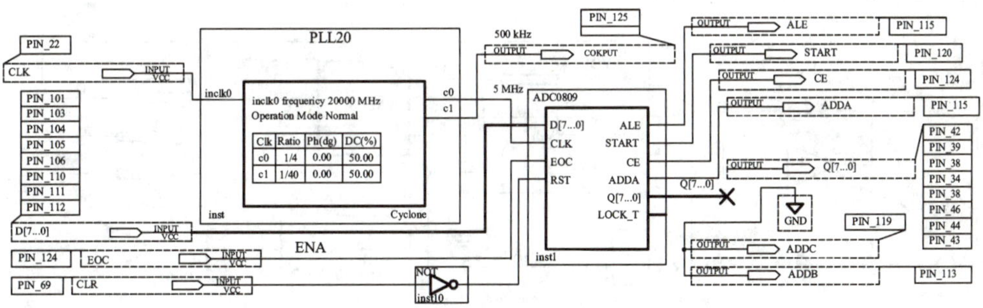

注：PLL 使用宏单元生成。

图 7.67　ADC0809 采样控制顶层原理图

参考软件实体设计程序：

```
LIBRARY IEEE;
 USE IEEE.STD_LOGIC_1164.ALL;
```

```
ENTITY ADC0809 IS
  PORT(D: IN STD_LOGIC_VECTOR(7 DOWNTO 0); --来自 0809 转换好的 8 位数据
     CLK: IN STD_LOGIC;             --状态机工作时钟
     RST: IN STD_LOGIC;             --系统复位控制
     EOC: IN STD_LOGIC;             --转换状态指示，低电平表示正在转换
     ALE:OUT STD_LOGIC;             --8 个模拟信号通道地址锁存信号
   START:OUT STD_LOGIC;             --转换开始信号
      OE:OUT STD_LOGIC;             --数据输出三态控制信号
    ADDA:OUT STD_LOGIC;             --信号通道最低位控制信号
  LOCK_T:OUT STD_LOGIC;             --观察数据锁存时钟
       Q:OUT STD_LOGIC_VECTOR(7 DOWNTO 0));   --8 位数据输出
END ADC0809;
```

3．五功能智能逻辑笔设计

1）设计目的

（1）掌握逻辑笔的工作原理及设计方法；

（2）掌握状态机的设计方法。

2）设计技术指标与要求

（1）设计实五功能逻辑笔，要求能测试高电平（大于 2.5 V），低电平（低于 1 V），中电平（低于 2.5 V，大于 1 V），高阻态，以及脉冲（即快速变化的电平）。

（2）用四个发光管分别显示四种结果。当有脉冲时，四个发光管同时发亮。“中电平”为不稳定电平，由此判断被测电路可能有问题。

3）设计提示

硬件设计参考电路图如图 7.68 所示。

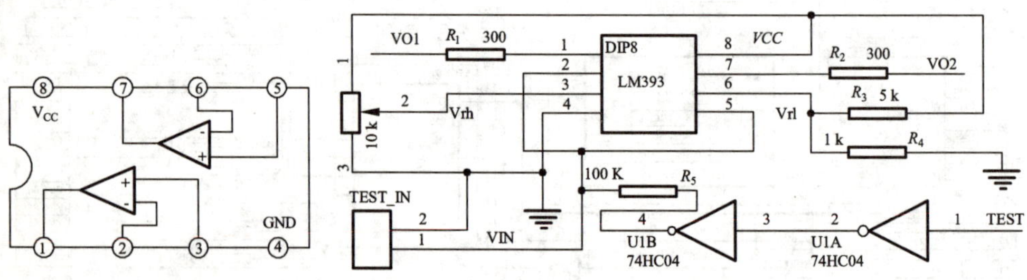

（a）引脚图　　　　（b）电路图

图 7.68 五功能智能逻辑笔电平信号采样电路图

软件设计可以用状态机实现。

7.2.4 创新型设计题库

1．怀化学院西区校门口交通灯设计

1）设计目的

（1）掌握交通灯的工作原理及设计方法；

（2）掌握 Quartus Ⅱ设计软件的基本步骤；

（3）学会 EDA 设计的基本思路及方法。

2）设计技术指标与要求

（1）了解怀化学院西校区校门口路口特点，交通灯工作方式，会将实际生活中的功能需求转化为数字系统的顶层设计；

（2）会利用硬件设计语言完成分频器、计数器、数码管等电路设计；

（3）会将各个模块联立进行综合调试、下载等；

（4）实现 120 秒内，前 90 秒双向车辆通行，后 30 秒人行道通行，人行道通行期间，提示灯与车道提示灯相反。

2．数字频率计的设计

1）设计目的

（1）学会数字频率计的设计方法；

（2）设计一个计数范围在 0 ~ 1 MHz 的数字频率计；

（3）进一步掌握自顶向下的数字系统设计方法，并体会其优越性。

2）设计技术指标与要求

（1）设计一个频率为 1 MHz 的数字频率计，测频精度优于 0.1%；

（2）可测量信号的波形类型，周期，占空比等；

（3）制作出数字频率计硬件，显示结果；

（4）撰写设计报告。

3）制作提示

（1）测频原理。

若某一信号在 T 秒时间里重复变化了 N 次，则根据频率的定义可知该信号的频率 f_s 为：$f_s = N/T$ 通常测量时间 T 取 1 秒或它的十进制时间。频率计方框图如图 7.69 所示。

① 提供准确的计数时间 T。晶振产生一个振荡频率稳定的脉冲，通过分频整形、门控双稳后，产生所需宽度的基准时间 T 的脉冲，又称闸门时间脉冲。

注意：分频器一般采用计数器完成，计数器的模即为分频比。

② 计数脉冲形成电路。

将被测信号变换为可计数的窄脉冲，其输出受闸门脉冲的控制。

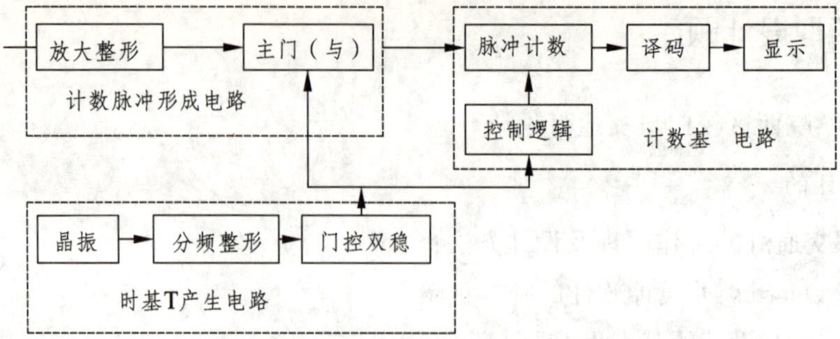

图 7.69 测频电路原理框图

③ 计数显示电路。

对被测信号进行计数，显示被测信号的频率。计数器一般采用多位 10 进制计数器。控制逻辑电路控制计数的工作程序：准备→计数→显示→复位→准备下一次测量。

（2）具体实现。

① 测频控制逻辑电路（以 1 秒为例）

a. 产生一个 1 秒脉宽的周期信号；

b. 对计数器的每一位计数使能进行控制；

c. 完成下一次测量前的计数器复位。

一种可能的时序关系如图 7.70 所示。

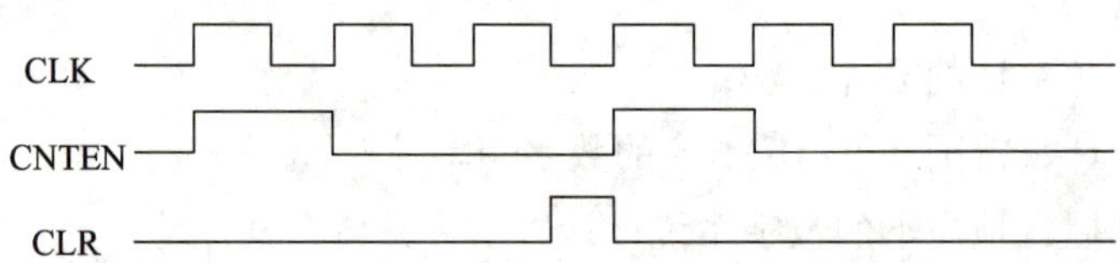

图 7.70 测频控制逻辑时序图

② 10 进制计数器。

要求具有计数使能端 CNTEN、复位端 CLR、进位输出端 CO。

③ 元件例化图（见图 7.71）。

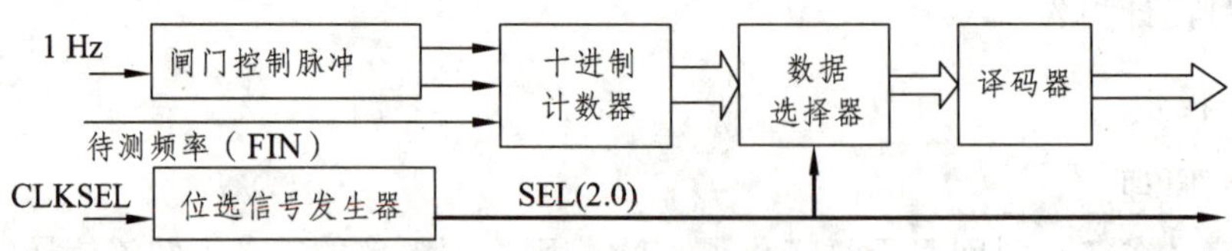

图 7.71 测频计数原理框图

注意：用 6 个十进制计数器实现 1 MHz 计数。

3．SPWM 脉宽调制控制系统的设计

1）设计目的

（1）了解 SPWM 脉宽调制控制的工作原理；

（2）掌握各类型 SPWM 波的实现方法。

2）设计技术指标与要求

（1）设计面积采样 PWM 信号发生电路，用逻辑分析仪和示波器显示波形；

（2）设计一个 SPWM 信号发生器，用逻辑分析仪生成图 7.72 的波形。

3）制作提示

（1）SPWM 波原理。

数字方式产生 SPWM 波的原理如图 7.72 所示。其中三角波为载波，正弦波是调制波，两路信号经过一个数字比较器后得到图 7.72 下方的 SPWM 波。

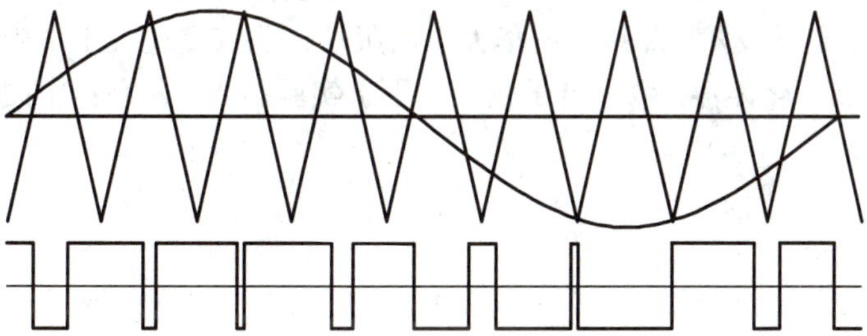

图 7.72　SPWM 波生成原理图

（2）具体实现

如图 7.73 所示。PLL20 一路 C0 输出 3.6 MHz，为三角波信号发生器提供载波时钟，另一路 C1 输出 200 kHz，为正弦波信号发生器提供时钟。TRANG 是三角波模块（递增），ROM10 是正弦波数据 ROM 的地址发生器，深度是 1 024，数据宽度 10 位，相位相隔 120 度。

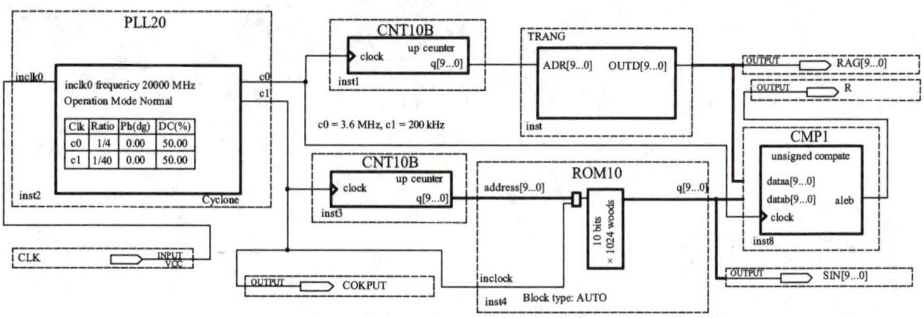

图 7.73　SPWM 波发生器基本电路图

电路 SignalTap Ⅱ实测波形如图 7.74 所示。

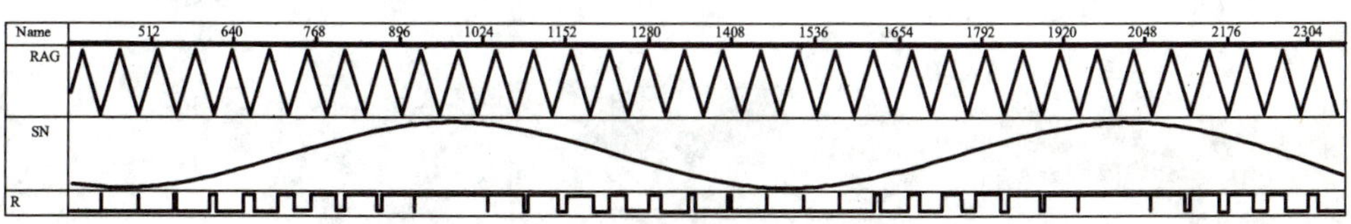

图 7.74　电路的 SignalTap Ⅱ实测波形

本章参考文献

[1] 吴慎山. 数字电子技术实验与实践. 北京：电子工业出版社，2011.
[2] 梁薇. 电子技术实验与实训教程. 成都：电子科技大学出版社，2005.
[3] 汤德荣. 电工电子技术实验与实训教程. 哈尔滨：哈尔滨工程大学出版社，2006.
[4] 李震梅. 电子技术实验与课程设计. 北京：机械工业出版社，2011.
[5] 罗中华. 电工电子实验教程. 重庆：重庆大学出版社，2007.
[6] 张双琦 ，王朱劳. 数字电子技术及应用. 西安：西安电子科技大学出版社，2007.
[7] 白玉成，王金艳. 电子技术基础实践操作教程. 哈尔滨：哈尔滨地图出版社，2005.
[8] 鲁宝春. 电子技术基础实验. 沈阳：东北大学出版社，2011.
[9] 任中民. 数字电子技术. 北京：清华大学出版社，北京交通大学出版社，2005.
[10] 谭文群，鲁杰，蒋萍萍. 数字电子技术（下）实验指导. 北京：中国科学技术出版社，2005.

第 8 章　高频电子电路综合实验

8.1　高频电子电路综合实验示例

8.1.1　基础示例——选频网络设计

1．设计目的

（1）掌握 *LC* 并联谐振选频网络。

（2）掌握 *LC* 串联谐振选频网络。

2．设计技术指标与要求

设计一个选频网络（谐振频率 $f_o = 1\,\text{MHz}$，通频带 $BW = 2\Delta f_{0.7} = 39.5\,\text{kHz}$。

3．选频网络理论基础

在无线通信过程中，选频放大器主要由两部分组成：一部分是其核心器件——放大器件，另一部分是用作选择信号的线性选频网络。

1）*LC* 并联谐振选频网络

（1）*LC* 并联谐振选频网络的构成。

LC 并联谐振电路如图 8.1 所示。其中 *LC* 并联谐振电路的损耗用电阻 *R* 来代表，主要是电感的电阻损耗。下面分析它的谐振频率：

当频率低时容抗大，感抗小，并联电路的特性由电感支路决定；当频率高时容抗小，感抗大，并联电路的特性由电容支路决定。所以无论频率低还是高，*LC* 并联电路均呈现低阻抗，其端电压较低，只有处于低频和高频之间的某一个频率，*LC* 并联电路才呈现高的阻抗，其端电压达到最高值。

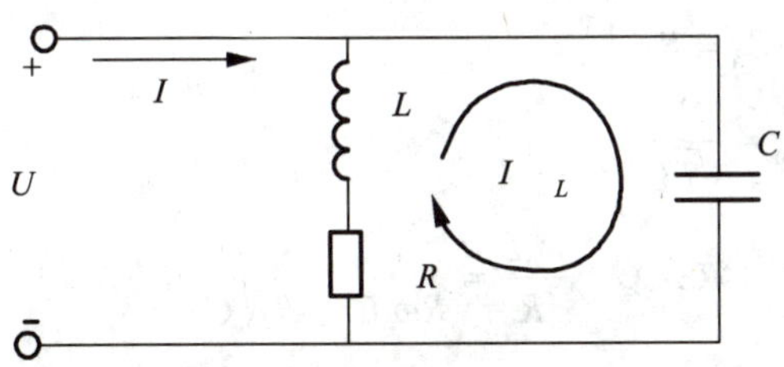

图 8.1　并联谐振电路图

（2）谐振频率，品质因数。

$$\omega_o \approx \frac{1}{\sqrt{LC}}, \quad f_o \approx \frac{1}{2\pi\sqrt{LC}}, \quad Q \approx \frac{\omega_0 L}{R}$$

（3）谐振阻抗对于谐振频率，*LC* 并联电路的阻抗为：$Z_o = \frac{L}{RC}$，通频带为：$2\omega_{0.7} = \frac{\omega_0}{Q}$，谐振曲线如图 8.2 所示。

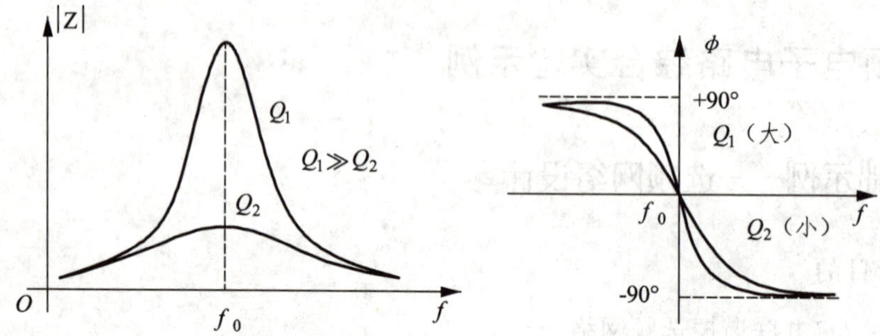

图 8.2 并联谐振电路及其谐振曲线

谐振时 *LC* 并联电路的阻抗呈纯阻性。

2）*LC* 串联谐振选频网络

LC 串联谐振选频网络的构成如图 8.3 所示。

无论频率低还是高，*LC* 串联电路均呈现高阻抗，*LC* 串联电路两端的电压较高，只有处于低频和高频之间的某一个频率，*LC* 串联电路会呈现较低的阻抗，其两端的电压会较低，电路电流达到最大值，如图 8.4 所示。

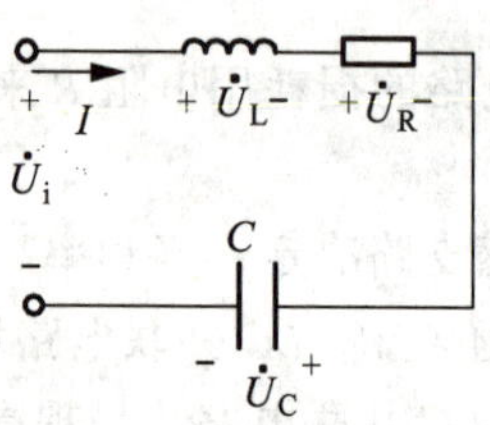

图 8.3 串联谐振选频网络

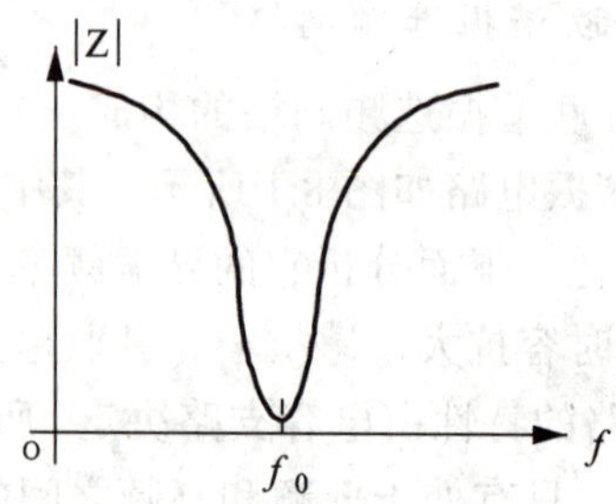

图 8.4 串联谐振电路的阻抗频率特性曲线

谐振时的阻抗最小：$Z_o = R$；

谐振的角频率为：$\omega_o = \frac{1}{\sqrt{LC}}$；

串联谐振电路的品质因数：$Q = \frac{\omega_0 L}{R} = \frac{1}{R\omega_0 C} = \frac{1}{R}\sqrt{\frac{L}{C}}$；

串联谐振电路的通频带为：$2\Delta\omega_{0.7} = \frac{\omega_{0.7}}{Q}$。

8.1.2　综合示例——调幅与检波设计

1．设计目的

（1）掌握电子通信系统的基本组成及各部分的作用；

（2）进一步理解各种调制与解调的基本理论和实现方法；

（3）学会应用 LabVIEW 软件进行仿真设计；

（4）提高依据所学知识及查阅的课外资料来分析问题解决问题的能力。

2．设计技术指标与要求

① 调幅与检波；

② AM 产生与检波；

③ 载波频率 100 kHz，5 kHz 的正弦波作为调制信号。

3．设计提示

1）调　幅

即幅值调制（AM），将一个高频简谐信号（或称载波）与测试信号相乘，使高频信号幅值随测试信号的变化而变化。幅值调制过程就相当于频率搬移过程。为避免调幅波的重叠失真，要求载波频率必须大于测试信号的最高频率。实际应用中，往往选择载波频率至少数倍甚至数十倍于信号中的最高频率。

2）调幅波的解调

（1）同步解调：也称相干解调，将调幅波与原载波信号再次相乘，则频域图形将再一次进行搬移，其结果就是在频谱图上，在正负 $2f$ 处有信号，其幅值变为原来的 1/4；而在原点处也出现了幅值为 1/2 的信号，所以用低通滤波器后，再用放大处理来补偿，就可以复现原信号。这一过程称为同步解调。"同步"是指解调时所乘信号与调制时的载波信号具有相同的频率和相位。

（2）包络检波：即非相干解调。若把调制信号叠加一个直流分量 A，使偏置后的信号都具有正电压，把该调幅波简单地整流、滤波，就可以恢复原调制信号。一个简单的包络检波器，就是调幅波两端中一端经过一个二极管，然后经过一个 RC 的并联电路，再返回另一端，输出信号从 R 两端取出。实际该电路就是由一个二极管和一个 RC 低通滤波器组成。如果如果原信号有直流分量，则在整流后准确地减去所加的偏置电压，即实现了解调。这种方法调制称为非抑制幅值调制（因为，它不会出现信号过零线的情况，也就不会发生幅值的翻转和相位的变化，与抑制幅值调制相对），但是此种方法必须要偏置电压足够大，使信号电压都在零线一侧，否则对调幅波只是简单的整流就不能恢复原信号。这种问题可以用相敏检波技术解决。

（3）相敏检波：电路图较复杂，在此不描述，基本原理就是通过一个是全波整流的电路。这样，无论调幅波信号是正半周还是负半周，都能进行很好的调制。经过低通滤波器就可以得出原信号。

3）振幅调制的分类（按波形分类，以单音调制波形为例）

（1）标准调幅波（或称普通调幅波）（AM），如图 8.5 所示。

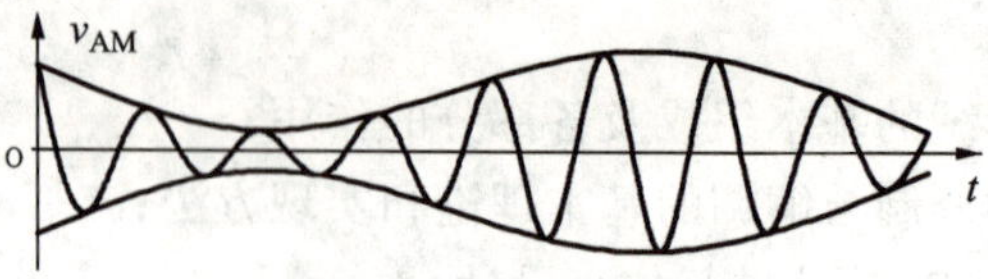

图 8.5　标准调幅波

（2）双边带调制波（DSB），如图 8.6 所示。

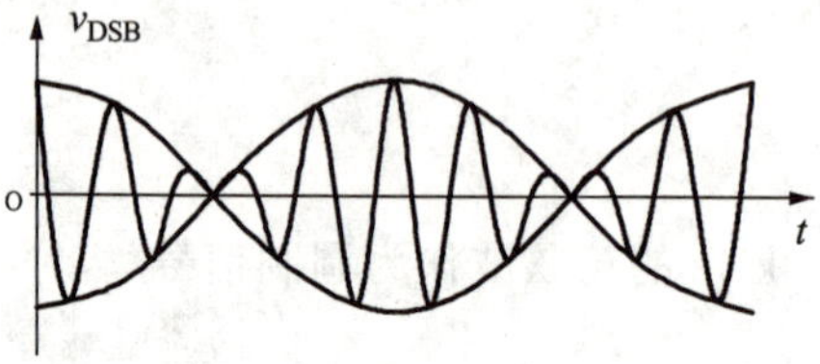

图 8.6　双边带调制波

（3）单边带调制波（SSB），如图 8.7 所示。

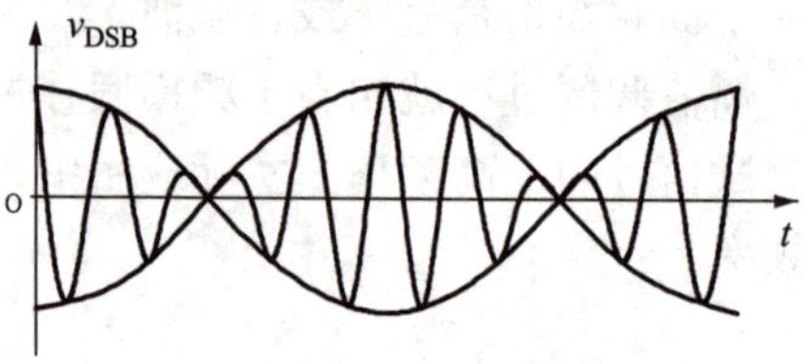

图 8.7　单边带调制波

4）标准调幅波

（1）标准调幅波的分析。

表示式及波形，如图 8.8 所示。

设载波电压为 $u_c = U_{cm}\cos\omega_c t$，调制电压为 $u_\Omega = U_{\Omega m}\cos\Omega t$，通常 $\omega_c \gg \Omega$。

根据定义，已调信号的振幅随调制信号 u_Ω 线性变化。调制度为：

$$m = \frac{\Delta U_{cm}}{U_{cm}} = \frac{k_a U_{\Omega m}}{U_{cm}}$$

故单一频率的调制信号调制的调幅波的表达式为：

$$u_{AM}(t) = U_m(t)\cos\omega_c t = U_{cm}(1 + m\cos\Omega t)\cos\omega_c t$$

调制度 m 可由图（c）得到：$m = \dfrac{U_{mmax} - U_{mmin}}{U_{mmax} + U_{mmin}}$

$m > 1$ 会出现一段时间振幅为 0 的现象称为过调制，实际应避免。一般要求调制度满足：

$$0 < m \leqslant 1$$

（2）标准调幅波的产生，如图 8.9 所示。

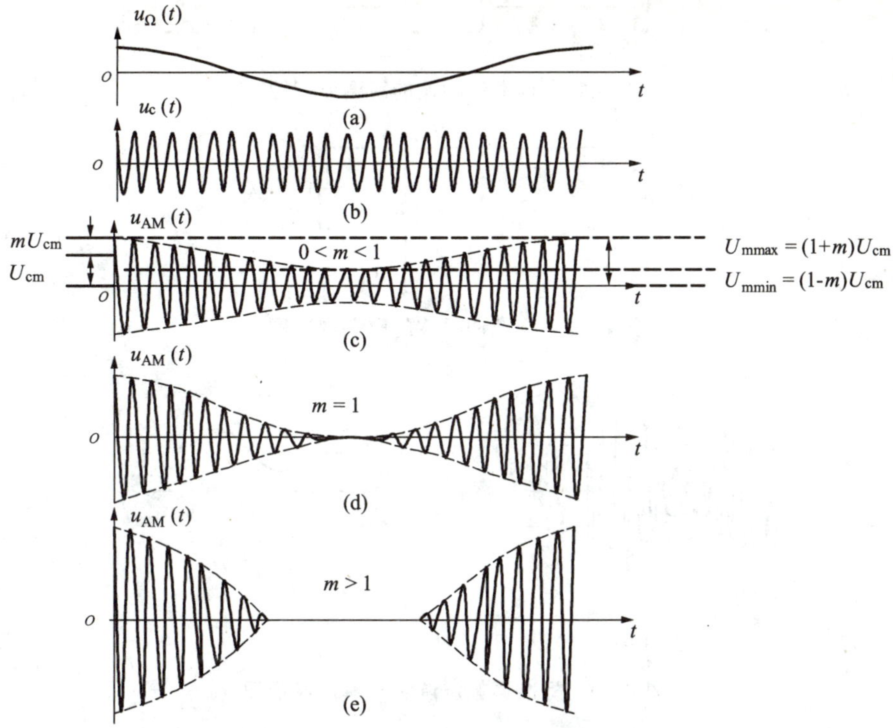

图 8.8　不同调制度下的调制波形

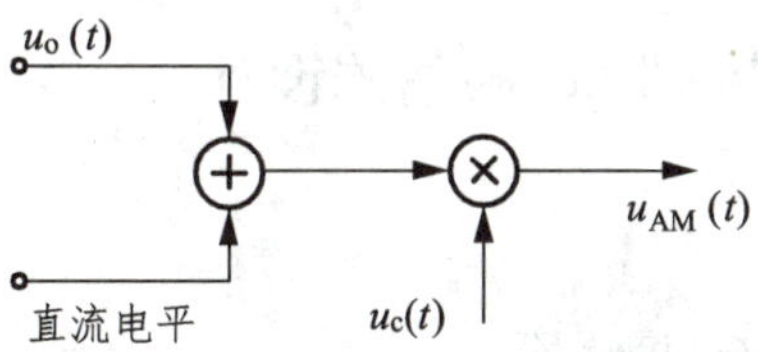

图 8.9　AM 波产生原理图

由表达式可知：将调制信号与直流相加后，再与载波信号相乘，即可实现普通调幅。由于乘法器输出信号电平不太高，所以称为低电平调幅。波形示意图如图 8.10 所示。

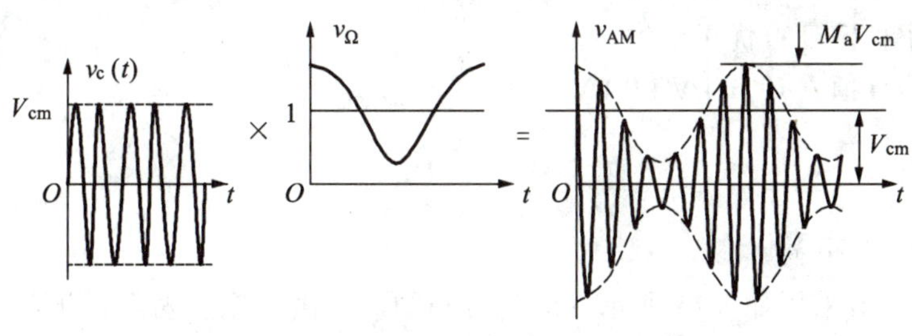

图 8.10　产生 AM 波的波形示意图

（3）标准调幅波的解调。

前面所述的三种解调的方法均可以用来对标准调幅波进行解调，在这里选择包络（峰值）检波的方法对已调波进行解调。具体原理如图 8.11 ~ 8.13 所示。

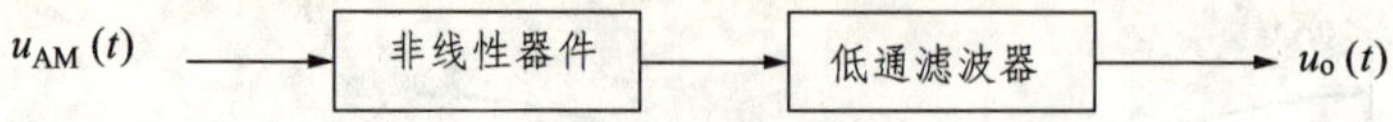

图 8.11　标准调幅波的解调原理图

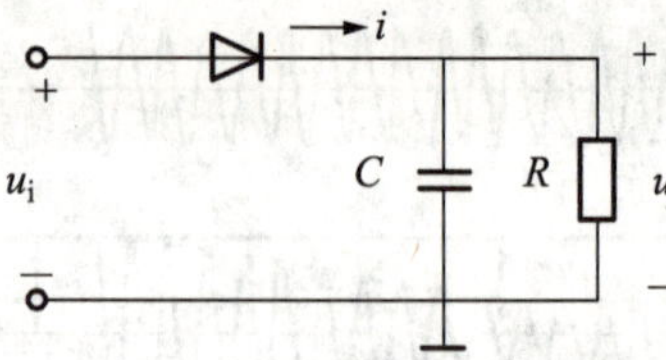

图 8.12　标准调幅波的解调电路图

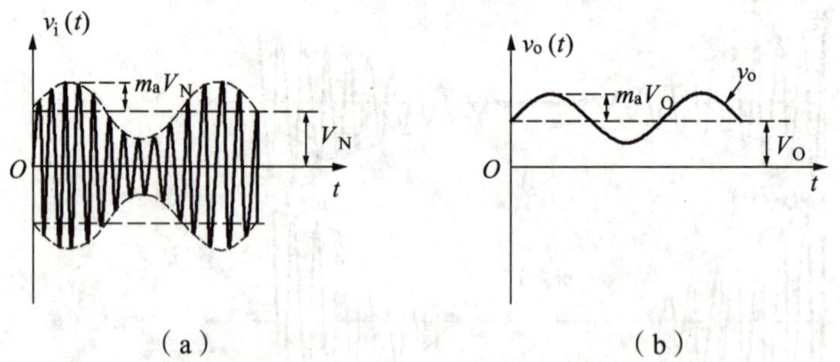

图 8.13　标准调幅波调制与解调波形图

电路仿真结果如图 8.14 所示。

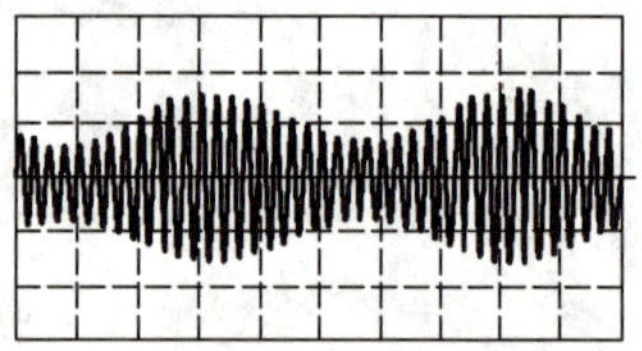

图 8.14　包络检波器输出波形

8.1.3　设计示例——电压控制 *LC* 振荡器设计

1．设计目的

设计并制作一个电压控制 *LC* 振荡器。

2．设计技术指标与要求

① 振荡器输出为正弦波，波形无明显失真。

② 输出频率范围：15 ~ 20 MHz。

③ 输出频率稳定度：优于 0.01。

④ 输出电压峰值：$V_{pp} = 1\ \text{V} + 0.1\ \text{V}$。

3．方案设计

1）频率合成器方案

频率合成器一般采用如 8.15 所示的原理方框图。它由晶振、固定分频器、低通滤波器、压控振荡器和可变分频器等组成。一般 VCO（压控振荡器）、低通滤波器不易集成，其余部分均集成在一块芯片内。下面只讨论 VCO 方案论证，低通滤波器和 PLL（锁相环）可以参考其他的资料。

（1）电感三点式振荡器。

电感三点式振荡器的原理如图 8.15 所示。

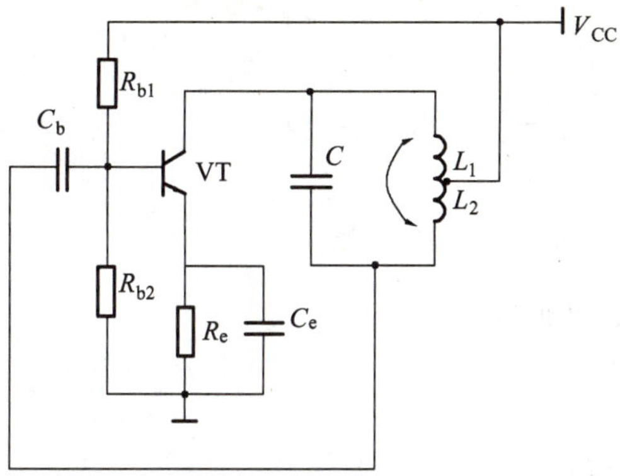

图 8.15　电感三点式振荡器原理图

其振荡角频率为：$\omega_g \approx \dfrac{1}{\sqrt{LC}}$，式中，$L = L_1 + L_2 + 2M$；

起振条件：$g_m > (g_m)_{\min} = \dfrac{1}{F} g_{oe} + F g_{ie}$；

此方案的优点：起振容易，调整方便。

缺点：输出波形不好，在频率较高时，不易起振。

克服缺点的办法：选用 f_T 较高的场效应管（如 J310），或者内部采用了改善波形失真措施的 M1648。其实用原理图分别如图 8.16 和图 8.17 所示。

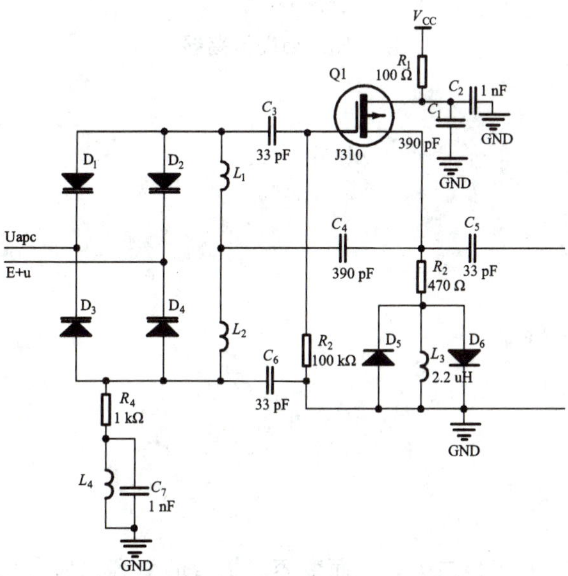

图 8.16　压控振荡器（VCO）电原理图

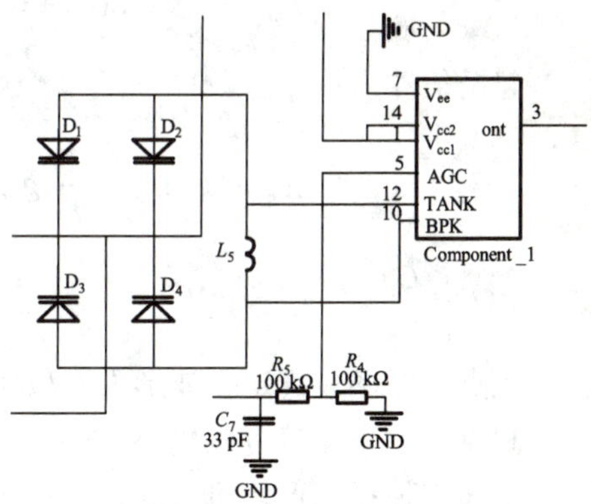

图 8.17　压控振荡电路图

（2）克拉波振荡器。

克拉波振荡器的原理如图 8.18 所示。

其振荡角频率为：

$$\omega_g \approx \omega_0 \approx \frac{1}{\sqrt{LC_3}}$$

起振条件为：

$$g_m > (g_m)_{\min} = \frac{1}{F}(g_{oe} + g_L) + F g_{ie}$$

式中，$F = \dfrac{C_1}{C_2}$。

优点：频率稳定度好，波形较好。

缺点：起振较困难。

（3）西勒振荡器。

西勒振荡器如图 8.19 所示。

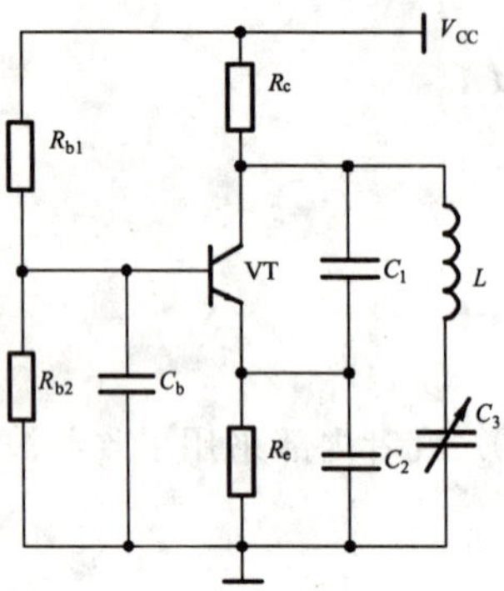

图 8.18 克拉波振荡器原理线路

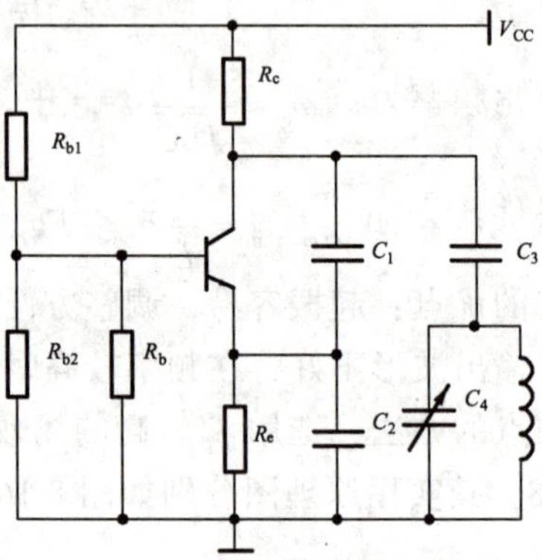

图 8.19 西勒振荡器

其振荡角频率为：

$$\omega_g \approx \omega_0 \approx \frac{1}{\sqrt{L(C_3 + C_4)}}$$

起振条件为：

$$g_m > (g_m)_{\min} = \frac{1}{F}(g_{oe} + g_L) + F g_{ie}$$

式中，$F = \dfrac{C_1}{C_2}$。

优点：频率较稳定，波形失真较小。

缺点：频率覆盖范围较小。

上述三种振荡器均可实现，其中可变电容为变容二极管。而变容二极管的变容比最大只能到 9 倍或者 10 倍，用公式 $f = \dfrac{1}{2\pi\sqrt{LC}}$，可以算出来 $f_{\max} / f_{\min} = 3$，变容二极管的 VCO 其 $f_{\max} / f_{\min}$ 一般不超过 2。

2）输出级方案

根据题意，该系统输出分为两部分，一部分为输出电压，峰-峰值为 $V_{\text{P-P}} = 1\ \text{V} \pm 0.1\ \text{V}$，输出负载假定为 $R_L = 50\ \Omega$；另一部分为功率放大部分，在频率为 30 MHz，供电电源为 12 V，负载为纯电阻和容性阻抗的情况下，使输出功率 $P_0 \geqslant 20$ mW 。

（1）稳幅方案。

方案一：原理如图 8.20 所示，该方案是对 VCO 的输出电压峰值反馈回振荡器，控制振荡器的静态工作点，使 VCO 的输出幅度基本保持不变。

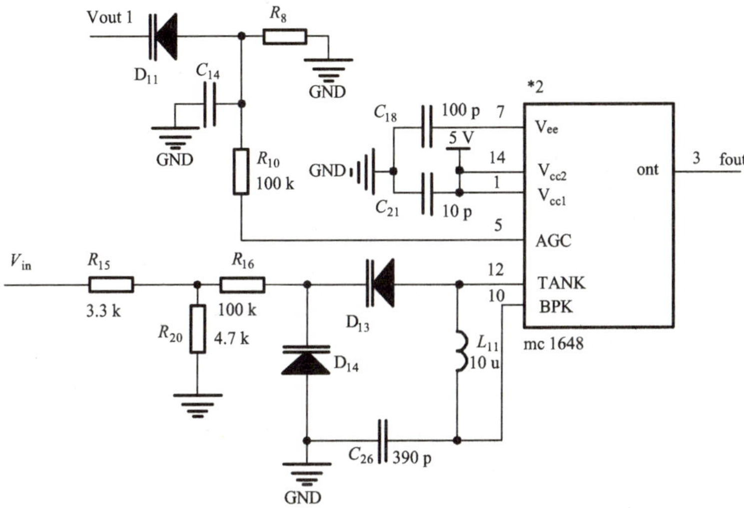

图 8.20　自动控制原理图

方案二：采用软、硬件结合的方法。该方法是根据输出幅值决定反馈量，实时动态调整振荡器的静态工作点，实现稳幅输出。

（2）功率放大器。

该方案的原理如图 8.21 所示，第一级采用三极管 9018 作前级电压放大，前级采用了电压负反馈和自动增益控制电路，使输出电压非常稳定。功率级采用功放管 3DA5109，使该级工作在丙类工作状态。为了防止失真过大，输出端采用并联谐振回路。并联谐振回路由 L_3、C_3、C_8 和可调电容 5/15 pF 构成。通过调节可调电容 5/15 pF 电容还可使输出阻抗与纯阻 50 Ω 进行匹配。

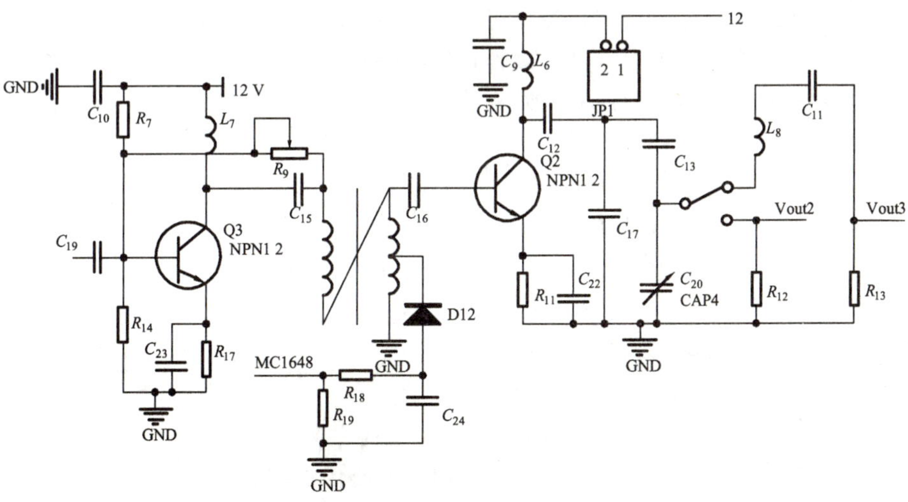

图 8.21　功率放大器原理图

当负载为容性负载时，可以串联一个电感 L，使负载构成串联谐振，抵消容性的影响，从而使输出功率最大。

8.1.4 创新示例——简易无线电遥控系统设计

1．设计目的

设计并制作无线电发射机和接收机。

1）无线电遥控发射机

无线电遥控发射机如图 8.22 所示。

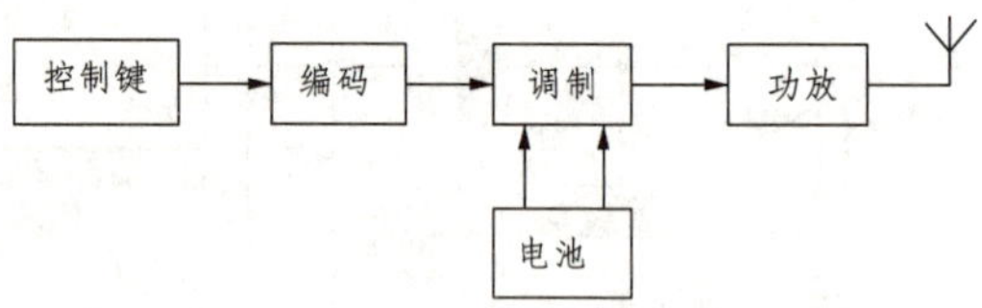

图 8.22 无线电遥控发射机框图

2）无线电遥控接收机

无线电遥控接收机框图如图 8.23 所示。

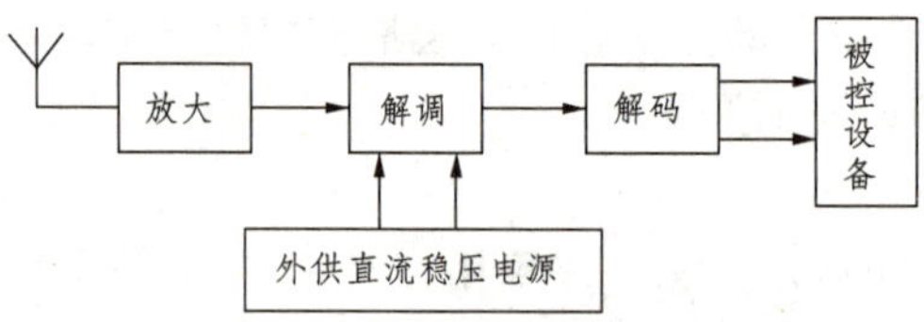

图 8.23 无线电遥控接收机框图

2．设计技术指标与要求

遥控系统的工作原理是首先通过按键编址电路输入所需控制电路的位号，同时通过编码电路产生带有地址编码信息和反应开关状态信息的编码脉冲信号，再通过无线电发射电路将该信号发射出去。而无线电接收电路将接收到的编码脉冲信号通过解码电路进行编码地址确认，确认是否为本遥控开关系统地址。如果是则执行指令，受控系统工作；如果不是，则被控对象无任何动作。

（1）工作频率：f_0为 1～6 MHz 中任选一个频率。

（2）调制方式：AM，FM 或 FSK 任选一种。

（3）输出功率：不大于 20 mW。

（4）遥控对象：8 个，被控设备用 LED 分别替代，LED 发光表示工作。

（5）接收机距离发射机不小于 10 米。

3．方案实现

系统的设计需要由两部分组成：一是无线信号编码传输部分，二是无线信号解码控制部分。下面分别从这两个方面阐述方案的设计思想。

1）无线信号编码传输部分

（1）调制方式的选择。

根据要求，对象是 8 个，被控设备用 LED 分别代替，LED 发光表示工作，被控状态采用二进制编码。由于数字信号具有丰富的低频成分，不宜进行无线传输，因而需要将基带信号进行高频正弦调制，即数字调制。载波传输采用 FSK 调制方式。

（2）发射机主振电路型式的选择。

主振可以采用晶体振荡或 *LC* 振荡。本设计可以选择变容二极管直接调频的西勒电路，既可以获得比较大的频偏，又可以保证一定的频率稳定度。

（3）发射机功放电路的选择。

功率放大器一般由推动级，中间级和输出级组成，具体级数应由所要求的总功率增益而定。假设天线特性阻抗为 75 Ω，则在匹配良好条件下天线上的电压峰-峰值要小于 3.5 V。一般西勒振荡器输出电压峰-峰值为 1V 是可以实现的，所以用一级功率放大器应该能满足要求。考虑到前后级影响的问题，在振荡器与功率放大器之间加入一级射级跟随器，起隔离和激励的作用。鉴于输出功率低，同时还需兼顾效益，功放管工作状态选为甲乙类。

（4）接收机解调器。

通过查阅资料，选择了摩托罗拉的集成窄带 FM 解调芯片 MC3361 构成解调电路。

2）控制部分

控制对象是八盏灯，它们只有两种开关状态：亮或灭。八个按键开关对应八种控制状态。采用八位二进制码表示各种控制状态。为了方便码元的传输，需要对码元进行编码（一是进行并串转换，二是加入一定冗余信息提高可靠性），然后再接收端进行解码。

因为 MC145026 只能接收四位的并行数据，为了使八位数据信号编码传输，选用 74HC148 芯片 8-3 编码器的功能，使八路信号变为三路信号，然后再通过用 MC145026 编码后传输，接收后通过 MC145027 解码成三路信号，再通过 3-8 译码器还原成八路信号，实现状态的控制。

3）电路设计与计算

（1）模拟部分。

① 调频发射机。

发射系统主要由按键编址电路、编码电路、无线电发射电路组成。发射系统的电路原理如图 8.24 所示。

主振级由晶体管 VT_1 与电容 C_2，C_3，C_4，C_5，变容二级管 C_3 和电感 L_1 组成西勒振荡器。振荡信号由 C_7 弱耦合至射随器，然后送至功率放大器。功放的工作状态为甲乙类，R_8，R_9 给 BG3 提供偏压，输出匹配网络采用简单的 T 型网络，其中 L_4 与 C_{10} 和天线等效电容谐振于载频，L_3 与 L_2 起阻抗变换作用，以使得输出功率最大。

调频采用变容二极管电路。在本设计中，调制信号为二元单极性码，即只有高低两个电平，所以对调制线性度要求不高。因此本设计采用变容二极管部分接入以及对变容二极管不外加偏压的电路结构，电路如图 8.25 所示。

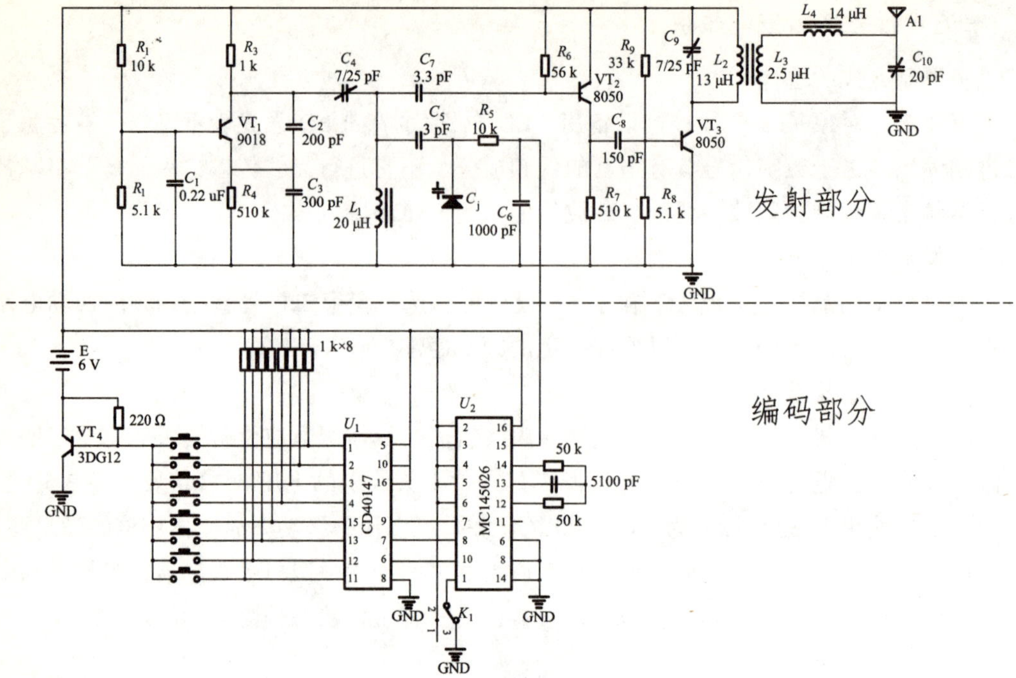

图 8.24 遥控发射机电路图

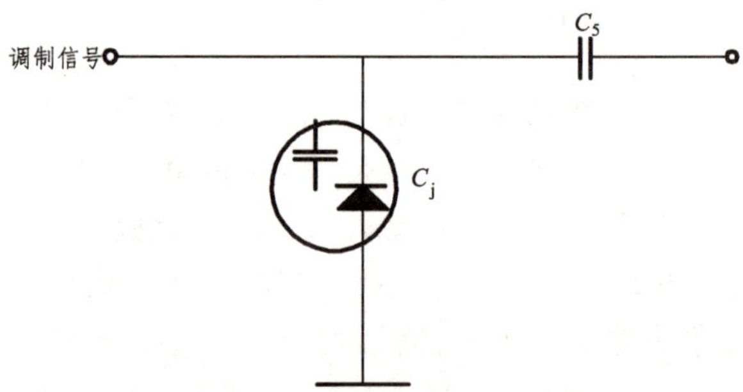

图 8.25 变容二极管的结电容

C_j 为变容二极管的结电容，可以求得 C_j 对主振电路的接入系数为：

$$P = C_5/(C_5 + C_j)$$

若调制信号引起的结电容变化为 ΔC，则引入主振回路的电容变化量为 $P \cdot P \cdot \Delta C$，可以求得由于此引起的振荡频率的变化为：

$$\Delta f_g \approx -\frac{p^2 \cdot \Delta C}{2C_\Sigma} f_g$$

式子中，$C_\Sigma \approx -\dfrac{C_5 \cdot C_j}{C_5 + C_j} + C_4$ 为主振回路的总电容。负号表示 ΔC 与 Δf_g 的变化相反。

本设计中，$C_5 = 3\ \text{pF}$，$C_j = 21\ \text{pF}$，可得 $p \ll 1$，即变容二极管参量的变化对振荡频率影响比较小，频率稳定度大大提高。

由此引入的问题是如何才能得到足够的频偏，也就是如何使变容二极管的结电容变化比较大。解决的办法是对变容二极管不加反向偏压。变容二极管是根据普通二极管内部“PN结”的结电容能随外加反向电压的变化而变化这一原理专门设计出来的一种特殊二极管。二极管的 PN 结具有结电容，当加反向电压时，阻挡层加厚，结电容减小，所以改变反向电压的大小可以改变 PN 结的结电容大小，这样二极管就可以作为可变电容器用，如图 8.26 所示。

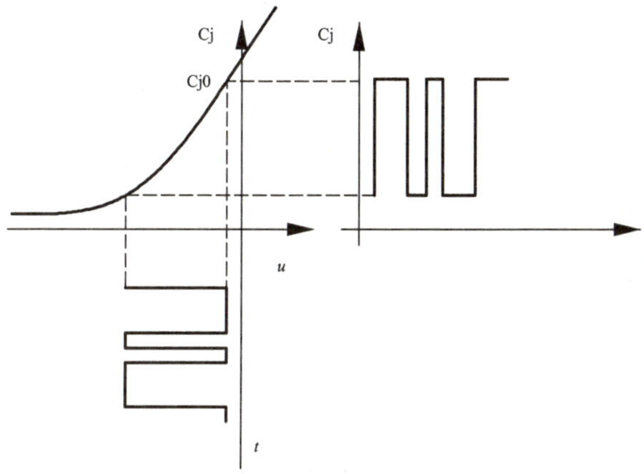

图 8.26　变容二极管结电容变化

在不外加反偏压时可以获得最大电容变化量。由于无外加偏压，避免了由偏压变化引起的频率漂移，同时简化了电路。

② 接收机。

如图 8.27 所示，接收机的模拟部分可以分为三大模块：

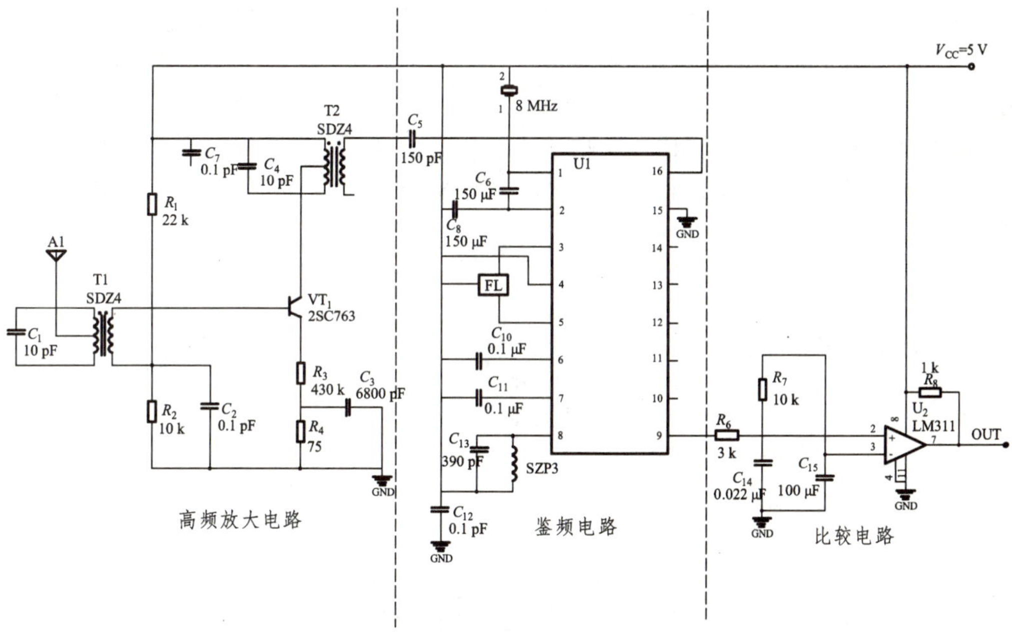

图 8.27　接收机模拟部分电路图

a. 高频放大电路采用典型电路。为了提高接收机的灵敏度，使用了低噪声的三极管 2SC763。

b. 鉴频电路采用 MC3361。本振为 8 MHz。与高放送来的信号进行混频，产生 500 kHz 的中频信号。此信号通过窄带陶瓷滤波器（FL）送回 MC3361 进行鉴频。MC3361 的外围元件值的确定参考了 MC3361 的典型电路，省略了静噪部分。

c. 比较电路。码型在传输过程中可能出现畸变，所以应该通过比较电路使得信号恢复成只有高低电平的数字信号。这样，提高了接收机的抗干扰能力，并且与后级数字电路匹配。比较器门限电压由鉴频器输出经过 *RC* 低通滤波获得，其电压相当于信号中的直流分量电压。此方法有一定的自适应功能，在实际应用中表现出比较强的抗干扰能力。

（2）数字部分。

因为本遥控系统的重点在于无线信号传输部分，所以本着以下的原则来设计数字系统：在无线发射机内的控制部分尽量简单，接收机部分的受控设备也以简单明了地体现遥控功能为目的；能够实现规定的控制功能。

① 编码部分。

控制开关为八个。八个按键开关对应八种控制状态，再通过 74HC148 8-3 编码器编码成三路数据输入，因为经过编码器输出为低电平有效，所以加了个反相器，便于后续的译码过程。利用 MC145026 和 MC145027 对控制信号进行编码和解码，以利于码元在无线信道中传输。MC145026 产生占空比随传 0，传 1 改变的单极性码，一组编码包括五位地址码和 4 位数据码。在本设计中 MC145026 有九位输入端，其中五位是地址码并且是设定的，即接低电平，另四位中低三位为数据输入端。假如 MC145026 的地址码是变化的，则可以用一片 MC145026 控制多片 MC145027。

② 解码部分。

如图 8.28 所示，在接收端用一片 MC145027 对解调后的信号进行解码。而作为被控对象的 LED 通过 74HC138 芯片 3-8 译码器连接在 MC145027 的数据输出管脚，同时将输出的数据送入 74LS48 芯片，74LS48 芯片是一种常用的七段数码管译码器驱动器，用于数码管显示是哪一路的开关状态。相应的 MC145027 也有五位地址码，只有与 MC145026 地址码相同的 MC145027 才会有解码输出。这样，就可以用一片 MC145026 对应得控制一片 MC145027。

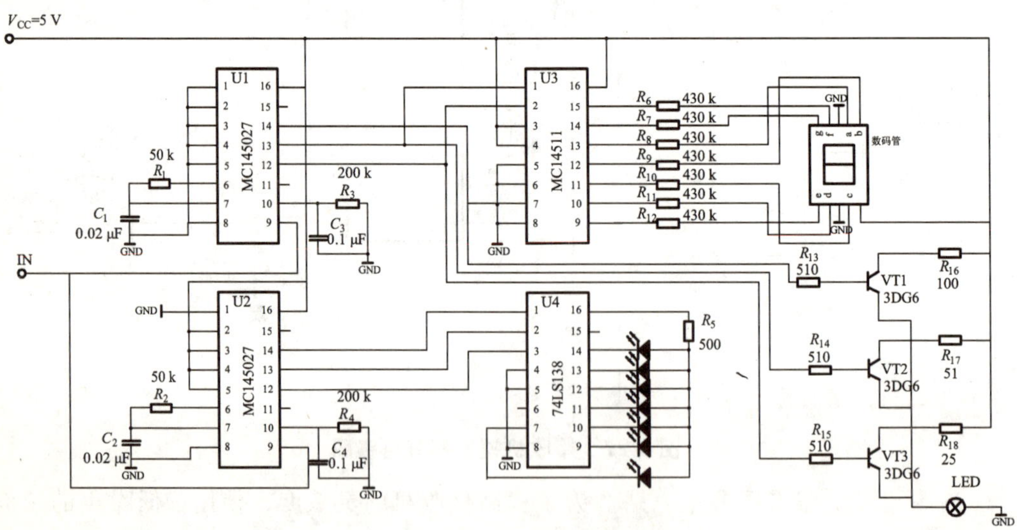

图 8.28　解码部分电路图

4．系统性能分析

1）提高可靠性

无线通信的一个关键问题是数据传输的可靠性，这取决于诸多因素，比如频率选择，同频率干扰，传输距离和天线的选择等。这些在设计无线通信系统时候都必须认真考虑和比较。本系统是一个数字和模拟相结合的系统，无线射频的发射和接收既有模拟电路部分又有数字电路部分，所以系统必须保证一定的可靠性。在适当提高成本的基础上尽量选用高可靠性的元器件。MC145026 和 MC145027 就是为了提高信号传输的可靠性而选用的。数字信号在传输中往往由于各种原因，使得在传送的数据流中产生误码，从而使接收端产生信号失真、不清晰等现象。所以通过信道编码这一环节，对数码流进行相应的处理，使系统具有一定的纠错能力和抗干扰能力，可极大地避免码流传送中误码的发生。在射频接收机中，为了降低噪声含量，减少波形失真度，使用 MC3361 进行鉴频，使得接收机能高比较完整的清晰的接收信号。

2）提高抗干扰性

一个无线电系统，常见的干扰有：电台干扰、工业干扰、天电干扰和宇宙干扰。电台干扰是指其他无线电发射设备所产生的干扰。工业干扰是指各种各样的电器设备所产生的。天电干扰是指大气中各种电磁现象所引起的干扰。宇宙干扰是指来自于宇宙间各种天体的辐射。为减少这些干扰，采取了如下措施：选择合适的工作频率，减少由于广播电台对系统造成的干扰；调制方式选用抗干扰强的 FSK 调制方式；用地线把数字区和模拟区隔离，数字地和模拟地要分离，最后并接到电源地；对于芯片闲置的引脚，在不影响系统的逻辑功能的情况下接地或接电源；布线时，电源线和地线尽量粗。这样不但有利于减少压降，更重要是的是降低耦合噪声。还应尽量减少回路环的面积，以减少感应噪声；避免 90 度折线，减少高频噪声发射。

3）系统可实现性

系统模块明确，LED 开关状态与开关控制一一对应，数码管显示对应哪一路的开关状态，小灯泡亮度等级与开关控制一致。系统采用 FSK 调制方式，传输距离满足要求，能在不同的房间进行遥控测试。但是发射和接收电路因元件限制，以上涉及的方案未能全部完成仿真。

8.2　高频电子电路综合实验分类题库

8.2.1　基础型题库

1．*LC* 电容反馈式（三点式）振荡器

1）实验目的

（1）掌握 *LC* 三点式振荡电路的基本原理，掌握 *LC* 电容三点式振荡器设计及电参数的计算。

（2）掌握振荡回路 Q 值对频率稳定度的影响。

（3）掌握振荡器反馈系数不同时，静态工作电流 I_{EQ} 对振荡器起振及振幅的影响。

2）实验原理

（1）复习 LC 振荡器的工作原理。

（2）分析图 8.29 所示电路的工作原理，及各元件（组件）的作用，并计算晶体管静态工作电流 I_c 的最大值（设晶体管的 β 值为 50）。

（3）实验电路中，$L_i = 3.3\ \mu H$，$C = 120\ pF$，$C' = 680\ pF$，计算当 $C_T = 50\ pF$，$C_T = 150\ pF$ 时振荡频率各为多少？

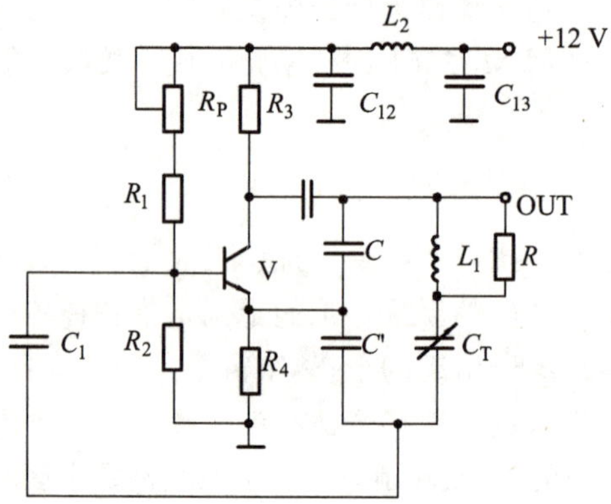

图 8.29 LC 电容反馈式三点振荡器原理图

3）实验内容及步骤

实验前根据图 8.29 所示的原理在实验板上找到相应的器件及插孔并了解其作用。

（1）检查静态工作点。

① 在实验板 + 12 V 扦孔上接入 + 12 V 直流电源，注意电源极性不能接反。

② 反馈电容 C'（$C' = 680\ pF$）不接，C 接入，用示波器观察振荡器停振的情况。注意：连接的接线要尽量短。

③ 改变电位器 R_p，测得晶体管的发射极电压 V_E，V_E 可连续变化，记下 V_E 的最大值，计算 I_E 值：

$$I_E = \frac{V_E}{R_E} \quad （设 R_E = 1\ k\Omega）$$

（2）振荡频率与振荡幅度的测试。

实验条件：$I_E = 2\ mA$、$C = 120\ pF$、$C' = 680\ pF$、$R_L = 110\ k\Omega$

① 改变电容 C_T，并分别接为 C_9，C_{10}，C_{11} 时，记录相应的频率值，并填入表 7.1。

② 改变电容 C_T，并分别接为 C_9，C_{10}，C_{11} 时，用示波器测量相应的振荡电压的峰-峰值，并填入表 8.1。

表 8.1　改变电容 C_T 时，测量 f 与 V_{P-P}

C_T	f/MHz	V_{P-P}
51 pF		
100 pF		
150 pF		

（3）测量当 C, C' 不同时，起振点、振幅与工作电流 I_{ER} 的关系（$R=110\ \text{k}\Omega$）。

① 取 $C=C_3=100\ \text{pF}$，$C'=C_4=1\ 200\ \text{pF}$，调电位器 R_P 使 I_{EQ} 分别为表 8.2 所示的各值，用示波器测量输出振荡幅度，并填入表 8.2。

表 8.2　测量输出振荡幅度

I_{EQ}/mA	0.8	1	1.5	2	3	3.5	4	4.5	5
V_{p-p}/V									

② 分别重复测量。

取 $C=C_5=120\ \text{pF}$，$C'=C_6=680\ \text{pF}$，填入表 8.3。

表 8.3　重复测量输出振荡幅度 1

I_{EQ}/mA	0.8	1	1.5	2	3	3.5	4	4.5	5
V_{p-p}/V									

取 $C=C_7=680\ \text{pF}$，$C'=C_8=120\ \text{pF}$，填入表 8.4。

表 8.4　重复测量输出振荡幅度 2

I_{EQ}/mA	0.8	1	1.5	2	3	3.5	4	4.5	5
V_{p-p}/V									

（4）频率稳定度的影响。

回路参数固定时，改变并联在 L 上的电阻使等效 Q 值变化时，对振荡频率产生影响。

实验条件：调整振荡器的参数 C、C' 和 C_T，使振荡器中心频率为 $f=6.5\ \text{MHz}$，$I_{EQ}=3\ \text{mA}$，改变 L 的并联电阻 R，使其分别为 1 kΩ，10 kΩ，110 kΩ，分别记录电路的振荡频率，并填入表 8.5，注意：频率计后几位跳动变化的情况。

（2）回路 LC 参数及 Q 值不变，改变 I_{EQ} 对频率的影响。

实验条件：调整振荡器的参数 C、C' 和 C_T，使振荡器中心频率为 $f=6.5\ \text{MHz}$，$R=110\ \text{k}\Omega$，$I_{EQ}=3\ \text{mA}$，改变晶体管 I_{EQ} 使其分别为表 8.5 所标各值，测出振荡频率，并填入表 8.6。

表 8.5 Q-f

R	1 kΩ	10 kΩ	110 kΩ
f/MHz			

表 8.6 I_{EQ}-f

I_{EQ}/mA	1	2	3	4
f/MHz				

4）实验报告要求

（1）写明实验目的。

（2）写明实验所用仪器设备。

（3）画出实验电路的直流与交流等效电路，整理实验数据，分析实验结果。

（4）以 I_{EQ} 为横轴，输出电压峰峰值为纵轴，经不同 C/C' 值下测得的三组数据，在同一坐标上绘制成曲线。

（5）说明本振荡电路有什么特点。

2．选频网络设计

1）设计目的

（1）掌握 LC 并联谐振选频网络。

（2）掌握 LC 串联谐振选频网络。

2）设计技术指标与要求

设计一个选频网络（谐振频率 $f_o = 1\ \text{MHz}$，通频带 $BW = 2\Delta f_{0.7} = 39.5\ \text{kHz}$。

3）方案提示

（1）采用并联谐振回路。

由电感与电容简单并联而成，当频率不是非常高时，并联谐振回路的应用最广。

（2）设计用仪器设备。

示波器，数字万用表，实验面包板或万能板，仿真软件。

（3）设计用主要器件。

电阻、电容、电感若干。

4）验收要求

实物验收，按设计要求给出实物分数。

3．高频功率放大器（丙类）

1）实验目的

（1）了解丙类功率放大器的基本工作原理，掌握放大器的计算与设计方法。

（2）了解电源电压 V_C 与集电极负载对功率放大器功率和效率的影响。

2）实验原理

（1）复习高频谐振功率放大器原理及特点。

（2）分析图 8.30 所示的电路图，说明每个元器件（组件）的作用。

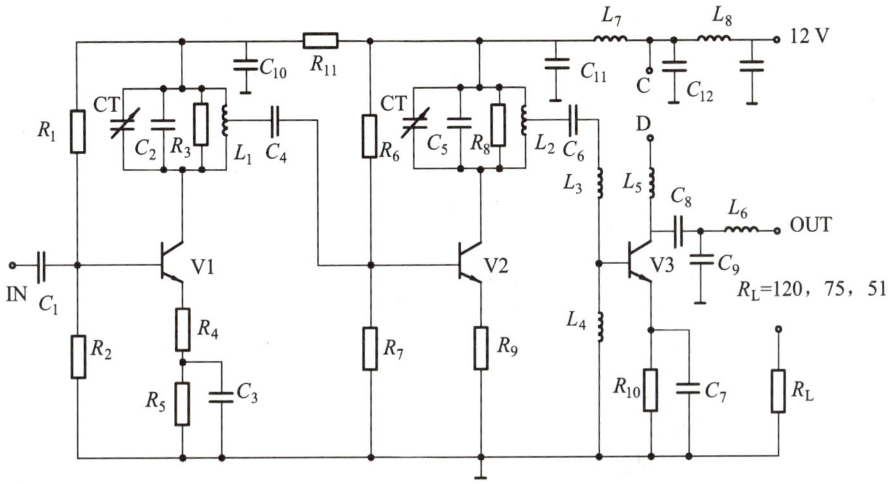

图 8.30　功率放大器（丙类）原理图

3）实验内容及步骤

（1）实验电路如图 8.30 所示。

按图接好实验板所需电源，将 C，D 两点短接，利用示波器调回路谐振频率，使其谐振在 6.5 MHz 的频率上。

调谐方法：在输入端加信号源（所加信号的峰-峰值大约为几个毫伏），在输出端接示波器，调节可变电容的值，观察示波器的输出变为最大值，调谐完毕。

调谐振时，要分级调谐并且要带载调谐。分级调谐是将示波器的探针分别接在各级的输出端，带载调谐是将输出端接负载。

（2）加负载 50 Ω，测 I_o 电流。在输入端接 $f = 6.5$ MHz，$V_{bm} = 60$ mV 信号，测量各工作电压，同时用示波器测量输入，输出峰值电压，将测量值填入表 8.7。

表 8.7　功率放大器测量表

$f = 6.5$ MHz			实　测					实测计算				
			V_b	V_e	V_{ce}	V_{cm}	I_o	P_D	P_o	P_C	I_c	η
$E_c = 12$ V	$V_{bm} = 60$ mV	$R_L = 50\ \Omega$										
		$R_L = 75\ \Omega$										
		$R_L = 120\ \Omega$										
	$V_{bm} = 42$ mV	$R_L = 50\ \Omega$										
		$R_L = 75\ \Omega$										
		$R_L = 120\ \Omega$										

续表

$f=6.5\ \mathrm{MHz}$			实测					实测计算				
			V_b	V_e	V_{ce}	V_{cm}	I_o	P_D	P_o	P_C	I_c	η
$E_c=5\ \mathrm{V}$	$V_{bm}=60\ \mathrm{mV}$	$R_L=50\ \Omega$										
		$R_L=75\ \Omega$										
		$R_L=120\ \Omega$										
	$V_{bm}=42\ \mathrm{mV}$	$R_L=50\ \Omega$										
		$R_L=75\ \Omega$										
		$R_L=120\ \Omega$										

其中 V_i——输入电压的峰值；

V_{cm}——输出电压峰值；

I_o——电源给出总电流；

P_D——电源给出总功率；

P_o——输出功率；

P_C——为管子损耗功率（$P_c=I_c\times V_{ce}$）。

（3）加 75 Ω 负载电阻，同步骤 2 测试并填入表中。

（4）加 120 Ω 负载电阻，同步骤 2 测试并填入表中。

（5）改变输入端电压 $V_i=84\ \mathrm{mV}$，同步骤 2，3，4 测试并填入表中。

（6）改变电源电压 $E_c=5\ \mathrm{V}$，同步骤 2，3，4，5 测试并填入表中。

4）实验报告要求

（1）完成表格（注意：$E_c=5\ \mathrm{V}$ 的情况，分析现象）

（2）注意调谐时，仔细观察所示的波形。

（3）说明电源电压、输出电压、输出功率的相互关系

（4）总结在功率放大器中对功率放大晶体管有哪些要求。

（5）分析实验成败的原因，完成实验报告。

（6）在调谐时，可能出现信号的失真，可以适当地降低输入信号的幅度。

4．三点式振荡器的设计

1）设计目的

（1）掌握三点式振荡器的工作原理和电路结构。

（2）掌握三点式振荡器的设计。

2）设计技术指标与要求

（1）设计要求。

设计一个三点式振荡器，使输出振荡频率可以调节。

（2）技术指标。

$f_0 = 7\ \text{MHz}$

3）设计提示

方案提示：

采用电容反馈式三点振荡器，由于反馈主要是通过电容，可以削弱高次谐波的反馈，是振荡产生的波形得到改善，且频率稳定度高，又适于较高波段工作。

4）验收要求

仿真计算，如采用 Multisim 仿真，或者实物验收。

5．倍频器设计与制作

1）设计目的

（1）了解倍频器的工作原理和应用；
（2）掌握倍频器的设计方法和主要参数；
（3）学会高频电路安装和调试方法。

2）设计技术指标与要求

（1）设计要求。
① 实现 3 倍频工作；
② 输出有一定的幅度；
③ 拟定测试方案和设计步骤；
④ 根据性能指标，计算元件参数，选好元件，设计电路并画出电路图；
⑤ 在面包板、万能板或 PCB 板上安装电路；
⑥ 撰写设计报告。
（2）技术指标。
① 输入信号频率 1.5 MHz，输出频率 4.5 MHz；
② 输入信号幅度小于 1.5 $V_{\text{P-P}}$；
③ 电源电压 9 V，电流不大于 15 mA；
④ 输出失真小。

3）设计提示

（1）方案提示。
三极管工作甲乙类或丙类状态，集电极回路调谐在三次谐波上。
（2）设计用仪器设备。
示波器，数字万用表，低频信号发生器，实验面包板或万能板。
（3）设计用主要器件。
三极管、电阻电容电感若干。

4）验收要求

实物验收，按设计要求给出实物分数。

6．中频放大器设计

1）设计目的

（1）了解中频放大器的工作原理和应用；
（2）掌握中频放大器的设计方法和主要参数；
（3）学会高频电路制作和调试方法。

2）设计技术指标与要求

（1）设计要求。
① 较大的放大倍数，满足输入与输出阻抗匹配；
② 满足带宽，大小信号输入时输出基本不变；
③ 拟定测试方案和设计步骤；
④ 根据性能指标，计算元件参数，选好元件，设计电路并画出电路图；
⑤ 在面包板、万能板或 PCB 板上安装电路；
⑥ 撰写设计报告。
（2）技术指标。
① 中心频率 10.7 MHz，增益 1 000 倍；
② 250 kHz 带宽；
③ 有 AGC 电路。

3）设计提示

（1）方案提示。
可由分立元件、专用接收芯片、集中参数滤波器实现。
（2）设计用仪器设备。
示波器，数字万用表，低频信号发生器，实验面包板或万能板。
（3）设计用主要器件。
集成芯片、三极管、电阻电容电感若干。

4）验收要求

实物验收，按设计要求给出实物分数。

7．倍频器设计

1）设计目的

（1）掌握倍频器设计方法和主要参数测试；
（2）了解倍频器的工作原理和应用；
（3）学会高频电路安装和调试方法。

2）设计技术指标与要求

（1）设计要求。
① 采用晶体管设计一个倍频电路；
② 输出频率是输入信号的整数倍；

③ 拟定测试方案和设计步骤；
④ 根据性能指标，计算元件参数，选好元件，设计电路并画出电路图；
⑤ 在面包板、万能板或 PCB 板上安装电路；
⑥ 测量输出信号的幅度、中心频率；
⑦ 用调频收音机接收；
⑧ 撰写设计报告。

（2）技术指标。

① 输入频率 1.5 MHz，1 $V_{P\text{-}P}$；
② 输出频率 4.5 MH，输出电压大于 1.5 V；工额定电压 9.0 V，电流 10 ~ 15 mA；
③ 电源电压 9 V，电流不大于 15 mA。

3）设计提示

（1）方案提示。

① 调频采用变容二极管电容三端式振荡电路；
② 调制电路采用一级低频电压放大电路。

（2）设计用仪器设备。

示波器，交流毫伏表，数字万用表，低频信号发生器，实验面包板或万能板。

（3）设计用主要器件。

三极管、电阻电容电感若干。

4）验收要求

实物验收，按设计要求给出实物分数。

8．振幅调制器

1）实验目的

（1）掌握用集成模拟乘法器实现全载波调幅和抑制载波双边带调幅的方法与过程，并研究已调波与两输入信号的关系。

（2）掌握测量调幅系数的方法。

（3）通过实验中波形的变换，学会分析实验现象。

2）实验仪器

（1）双踪示波器；
（2）高频信信号源；
（3）万用表；
（4）实验板 G3。

3）实验原理及要求

（1）复习幅度调制器的有关知识。

（2）了解实验原理及内容，分析实验电路中用 1496 乘法器调制的工作原理，并分析计算各引出脚的直流电压。

（3）分析全载波调幅及抑制载波调幅信号特点，并画出其频谱图。

4）实验内容及步骤

实幅度调制就是载波的振幅受调制信号的控制做周期性的变化，变化的周期与调制信号周期相同，即振幅变化与调制信号的振幅成正比。通常高频信号为载波信号，低频信号为调制信号，调幅器即为产生调幅信号的装置。

本实验采用集成模拟乘法器 1496 来构成调幅器，如图 8.31 所示为 1496 芯片内部的电路图，它是一个四象限模拟乘法器的基本电路，电路采用两组差动对由 V1 ~ V4 组成，以反极性方式相连接，而且两组差分对的恒流源又组成一对差分电路，即 V5、V6，因此恒流源的控制电压可正可负，以此实现了四象限工作。D、V7、V8 为差分放大电路的恒流源。进行调幅时，载波信号加在 V1 ~ V4 的输入端，即引脚 8、10 之间，调制电压加在差动放大器 V5、V6 的输入端，即引脚的 1、4，在 2、3 脚接 1 kΩ 电阻，以扩大调制信号动态范围，以调制信号取自双差动放大器的两集电极输出（即引出脚 6 ~ 12）。

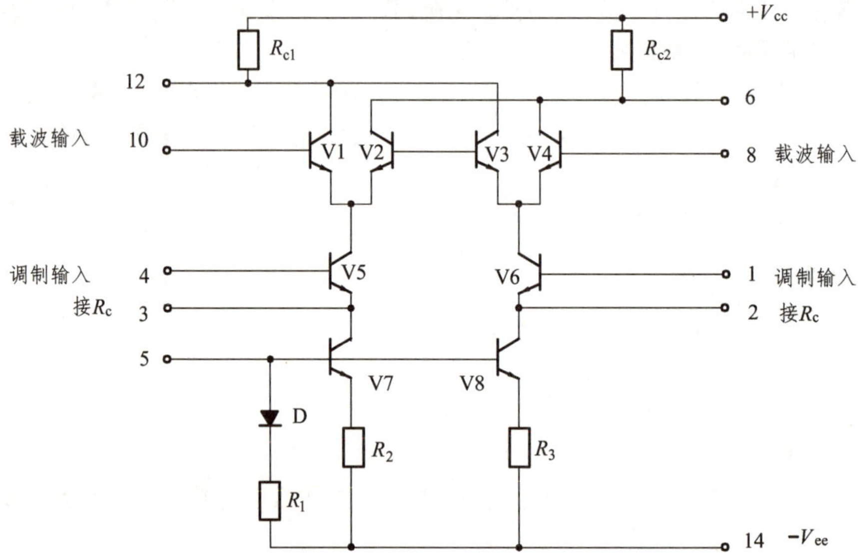

图 8.31　1496 芯片内部电路图

用 1496 集成电路构成的调幅器电路如图 8.32 所示，图中 R_{P1} 用来调节引出脚，1、4 的平衡，R_{P2} 用来调节引出脚 8、10 的平衡，三极管 V 为射极跟随器，以提高调幅器带负载的能力。

（1）直流调制特性。

① 调 R_{P2} 电位器使载波输入端平衡，在调制信号输入端 I_{N2} 加峰值为 100 mV，频率为 1 kHz 的正弦信号，调节 R_{P2} 电位器使输出端信号最小，然后去掉输入信号。

② 在载波输入端 I_{N1} 加峰值 V_C 为 10 mV，频率 100 kHz 的正弦信号，用万用表测量 A，B 之间的电压 V_{AB}，用示波器观察 OUT 输出端的波形，以 $V_{AB} = 0.1$ V 为步长，记录 R_{P1} 由一端跳到另一端的输出波形及其峰值电压，注意观察相位的变化，根据公式 $V_O = K \cdot V_{AB} \cdot V_C(t)$ 计算出系数 K 值，并填入表 8.8 中。

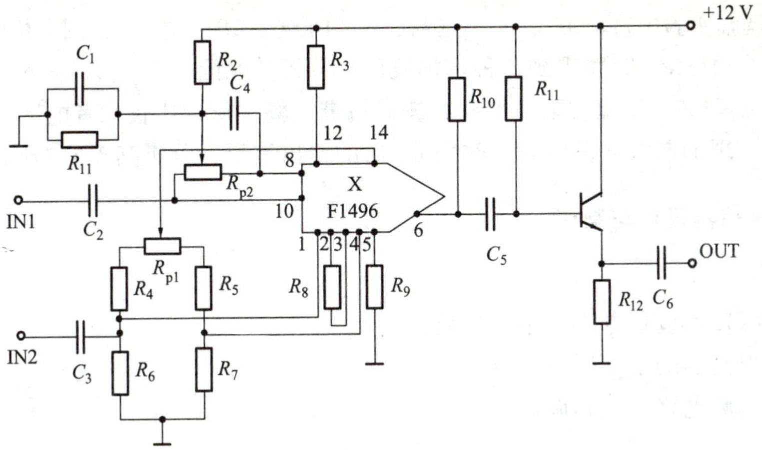

图 8.32　1496 构成的调幅器

表 8.8　计算系数 K

V_{AB}									
$V_{O(P-P)}$									
K									

（2）实现全载波调幅（AM）。

① 调节 R_{P1} 使 $V_{AB}=0.1$ V，载波信号仍为 $V_C(t)=10\sin 2\pi\times 10^{\wedge}5t$ (mV)，将低频信号 $V_s(t)=V_s\sin 2\pi\times 10^{\wedge}3t$ (mV) 加至调制器输入端 I_{N2}，画出 $V_S=30$ mA 和 100 mA 时的调幅波形（标明峰-峰值和谷谷值），并测出其调制度 m。

② 加大示波器的扫描速率，观察并记录 $m=100\%$ 和 $m>100\%$ 两种调制度在过 0 点附近的波形情况。

③ 载波信号 $V_C(t)$ 不变，将调制信号改为 $V_s(t)=100\sin 2\pi\times 10^{\wedge}3t$（mV），调节 R_{P1} 观察输出波形 $V_{AM}(t)$ 的变化情况，记录 $m=30\%$ 和 $m=100\%$ 的调幅波所对应的 V_{AB} 值。

④ 载波信号不变，将调制信号改为方波，幅值为 100 mV，观察并记录 $V_{AB}=0$ V，0.1 V，0.15 V 时的已调波。

（3）实现抑制载波调幅（DSB）。

① 调 R_{P1} 使调制端平衡，并在载波信号输入端 I_{N1} 加 $V_C(t)=10\sin 2\pi\times 10^{\wedge}5t$（mV）信号调制信号端 I_{N2} 不变，观察并记录波形。

② 载波输入端不变，调制信号输入端 I_{N2} 加 $V_s(t)=100\sin 2\pi\times 10^{\wedge}3t$（mV）的信号，观察记录波形，并标明峰峰值电压。

③ 加大示波器的扫描速率，观察并记录已调波在零点附近波形，比较它与 $m=100\%$ 调幅波的区别。

④ 所加载波信号和调制信号均不变，微调 R_{P2} 为某一个值，观察及记录波形。

⑤ 在④的条件下，去掉载波信号，观察并记录输出波形，并与调制信号比较。

5）实验报告要求

（1）整理实验数据，用坐标纸画出直流调制特性曲线。

（2）画出调幅实验中 $m=30\%$，$m=100\%$，$m>100\%$ 的调幅波形，在图上标明峰-峰值电压。
（3）画出当改变 V_{AB} 时能得到几种调幅波形，分析其原因。
（4）画出 $m=100\%$ 调幅波形及抑制载波双边带调幅波形，比较二者的区别。
（5）画出实现抑制载波调幅时，改变 R_{P2} 后的输出波形，分析其现象的原因。

9．高频振荡器设计与制作

1）设计目的

（1）掌握振荡器设计方法和主要参数；
（2）了解振荡器的工作原理和应用；
（3）学会高频电路安装和调试方法。

2）设计技术指标与要求

（1）设计要求。
① 用晶体管振荡电路实现高频振荡；
② 输出频率要有一定的准确度并有一定的幅度；
③ 拟定测试方案和设计步骤；
④ 根据性能指标，计算元件参数，选好元件，设计电路并画出电路图；
⑤ 在面包板、万能板或 PCB 板上安装电路；
⑥ 撰写设计报告。
（2）技术指标。
① 输出振荡频率 1 MHz，输出电压 $1V_{P-P}$；
② 输出频率准确度优于 10^{-3}；
③ 电源电压 9 V，电流不大于 10 mA；
④ 输出失真小。

3）设计提示

（1）方案提示。
采用三端式电容改进型振荡电路。
（2）设计用仪器设备。
示波器，数字万用表，低频信号发生器，实验面包板或万能板。
（3）设计用主要器件。
三极管、电阻电容电感若干。

4）验收要求

实物验收，按设计要求给出实物分数。

10．高频小信号谐振放大器设计

1）设计目的

掌握高频小信号调谐放大器工作原理及设计方法，谐振回路的调谐方法，放大器的各项技术指标测量方法。

2）设计技术指标与要求

（1）设计要求。

① 设计一个高频小信号调谐放大器，工作电压 $V_{CC}=9\ \text{V}$，$R_L=1\ \text{k}\Omega$，电压放大倍数 $A_{vo}\geqslant 20\ \text{dB}$，同频带 $BW=1\ \text{MHz}$，矩形系数 $K_{r0.1}<10$；

② 拟定测试方案和设计步骤；

③ 根据性能指标，计算元件参数，选好元件，设计电路并画出电路图；

④ 在面包板、万能板或 PCB 板上安装电路；

⑤ 撰写设计报告。

（2）技术指标。

电压放大倍数 $A_{vo}\geqslant 20\ \text{dB}$，通频带 $BW=1\ \text{MHz}$，矩形系数 $K_{r0.1}<10$。

3）制作提示

（1）方案提示如图 8.33 所示。

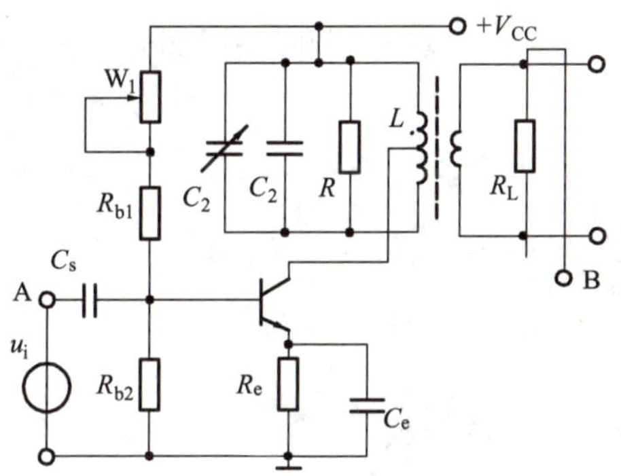

图 8.33　高频小信号放大电路图

（2）设计用仪器设备。

数字万用表，高频信号发生器，实验面包板或万能板。

（3）设计用主要器件。

三极管、电容、电阻、电感等。

4）验收要求

实物验收，按设计要求给出实物分数。

11．调谐放大器设计

1）设计目的

（1）理解调谐放大器的工作原理；

（2）掌握调谐放大器电路设计方法及主要技术指标；

（3）学会高频电路安装和调试方法。

2）设计技术指标与要求

（1）设计要求。

① 频率固定，有一定带宽；

② 有一定放大能力、输入与输出阻抗为定值；

③ 拟定测试方案和设计步骤；

④ 根据性能指标计算元件参数，选好元件，设计电路并画出电路图；

⑤ 在面包板、万能板或 PCB 板上安装电路；

⑥ 测量输出信号的幅度、中心频率；

⑦ 撰写设计报告。

（2）技术指标。

① 中心频率：中频输出频率 10.7 MHz，带宽 100 kHz；

② 放大倍数：2（负载接 1 kΩ 时）；

③ 输入、输出阻抗：均为 1 kΩ。

3）设计提示储藏

（1）方案提示。

采有共发射极调谐放大电路，集电极调谐回路用部分接入输出。

（2）设计用仪器设备。

示波器，数字万用表，低频信号发生器，实验面包板或万能板。

（3）设计用主要器件。

三极管、电阻电容电感若干。

4）验收要求

实物验收，按设计要求给出实物分数。

12. 选频网络设计

1）设计目的

（1）掌握 *LC* 并联谐振选频网络。

（2）掌握 *LC* 串联谐振选频网络。

2）设计技术指标与要求

（1）设计要求。

设计一个选频网络（谐振频率 $f_o = 1\,\text{MHz}$，通频带 $BW = 2\Delta f_{0.7} = 39.5\,\text{kHz}$）。

（2）技术指标。

（谐振频率 $f_o = 1\,\text{MHz}$，通频带 $BW = 2\Delta f_{0.7} = 39.5\,\text{kHz}$）

3）设计提示

（1）方案提示。

采用并联谐振回路：由电感与电容简单并联而成，当频率不是非常高时，并联谐振回路的应用最广。

（2）设计用仪器设备。

示波器，数字万用表，实验面包板或万能板，仿真软件。

（3）设计用主要器件：
电阻、电容、电感若干。

4）验收要求

实物验收，按设计要求给出实物分数。

13．三点式振荡器的设计

1）设计目的

（1）掌握三点式振荡器的工作原理和电路结构。
（2）掌握三点式振荡器的设计。

2）设计技术指标与要求

（1）设计要求。
设计一个三点式振荡器，使输出振荡频率可以调节。
（2）技术指标。

$$f_0 = 7\ \text{MHz}$$

3）设计提示

方案提示：

采用电容反馈式三点振荡器，由于反馈主要是通过电容，可以削弱高次谐波的反馈，使振荡产生的波形得到改善，且频率稳定度高，适于较高波段工作。

4）验收要求

仿真计算，如采用 Multisim 仿真，或者实物验收。

14．AGC 放大电路设计

1）设计目的

（1）了解 AGC 电路的工作原理和应用；
（2）掌握 AGC 电路的设计方法和主要参数；
（3）学会高频电路安装和调试方法。

2）设计技术指标与要求

（1）设计要求。
① 用分立元件或非专用集成电路实现自动增益控制；
② 拟定测试方案和设计步骤；
③ 根据性能指标，计算元件参数，选好元件，设计电路并画出电路图；
④ 在面包板、万能板或 PCB 板上安装电路；
⑤ 撰写设计报告。
（2）技术指标。
① 输入电压 1 ~ 50 mV_{rms}，输出电压 0.5 ~ 1.50 V_{rms}。

② 信号带宽：可点频，也可音频。

③ 输出失真小。

3）设计提示

（1）方案提示。

放大器输出端加一个振幅检测电路，其输出再控制放大器的放大倍数。

（2）设计用仪器设备。

示波器，数字万用表，低频信号发生器，实验面包板或万能板。

（3）设计用主要器件。

三极管、电阻电容电感若干。

4）验收要求

实物验收，按设计要求给出实物分数。

15．调频波调制与解调电路实验

1）实验目的

（1）了解变容二极管调频器电路原理及构成。

（2）了解调频器调制特性及测量方法。

（3）熟悉相位鉴频电路的基本工作原理。

（4）了解鉴频特性曲线（S 曲线）的正确调整方法。

（5）将变容二极管调频器与相位鉴频器两实验板进行联机试验，进一步了解调频和解调全过程及整机调试方法。

2）实验内容与要求

（1）在变容二极管调频器电路实验板上测试静态调制特性。

（2）在鉴频器电路实验板上用高频信号发生器逐点测出鉴频特性 S 型曲线。

（3）在鉴频器电路实验板 G4 上观察回路 CT1、CT2、CT3 对 S 曲线的影响。

（4）将调频电路与鉴频电路联接进行调频、解调实验。

将调频电路的中心频率调为 6.5 MHz，鉴频器中心频率也调谐在 6.5 MHz，调频输出信号送入鉴频器输入端，将 $f = 2$ kHz，$V_m = 400$ mV 的音频调制信号加至调频电路输入端进行调频。

用双踪示波器同时观测调制信号和解调信号，比较二者的异同，并画出调制信号、已调信号和解调信号的波形，如输出波形不理想可调鉴频器 CT1、CT2、CT3。将音频信号加大至 $V_m = 800$ mV 、1 000 mV，观察波形变化，分析原因。

3）实验报告要求

（1）整理实验数据，画出静态调制特性曲线，并求出其调制灵敏度 S，说明曲线斜率受哪些因素的影响。

（2）整理实验数据，画出鉴频特性曲线。

（3）分析在调频电路和鉴频电路联机实验中遇到的问题及解决办法，画出调频输入和鉴频输出的波形，指出其特点。

（4）结果分析及总结。

8.2.2 综合型题库

1．调幅收音机安装与调试

1）实验目的

（1）掌握调幅收音机工作原理、主要技术指标及测试方法；

（2）学会调幅收音机安装、调试；掌握统调、跟踪原理与调试步骤。

（3）会排除电路一般故障。

2）技术指标与要求

（1）制作要求。

① 元件焊点匀称、排列整齐、高矮一致、方向有序；

② 引线长短合理，接插件、金属件、塑料件安装规范。

（2）技术指标。

① 接收灵敏度优于：2 mV/m；

② 中频频率：455 kHz ± 5 kHz；

③ 整机静态电流：不大于 10 mA；

④ 最大输出功率：50 mW。

3）调试、测试、故障排除

（1）调试。

① 各级静态工作点；

② 中频频率；

③ 统调与跟踪。

（2）测量。

① 各级静态工作点；

② 低频放大器放大倍数；

③ 低频放大器频率特性；

④ 中频放大器放大倍数、频率特性；

⑤ 测量低放级、中频放大级放大倍数、输入阻抗。

（3）故障排除。

① 体验收音机正常性能；

② 模拟故障分析；

③ 实际故障体验及维修方法分析。

（4）设计用仪器设备。

示波器，交流毫伏表，数字万用表，低频信号发生器，收音机套装散件。

4）验收要求

实物验收，按要求给出实物分数。

2．AGC 放大电路设计

1）设计目的

（1）了解 AGC 电路的工作原理和应用；
（2）掌握 AGC 电路的设计方法和主要参数；
（3）学会高频电路安装和调试方法。

2）设计技术指标与要求

（1）设计要求。
① 用分立元件或非专用集成电路实现自动增益控制；
② 拟定测试方案和设计步骤；
③ 根据性能指标，计算元件参数，选好元件，设计电路并画出电路图；
④ 在面包板上或万能板或 PCB 板上安装电路；
⑤ 撰写设计报告。
（2）技术指标。
① 输入电压 1 ~ 50 mV_{rms}，输出电压 0.5 ~ 1.50 V_{rms}；
② 信号带宽：可点频，也可音频。
③ 输出失真小。

3）设计提示

（1）方案提示。
放大器输出端加一个振幅检测电路，其输出再控制放大器的放大倍数。
（2）设计用仪器设备。
示波器，数字万用表，低频信号发生器，实验面包板或万能板。
（3）设计用主要器件。
三极管、电阻电容电感若干。

4）验收要求

实物验收，按设计要求给出实物分数。

3．调频波调制与解调电路实验

1）实验目的

（1）了解变容二极管调频器电路原理及构成。
（2）了解调频器调制特性及测量方法。
（3）熟悉相位鉴频电路的基本工作原理。
（4）了解鉴频特性曲线（S 曲线）的正确调整方法。
（5）将变容二极管调频器与相位鉴频器两实验板进行联机试验，进一步了解调频和解调全过程及整机调试方法。

2）实验内容与要求

（1）在变容二极管调频器电路实验板上测试静态调制特性。

（2）在鉴频器电路实验板上用高频信号发生器逐点测出鉴频特性 S 型曲线。

（3）在鉴频器电路实验板 G4 上观察回路 CT1、CT2、CT3 对 S 曲线的影响。

（4）将调频电路与鉴频电路连接进行调频、解调实验。

将调频电路的中心频率调为 6.5 MHz，鉴频器中心频率也调谐在 6.5 MHz，调频输出信号送入鉴频器输入端，将 $f = 2$ kHz，$V_m = 400$ mV 的音频调制信号加至调频电路输入端进行调频。

用双踪示波器同时观测调制信号和解调信号，比较二者的异同，并画出调制信号、已调信号和解调信号的波形，如输出波形不理想可调鉴频器 CT1、CT2、CT3。将音频信号加大至 $V_m = 800$ mV 、1 000 mV，观察波形变化，分析原因。

3）实验报告要求

（1）整理实验数据，画出静态调制特性曲线，并求出其调制灵敏度 S，说明曲线斜率受哪些因素的影响。

（2）整理实验数据，画出鉴频特性曲线。

（3）分析在调频电路和鉴频电路联机实验中遇到的问题及解决办法，画出调频输入和鉴频输出的波形，指出其特点。

（4）结果分析及总结。

4．调频无线话筒

1）设计目的

（1）掌握简单调频无线发射机的设计方法和测试技术。

（2）了解相关器件的工作原理和应用。

（3）学会安装和调试分立元件与集成电路组成的多级电子电路小系统。

2）设计技术指标与要求

（1）设计要求。

① 音频信号转化成电信号，经过调频转换成 FM 信号通过天线发射出去；

② 输出信号的频率要求可调，通过 FM 收音机能够清晰的接收发射的音频信号；

③ 拟定测试方案和设计步骤；

④ 根据性能指标，计算元件参数，选好元件，设计电路并画出电路图；

⑤ 在面包板、万能板或 PCB 板上安装电路；

⑥ 测量输出信号的幅度和频率；

⑦ 撰写设计报告。

（2）技术指标。

① 输出频率范围：88 ~ 108 MHz；

② 发射距离 10 ~ 30 m；

③ 其他特色功能。

3）设计提示

（1）方案提示。

① 可以使用分立元件搭建电路；

② 也可用单片集成调频芯片如 Maximum606、BA1404 等实现。

（2）设计用仪器设备。

示波器，交流毫伏表，数字万用表，实验面包板或万能板。

（3）设计用主要器件。

驻极话筒一个、三极管、天线、电阻电容电感若干。

4）验收要求

实物验收，按设计要求给出实物分数。

5．集成调频波调制与解调电路联机实验

1）实验目的

（1）掌握集成电路频率调制器的工作原理。

（2）了解用锁相环构成调频波的解调原理。

（3）体验集成调频调制与解调电路通信过程，理解通信原理。

2）实验内容与要求

（1）在集成电路（压控振荡器）构成的频率调制器实验板上测试静态调制特性。

（2）在集成电路（锁相环）构成的频率解调器实验板上测试正弦波解调器。

先按实验十（见参考资料）的实验内容 2（1）的要求获得调频方波输出信号（③脚），要求输入的正弦调制信号 em 为：$V_{P-P}=0.8\ V$，$f=1\ kHz$，然后将其接至 565 锁相环的 IN 输入端，调节 566 的 R_{P1}（逆时针旋转），使 R 最小，用双踪示波器观察并记录 566 的输入调制信号 em 和 565“B”点的解调输出信号。

（3）在集成电路（锁相环）构成的频率解调器实验板上测试相移键控解调器。

用峰-峰值 $V_{P-P}\leqslant 0.2\ V$，$f_m=1\ kHz$ 的方波做调制信号送给调制器 566，分别观察调制器 566 的调制信号和比较器 311 的输出信号。

（4）集成调频波调制与解调电路联机进行调频、解调实验。

将调频电路的中心频率调到与解调电路中心频率相等，调频输出信号送入解调电路输入端，将 $f=400\ Hz$，$V_{P-P}=200\ mV$ 的正弦调制信号加至调频电路输入端进行调频。

用双踪示波器同时观测调制信号和解调信号，比较二者的异同，并画出调制信号、已调信号和解调信号的波形。

用峰-峰值 $V_{P-P}\leqslant 0.2\ V$，$f_m=400\ Hz$ 的方波做调制信号送给调制器 566，分别观察调制器 566 的调制信号和比较器 311 的输出信号。

3）参考资料

实验步骤可参考《高频电路实验指导书》“集成电路（压控振荡器）构成的频率调制器”“集成电路（锁相环）构成的频率解调器”部分。

4）实验报告要求

（1）整理实验数据，画出调频波形图，画出静态调制特性曲线；

（2）画出解调电路波形图；

（3）分析用集成电路构成的调频器和解调器在联机过程中遇到的问题及解决方法。

6．简易调幅发射机

1）实验目的

（1）掌握调幅发射机工作原理、主要技术指标；

（2）进一步掌握调幅调制电路的设计方法；

（3）学会高频电路安装和调试。

2）设计要求与技术参数

（1）设计要求。

① 能将话音信号通过调幅发射机发射出去，并通过调幅收音机接收。

② 发射距离大于20米。

③ 拟定测试方案和设计步骤；

④ 根据性能指标，计算元件参数，选好元件，设计电路并画出电路图；

⑤ 在面包板上、万能板或PCB板上安装电路；

⑥ 撰写设计报告。

（2）技术指标。

① 发射频率：525～1 605 kHz；

② 发射功率：不小于10 mW；

③ 供电电压：6 V。

3）设计提示

（1）方案提示。

① 高频部分采用一个三极管完成振荡、集成及调幅调制；

② 调制部分采用2～3个晶体管组成低频话筒放大电路。

（2）设计用仪器设备。

示波器，交流毫伏表，数字万用表，低频信号发生器，实验面包板或万能板。

（3）设计用主要器件。

三极管、电阻电容电感若干。

4）验收要求

实物验收，按设计要求给出实物分数。

7．变频器设计

1）设计目的

（1）掌握变频器设计方法和主要参数测试；

（2）了解调频变频器的工作原理和应用；

（3）学会高频电路安装和调试方法。

2）设计技术指标与要求

（1）设计要求。

① 中频输出频率为通用频率，有一定带宽；

② 本振、输入频率自定，输入信号有选频电路；

③ 拟定测试方案和设计步骤；

④ 根据性能指标，计算元件参数，选好元件，设计电路并画出电路图；

⑤ 在面包板、万能板或 PCB 板上安装电路；

⑥ 测量输出信号的幅度、中心频率；

⑦ 撰写设计报告。

（2）技术指标。

① 中心频率：中频输出频率 10.7 MHz，带宽 100 kHz；

② 变频增益：2 倍；

③ 能接收调频输入信号。

3）设计提示储藏

（1）方案提示。

① 采用小功率调幅调频发射机与接收电路板中的调频中放电路作为该电路的后级。

② 变频电路采用小功率调幅调频发射机与接收电路板中的调幅接收机变频电路。

（2）设计用仪器设备。

示波器，交流毫伏表，数字万用表，低频信号发生器，实验面包板或万能板。

（3）设计用主要器件。

三极管、电阻电容电感若干。

4）验收要求

实物验收，按设计要求给出实物分数。

8．差拍振荡器设计与制作

1）设计目的

（1）掌握差拍振荡器设计方法和主要参数测试；

（2）了解差拍振荡器的工作原理和应用；

（3）学会高频电路安装和调试方法。

2）设计技术指标与要求

（1）设计要求。

① 输出信号频率可微调；

② 输出电压可微调：0.1 ~ 0.5 V 可调；

③ 拟定测试方案和设计步骤；

④ 根据性能指标计算元件参数，选好元件，设计电路并画出电路图；

⑤ 在面包板、万能板或 PCB 板上安装电路；

⑥ 测量输出信号的幅度、中心频率；

⑦ 撰写设计报告。

（2）技术指标。

① 中心频率：465 ± 10 kHz 范围内可调；

② 频率精准度：0.3%；

③ 输出电压：0.1 ~ 0.5 V 可调。

3）设计提示

（1）方案提示。

① 调频采有变容二极管电容三端式振荡电路；

② 调制电路采用一级低频电压放大。

（2）设计用仪器设备。

示波器，交流毫伏表，数字万用表，低频信号发生器，实验面包板或万能板。

（3）设计用主要器件。

三极管、电阻电容电感若干。

4）验收要求

实物验收，按设计要求给出实物分数。

9．等幅发射机

1）设计目的

（1）通过本课题设计与装配、调试，提高学生的实际动手能力，巩固已学的理论知识。

（2）使学生建立无线电发射机的整机概念，了解发射机整机各单元电路之间的关系及相互影响，从而能正确设计、计算发射机的各个单元电路：主振级、激励级、输出级、调制级、输出匹配网络及音频放大器。

（3）初步掌握小型调幅波发射机的调整及测试方法。

2）设计技术指标与要求

（1）等幅波发射机。

① 工作频率 $f_0 = 1.2 \sim 2.6\ \text{MHz}$；

② 输出功率 $P_{\text{Omax}} \geqslant 0.25\ \text{W}$；

③ 频率稳定度 $\dfrac{\Delta f}{f_0} \leqslant 5 \times 10^{-4}$；

④ 负载电阻 $R_{\text{A}} = 50\ \Omega$；

⑤ 电源电压 $E_{\text{c}} = 12\ \text{V}$。

此外，还要适当考虑发射机的效率、输出波形失真以及波段内输出功率的均匀度等。

3）设计提示

（1）方案提示。

① 调幅波发射机的框图如图 8.34 所示。

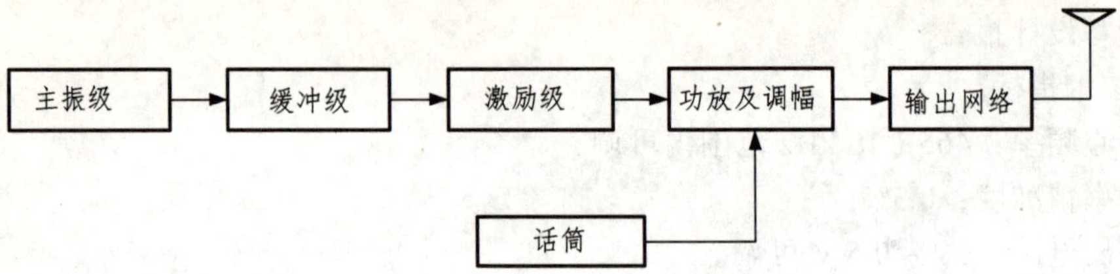

图 8.34　调幅波发射机框图

② 参考电路如图 8.35 所示。

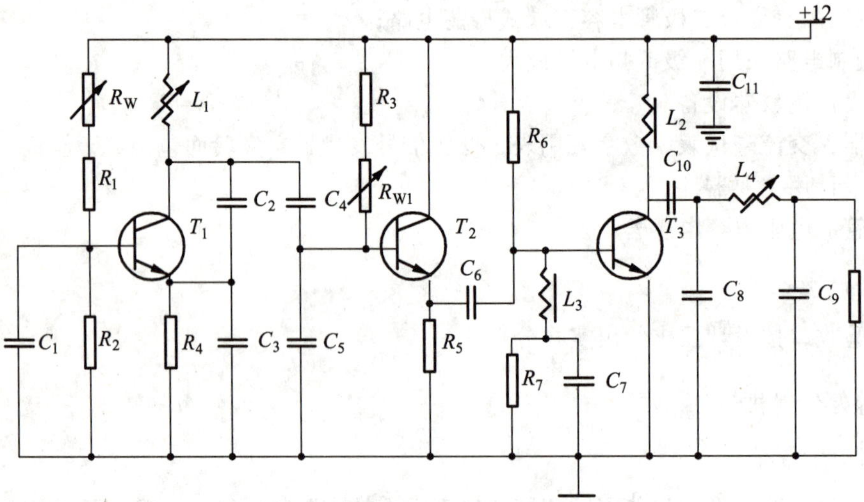

图 8.35　等幅波发射机参考电路图

（2）设计用仪器设备。

数字万用表，低频信号发生器，示波器。

（3）设计用主要器件。

高频扼流圈（两个）、三极管（三个）、晶体振荡器（一个）、电阻电容若干。

4）验收要求

实物验收，按设计要求给出实物分数。

10．二极管包络检波器

1）设计目的

（1）掌握二极管包络检波器的设计方法和测试技术。

（2）了解相关器件的工作原理和应用。

（3）学会安装和调试分立元件电路小系统。

2）设计技术指标与要求

（1）设计要求。

① 电路能解调调幅高频信号；

② 输出直流信号（AGC 信号）、原调制信号；

③ 拟定测试方案和设计步骤；
④ 根据性能指标计算元件参数，选好元件，设计电路并画出电路图；
⑤ 在面包板、万能板或 PCB 板上安装电路；
⑥ 测量输出信号的幅度、检波效率；
⑦ 撰写设计报告。
（2）技术指标。
① 输入频率范围：100 kHz ~ 1 mHz，调幅度 0 ~ 100%；
② 输入电压 > 3 $V_{p\text{-}p}$；
③ 检波效率 > 0.3；
④ 输入阻抗 > 1 kΩ；
⑤ 直流输出方式：直流对地电压为正。

3）设计提示

（1）方案提示。
① 采用锗高频检波二极管
② 参考高频电路实验指导书。
（2）设计用仪器设备。
示波器，数字万用表，低频信号发生器，实验面包板或万能板。
（3）设计用主要器件。
高频锗二极管、电阻电容若干。

4）验收要求

实物验收，按设计要求给出实物分数。

8.2.3　设计型题库

1．红外光通信实验

1）设计目的

（1）理解红外光通信工作原理和应用；
（2）学会电路安装和调试方法。

2）设计技术指标与要求

（1）设计要求。
① 发端经信号发生器输出音频信号调制成光信号；
② 接收端经光接收器接收并处理后还原出信号并推动喇叭；
③ 拟定测试方案和设计步骤；
④ 根据性能指标，计算元件参数，选好元件，设计电路并画出电路图；
⑤ 在面包板、万能板或 PCB 板上安装电路；
⑥ 撰写设计报告。

（2）技术指标。

① 红外中心频率：40 kHz左右，通信距离大于2 m。

② 工作电压6 V。

3）设计提示

（1）方案提示。

① 采用集成电路（压控振荡器）构成的频率调制器（实验板G5）的调制输出驱动红外发射二极管。

② 红外接收管接收后采用集成电路（压控振荡器）构成的频率调制器（实验板G5）的锁相解调电路解调出原信号。

（2）设计用仪器设备。

示波器，交流毫伏表，数字万用表，低频信号发生器，实验面包板或万能板。

（3）设计用主要器件。

三极管，电阻电容电感若干，集成电路（压控振荡器）构成的频率调制器。

4）验收要求

实物验收，按设计要求给出实物分数。

2．调幅解调电路的设计

1）设计目的

（1）掌握高、低电平调制解调电路基本原理。

（2）掌握高、低电平调制解调电路设计方法。

2）设计技术指标与要求

（1）设计要求。

① 设计一个基极调幅电路，集电极调幅电路。

② 设计相应的解调电路。

（2）技术指标。

解调信号波形基本正确，没有惰性失真和底部切割失真。

3）设计提示

方案提示：

对于低电平调制，采用基极调制方法，对于高电平调制，采用集电极调制方法。

对于AM波，可以用包络检波的方法进行解调，因为AM波的包络、调制信号和波形一致，但是在设计检波电路的时候要注意两种失真，要选好参数。

4）验收要求

软件仿真验收，如有条件，也可以实物验收。

3．PLL-VCO的设计与制作

1）设计目的

（1）掌握利用锁相环和压控振荡器设计频率合成器的方法。

（2）掌握 VCO 和 PLL 工作原理和应用。
（3）学会安装和调试分立元件与集成电路组成的多级电子电路小系统。

2）设计技术指标与要求

（1）设计要求。
① 电路能输出正弦波；
② 振荡频率范围为 40 ~ 60 MHz 内的 10 MHz 宽，频率步长为 1 km/Hz。
③ 拟定测试方案和设计步骤；
④ 根据性能指标计算元件参数，选好元件，设计电路并画出电路图；
⑤ 在 PCB 板上安装电路；
⑥ 测量输出信号的幅度和频率；
⑦ 撰写设计报告。
（2）技术指标。
① 输出频率范围：40 ~ 60 MHz，频率步长为 1 kMHz；
② 输出不失真正弦波，频率的稳定度与晶体振荡电路相同；
③ 其他特色功能。

3）设计提示

（1）方案提示。
① 推荐用 Motorola 公司的 MC145163P 电路实现；
② 也可用其他方案实现。
（2）设计用仪器设备。
示波器，数字万用表。
（3）设计用主要器件。
MC145163P、BCD 拨码开关、1SV61 变容二极管、三极管电阻电容若干。

4）验收要求

实物验收，按设计要求给出实物分数。

4．可变分频器设计与制作

1）设计目的

（1）了解可变分频器的工作原理和应用；
（2）掌握可变分频器的设计方法和主要参数；
（3）学会高频电路安装和调试方法。

2）设计技术指标与要求

（1）设计要求。
① 分频比可调；
② 拟定测试方案和设计步骤；
③ 根据指标计算元件参数，选好元件，设计电路并画出电路图，绘制 PCB 板图；

④ 在面包板、万能板或 PCB 板上安装电路；

⑤ 撰写设计报告。

（2）技术指标。

① 输入方波信号，幅度任选；

② 分频比 1 ~ 999，可预置；

③ 输出方波信号；

④ 最高工作频率：1 MHz。

3）设计提示

（1）方案提示。

可用数字电路、单片机、CPLD/FPGA 任一种方式实现。

（2）设计用仪器设备。

示波器，数字万用表，低频信号发生器，实验面包板或万能板。

（3）设计用主要器件。

数字电路、三极管、电阻电容电感若干或其他。

4）验收要求

（1）实物验收，按设计要求给出实物分数。

（2）仿真验收，按要求提供完整仿真设计及实验资料。

5．可变分频器设计与制作

1）设计目的

（1）了解可变分频器的工作原理和应用；

（2）掌握可变分频器的设计方法和主要参数；

（3）学会高频电路安装和调试方法。

2）设计技术指标与要求

（1）设计要求。

① 分频比可调；

② 拟定测试方案和设计步骤；

③ 根据指标，计算元件参数，选好元件，设计电路并画出电路图，绘制 PCB 板图；

④ 在面包板、万能板或 PCB 板上安装电路；

⑤ 撰写设计报告。

（2）技术指标。

① 输入方波信号，幅度任选；

② 分频比 1 ~ 999，可预置；

③ 输出方波信号；

④ 最高工作频率：1 MHz。

3）设计提示

（1）方案提示。

可用数字电路、单片机、CPLD/FPGA 任一种方式实现。

（2）设计用仪器设备。

示波器，数字万用表，低频信号发生器，实验面包板或万能板。

（3）设计用主要器件。

数字电路、三极管、电阻电容电感若干或其他。

4）验收要求

（1）实物验收，按设计要求给出实物分数。

（2）仿真验收，按要求提供完整仿真设计及实验资料。

8.2.4 创新型设计题库

1．设计目的

设计并制作一个简易发射机电路。

2．设计技术指标与要求

采用锁相等技术设计并制作调幅信号源：

（1）输出波形无明显失真。

（2）载波频率为 15 MHz。

（3）载波频率准确度：1×10^{-5}。

（4）载波频率稳定度：1×10^{-5}。

（5）已调波输出电压：$V_{P\text{-}P}=1\ \text{V}\pm0.1\ \text{V}$。

（6）调制系数：$m_a=30\%$。

采用功率合成技术设计并制作 15 MHz 高频功率放大器。

（1）输出波形对称，无明显失真。

（2）功率放大器效率：$\geqslant50\%$。

3．设计提示

（1）方案提示。

选频稳幅电路，建议采用电压负反馈方法。

本题的调幅电路宜采用低电平调幅电路。

（2）设计用仪器设备。

示波器，数字万用表，低频信号发生器，实验面包板或万能板。

（3）设计用主要器件。

数字电路、三极管、电阻电容电感若干或其他。

4．验收要求

（1）实物验收，按设计要求给出实物分数。

（2）仿真验收，按要求提供完整仿真设计及实验资料。

本章参考文献

[1] 高吉祥. 全国大学生电子设计竞赛培训系列教程——数字系统与自动控制系统. 北京：高等教育出版社，2013.

第 9 章　单片机综合实验

9.1　单片机综合实验示例

9.1.1　基础案例——基于 MCS-51 单片机的密码锁设计

1．设计目的

（1）掌握矩阵键盘的工作原理及程序设计方法。

（2）掌握 4 位一体数码管的工作原理及程序设计方法。

（3）掌握单片机 I/O 的工作原理及控制外部电路的方法。

2．基础知识与能力层次要求

（1）课程涉及课程。

单片机原理与接口技术、C 语言程序设计。

（2）能力层次要求（四项中之一）。

电子电路基础应用能力（基础）（第一级）：√。

3．程序设计技术指标与要求

1）设计要求（按先后顺序进行）

（1）8 位共阴极数码管显示器的段码端顺序接在 P1 口，P0 通过 74LS245 控制数码管 8 个位选端，先设计一个显示程序实现 8 位数码管的点亮功能；共阴极数码管 0 ~ F 的 16 个显示代码依次为 0x3f，0x06，0x5b，0x4f，0x66，0x6d，0x7d，0x07，0x7f，0x6f，0x77，0x7c，0x39，0x5e，0x79，0x71。

（2）P2 口的低四位 P20 ~ P23 接键盘的 1 ~ 4 行，P2 口的高四位 P24 ~ P27 接键盘的 1 ~ 4 列，按键分别为 K1 ~ K16，对应的按键代码为 0 ~ F。在（1）的前提下继续编写一个 4 × 4 矩阵键盘的按键值识别程序，能识别并返回各个按键的代码（0 ~ F）以及无按键按下的代码 0xFF，并在最右端 1 个数码管上显示出来。

（3）进一步修改过程（2）中的程序，实现 4 位数字的密码锁程序设计，按键 F 作为开锁功能，如果密码正确，则点亮 P3.0 引脚的 LED 表示正确，错误则点亮 P3.1 引脚的 LED 表示错误。

（4）使用 Visio 绘制程序流程图。

（5）在仿真软件上进行仿真测试，或通过万能板焊接相关测试电路，或在单片机开发板上进行实物测试。

（6）撰写程序设计报告，详细介绍按键扫描原理，与按键识别的程序实现过程。

2）技术指标

实现密码锁的打开、关闭功能。

4．制作过程详解

1）系统方案及原理分析

系统框架如图 9.1 所示。

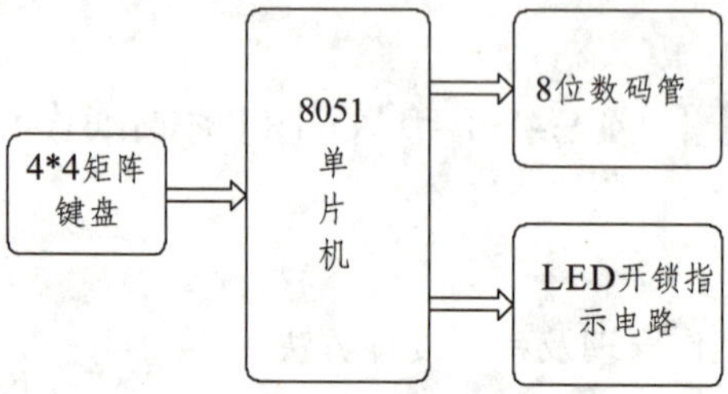

图 9.1 电子密码锁系统框架图

本系统是以 8051 单片机作为电子密码锁的主控芯片，使用单片机键盘扫描程序对外围 4×4 矩阵键盘不断扫描按键输入值来实现设定、修改、输入密码，并以 8 位数码管动态实时显示对应的相关内容，通过 LED 指示是否开锁成功，最后实现动态电子密码锁打开和关闭功能。

2）设计及实现过程

（1）硬件设计。

本系统的电路仿真图如图 9.2 所示。

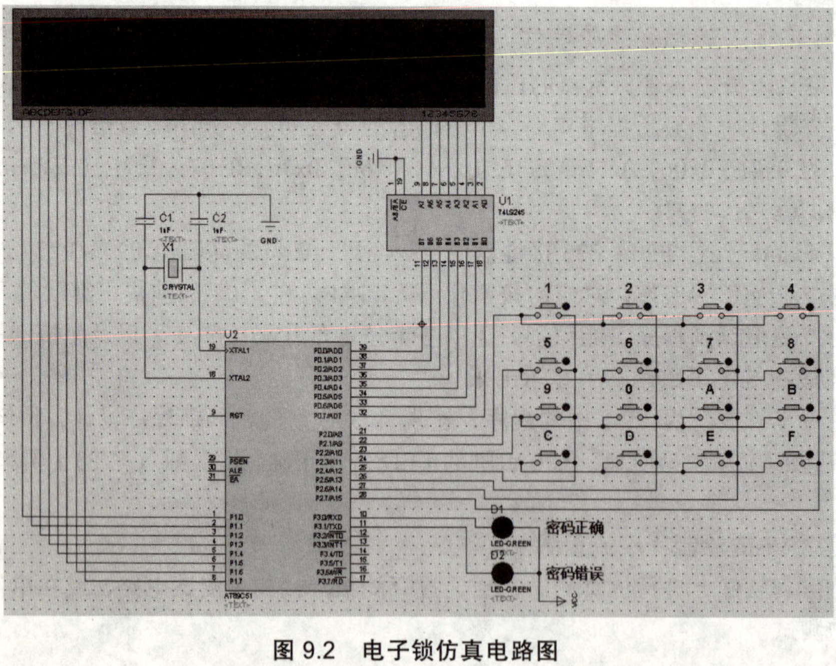

图 9.2 电子锁仿真电路图

① 矩阵键盘。

密码的输入用矩阵键盘实现，包括数字键和功能键。

图 9.2 中 4×4 矩阵键盘的按键具体功能设计如表 9.1 所示。

表 9.1　按键功能表

按　键	键　名	功　能
0～9	数字按键	密码输入
B	新　建	新建密码
C	修　改	显示密码
D	进　入	允许输入密码
E	取　消	取消当前输入
F	确　认	密码比较

本设计按键模块包含：0～9 10 个数字按键、5 个控制按键，共 15 个按键，选用 4×4 的矩阵按键。在行列式矩阵键盘编码的单片机系统中，键盘处理程序首先执行等待按键并确认有无按键按下的程序段，还要对按键进行消抖处理。当确认有按键按下后，就要识别是哪一个按键被按下，通常使用的是线反转法。将行线置为 0x0f，列线置为 0xf0，再将行列进行逻辑或结果为 0xff，当有按键按下时相应的按键位行列均为 0，行列逻辑或不为 0xff，由此可利用行列逻辑或后的值是否为 0xff 来判断是否有按键按下，再根据扫描结果判断按下按键具体位置。

② 开锁电路。

开锁电路在本次设计中用发光二极管代替电磁锁，二极管 D1 亮表示锁开，二极管 D2 表示没有开锁，如图 9.2 所示，当输入密码与内置密码相配合时将 P3.0，置 1，D1 亮；若不同，将 P3.1 置 1，D2 亮。

③ 数码管显示电路。

本系统中 P0 通过 74LS245 控制数码管 8 个位选端来选择需要点亮的数码管，通过 P1 口控制需要点亮的段码组成所需显示的数字或字符。

数码管动态显示的特点是将所有位数码管的段选线并联在一起，由位选线控制是哪一位数码管有效。选亮数码管采用动态扫描显示。动态扫描显示即轮流向各位数码管送出字形码和相应的位选，利用发光管的余辉和人眼视觉暂留作用，使人的感觉好像各位数码管同时都在显示。

（2）软件设计。

如图 9.3 所示介绍了电子锁软件编写流程，读者可以按流程图编写相应程序，也可以自行重新架构软件框架编写效率更高的软件程序。

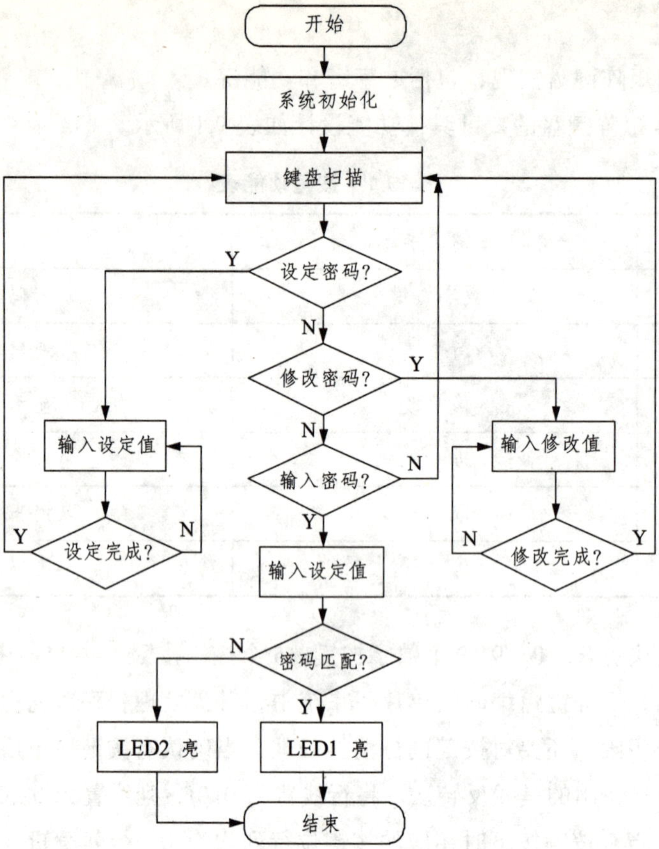

图 9.3 电子锁软件流程图

9.1.2 综合案例——基于MCS-51单片机的单总线温度采集系统

1．设计目的

（1）掌握温度采集系统的工作原理及设计方法。

（2）掌握单总线通信协议。

（3）学会单片机小系统的设计、编程、调试。

2．基础知识与能力层次要求

1）课程涉及课程

单片机，C语言，模拟电子。

2）能力层次要求（四项中之一）

电类专业综合实践能力（综合）（第二级）：√。

3．设计技术指标与要求

（1）设计一个温度采集系统；

（2）采集的温度数据显示在数码管上；
（3）实时更新温度数据；
（4）拟定测试方案和设计步骤；
（5）根据系统要求设计电路并画出电路图；
（6）在 PCB 板上安装电路；
（7）撰写设计报告。

4．制作过程详解

1）系统方案及原理分析

系统框架如图 9.4 所示。

本系统是以 8051 单片机作为单总线温度采集系统的主控芯片，通过单总线通信协议与 DS18B20 进行双向通信，实时读取当前环境温度值并通过 4 位 8 段数码管动态显示。

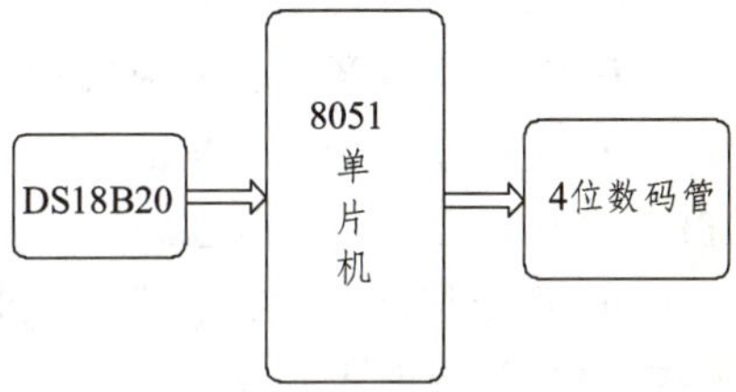

图 9.4　电子密码锁系统框架图

2）设计及实现过程

（1）硬件设计。

系统电路图如图 9.5 所示。

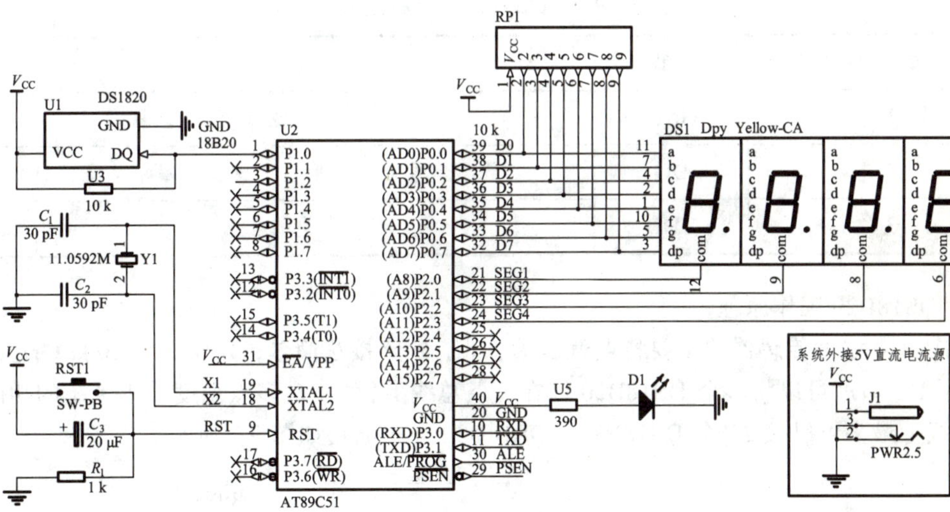

图 9.5　单总线温度采集系统电路图

如图 9.5 所示包含电源接口与指示电路、复位电路、时钟电路、DS18B20 模块电、数码管显示电路（未包含程序下载电路，不要将单片机直接焊接在电路板上，通过底座与外围电路相连以方便随时取出 51 单片机到专业下载器上下载调试程序），可以看出整个系统电路简单，本设计案例工作重点是要掌握单总线通信协议及 DS18B20 工作原理，熟练使用 C 语言编写温度采集与同步显示的软件程序是工作的重点。

本小节主要对 DS18B20 特性进行简单介绍、工作原理进行分析以及操作流程进行解析，使读者快速掌握按照操作流程来编写程序从 DS18B20 中读取所需要的温度值，通过本节的学习掌握按照读写时序来编写最底层的读写驱动。对温度值在数码管上显示的实现不再进行阐述。

（2）DS18B20。

① 温度传感器特性。

a. 适应电压范围宽：3 ~ 5.5 V，单总线接口：只要求一个端口即可实现通信。

b. 在 DS18B20 中的每个器件上都有独一无二的序列号。

c. 实际应用中不需要外部任何元器件即可实现测温。

d. 测量温度范围在 – 55 °C ~ + 125 °C。

e. 数字温度计的分辨率用户可以从 9 位到 12 位选择。

f. 内部有温度上、下限告警设置。

g. 支持多点组网功能，多个 DS18B20 可以并联在一根三线上，实现多点测温。

h. 负压特性，电源极性接反时，温度计不会因发热而烧毁，但不能正常工作。

② 引脚信息。

DS18B20 有两种封装：To-92 和 SOIC-8，其中 To-92 封装是最常用的。如图 9.6 所示为 DS18B20 的 To-92 封装图，表 9.2 中列出各引脚的定义。

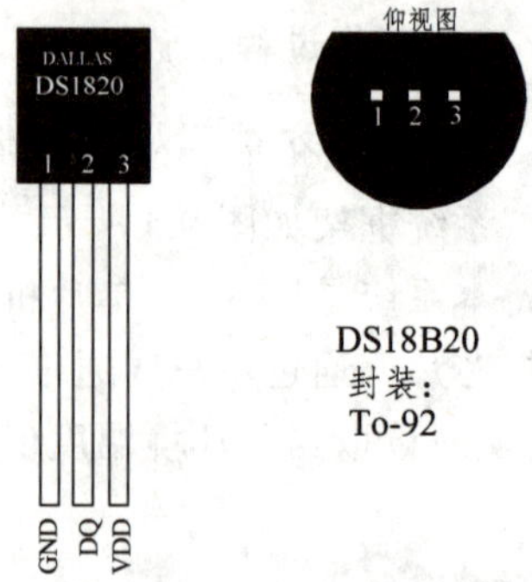

图 9.6　DS18B20 To-92 封装图

表 9.2　DS18B20 引脚定义

序号（封装 TO92）	名称	引脚功能描述
1	GND	电源负极
2	DQ	数字信号输入与输出引脚，开漏单总线接口
3	VDD	电源正极

③ DS18B20 工作原理。

DS18B20 温度传感器的主要特点就是单总线，电路接法简单，只要一个 10 kΩ 的上拉电阻，一个 I/O 口就可以将多个 DS18B20 接在一条总线下，就实现多点温度采集系统的功能了，一条总线上最多可以接 2^{64} 个 DS18B20。DS18B20 经典电路如图 9.7 所示。

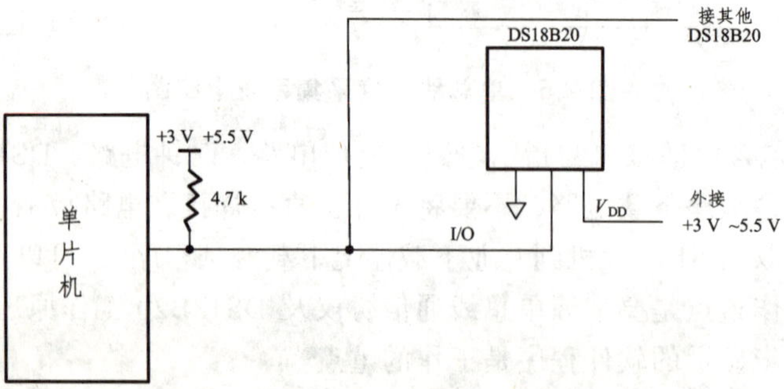

图 9.7　DS18B20 经典电路图

为了区分总线上的不同器件，生产单总线器件时，厂家都刻录了一个 64 位的二进制 ROM

代码作为芯片的唯一序列号，通过读 ROM 命令（33H）就可以把每个器件标识码读出来。在实际应用中通过发送匹配 ROM 命令（55H）来识别总线各个 DS18B20。64 位 ROM 的结构如下：开始 8 位是产品类型的编号（DS1820 为 10H），接着是每个器件的唯一的序号，共有 48 位，最后 8 位是前 56 位的 CRC 校验码，这也是多个 DS1820 可以采用一线进行通信的原因，如表 9.3 所示。

表 9.3　64 位光刻 ROM 各位定义

CRC 校验码	48 位序列号	8 位产品类型标号

如果单总线上只有一个 DS18B20 就可以不发送匹配 ROM 命令，通过跳过 ROM 命令（CCH）就可以对 DS18B20 进行温度转换和读取温度的操作。

表 9.4　DS18B20 片内 RAM

寄存器（8 位）功能描述	字节地址
温度值低 8 位（LSB）	0
温度值高 8 位（MSB）	1
高温限值（TH）	2
低温限值（TL）	3
配置寄存器	4
保　留	5
保　留	6
保　留	7
CRC 校验码	8

由表 9.4 可知，DS18B20 片内有一个有 9 个字节的 RAM 寄存器，第 0～1 字节用来存放转换完成后的温度值，第 2～3 字节存放的是报警温度的上下限，第 4 字节是配置寄存器，第 5～7 字节保留，第 8 字节是 CRC 校验码。

2^3	2^2	2^1	2^0	2^{-1}	2^{-2}	2^{-3}	2^{-4}	LSB

MSb　　(unit = °C)　　LSb

S	S	S	S	S	2^6	2^5	2^4	MSB

图 9.8　温度数据存储格式

由图 9.8 可知，DS18B20 由 11 位数据位和符号位（S）组成，一共 12 位来表示温度值。在编写程序的时候，将读出的 16 位数字值的低 11 位转换成有效温度值的同时还要通过 S 位来判断温度的正负。

④ DS18B20 读写操作。

在编写任何通信协议的底层驱动程序时，一定要参照官方文档的读写及初始化的时序图来编写最底端的读写初始化函数。以下内容为解读 51 单片机对 DS18B20 的读写及初始化的操作时序（若使用 I/O 口输入与输出模式需要配置的单片机在编写程序时请注意 I/O 口的工作模式）。

如图 9.9 所示说明以下各时序图中的总线状态

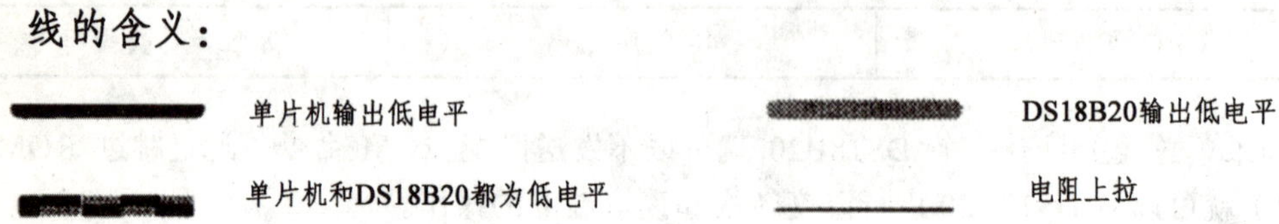

图 9.9　时序图中各总线的状态

a. DS18B20 读数据。

读数据时序如图 9.10 所示。

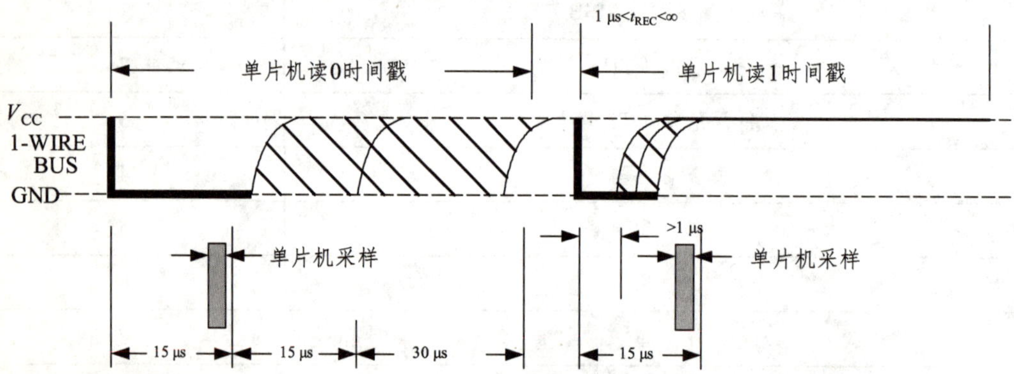

图 9.10　读数据时序图

1：单片机将 DQ 线拉低；

2：延时 5 μs 左右；

3：单片机将 DQ 线拉高（51 单片机此时 I/O 口为输入方式）；

4：延时 5 μs 左右；

5：单片机读取 DQ 线上的值，并进行相关数值处理；

6：延时 30 μs 左右；

7：单片机将 DQ 线拉高（空闲状态）；

8：重复 1 ~ 7 的步骤，直到读完一个字节的数据。

b. DS18B20 写数据

写数据时序如图 9.11 所示。

1：单片机将 DQ 线拉低；

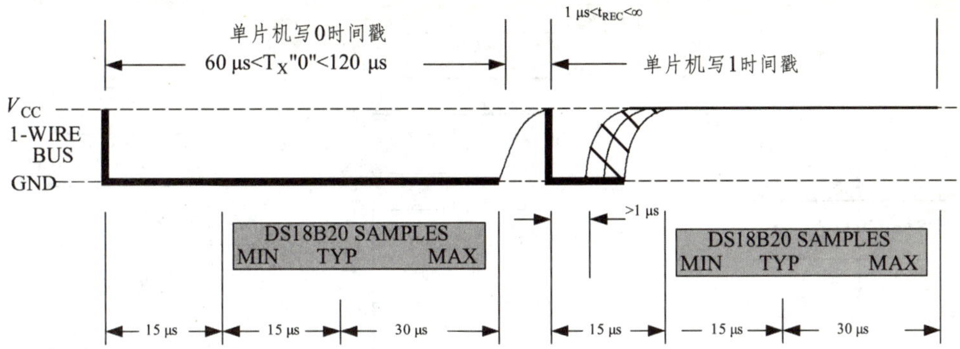

图 9.11　写数据时序图

2：延时 15 μs；

3：单片机发送一位数据位（从低到高依次发送）；

4：延时 45 μs；

5：单片机将 DQ 线拉高；

6：重复 1 ~ 5 的步骤，直到写完一个字节的数据；

7：单片机将 DQ 线拉高（空闲状态）。

c. DS18B20 初始化。

初始化时序如图 9.12 所示。

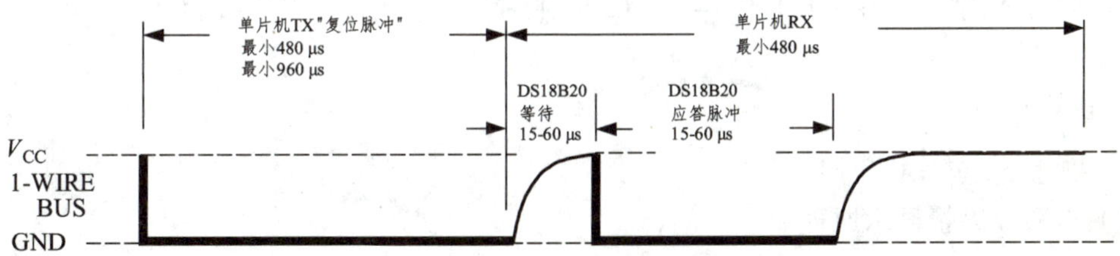

图 9.12　初始化时序图

1：单片机将 DQ 线拉低；

2：延时保证在 480 ~ 960 μs，一般选择中间值 720 μs 左右；

3：单片机将 DQ 线拉高（51 单片机此时 I/O 口为输入方式）；

4：延时等待（15 ~ 60 μs），若初始化成功，DS18B20 会在 15 ~ 60 μs 回答一个低电平维持在（60 ~ 240 μs）；

5：单片机读到 0 后，延时 480 μs 以上；

6：单片机将 DQ 线拉高（空闲状态）。

（3）软件设计。

读者自行按照时序图 9.13 所示的操作步骤编写相应的 DS18B20 的读写驱动程序以及初始化程序，进而按照温度转换和读取温度值的操作流程图编写读取温度值的程序函数。最后按照主程序流程图编写主程序。

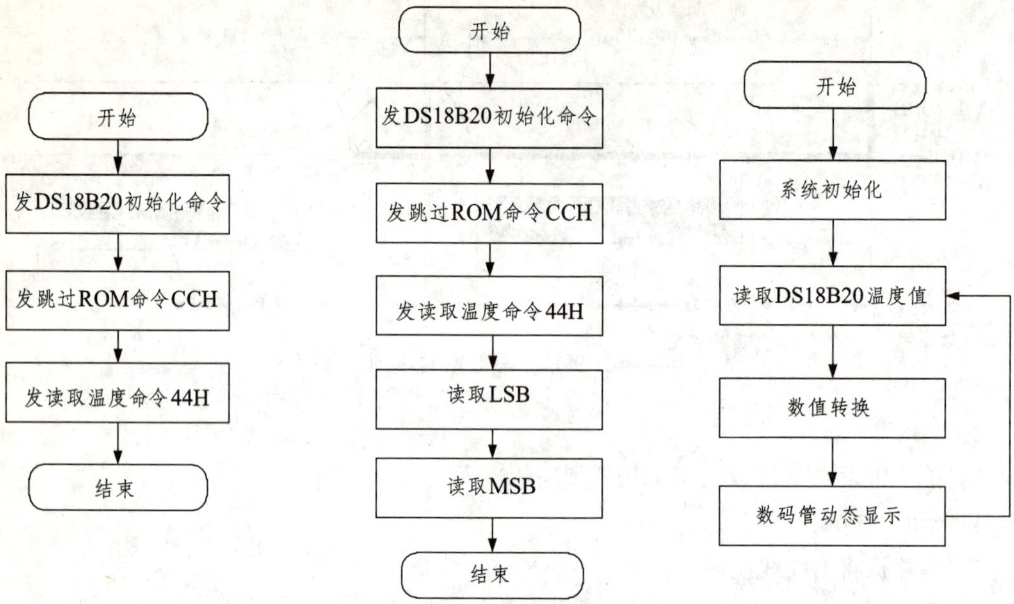

（a）温度转换软件流程图　（b）读温度软件流程图　（c）主程序流程图

图 9.13　DS18B20 温度转换和读取温度值的操作流程图

9.1.3　设计案例——基于 MCS-51 单片机的简易电子时钟设计

1．设计目的

（1）熟悉 51 单片机定时器；

（2）熟悉数码管显示原理。

2．基础知识与能力层次要求

1）课程涉及课程

数字电路，单片机，模拟电路，计算机 C 语言。

2）能力层次要求（四项中之一）

电子电路基础应用能力（设计）（第三级）：√。

3．设计技术指标与要求

1）设计要求

（1）8 位共阴极数码管显示器的段码端顺序接在 P1 口，P0 通过 74LS245 控制数码管 8 个位选端，设计一个显示程序实现 8 位数码管的点亮功能；编写程序实现独立按键的识别。

（2）初始化单片机的定时器，使其能产生特定时长的时间，通过累计的方式产生 1 秒时长，显示格式为 12:00:00。

（3）进一步修改程序，实现按键对时、分、秒显示内容的控制（被调节的字符需要闪烁）；

（4）之后增加年月日的显示与处理功能，比如 20150305；

（5）使用 Visio 绘制程序流程图；

（6）在仿真软件 PROTEUS 上进行仿真测试，或通过万能板焊接相关测试电路，或单片机开发板上进行实物测试；

（7）撰写程序设计报告，详细介绍按键扫描原理，与按键识别的程序实现过程。

2）技术指标

实现 24 小时制 12:00:00 的时间显示与调整功能。

4．制作过程详解

1）系统方案及原理分析

本案例利用单片机的定时器与中断系统功能实现电子钟的计数和调时。采用 AT89S51 定时器中断方式实现 24 小时制时钟精确的计时与同步显示。通过外部的 12 MHz 晶振给单片机提供时钟源，使用 AT89S51 的内部定时器实现定时，当定时器计数溢出时产生中断，累计溢出次数 × 定时器定时间达 1 秒时，数码管的秒显示加 1；判断数码管的秒显示达 60 时，秒显示自动清零，分显示加 1；判断分显示达 60 时，分显示自动清零，时显示加 1；判断时显示达 24 时，时显示自动清零。从而实现 00:00:00—23:59:59 的任意时刻显示。为了使简易电子时钟能够灵活的对时间进行调整及校对，通过增加外部的按键实现简单的复位、时调整、分调整的功能。形成一个具有复位和校时功能的简易电子时钟。系统框架如图 9.14 所示。

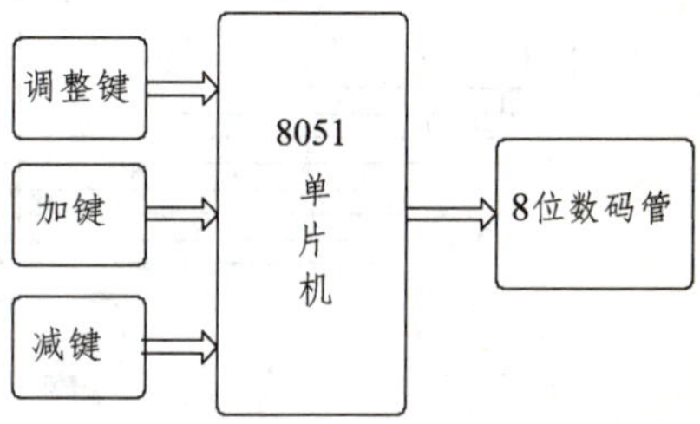

图 9.14　简易电子时钟系统框架图

2）设计及实现过程

（1）硬件设计。

系统仿真电路图如图 9.15 所示。

本案例主要考察对定时器中断的理解，学会使用定时器精确定时，同时考查学生编写相对复杂一点的程序的逻辑严谨性。

① 电子钟实现计时的方法。

利用 MCS-51 系列单片机的可编程定时/计数器、中断系统来实现时钟计时。

a. 计数初值计算：把定时器 T0 设为工作方式 2，产生 0.25 ms 定时中断，计数溢出 4 000 次即得时钟计时最小单位秒，而 4 000 次计数可用软件方法实现。假设使用 T/C0，方式 2，0.25 ms 定时，fosc = 12 MHz，则初值 a 满足（256-a）× 1/12 MHz × 12 μs = 250 μs，得到：a = 6H；TH0 = #6H；TL0 = #6H。

b. 采用中断方式进行溢出次数累计，计满 4 000 次为秒计时（1 秒）。

c. 从秒到分和从分到时的计时是通过累加和数值比较实现。

② 电子钟的时间显示。

电子钟的时钟时间在 8 位数码管上进行显示，时、分、秒的显示值可以自行定义全局变量来存储。显示如表 9.5 所示。

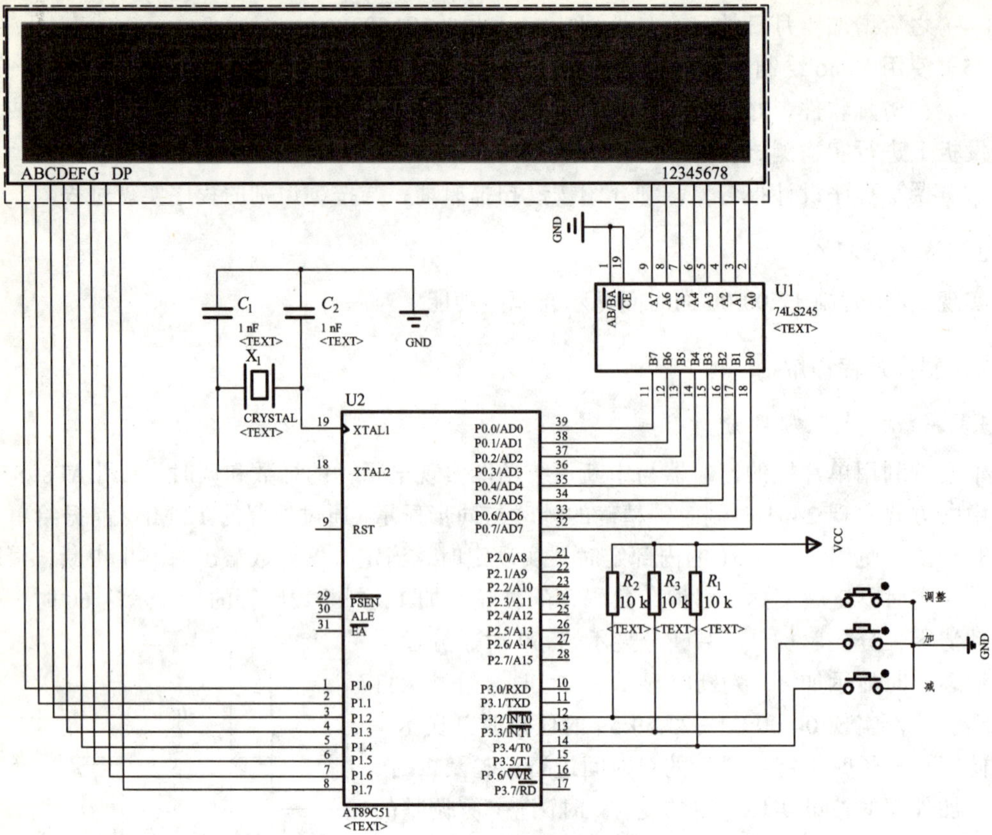

图 9.15 简易电子时钟仿真电路图

表 9.5 8 位 LED 显示内容

时十位	时个位		分十位	分个位		秒十位	秒个位
LED8	LED7	LED6	LED5	LED4	LED3	LED2	LED1

本系统中 P0 通过 74LS245 控制数码管 8 个位选端来选择需要点亮的数码管，通过 P1 口控制需要点亮的段码组成所需显示的数字或字符。本案例利用数码管动态显示相关内容。

③ 电子钟的时间调整。

电子钟设置 3 个按键通过程序控制来完成电子钟的时间调整。

调整键：初次按下调整键，时钟显示初始值 12:00:00，通过减按键来选择要调整的秒，分或者时，选定好后，再次按下调整按键表示确认。

加键：进行数字加 1 操作，当秒或者分显示为 59 时，加 1 变成 00；当时显示为 23，加 1 变成 00。

减键：选择要调整的秒，分或者时。

（2）软件设计。

如图 9.16 所示介绍了简易电子时钟软件设计流程，读者可以依据流程图编写出对应的程序，也可以自行构想出逻辑更紧密的软件框架并对系统进行优化以及改进。

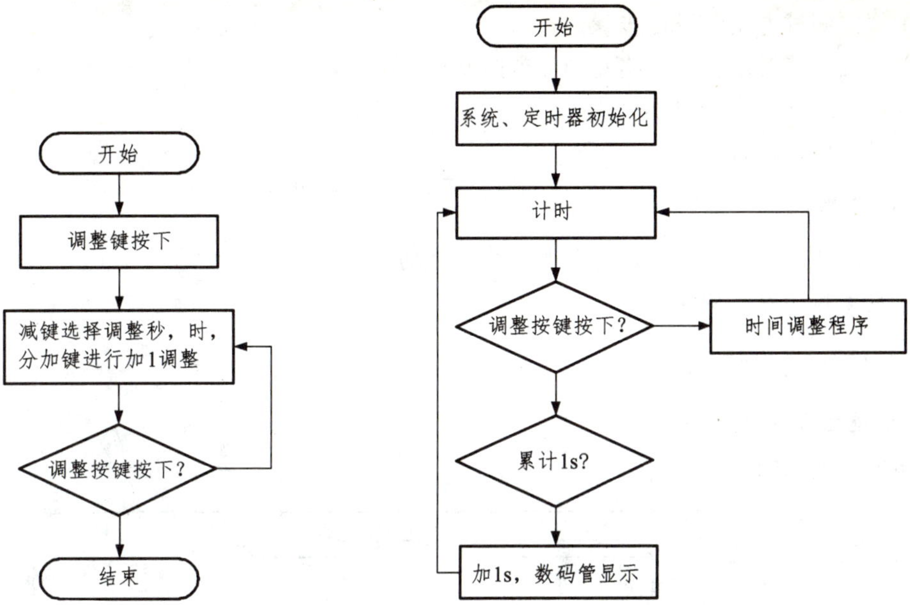

（a）时间调整流程图　　（b）主程序基本流程图

图 9.16 简易电子时钟软件流程图

9.1.4 创新案例——基于MCS-51单片机的智能循迹小车的设计

1. 设计目的

（1）掌握红外对管的工作原理及电路设计。
（2）学会单片机小系统电路的设计、编程、调试。
（3）学会设计电机的驱动电路及控制电机的转动。
（4）熟练掌握单片机C语言编写模块化程序。

2. 基础知识与能力层次要求

1）课程涉及课程

单片机，C语言，模拟电子。

2）能力层次要求（四项中之一）

电类专业综合实践能力（创新）（第四级）：√。

3. 设计技术指标与要求

1）设计要求

（1）设计系统的工作电源；
（2）设计以红外对管为核心的识别黑白两色路面状况的传感模块；
（3）设计电机驱动电路；

（4）拟定测试方案和设计步骤；
（5）根据系统要求设计电路并画出电路图；
（6）在 PCB 板上安装电路并组装车模；
（7）撰写设计报告。

2）技术指标

（1）小车能在自制的黑白跑道上循迹快速跑动。
（2）具备自动停车功能。

4．制作过程详解

1）系统方案及原理分析

系统框架图如图 9.17 所示。

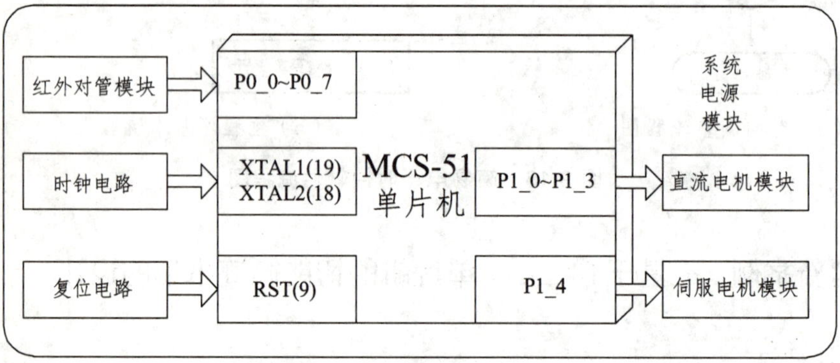

图 9.17 智能循迹小车框架图

本案例是以 AT89C51 单片机为监测和控制核心来设计的一个智能循迹小车。整个小车由车架、AT89C51 单片机最小系统、直流电机模块、伺服电机模块以及红外对管组成的路面检测电路模块组成。由红外对管通过检测反射的光线确定路面信息，将电压值送入 LM324 中进行模数转换，转换所得的数字量输出到 89C51 的 P0 口，单片机根据 P0 口的数值来确定小车偏离轨道的角度，从而经过相关伺服电机和直流电机的控制算法来控制两种电机转动，最终达到小车循迹行驶的目的。车模，电池，伺服电机，直流电机读者可到飞思卡尔智能车网站上购买。

2）设计及实现过程

（1）系统硬件设计。

① 系统电源模块。

由图 9.18 所示可知本系统由 7.8 V，2 000 mAh 镍镉电池供电，一端通过续流二极管 D18 分压给直流电机模块供电；另一端经过 D17 后再经过三个 LM1117-5.0 产生两路：一路 5.0 V 分别给 51 单片机和红外对管路面检测模块供电，另一路 6.0 V 给舵机供电。LM117 电压输入范围为 0.3 ~ 15 V，能够提供最大输出电流为 1 A 的线性直流降压稳压源（LDO）。本系统除直流电机电路模块所需功率较大（由电池直接供电），其他三个模块都属于小功率模块，故选择 LDO 芯片作为电源芯片，电源噪声小，稳定。

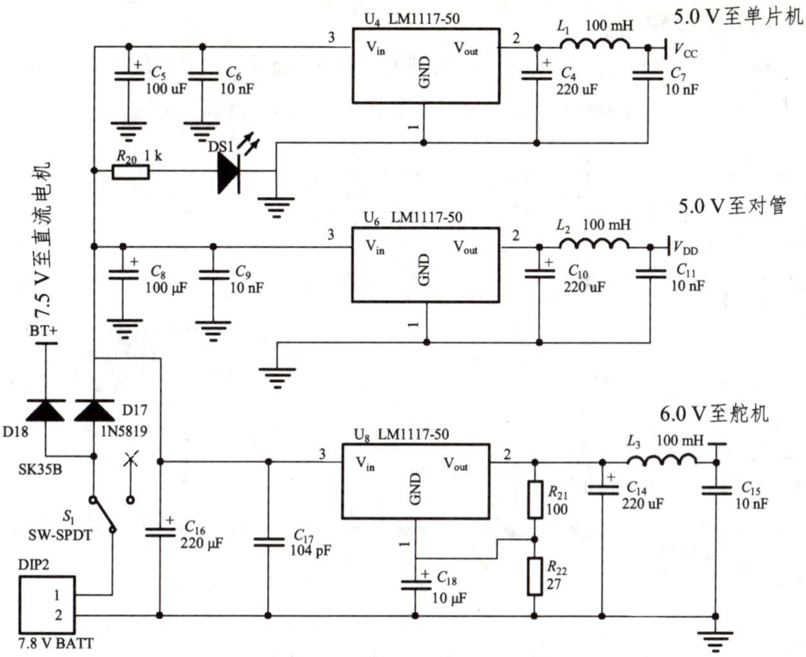

图 9.18　智能循迹电源电路图

b. 智能循迹小车单片机控制电路模块。

如图 9.19 所示，51 单片机通过定时器计时来控制 I/O 端口翻转从而产生控制电机转动的 PWM 波，其中 PWM1 ~ PWM4 是送给直流电机的控制转速的控制信号，PWM5 是提供给伺服电机的。P0 口的 8 个端口外接红外对管路面检测电路，一共 8 对红外对管。注：上图没有包含程序下载电路，综合案例中已经说明原因。

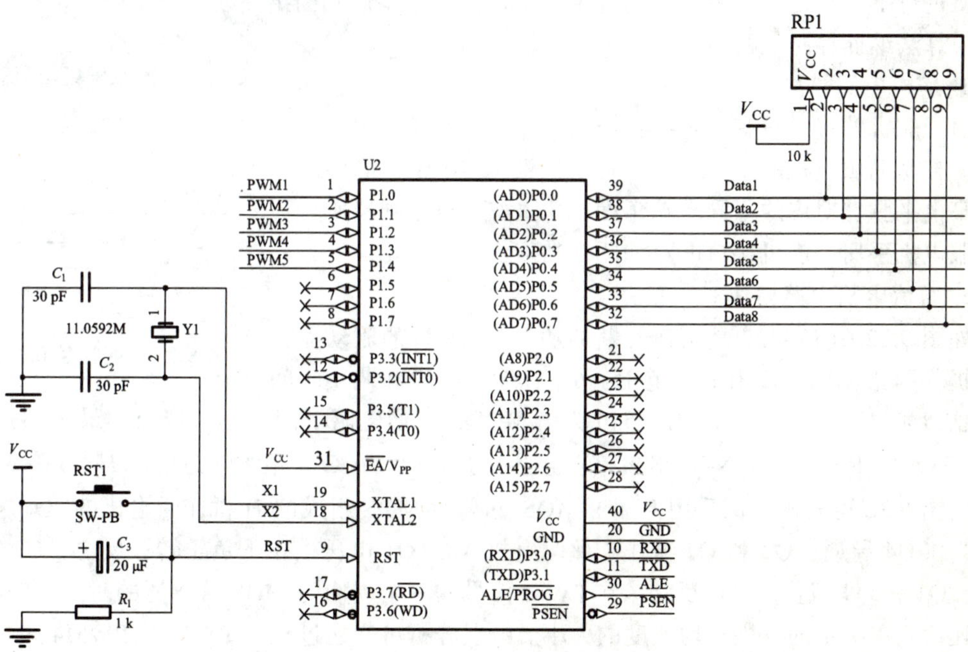

图 9.19　智能循迹小车单片机控制电路图

c. 路面检测电路模块。

如图 9.20 所示的运算放大器 LM324 实现的是电压比较器的功能，将红外对管的输出电压 V_{Input} 和参考电压 V_{Ref} 进行电压比较。由图可知，$V_{\mathrm{Ref}} = 2.5$ V。

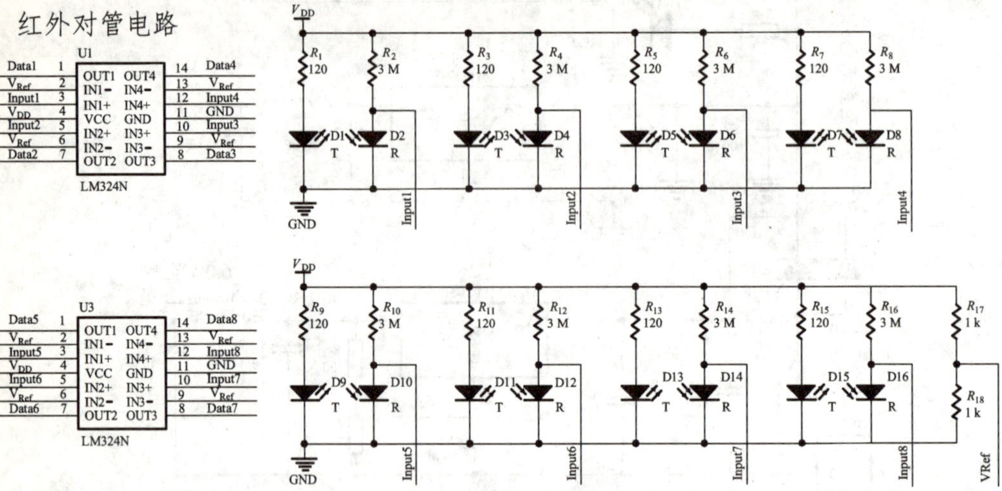

图 9.20 红外对管路面检测电路图

当小车在黑白跑道上行驶时，红外发射管发射红外线信号，遇到白线的红外对管的红外信号会被反射回来，被其对应的接收管接收，此时接收端的二极管导通 $V_{\mathrm{Input}} = 0.3$ V：$V_{\mathrm{Ref}} > V_{\mathrm{Input}}$，LM324 输出低电平“0”给单片机；遇到黑线的红外对管，其发射的红外线信号会被黑色吸收，因此它对应的接收管接收不到红外信号而导致二极管截止，$V_{\mathrm{Input}} = 5.0$ V，此时：$V_{\mathrm{Ref}} < V_{\mathrm{Input}}$，LM324 输出高电平“1”给单片机，从而实现将黑白跑道转换为数字信号给单片机进行下一步处理。单片机通过 P0 口 8 位的数字值判断出黑线与车身中心位置，再通过相应算法继而控制电机转速和伺服电机转动角度。

d. 舵机电路模块

由于舵机的接口只有三根线：控制线，电源，地。电路板只需制作一个三针的引线接口即可。控制伺服电机的 PWM 信号通常周期为 20 ms，周期内不同的高电平脉宽对应的不同转动角度，具体需要自行阅读所购买的伺服电机手册。舵机接口电路如图 9.21 所示。

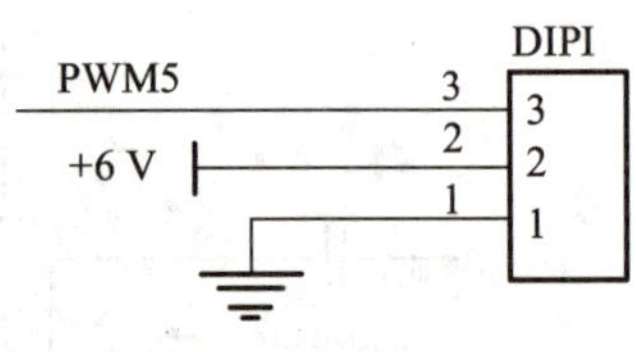

图 9.21 舵机接口电路图

e. 直流电机电路模块。

如图 9.22 中 IR4427 是高速开断的功率 MOS 管的驱动器，可以提供两路输出，输出电压范围：6 ~ 20 V，导通和截止时间典型值分别 85 ns 和 65 ns。IRF9540 为 P-MOS：导通电阻 $R_{\mathrm{DS(ON)}} = 0.117\ \Omega$，最大通过电流 $I_{\mathrm{D}} = -23$ A；IRF3205 为 N-MOS：导通电阻 $R_{\mathrm{DS(ON)}} = 0.008\ \Omega$，最大通过电流 $I_{\mathrm{D}} = 110$ A。

由图 9.22 可知本案例采用上端 P-MOS 下端 N-MOS 组成的 H 桥作为电机的驱动电路。当 Q1 和 Q4 导通，Q2 和 Q3 截止，此时电机 MOTO1 电压上正下负正转；反之，Q2 和 Q3 导通，Q1 和 Q4 截止，电机反转。在 PWM 信号的一个周期内 MOS 管导通的时间（PWM 的占空比决定）决定的电机平均速度的大小。由上分析可知通过控制 PWM1 ~ PWM4 来打开或者关闭对应 MOS 来控制电机转向，通过改变 PWM 的占空比来控制电机转速。

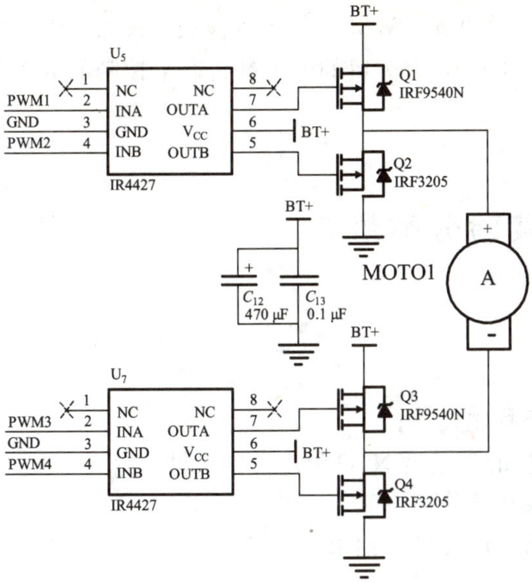

图 9.22　直流电机电路模块电路图

（2）系统软件设计。

由图 9.23 可知，通过不断读取 P0 口的数值来判断路面信息，通过电机、舵机控制算法来计算出伺服电机当前应该转动的角度，电机的转速，使小车安稳的沿着轨道快速跑，当识别到终点跑道信息的时候，小车能自动停下来。

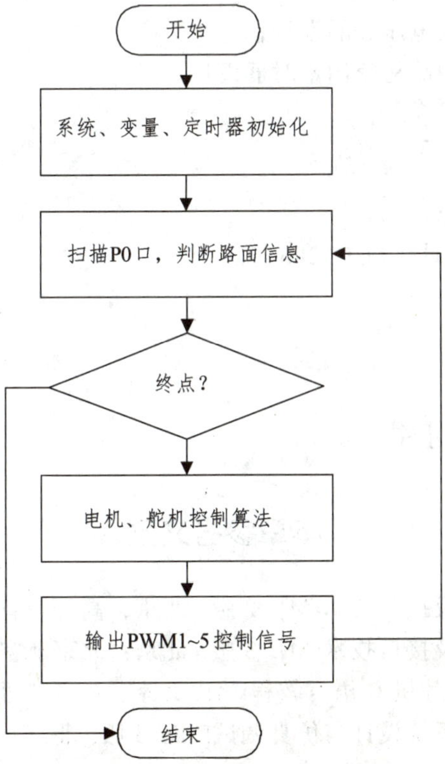

图 9.23　循迹小车程序流程图

由于 51 单片机内部没有集成 PWM 信号产生模块，只能利用定时器计时功能，通过对定时器计时中断次数的累计来控制 I/O 口的电平翻转产生控制的电机和伺服电机所需的 PWM 信号。

9.2 单片机综合实验分类题库

9.2.1 基础项目库

（1）单片机键盘电路程序设计；
（2）基于 STC 单片机的高精度 NTC 温度计的设计；
（3）单片机温湿度采集系统；
（4）基于单片机的秒表的设计（LED）。

9.2.2 综合项目库

（1）单片机简易计算器；
（2）单片机简易频率计；
（3）带温度功能的摇摇棒设计；
（4）基于 STC 单片机的电压表的设计；
（5）基于 STC 单片机的简易家用定时器设计。

9.2.3 设计项目库

基于单片机的秒表的设计（LCD12864）。

9.2.4 创新项目库

基于摄像头的智能循迹小车。

本章参考文献

[1] 李全利. 单片机原理及接口技术[M]. 2 版. 北京：高等教育出版社，2009.
[2] 李朝青. 单片机原理及接口技术[M]. 3 版. 北京：北京航空航天大学出版社，2007.
[3] 郭天祥. 新概念 51 单片机 C 语言教程[M]. 北京：电子工业出版社，2009.
[4] 严天峰. 单片机应用系统设计与仿真调试[M]. 3 版. 北京：北京航空航天大学出版社，2005.

附录 1　分频器程序

```
library ieee;--打开 IEEE 库
use ieee.std_logic_1164.all;
use ieee.std_logic_unsigned.all;
entity fenpin is
   port (
           clk,rst,en:in std_logic;--clk 时钟
             k:out std_logic    );
end;
architecture behave of fenpin is
     signal c: std_logic_vector(22 downto 0);
     signal m: std_logic;
       begin
         process(clk,c)
             begin
 if rst='0' then c<="00000000000000000000000";
                  elsif clk'event and clk='1'    then
                 if en='1' then if(c="10011000100101100111111")thenc<="
                             00000000000000000000000";m<=not m;
                             else c<=c+1;
                    end if;
                 end if;
      end if;
         end process;
     k<=m;
 end behave;
```

附录 2 计数器程序

2.1 30 进制递减计数器程序

```
library ieee;
use ieee.std_logic_1164.all;
use ieee.std_logic_unsigned.all;
entity jishu30 is
   port(clk,en,rst:in std_logic;
          shi_ge:out std_logic_vector(3 downto 0);
          shi_shi:out std_logic_vector(3 downto 0);
          cy:out std_logic
          );
end jishu30;
architecture one of jishu30 is
      signal ge:std_logic_vector(3 downto 0);
      signal shi:std_logic_vector(3 downto 0);
begin
process(clk,en)
begin
   if(rst='0') then ge<="0000";shi<="0011";
         elsif(en='0')then    ge<="0000";shi<="0011";
              elsif(clk'event and clk='1')then
                 if(ge<="0000" and shi<="0000")then ge<="0000";shi<="0011";cy<='0';
               elsif (shi="0000" and ge="0011") then    cy<='1';ge<=ge-1;
                     elsif ge="0000" then ge<="1001";shi<=shi-1;cy<='0';
                                  else ge<=ge-1;cy<='0';
                    end if;
              end if;
end process;
  shi_ge<=ge;
  shi_shi<=shi;
end one;
```

2.2 26 进制递减计数器程序

```
library ieee;
use ieee.std_logic_1164.all;
use ieee.std_logic_unsigned.all;
entity jishu26 is
   port(clk,en,rst:in std_logic;
           shi_ge:out std_logic_vector(3 downto 0);
           shi_shi:out std_logic_vector(3 downto 0);
           cy:out std_logic
           );
end jishu26;
architecture one of jishu26 is
      signal ge:std_logic_vector(3 downto 0);
      signal shi:std_logic_vector(3 downto 0);
begin
process(clk,en)
begin
  IF(rst='0') then ge<="0110";shi<="0010";
              elsif(en='0')then
                   ge<="0110";shi<="0010";
              elsif(clk'event and clk='1')then
                        if(ge="0001" and shi="0000")then
                                 ge<="0110";shi<="0010";cy<='0';
                        elsif (shi="0000" and ge="0011") then   cy<='1';ge<=ge-1;
elsif ge="0000" then   ge<="1001";shi<=shi-1;cy<='0';
                              else   ge<=ge-1;cy<='0';
                 end if;
             end if;
end process;
  shi_ge<=ge;
  shi_shi<=shi;
end one;
```

2.3 5 进制递减计数器程序

```
library ieee;
use ieee.std_logic_1164.all;
```

```
use ieee.std_logic_unsigned.all;
entity jishu6 is
   port(clk,en,rst:in std_logic;
         shi_ge:out std_logic_vector(3 downto 0);
         shi_shi:out std_logic_vector(3 downto 0);
         cy:out std_logic );
end jishu6;
architecture one of jishu6 is
      signal ge:std_logic_vector(3 downto 0);
      signal shi:std_logic_vector(3 downto 0);
begin
process(clk,en)
begin
       if(rst='0') then ge<="0101";shi<="0000";
             elsif(en='0')then
                    ge<="0101";shi<="0000";
               elsif(clk'event and clk='1')then
                          if(ge<="0001" and shi<="0000")then
                                 ge<="0101";shi<="0000";cy<='0';
                            elsif (shi="0000" and ge="0011") then    cy<='1';ge<=ge-1;
                          else ge<=ge-1;cy<='0';
                          end if;
             end if;
end process;
   shi_ge<=ge;
   shi_shi<=shi;
end one;
```

附录 3　状态机程序

```
library ieee;
use ieee.std_logic_1164.all;
use ieee.std_logic_unsigned.all;
entity KZQ is
      port (
      rst,clk:in std_LOGIC;
      din30,din5,din26:in std_logic;
      jia,yi:out std_logic_vector(2 downto 0);
      dout30,dout5,dout26:out std_logic;
    xianshi:out std_logic_vector(3 downto 0)    );
end entity;
architecture behave of KZQ is
type states is(s0,s1,s2,s3);
signal pst:states;
signal a:std_logic;
begin
  process(rst,clk,din30,din5,din26)
        begin
--      a<=din30 or din5 or din26;
        if rst='0' then pst<=s0;
        elsif rising_edge(clk) then
case pst is
when s0 => if(din26='1')then pst<=s1;
else   pst<=s0;jia<="100";yi<="001";dout30<='1';dout5<='0';dout26<='1';xianshi<="0001";
                                    end if;
when s1 => if(din5='1')then pst<=s2;
else   pst<=s1;jia<="100";yi<="010";dout30<='1';dout5<='1';dout26<='0';xianshi<="0010";
                                    end if;
when s2 => if(din26='1')then pst<=s3;
else   pst<=s2;jia<="001";yi<="100";dout30<='1';dout5<='0';dout26<='1';xianshi<="0100";
                                    end if;
when s3 => if(din5='1')then pst<=s0;
```

```
else    pst<=s3;jia<="010";yi<="100";dout30<='1';dout5<='1';dout26<='0';xianshi<="1000";
                                        end if;
when others => null;
end case;
      end if;
  end process;
  end behave;
```

附录 4　显示分配器程序

```
library ieee;
use ieee.std_logic_1164.all;
use ieee.std_logic_unsigned.all;
entity fenpei is
port (
  kong,sin30,gin30,sin5,gin5,sin26,gin26:in std_logic_vector(3 downto 0);
  js,jg,ys,yg:out std_logic_vector(3 downto 0);
  rst:in std_logic   );
end entity;
architecture behave of fenpei is
signal jias,jiag,yis,yig:std_logic_vector(3 downto 0);
begin
  process(rst,kong,kong,sin30,gin30,sin5,gin5,sin26,gin26)
       begin
       if rst='0' then jias<="0000";jiag<="0000";yis<="0000";yig<="0000";
       else
            case kong is
                     when "0001" => jias<=sin30;jiag<=gin30;yis<=sin26;yig<=gin26;
                     when "0010" =>jias<=sin30;jiag<=gin30;yis<=sin5;yig<=gin5;
                     when "0100" => jias<=sin26;jiag<=gin26;yis<=sin30;yig<=gin30;
                     when "1000" => jias<=sin5;jiag<=gin5;yis<=sin30;yig<=gin30;
                     when others => null;
            end case;
       end if;
  end process;
  js<=jias; jg<=jiag;
  ys<=yis; yg<=yig;
  end behave;
```

附录5 译码器程序

```
library IEEE;
use IEEE.STD_LOGIC_1164.ALL;
use IEEE.STD_LOGIC_ARITH.ALL;
use IEEE.STD_LOGIC_UNSIGNED.ALL;
ENTITY yima IS
    PORT (
        key_code                : IN std_logic_vector(3 DOWNTO 0);
        dataout                         : OUT std_logic_vector(7 DOWNTO 0)          );
END yima;
ARCHITECTURE arch OF yima IS
SIGNAL dataout_tmp                  :    std_logic_vector(7 DOWNTO 0);
BEGIN
PROCESS(key_code)
    BEGIN
        CASE key_code IS
            WHEN "0000" => dataout_tmp <= "11111100";
            WHEN "0001" => dataout_tmp <= "01100000";
            WHEN "0010" => dataout_tmp <= "11011010";
            WHEN "0011" => dataout_tmp <= "11110010";
            WHEN "0100" => dataout_tmp <= "01100110";
            WHEN "0101" => dataout_tmp <= "10110110";
            WHEN "0110" => dataout_tmp <= "10111110";
            WHEN "0111" => dataout_tmp <= "11100000";
            WHEN "1000" => dataout_tmp <= "11111110";
            WHEN "1001" => dataout_tmp <= "11110110";
            WHEN "1010" => dataout_tmp <= "11101110";
            WHEN "1011" => dataout_tmp <= "00111100";
            WHEN "1100" => dataout_tmp <= "10011100";
            WHEN "1101" => dataout_tmp <= "01111010";
            WHEN "1110" => dataout_tmp <= "10011110";
            WHEN "1111" => dataout_tmp <= "10001110";
            WHEN OTHERS => NULL;
        END CASE;
    END PROCESS;
    dataout <= dataout_tmp;
END arch;
```

附录 6　顶层文件

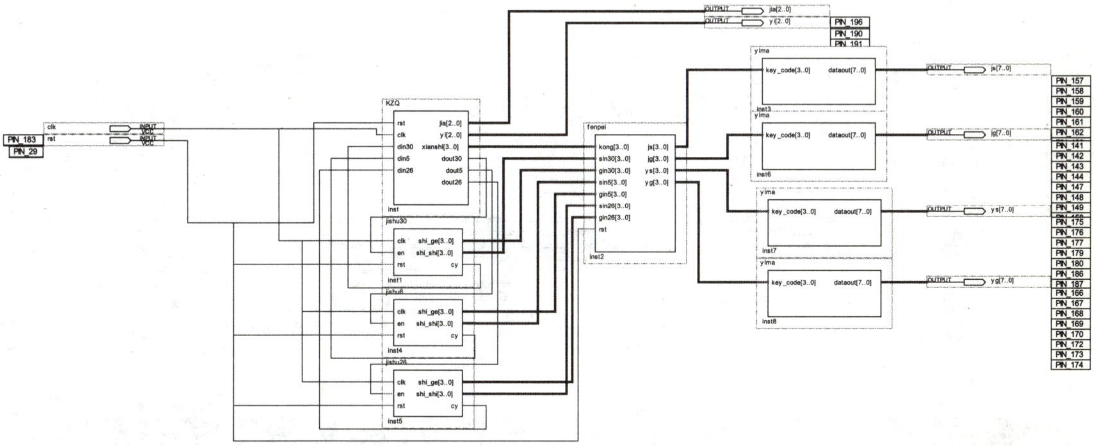

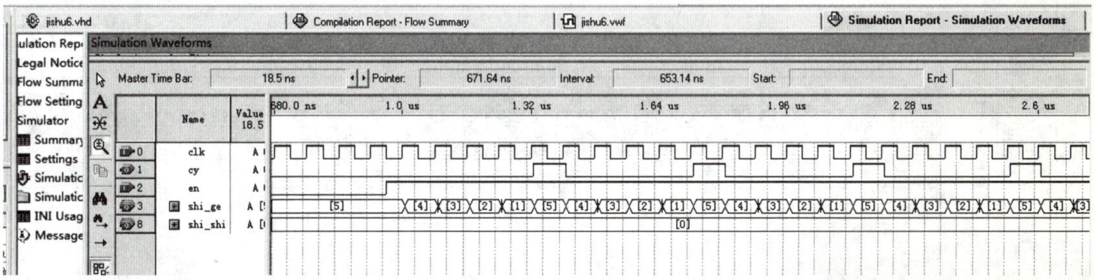
jishu6.vhd
Compilation Report - Flow Summary
jishu6.vwf
Simulation Report - Simulation Waveforms
Simulation Waveforms
Master Time Bar: 18.5 ns
Pointer: 671.64 ns
Interval: 653.14 ns
Start:
End:
clk
cy
en
shi_ge
shi_shi

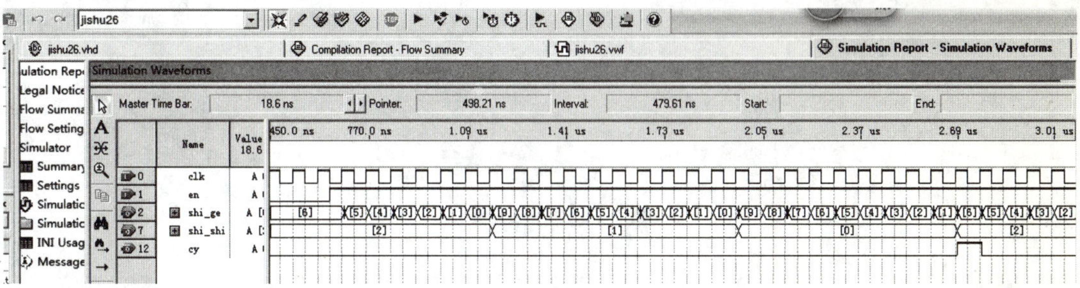
jishu26
jishu26.vhd
Compilation Report - Flow Summary
jishu26.vwf
Simulation Report - Simulation Waveforms
Simulation Waveforms
Master Time Bar: 18.6 ns
Pointer: 498.21 ns
Interval: 479.61 ns
Start:
End:
clk
en
shi_ge
shi_shi
cy

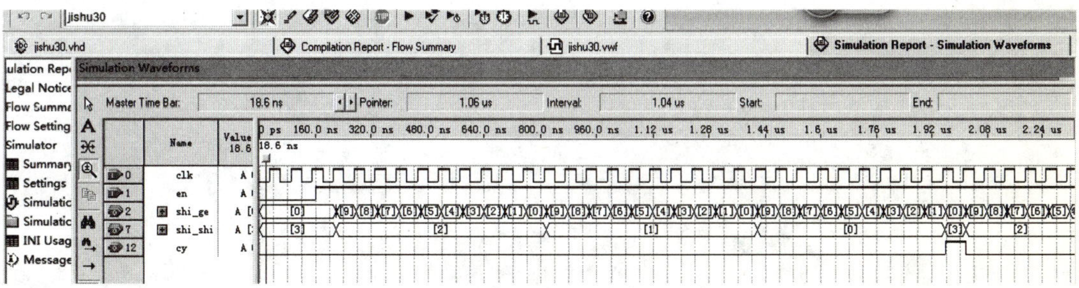
jishu30
jishu30.vhd
Compilation Report - Flow Summary
jishu30.vwf
Simulation Report - Simulation Waveforms
Simulation Waveforms
Master Time Bar: 18.6 ns
Pointer: 1.06 us
Interval: 1.04 us
Start:
End:
clk
en
shi_ge
shi_shi
cy

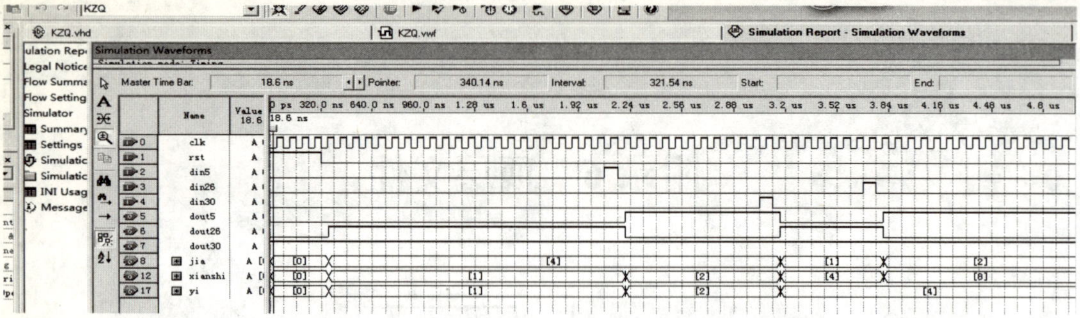

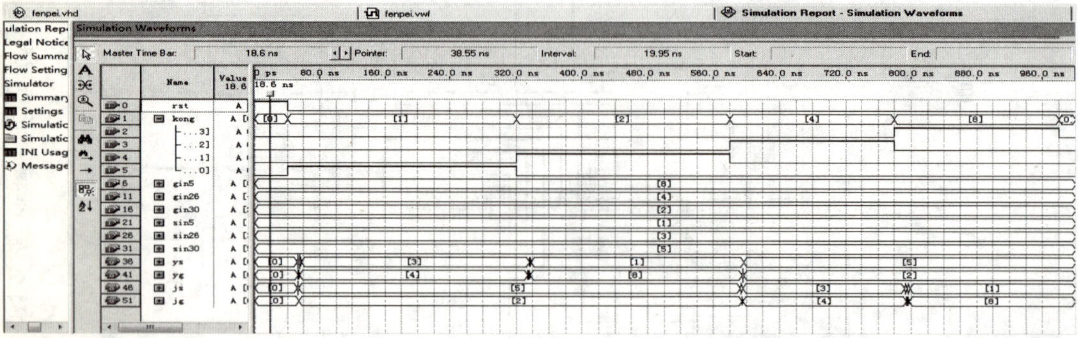

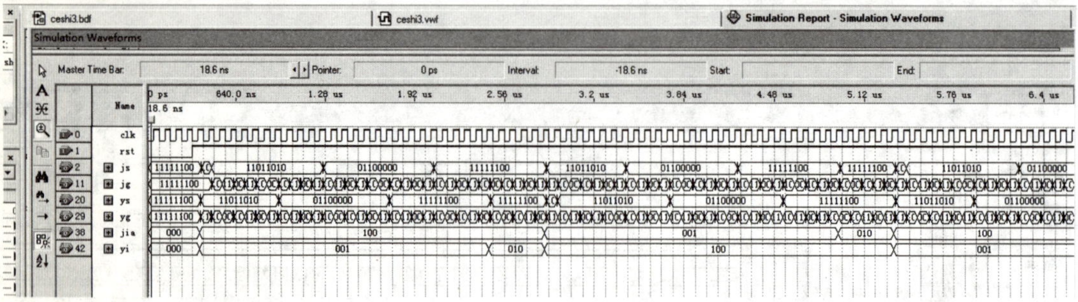